Jakob Benecke
Soziale Ungleichheit und Hitler-Jugend

Jakob Benecke

Soziale Ungleichheit und Hitler-Jugend

Zur Systematisierung sozialer Differenz in der nationalsozialistischen Jugendorganisation

2., überarbeitete Auflage

BELTZ JUVENTA

Der Autor
Jakob Benecke, Dr. phil. habil., hat eine Professur für Erziehungswissenschaft an der Alanus Hochschule, Studienzentrum Mannheim inne und ist zugleich Privatdozent (PD) an der Universität Augsburg.
Thematisch einschlägige Publikationen zuletzt: „Außerschulische Jugendorganisationen. Eine sozialisationstheoretische und bildungshistorische Analyse (2020)" sowie „Die Hitler-Jugend 1933 bis 1945. Programmatik, Alltag, Erinnerungen. Eine Dokumentation" (2023 in 2. Auflage).

MIX
Papier aus verantwortungsvollen Quellen
FSC® C089473
www.fsc.org

Dieses Buch ist erhältlich als:
ISBN 978-3-7799-7049-1 Print
ISBN 978-3-7799-7050-7 E-Book (PDF)

2., überarbeitete Auflage 2023

in der Verlagsgruppe Beltz · Weinheim Basel
Werderstraße 10, 69469 Weinheim

Herstellung: Ulrike Poppel
Satz: Datagrafix, Berlin
Druck und Bindung: Beltz Grafische Betriebe, Bad Langensalza
Beltz Grafische Betriebe ist ein klimaneutrales Unternehmen (ID 15985-2104-100)
Printed in Germany

Weitere Informationen zu unseren Autor:innen und Titeln finden Sie unter: www.beltz.de

Inhalt

Vorwort zur 2. Auflage

Der vorliegende Band ist nun seit einiger Zeit vergriffen. Das Interesse an der darin behandelten Thematik hat jedoch nicht abgenommen. So wurde die Frage nach Strukturen sozialer Ungleichheit innerhalb der Hitler-Jugend als neue Forschungsperspektive und in diesem Zusammenhang auch der Band selbst zuletzt in Publikationen mit unterschiedlichen Bezügen aufgegriffen. Exemplarisch können genannt werden: Systematisierungen des Forschungsstandes zur NS-Herrschaft (Nolzen 2022, S. 164), Übersichtsdarstellungen zur Geschichte der Jugend (Dudek 2022, S. 505) sowie eine Studie, die ebenfalls den Brüchen zwischen HJ-bezogener Programmatik und Propaganda einerseits und deren, den totalitären Ansprüchen oftmals nicht entsprechenden, Dienstpraxen andererseits nachgeht (Postert 2021, S. 24). Dieses anhaltende Interesse – welches mir auch weiterhin in Gesprächen mit Kolleginnen und Kollegen, die sich mit dieser bildungshistorischen Epoche befassen, rückgemeldet wird – führte zur Entscheidung, den Band noch einmal neu aufzulegen. Es würde mich freuen, wenn hierdurch auch weiterhin interdisziplinärer Austausch und weiterführende Forschungsvorhaben angeregt würden.

Für die vorliegende 2. Auflage wurden Aktualisierungen und Ergänzungen sowie an einigen Stellen Überarbeitungen vorgenommen.

Bedanken möchte ich mich beim BeltzJuventa Verlag und seinem Verlagsleiter, Frank Engelhardt, der den Vorschlag einer 2. Auflage zustimmend aufgenommen hat.

Augsburg, im Januar 2023 Jakob Benecke

Vorwort

Dieser Band geht in seiner Entstehung zurück auf einen eigenen Vortrag zum Thema der sozialen Ungleichheit in der Hitler-Jugend, der im September 2013 auf der Tagung der Sektion Historische Bildungsforschung der Deutschen Gesellschaft für Erziehungswissenschaft (DGfE) an der Helmut-Schmidt-Universität Hamburg (Universität der Bundeswehr) gehalten wurde. Die, während der Vorbereitung des Vortrags gewonnene, Erkenntnis eines weitgehenden Fehlens systematischer Analysen zu dieser jugendgeschichtlichen Frage, aber auch das deutliche Interesse, welches mir von Kolleginnen- und Kollegenseite hieran signalisiert wurde, haben mich bewogen, die nun vorliegende Untersuchung zu verfassen. Entsprechend dem oben benannten Desiderat ist sie dem Bemühen gewidmet, die weit verstreute Forschungsliteratur zur NS-Jugendorganisation nach ihren Aussagen zu den dort erkennbaren Phänomenen sozialer Differenzierung hin zu befragen. In diesem Sinne war bereits die Erhebung und Darstellung eines aktuellen Forschungsstandes, welchen die vorliegende Studie ebenfalls darstellt, ein nicht ganz einfaches Unterfangen. Schon für jene Publikationen, die sich explizit mit der HJ befassen, ist das Feld kaum mehr überschaubar (Benecke 2013, S. 90 ff.). Nimmt man solche hinzu, in welchen diese im Kontext anderer Themen Erwähnung findet – diese machten in der vorliegenden Studie einen beträchtlichen Anteil der herangezogenen Studien und autobiographischen Berichte aus –, dann steigert sich diese Problematik noch einmal deutlich.[1] Die so erarbeitete Synthese wurde großzügig empirisch ergänzt, durch bereits erschlossene und nun auf das Thema bezogen analysierte Quellenbestände sowie neu erschlossene Quellen. Hierzu wurden Dokumente aus den folgenden Archiven aufgenommen: Archiv der Bibliothek für Bildungsgeschichtliche Forschung des Deutschen Instituts für Internationale Pädagogische Forschung (DIPF); Bundesarchiv Berlin Lichterfelde sowie dessen Dependancen in Koblenz (Bildarchiv) und Freiburg

1 Letztlich ist zum Thema der HJ insgesamt „überhaupt nicht sicher bekannt […], wie viele deutschsprachige Veröffentlichungen und wie viele Publikationen in einer der in Deutschland gängigsten Fremdsprachen […] existieren" (Wiegmann 2004, S. 12). Heinz Schreckenberg, der 2001 eine umfangreiche und klug kommentierte Bibliographie zu „Erziehung, Lebenswelt und Kriegseinsatz der deutschen Jugend unter Hitler" (ders. 2001) vorgelegt hat, nennt seinen „Versuch" aufgrund der überbordenden Literaturfülle einleitend selbst „vermessen" (ebd., S. 4). Seine Sammlung bietet dann auch einen weiterführenden Überblick, der jedoch schon damals unvollständig war. Die, von Michael Ruck besorgte, bekannteste Bibliographie zur NS-Zeit insgesamt, umfasst schließlich zwar einen beachtlichen Bestand, der zwischen 1995 und 2000 von 25 000 auf 37 000 erfasste Publikationen angestiegen ist, zur HJ finden sich jedoch auf gerade einmal vier Seiten nur recht wenige Angaben (Ruck 2000, S. 180 ff.), die zudem bereits im Jahr 2000 nicht den aktuellen Stand der Forschung widerspiegelten.

(Militärarchiv); Deutsches Rundfunkarchiv; Ehemaliges Zentrales Staatsarchiv Potsdam; Hauptstaatsarchiv Düsseldorf; Landesarchiv NRW; Institut für Zeitgeschichte, München; Staatsarchiv Augsburg; Staatsarchiv München; Stadtarchiv Leipzig; Stadtarchiv Plauen; Jüdisches Kulturmuseum (JKM) Augsburg.

Aus diesen Beständen wurde beispielsweise im Bundesarchiv Berlin-Lichterfelde die bisher nur in einer Studie (Kollmeier 2007) ausgewertete, 4 779 Einzelfälle umfassende, Warnkartei der HJ einer vollständigen Durchsicht unterzogen. Aufgrund der dort angegebenen Ausschlussgründe, stellt diese Kartei eine ergiebige Quelle der Ursachen sozialer Ungleichheit aufgrund zugeschriebener Persönlichkeitsmerkmale und deren Sanktionierung dar. Zudem wurden vom Regime selbst publizierte bzw. für den HJ-Dienstgebrauch erstellte Quellen themenbezogen ausgewertet. Hierunter die wohl umfassendste Quelle der Programmatik und Praxis der NS-Jugendorganisation, die insgesamt etwa 4 000 Seiten starken Vorschriftenhandbücher (VHB) der HJ. Hinzu kamen die bereits erhobenen Bestände, wie sie für frühere Arbeiten zur NS-Sozialisation (Benecke 2011) und die HJ Dokumentationen zusammengetragen wurden, die von mir selbst für die männliche HJ (Benecke 2013) sowie von Gisela Miller-Kipp für den BDM (Miller-Kipp 2002) publiziert wurden. An dieser Stelle danke ich Frau Prof. Miller-Kipp noch einmal herzlich für die dauerhafte Überlassung ihrer reichhaltigen Quellensammlung. Schließlich wurden autobiographische Berichte von Zeitzeuginnen und Zeitzeugen aufgenommen. Diese fanden sich einerseits in elf von mir erhobenen und fallrekonstruktiv bearbeiteten narrativen Interviews, welche in direkter und indirekter Form in die vorliegende Analyse eingeflossen sind. Zum anderen in drei Interviews mit Fürsorgezöglingen aus der NS-Zeit, die Frau Prof. Annette Eberle geführt und mir dankenswerter Weise als Mitschnitte zur Verfügung gestellt hat. Insgesamt basiert die vorliegende Studie demnach auf einer qualitativ wie quantitativ überaus weitgefächerten Quellenbasis, welche eine differenzierte und umfassende Analyse der sozialen Ungleichheit als Element der HJ und ihrer Dienste ermöglichte.

Obgleich solche Studien als Einzelkämpfer am Schreibtisch erstellt werden, gelingt dies nicht ohne die Unterstützung anderer. Ich möchte mich an dieser Stelle daher ausdrücklich bei den folgenden Förderinnen und Förderern bedanken, ohne deren Engagement mir die Fertigstellung deutlich schwerer gefallen wäre.

Beim Verlag BeltzJuventa und seinem Verlagsleiter Frank Engelhardt, der sich am Thema interessiert gezeigt, und einer Zusammenarbeit für diese Publikation umstandslos zugestimmt hat.

Bei Frau Prof. Miller-Kipp und Frau Prof. Eberle, die mir wichtige Quellen überlassen haben.

Bei Frau Prof. Matthes, die weiß, dass wissenschaftliche Arbeiten Zeit und Konzentration brauchen, und ihren Mitarbeiterinnen und Mitarbeitern zusätzlich zum ausdrücklichen Interesse an den entstehenden Projekten auch entsprechende Freiräume im universitären Betrieb einräumt.

Bei den Mitarbeiterinnen und Mitarbeitern der herangezogenen Archive, die mich freundlich und kompetent bei den Recherchen unterstützt haben.

Bei den Zeitzeuginnen und Zeitzeugen, die mir und Annette Eberle so rückhaltlos Auskunft über ihr Leben gegeben haben, wie dies narrative Interviews den Befragten abverlangen.

Bei meinen Kolleginnen Nicole Luthardt und Petra Götte, die mich mit Interesse, Diskussionen und passagenweiser Lektüre der Entwürfe spürbar unterstützt haben.

Bei Michael Buddrus, Volker Koop, Peter Martin und Karola Fings, die auf meine thesenbezogenen Nachfragen zu ihren Fachgebieten rasch, kompetent und erfreulicherweise zustimmend geantwortet haben.

Bei Jan Friedrich, der als PC-Flüsterer schon mehrfach meinen Rechner vor dem Infarkt bewahrt hat – und seinen Besitzer gleich mit.

Last but not least: Wer sich über lange Zeiträume intensiv mit der Formationserziehung einer Diktatur befasst, der merkt mitunter, wie angenehm es ist, ein soziales Umfeld zu haben, in welchem man zuverlässig mit Inklusionsangeboten bedacht wird, ohne dass je die Intention zur „Gleichschaltung" damit einhergeht. In diesem Sinne: Nicole, Kolja, Lenka, Jonathan, Helena, Gabriella, Dieter, Michaela, Petra, Jan, Chrissi, Bernhard, Angelika, Claudi, Lucy und Flori – euch gilt mein ganz persönlicher Dank, weit über dieses Projekt hinaus.

Kapitel 1

Einleitung

Soziale Ungleichheit in der HJ? Glaubt man den Erinnerungen vieler Zeitzeuginnen und Zeitzeugen, aber auch den Darstellungen nicht weniger Veröffentlichungen zur Jugendorganisation des Nationalsozialismus, so scheint die Entwicklung dieses Phänomens mindestens für die Zeit nach der Machtübernahme des NS-Regimes geklärt und in ihren Erscheinungsformen wenig widersprüchlich gewesen zu sein. Vermeintlich trennscharf standen die Bereiche einer vereinnahmenden Inklusionspolitik in den Reihen der „Volksgemeinschaft" und einer ausgrenzenden Exklusion, die den angeblich „fremdvölkischen", nicht „erbgesunden" oder politisch „unzuverlässigen" Personen abgestuft widerfuhr, einander gegenüber. Auf der Handlungsebene hätten sich, so die Kolportage, HJ-bezogen Maßnahmen zu einer effizienten „Gleichschaltung" der rassistisch definierten Zugehörigkeitsgruppe einerseits, mit jenen der diffamierenden, nicht selten gewaltsamen Zurückweisung der oben genannten Ausschlussgruppen andererseits zur spezifischen – ideologisch legitimierten und propagandistisch proklamierten – NS-Herrschaftspraxis auf Ebene der Jugendpolitik ergänzt. Diesen Eindruck können gerade solche Darstellungen zur HJ erwecken, die älteren Datums sind und mitunter noch zu wenig zwischen den Ebenen der NS-Propaganda, der politischen Intentionen des Regimes, den Realentwicklungen im Herrschaftsalltag sowie der subjektiven Wahrnehmung derselben differenzierten.[2] Sie folgen den Darstellungen der NS-Propaganda teils allzu uneingeschränkt bzw. unterscheiden diese betreffend zu wenig zwischen den dort formulierten Ansprüchen und konkreten Vollzugsmeldungen. Die nationalsozialistische Propaganda feierte die HJ als

---

2 So etwa – um nur ein thematisch einschlägiges Beispiel von vielen möglichen zu zitieren – in der historischen Darstellung des Familienlebens in Deutschland bei Barbara Beuys (dies. 1980), in welcher die Autorin die HJ ohne weitere Differenzierung als geschlechterübergreifend effizienten sozialen „Schmelztiegel" kategorisiert (ebd., S. 475). Vgl. in diesem Sinne auch die Darstellung des jugendpolitischen Handelns Schirachs bei Giesecke (Giesecke 1999, S. 163 ff.). M. E. gilt diese Problematik – nun in genau umgekehrter Perspektive und dabei wiederum exemplarisch für eine entsprechende Darstellungsstruktur – zumindest ansatzweise auch für die Beurteilung bei Tenorth, der resümiert: „Im Alltag der Jugend wird die HJ schon historisch primär als Zwang erlebt, ihr Angebot als unbegründete Doktrin und der vormilitärische Drill als stumpfsinnig und einengend. […] Die HJ wird als eine Einrichtung *erfahren* [Hervorhebung; J. B.], mit der die Jugend erst für Staat und Partei, dann für den beruflichen Leistungswettbewerb, schließlich zur Aktivierung für den Krieg missbraucht wird" (Tenorth 2008, S. 262 f.). Diese Einschätzung scheint mir in ihrer Perspektive auf die subjektive Wahrnehmung der HJ durch ihre damalige Zielgruppe doch zu statisch auszufallen.

große Einheit der rassistisch zugeschnittenen „deutschen" Jugend und forderte alle noch außenstehenden Angehörigen dieser Zielgruppe mit zunehmendem Nachdruck zur Inklusion auf (Neeße 1937). So definierte Reichsjugendführer Baldur von Schirach in seiner verklärenden Darstellung der Jugendorganisation:

> „Die HJ ist eine weltanschauliche Erziehungsgemeinschaft. Wer in der HJ marschiert, ist keine Nummer unter Millionen, sondern Soldat einer Idee. Je nachdem er mehr oder weniger tief in die Idee eingedrungen ist, ist sein Wert für die Gemeinschaft zu bemessen. Der beste Hitlerjunge ist – unabhängig von Rang und Dienststellung – derjenige, der ganz in der nationalsozialistischen Weltanschauung aufgeht" (ders. 1934, S. 130).

> „Die Uniform der HJ. ist der Ausdruck einer Haltung, die nicht nach Klasse und Besitz fragt, sondern nur nach Einsatz und Leistung. [...] *Gesellschaftsfähig ist heute jeder, der eine Uniform Adolf Hitlers* trägt" (ebd., S. 78).[3]

Wenngleich im obigen Zitat die, zur Inklusionsförderung eingesetzten, Differenzierungen durch organisationseigene hierarchische Rangfolgen erwähnt werden, wird die Hitler-Jugend doch als einende und geeinte jugendpolitische Trägerin der NS-Weltanschauung dargestellt. In diese müsse sich, so die Botschaft, zwangsläufig integrieren, wer die nationalsozialistische Ideologie verstanden habe und sich in Konsequenz dessen mit dieser identifizieren würde sowie aktiv an deren Umsetzung mitgestalten wolle. Die HJ als Organisation hatte bereits im April 1933 ihre strukturelle Form gefunden, welche dann bis Kriegsende 1945 erweitert und im Status angepasst, aber nicht mehr grundsätzlich verändert wurde (Kollmeier 2007, S. 46). Sie erhob schon 1934 – 2 Jahre vor dem Inkrafttreten des HJ-Gesetzes von 1936 – propagandistisch den Anspruch auf eine Alleinvertretung der von ihr anvisierten Klientel:

> „Die Organisation der HJ. Erklärt sich zur einzigen und alleinigen Vertretung der deutschen Jugend. Das ist ihr Totalitätsanspruch. Wie die NSDAP nunmehr die einzige Partei ist, so ist die HJ. die einzige Jugendorganisation" (Schirach 1934, S. 69).

---

3 Ganz im Sinne dieser Symbolik, mit welcher die HJ-Uniform zum Ausdruck einer dort vollzogenen organisatorischen Erfassung und Einigung der Jugend werden sollte (Kenkmann 2002, S. 97), ist es auch zu verstehen, wenn die Angehörigen abweichender Jugendkulturen sich in ihren eigenen kleidungsbezogenen Ausdrucksformen auf diese bezogen, sich dabei aber zugleich durch stilistische Veränderungen und nicht selten ironisch-aggressiv von dieser distanzierten (ebd., S. 100).

Abbildung 1: Die HJ-Uniform als Ausdruck der Inklusion und damit verbundener sozialer Differenz: Brief einer Mutter an die Deutsche Jugendburg (März/April 1942) (BArch, Bild 146-1983-056-17/o. Ang.)

Eine Mutter schreibt:
Liebe Jugendburg!
Als mein Junge zum ersten Male
das Braunhemd anzog, da war mir
so feierlich zu Mute wie noch nie. In dem
Jungen war nichts als Jubel. Stolz trug
er seine Uniform durch die Straßen.
Ich aber, seine Mutter, setzte mich still
an den Tisch und verfaßte ein kleines
Gedicht, das ganz bestimmt auf meinen
Jungen, nein, auf alle deutschen Jungen,
die das Braunhemd tragen, passen wird.

Der Pimpf

Ich bin ein Hitlerjunge,
ein stolzes, deutsches Blut.
Wie paßt mir doch mein Braunhemd,
des Führers Kleid so gut.

Ich bin ein Hitlerjunge,
deutsch, wahr, gehorsam, treu,
und steh auf meinem Posten,
wo immer es auch sei.

Aufn.: Presse-Hoffmann

Ich bin ein Hitlerjunge,
und werd' ich einst ein Mann,
will ungebeugt ich stehen
zu meines Führers Fahn'!

R. F.

Beide Ansprüche, nach totalitärer Zuständigkeit und Einheit der Mitgliedschaft, fanden ihren Ausdruck dann in solchen Plakattexten, die für eine Inklusion in die HJ sowie eine Akzeptanz der NS-Jugendpolitik insgesamt warben:

> „Es ist der Wille des Führers, daß sich in der Hitler-Jugend alle jungen Deutschen, gleich welchen Standes und welcher Konfession, zur Volksjugend zusammenschließen" (Plakat der Reichsjugendführung von 1934 (BArch Koblenz, Plakatsammlung, 3/11/34; Kollmeier 2007, S. 46)).

Was hier propagandistisch suggeriert wurde, war die vorgebliche Realisierung der „Volksgemeinschaft" auf Ebene der Jugendpolitik. Durch diese seien alle traditionellen gesellschaftlichen Ungerechtigkeiten, wie sie bislang infolge nicht leistungsbezogener sozialer Ungleichheitsmuster bestanden hätten, nunmehr überwunden. In typischer Manier der Argumentationsstruktur der NS-Propaganda wurde dann zudem der Eindruck vermittelt, eine positive Beurteilung und aktive Inklusion hinge angesichts der Errungenschaften der NS-Jugendpolitik allein von deren *richtigem* Verständnis ab:

> „Wir suchen den, der nicht zu uns will... Doch wie mag der wohl aussehen? Eigentlich können wir ihn uns gar nicht vorstellen. Wir haben noch nie so einen Jungen gesehen"

(Plakat der Reichsjugendführung von 1938 (BArch Koblenz Plakatsammlung, 3/11/3; Kollmeier 2007, S. 47)).

Im, 1936 erlassenen, Gesetz über die Hitler-Jugend wurde dann der totalitäre Anspruch der Jugendorganisation deutlich festgelegt:

> „Die *gesamte* [Hervorhebung; J. B.] deutsche Jugend ist außer in Elternhaus und Schule körperlich, geistig und sittlich im Sinne des Nationalsozialismus zum Dienste am Volk und zur Volksgenmeinschaft zu erziehen" (RGBl. 1936, Teil I, S. 993, § 2).

Diese Zielsetzung sollte nach der Intention der Reichsjugendführung im Ergebnis einer hierzu passenden und organisationsintern einheitlich gestalteten Erziehungspraxis einen HJ-eigenen Typus unter der Mitgliedschaft generieren (Klönne 1993, S. 227):

> „Wenn man aber für den Gehalt einer ganzen Organisation die Gestalt ihres Vertreters setzen kann, so geht daraus hervor, daß es gelungen ist, in ihm den Gedanken der Organisation zu verkörpern, d.h. in ihm den Typ zu schaffen. In diesem Typ ist sie selbst so stark ausgeprägt, daß man das ganze schon im einzelnen begreifen kann. [...] Das geht soweit, daß die Gleichförmigkeit des Denkens sich auch in der Gleichförmigkeit des Äußeren ausdrückt, in der Uniform. [...] Fragt man einen, so weiß man, was alle sagen [...] durch die gleiche grundsätzliche Ausrichtung" (Reichsjugendführung 1937).

Vergleichbar mit diesen propagandistisch verbreiteten Ansprüchen und Vollzugsmeldungen wird die HJ als damals Jugend-einende Organisation häufig auch von Zeitzeuginnen und Zeitzeugen erinnert. Hierbei wird als zentrale Erfahrung meist entweder auf den politisch und sozial verstärkten Inklusionsdruck verwiesen, wie im Falle der damals 10jährigen Magda im April 1936:

> „Beim Aufnehmen der Personalien fragte der Klassenlehrer u. a.: ‚Wer von Euch ist noch nicht Mitglied in HJ und BDM?' Von 22 Schülern/innen meldeten sich Ilse B. und ich, also zwei! Ich werde nie vergessen, wie sehr wir beide uns schämten! Es wurde uns nahegelegt, uns ‚heute noch' beim BDM anzumelden, ‚sonst dürft ihr diese Schule nicht besuchen!' Zwang? Verständlich: Die künftige geistige Elite sollte linientreu sein! Meine Mutter ging noch am Nachmittag mit mir zur zuständigen Führerin, meldete mich an und kaufte alle notwendigen Uniformteile. Jetzt war ich stolz: ich war ‚dabei' und kein Außenseiter mehr" (zit. n. Klaus 1998, S. 18).

Oder die HJ-Gemeinschaftserlebnisse werden autobiographisch hervorgehoben:

Abbildung 2: Propagandistisch verklärte Vollzugsmeldung der Einheit der Jugend durch den HJ-Dienst (Staatsarchiv Augsburg, NSDAP-Gau Schwaben, HJ-Gebiet Schwaben, HJ-Bann Memmingen (StA Augsburg S 4234))

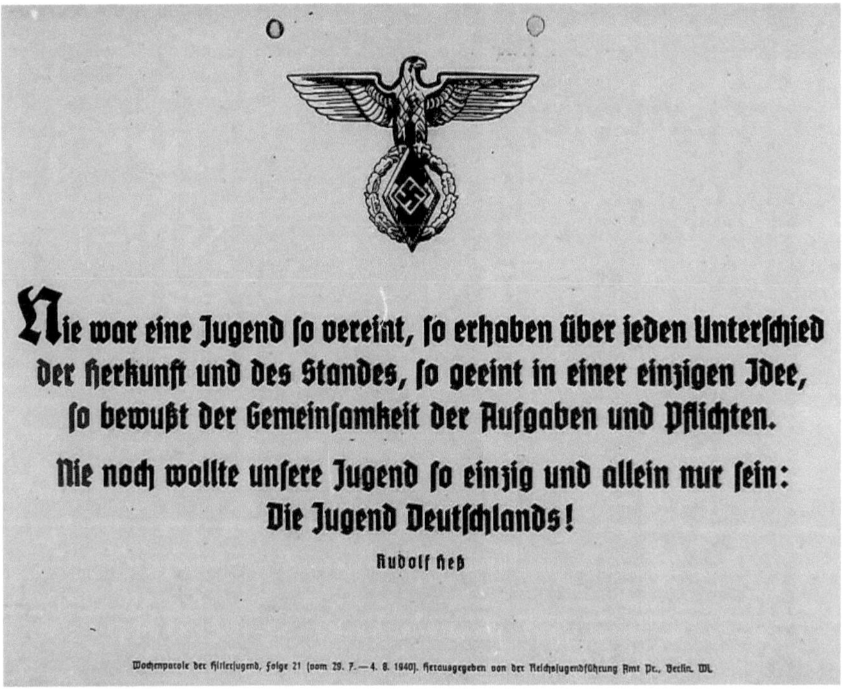

„Diese Kameradschaft, das war es auch, was ich an der Hitlerjugend liebte. Als ich mit zehn Jahren in die Reihen des Jungvolks eintrat, war ich begeistert. Denn welcher Junge ist nicht entflammt, wenn ihm Ideale, hohe Ideale, wie Kameradschaft, Treue und Ehre entgegengehalten werden. [...] Und dann die Fahrten! Gibt es etwas Schöneres, als im Kreis von Kameraden die Herrlichkeiten der Heimat zu genießen? [...] Und es ist immer wieder ein tiefer Eindruck, abends in der freien Natur im Kreis um ein kleines Feuer zu sitzen und Lieder zu singen oder Erlebnisse zu erzählen! Diese Stunden waren wohl die schönsten, die uns die Hitlerjugend geboten hat. Hier saßen dann Lehrlinge und Schüler, Arbeitersöhne und Beamtensöhne zusammen und lernten sich gegenseitig verstehen und schätzen“ (Zeitzeugenbericht; zit. n. Klönne 1985a, S. 212; vgl. auch ders. 2003, S. 143 f.).

In der Erinnerung dieses Zeitzeugen hat sich die NS-Propaganda, welche die HJ als alle sozialen Unterschiede unter den Heranwachsenden der „Volksgemeinschaft“ einebnende Jugendorganisation beschrieb, in vermeintlich erlebte Realität verwandelt. Die HJ wird hierbei ihres politisch-funktionalen Zuschnitts entledigt und zur großen Gemeinschaftserfahrung Gleichaltriger erklärt. Eine solche, den Vollzug der Vereinheitlichung der Jugend in der HJ bereits vorwegnehmende,

Abbildung 3: Die „gleichgeschaltete" Jugend – Anspruch und Ziel der NS-Jugendpolitik (Hitler-Jugend bei der Kundgebung am Tag der Arbeit im Berliner Olympiastadion (1. Mai 1938); BArch, Bild 183-H05599/o. Ang.)

Darstellung fand sich zeitgenössisch allerdings keineswegs nur in der nationalsozialistischen Propaganda oder den programmatischen Ausführungen der zuständigen Funktionäre der NS-Jugendpolitik. Sie charakterisierte u.a. auch die Argumentationen nicht unmittelbar dem Regime zuzurechnender Erziehungswissenschaftler. So heißt es etwa bei Heinrich Roth:

„[D]ie Jugend des Führers. Ihr gelang es unter Führung Baldur v. Schirachs und seiner Mitarbeiter, die gesamte deutsche Jugend trotz Verzichtes auf staatlichen Zwang großzügig organisatorisch zusammenzufassen und politisch zu einigen. Was der beste Teil der Jugendbewegung gewollt hatte, hat sie geschaffen: ein einheitliches, in das Volksleben eingeordnetes deutsches Jugendleben. Damit hat die nationale Revolution nicht nur die Spaltung in Klassen, sondern auch die in Generationen überwunden" (Roth 1938, S. 19; vgl. in diesem Sinne auch Nohl 1933/34).[4]

In all diesen hier vorgestellten Fassungen der HJ geraten jedoch zentrale und charakteristische soziale Differenzierungsmuster der Organisation aus dem Blick: Etwa die vielfältigen Erfassungsgrauzonen zwischen den In- und Exklusionsbereichen, die soziale Ungleichheit bildenden Hierarchien innerhalb der HJ oder, von besonderer analytischer Relevanz, die Dynamik der NS-Politik, die auch auf diesem Gebiet dazu führte, dass eine prozessuale, ihren Gegenstand nicht statisch betrachtende, Perspektive auf das untersuchte Phänomen zu dessen valider Erfassung unumgänglich ist. Letztere wird der Erkenntnis einer oftmaligen Überlagerung der „widersprüchlichsten Eindrücke" gerecht, wie sie die Jugendlichen in ihren „Lebensbereichen [...] unter dem Hakenkreuz" erlebten (Peukert 1982, S. 175). Die Grenzen zwischen In- und Exklusion wurden vom Regime bzw. seinen zuständigen Funktionsträgern, darunter eine Hitler stets blind ergebene Reichsjugendführung, durchaus bewusst schwammig definiert sowie anschließend herrschaftspragmatisch ausgelegt und gehandhabt. Demgegenüber kann eine statische Perspektive auf die NS-Jugendorganisation dazu führen, dass die vermeintliche Trennschärfe ihrer inneren sozialen Differenzierungsmuster, wie der geschlechtsspezifischen HJ-Erfahrungen im BDM oder der männlichen HJ, überbewertet wird. Dadurch wird mitunter auch der Blick auf die übergeordneten Herrschaftsinteressen des Regimes, dessen vollständig funktionalisierende Sicht auf ‚seine' Jugend, verstellt.

Wenngleich zur HJ-Wirkungsgeschichte durchaus noch immer kontroverse Einschätzungen publiziert werden (Miller-Kipp 2006a, S. 223), hat die thematisch einschlägige Forschung doch übergreifend deutlich machen können, dass die angestrebte, funktional-formierende „Gleichschaltung" der heranwachsenden „Volksgemeinschaft" dem NS-Regime zu keinem Zeitpunkt im anvisierten Maße gelungen ist (Dudek 1987, S. 183 f.; Langwiesche/Tenorth 1989, S. 106; Buddrus 2003, S. XVI; Klönne 2003, S. 149):

„Politische Sozialisation im ‚Dritten Reich' war auf Perfektion hin angelegt, aber sie war nicht perfekt [...] ‚Die' Hitler-Jugend-Generation als jugendgeschichtliche

4 Zur, bildungshistorisch noch immer kontrovers diskutierten, Rolle Heinrich Roths im NS vgl. Hoffmann-Ocon 2014.

> Einheit ist nie Realität gewesen“ (Klönne 1990, S. 87; vgl. in diesem Sinne zuletzt die Darstellung bei Postert 2021).

Letztlich gilt auch für die HJ, was für die NS-Herrschaft insgesamt gilt. Die Annahmen zur Entwicklung sozialer Ungleichheit unter ihrer Ägide dürfen nicht aus der NS-Propaganda herausgelesen oder allein aus einzelnen Zeitzeugenerinnerungen abgeleitet sowie insbesondere nicht aufgrund singulär nachgewiesener Existenzformen pauschalisiert werden (Kramer/Nolzen 2012, S. 11 ff.). Sie bedürfen vielmehr einer empirisch-differenzierenden Analyse, um zu repräsentativen Aussagen bezüglich der realen Verbreitung der jeweils untersuchten Phänomene zu kommen. Eine solche soll im Folgenden für die Hitler-Jugend und ihre Beteiligung an der zeitgenössischen Ausprägung sozialer Differenzierung unternommen werden. Analyseleitend (vgl. Kapitel 3.1) ist dabei folgende Objektbestimmung:

> „Soziale Ungleichheit liegt überall dort vor, wo die Möglichkeiten des Zugangs zu allgemein verfügbaren und erstrebenswerten sozialen Gütern und/oder zu sozialen Positionen, die mit ungleichen Macht- und/ oder Interaktionsmöglichkeiten ausgestattet sind, dauerhafte Einschränkungen erfahren und dadurch die Lebenschancen der betroffenen Individuen, Gruppen und Gesellschaften beeinträchtigt bzw. begünstigt werden.“ (Kreckel 1992, S. 17).

Diese Definition ermöglicht es, innerhalb eines systematischen Zugriffs die beiden in charakteristischer Weise ungleichheitsgenerierenden Strukturen des Nationalsozialismus – Herrschaft (vgl. Kapitel 3.2.1) und Rassismus (vgl. Kapitel 3.2.2) – sowie die Benennung vielfältiger konkreter Momente sozialer Ungleichheit innerhalb der Organisationsstrukturen, der Programmatik und des Dienstalltags in dessen unterschiedlichen Ausprägungen zusammenzuführen und aufeinander zu beziehen.

Kapitel 2

Die „dynamische Ordnung sozialer Ungleichheit“[5] als Wesensmerkmal der NS-Herrschaft – Eine Hinführung

„Alle historisch bekannten Herrschaftsverbände werden durch Systeme der sozialen Ungleichheit geprägt“ (Wehler 2013, S. 15).[6] Unter dieses historisch-übergreifende Fazit lassen sich die NS-Herrschaft und ihre Jugendorganisation, die Hitler-Jugend (HJ), in besonderem Maße subsumieren. Um letztere soll es im Folgenden gehen. Im Fokus wird dabei die Frage nach den HJ-bezogenen Ursachen und den dortigen bzw. dort ausgelösten Ausprägungen sozialer Differenzierung stehen. Hierzu gilt es zunächst einmal ganz allgemein festzuhalten, dass das NS-Regime prinzipiell kein Interesse an einer gänzlichen Einebnung sozialer Differenzierungsmuster hatte, wie sie die deutsche Gesellschaft um 1933 durchzogen (Janka 1997, S. 210 f.). Vielmehr sollten alte Hierarchien bekämpft und neue errichtet werden – beides nach Maßgabe der Rassen- und, hiervon abgeleitet, der sozialen Ideologie der nationalsozialistischen Führungsriege. Als ermöglichende Vorbedingungen der somit angestrebten gesellschaftsstrukturellen Veränderungen standen die konsequente Etablierung des Führerprinzips sowie der Ausbau und Erhalt regimebezogener Kontroll- und Loyalitätserzeugungsinstanzen („Führung und Verführung“) im Fokus der NS-Bevölkerungspolitik. Die in diesem Zusammenhang bedeutsamen NS-spezifischen Differenzierungs- und Homogenisierungsansätze sowie deren gesellschaftspolitische Realisierungsversuche und subjektive Wahrnehmung durch Akteurinnen und Akteure sowie Betroffene, stellen ein eigenes weites Forschungsfeld zur NS-Zeit dar. Ausdruck der anhaltenden Aktualität dieser Thematik sind die vielzähligen und vielfältig ansetzenden Studien zur nationalsozialistisch konzipierten und propagandistisch als Zukunftsversprechen verkündeten, im Ergebnis der NS-Bevölkerungspolitik jedoch keineswegs verwirklichten Schaffung einer sozial egalisierten „Volksgemeinschaft“ (Bajohr/Wildt 2009; Schmiechen-Ackermann 2012; Reeken/Thießen 2013). Die neuere Forschung zur NS-„Volksgemeinschaft“ hat vielmehr

5 Kramer/Nolzen 2012, S. 9.

6 Wehler hat entsprechend dieser These die Analyse der historisch aufzuweisenden Phänomene sozialer Ungleichheit als eine der „Zentralachsen“ seiner umfassenden deutschen Gesellschaftsgeschichte für die Jahre 1700 bis 1990 bestimmt und diese Perspektive in seiner Darstellung systematisch einbezogen (Wehler 1987, S. 11). Zur Analyse der Strukturbedingungen und Entwicklungsprozesse sozialer Ungleichheit unter der NS-Herrschaft vgl. aus diesem Kontext das umfassende Resümee bei Wehler 2010, S. 715 ff. Zur ungebrochenen Aktualität der sozialen Ungleichheitsperspektive für die Analyse moderner Industriegesellschaften vgl. aus geschichtswissenschaftlicher Sicht zudem: Lenger/Süß 2014.

herausgearbeitet, dass die nationalsozialistischen Herrschaftspraxen auf den unterschiedlichen Hierarchieebenen auch unterhalb der zentralen, Ungleichheit generierenden, Ebene des Rassismus vielfältige, mit dieser erkennbar in Beziehung stehende soziale Ungleichheitsphänomene intendiert und nicht intendiert hervorriefen (vgl. insbesondere Bajohr/Wildt 2009). Entscheidendes Kriterium einer sozialen Positionierung *innerhalb* der „Volksgemeinschaft" sollte nach Ansicht des Regimes die innere (entsprechende Gesinnung) und äußere (phänotypische Eignung) Leistungsbereitschaft im Sinne und Dienste der NS-Ideologie und ihrer praktischen Umsetzung sein (Sünker 1991). In Konsequenz dessen galten demgegenüber „als ‚asozial' [...] vor allem diejenigen, die sich dem totalen Leistungsanspruch des NS-Staates zu entziehen suchten" (Schoppmann 2004, S. 41). Oder, so wäre zu ergänzen, vom NS-Herrschaftssystem dessen verdächtigt wurden.[7] Die hier angelegte Verteilungsstruktur, nach der bei der Realisierung des oben angedeuteten nationalsozialistischen Ungleichheitskonzeptes systematisch Positionen und Zuwendungen, aber auch Ausgrenzung und Verfolgung verteilt wurden, hatte Hitler bereits früh in Form seines Gleichheitsverständnisses auf den – wenig differenzierten – Punkt gebracht:

> Der „Wert des Menschen [...] und sein Wert für die Volksgemeinschaft werden nur ausschließlich bestimmt durch die Form, in der er der ihm zugewiesenen Arbeit nachkommt" (Hitler am 12. 6. 1925, zit. n. Vollnhals 1992, S. 96 f.).[8]

Aus dieser Bedeutungszumessung nach regimeeigenen Nützlichkeitserwägungen (Janka 1997, S. 278)[9] resultierte das „Konzept der nationalsozialistischen Volksgemeinschaftsutopie" mit den für sie spezifischen Strukturen sozialer Ungleichheit. Es „zielte auf die Formierung einer ideologisch homogenen, sozial angepassten, leistungsorientierten und hierarchisch gegliederten Gesellschaft mit den Mitteln der Erziehung der ‚gut Gearteten' und der ‚Ausmerze' der angeblich ‚Ungearteten'" (Peukert 1982, S. 295). „Erziehung" wurde in dieser ideologisch-funktionalen und stark erweiterten Begriffsfassung zu einem Instrument der Herrschaftssicherung einer Diktatur (Lingelbach 1987, S. 31), die „die gesamte

---

7 „Das Attribut ‚asozial' war bei den Behörden im Dritten Reich so beliebt, weil es auf alle Formen nichtnormativen Verhaltens angewandt werden konnte. Seine Kraft lag gerade darin, dass es nicht genau definiert werden konnte" (Wachsmann 2006, S. 323).

8 Vgl. entsprechend die stimmige Zusammenfassung der NS-Volksgemeinschaftsideologie bei Harvey: „Die so propagierte Gemeinschaft versprach keine Gleichheit und Solidarität, sondern basierte auf dem Prinzip von Kampf und Ungleichheit, von ‚Führer' und ‚Gefolgschaft'. [...] Opferbereitschaft und Einsatzwillen jedes Einzelnen waren ihre elementaren Bestandteile. Es ging nicht um das Recht auf Partizipation, sondern um den Nutzen des Individuums für das Ganze und um das Leistungsprinzip" (Harvey 2012, S. 252).

9 Vgl. in diesem Sinne die Erziehungsdefinition in Abhängigkeit der attestierten „volklichen Brauchbarkeit" der betreffenden Subjekte bei Krampf 1937, S. 5 ff.

Gesellschaft als überdimensionalen Erziehungsraum [...] konstruieren" wollte (Tenorth 2008, S. 267). Erziehung wurde hierbei von Seiten des Regimes in funktionaler Abhängigkeit von dessen politischer Herrschaft definiert (Miller-Kipp 2004, S. 139):

> „Jede nationalsozialistische politische Funktion ist [...] auch gleichzeitig nationalsozialistisch erzieherische Funktion. [...] Bei aller zuzugestehenden Differenzierung nach Anlage und Aufgabe muß die nationalsozialistische Erziehung dennoch diese Bildung eines einheitlichen, auf die Nationalgemeinschaft gerichteten Willens durchsetzen" (Beck 1933, S. 19 ff.).

Das hier anklingende Erziehungsverständnis sieht also soziale Differenzierung durchaus vor, subsummiert ihre Erscheinungsformen jedoch unter der Prämisse einer vorgelagerten Untergliederung unter die ideologischen Ziele des Regimes und deren politischer Durchsetzung. Angestrebtes Ergebnis der hierzu initiierten nationalsozialistischen „Gebrauchspädagogik" (Giesecke 1999, S. 218)[10] und der in diesem Sinne praktisch umgesetzten Formierung der deutschen Jugend auch in der HJ war eine – in ihren konkreten Ausprägungen geschlechtsspezifische, jedoch geschlechterübergreifend funktionalisierende – „Typenbildung" (Miller-Kipp 2002, S. 307 f.; Reese 2007a, S. 12 f.) zum systemfunktionalen Persönlichkeitstypen (Dengel 2005, S. 47 ff.). In diesem Kontext sollten die zentralen Elemente der nationalsozialistischen Ideologie theoretische Grundlage in Form einer Legitimationsbasis sowie realpolitischer Bezugspunkt jeder Erziehungsmaßnahme im NS-System sein.[11] Den Kern der nationalsozialistischen Weltanschauung

10 Ganz im Sinne des hier anklingenden funktionalistischen Verständnisses von Erziehung und Pädagogik bevorzugte die Reichsjugendführung direkt auf eine praktische Umsetzung abzielende Konzepte ihrer Funktionäre gegenüber den Theorien der Erziehungswissenschaft. Im Vorwort zu Helmut Stellrechts „Wehrerziehung der deutschen Jugend" bemerkte Baldur von Schirach entsprechend: „Der besondere Wert dieses Buches für unser Volk besteht gerade in dieser Tatsache, daß es keinen theoretisierenden sogenannten ‚Pädagogen' zum Verfasser hat, sondern einen *erzieherischen Aktivisten*, der, mitten in der Wirklichkeit der großen Erziehungswirklichkeit der Hitler-Jugend stehend, aus dem reichen Schatz einer unerhört vielseitigen Erfahrung mitteilt" (Schirach, Vorwort in Stellrecht 1938).

11 Nur angedeutet werden kann an dieser Stelle, dass durch den Primat der *ideologischen* Paradigmen sowie ihrer angestrebten *politischen* Umsetzung im NS-Herrschaftsvollzug vor allen denkbaren sozialen Bezügen, hierunter auch sämtlichen Aspekten von Erziehung und Bildung, die zentrale Frage des Theorie-Praxis-Verhältnisses der Pädagogik (Schmied-Kowarzik 2008, S. 23 ff.) nicht gelöst, sondern schlicht übergangen wurde. Keine, wie auch immer geartete, eigenständige Erziehungstheorie und deren unabhängige Überzeugungskraft sollte für das pädagogische Handeln im NS-Herrschaftssystem maßgeblich sein. Vielmehr erfuhren diese ihre Bewertung allein durch den ihnen zugeschriebenen funktionalen Wert. Während NS-Funktionäre auf den unterschiedlichen Ebenen des Regimes, mit dem Ziel einer möglichst effizienten Umsetzung der oben genannten Primärziele, Erziehungskonzeptionen erarbeiteten, welche unmittelbar in eine entsprechende Erziehungspraxis

bildete ein biologistisch geprägter Rassismus (Schmuhl 1992, S. 215 ff.), der hierarchisch nach „höher-“ und „minderwertigen“ Rassen unterschied und diesen angeblich unabänderliche Rasseneigenschaften zuschrieb. Die Ideologie des Regimes prägte die Programmatik und die Legitimation der entsprechenden Praxen in sämtlichen politischen Sphären der NS-Herrschaft. In unterschiedlichem Tempo und Ausmaß infiltrierten die entsprechenden proklamierten Deutungsmuster systematisch nach und nach auch die Bereiche des Erziehungs- und Bildungswesens (Keim 1995, S. 95 ff., Harten/Neirich/Schwerendt 2006, S. 66 f., Horn/Link 2011; Link/Benecke 2022), ohne dessen Inhalte zur Gänze prädisponieren zu können (Tenorth 2006). Wirkungsmächtig wurde hierbei meist eine bereichsspezifische Melange aus Anpassungsforderungen und teilweisen herrschaftspragmatischen Rücksichtnahmen von Seiten der NS-Führung sowie der jeweiligen,

---

münden sollten (vgl. hierzu ausführlich Benecke 2011, S. 151 ff. und 652 ff. sowie als historisches Exempel die Beiträge in Benze/Gräfer 1940), wurde Erziehungstheorie lediglich die instrumentelle Aufgabe zugestanden, diese Bestrebungen nachträglich propagandistisch verwertbar zu legitimieren. Entscheidend war demnach nicht mehr die aufwendige Frage nach einer adäquaten Umsetzung von Theorie in Praxis, sondern lediglich der möglichst hohe Gebrauchswert einer pädagogischen Praxis, die dann wiederum mittels affirmativ-zugeschnittener Theorie scheinbar begründet wurde. Zeitgenössisch ausformuliert klang dies folgendermaßen: „Wie unter einem weltgeschichtlichen Zwang sucht die Erziehungswissenschaft seit Jahrhunderten die Begründung der Regeln des erzieherischen Handelns in allgemeingültigen und notwendigen Aussagen von inhaltlich bestimmter Art über den Sinn und den Wert des Lebens. Sie hat übersehen, daß jedem konkreten Erziehungssystem eine Sinnaussage immanent ist, ohne daß sie formuliert zu sein braucht, sie hat übersehen, daß sinnvolles Handeln immer nur bezogen sein kann auf eine sinnvolle Existenz, daß mithin zur Errichtung eines Erziehungssystems in der Wirklichkeit nicht ein System von allgemeingültigen Sätzen erforderlich ist, sondern eine sich selber als wertvoll und gestaltungsmächtig empfindende, lebendige Einheit“ (Baeumler 1937, S. 67 f.). Diese Setzung ist keineswegs für sich genommen bereits nationalsozialistisch. Im obigen Sinne ist sie jedoch für dieses – Baeumler verortete sich selbst als Theorielieferant des Nationalsozialismus (ebd., S. 57) – wie für andere Herrschaftssysteme funktional zuträglich, da sie, angesichts des Fehlens einer überkulturell und historisierend-einordnend reflektierenden Metaebene des skizzierten Erziehungskonzeptes, jeder Indienstnahme als theoretische Legitimationsbasis eines affirmativen Erziehungshandelns (zu welchem Baeumler die HJ zählte und als eine der „Instanzen der Formationserziehung“ (ebd., S. 85) begrüßte) Tür und Tor öffnet. Noch deutlicher wird der angesprochene Legitimationscharakter der NS-Erziehungstheorie in einer Wendung Ernst Kriecks, welche ihre Aufforderung zur Affirmation kaum noch verschleiert, sondern ihr lediglich durch die bekannte Taktik einer suggerierten – von den betreffenden Theoretikern nicht selten durchaus ernstgemeinten (Lingelbach 1987, S. 66) – Anbindung an bildungshistorische Leumundszeugen Gewicht zu verleihen versucht: „Die Erziehungswissenschaft hat den erzieherischen Sinn und Gehalt der völkischen Aufbruchsbewegung in die Form bewußter Erziehungstätigkeit umzusetzen und dabei den Spuren des voranschreitenden Führers zu folgen. So wird aus dem deutschen Volke der platonische Zucht- und Erziehungsstaat auf der Grundlage eines rassisch-völkischen Weltbildes und im Zusammenhang eines neu entstehenden Geschichtsbildes errichtet werden“ (Krieck 1937, S. VI).

vom aktiven Entgegenarbeiten bis zu Abgrenzungs- und Abwehrbemühungen reichenden, Anpassungsbereitschaft der zuständigen Akteure des Bildungs- und Erziehungswesens.

Mit dem Rassismus verbanden sich in der NS-Ideologie drei weitere wesentliche Aspekte unmittelbar: (1) der Antisemitismus, welcher sich als primäre gruppenspezifische Negativ-Konkretisierung von Hitlers Rassismus bezeichnen ließe; (2) die Proklamation einer „reinrassigen" deutschen „Volksgemeinschaft" als deren vermeintlich positivem Gegenstück; (3) die Forderung nach Eroberung von zusätzlichem „Lebensraum" für letztere (Hitler 1933, S. 726 ff.). Grundlegende Intention der angestrebten, an diese Ideologie anknüpfenden und deren politische Realisierung gezielt vorantreibenden, „neue[n] Erziehung" (Stellrecht 1942) für die rassisch definierte „arische" und „erbgesunde" Zielgruppe (Hitler 1933, S. 475 f.) war zweierlei: die nachhaltige Generierung einer nationalsozialistischen Gesinnung („Charakter", „Wille")[12] sowie die Implementierung möglichst weitgehender und stabiler Bindungen („Treue" als Chiffre für unbedingte Loyalität) an die NS-Führung. Auf diese mentale und emotionale Grundlage sollte dann die gezielte physische und geistig-indoktrinative Schulung zur Leistungsbereitschaft im Sinne der NS-Ideologie und deren politischer Umsetzung aufbauen (vgl. das Zitat Schirachs in der Einleitung), wie sie auch in der HJ alltäglich massenhaft umgesetzt wurde (Benecke 2013, S. 72 ff.).

12 Angesprochen ist hiermit eine – hier machtgebunden verstandene – innere Formierung im Sinne des Habituskonzeptes von Bourdieu. Diese wird gefasst als „eine regelrechte lex insita, wie Leibnitz sagt, ein dem Sozialkörper innewohnendes Gesetz, das, einmal von den biologischen Körpern verinnerlicht, bewirkt, dass die einzelnen, ohne entsprechende Absicht und Bewußtsein das Gesetz des Sozialkörpers vollziehen" (Bourdieu 1988, S. 232).

Kapitel 3

Soziale Ungleichheit als Element der Hitler-Jugend

Die chronologische Entwicklung der HJ lässt sich in vier weitgehend voneinander abgrenzbare Phasen untergliedern. In diesen Phasen erfuhr die nationalsozialistische Jugendorganisation als Element der NS-Herrschaft durch das Regime jeweils veränderte und situativ angepasste Bedeutungszuschreibungen und Aufgabenstellungen. Es können unterschieden werden: 1. Eine Vorzeit der Entstehungs- bzw. „Kampfzeit" (1922 bzw. 1926; für den BDM von 1923 bzw. 1932 bis 1933); 2. Eine Phase der Durchsetzung (1933 bis 1936); 3. Eine Phase der Jugendarbeit bzw. der „Erziehung" (1936 bis 1939); 4. Eine letzte Phase der Kriegszeit (1939 bis 1945). Abhängig vom konkreten Moment der jeweiligen Mitgliedschaft konnte die HJ-Erfahrung also eine ganz unterschiedliche sein (Benecke 2013, S. 22 ff.). Somit ergibt sich an dieser Stelle eine erste Dimension sozialer Ungleichheit hinsichtlich der HJ-Angehörigkeit: die Zeit bzw. der Zeitpunkt der Mitgliedschaft. Letztere konnte, je nach Zugehörigkeitszeitraum, sehr heterogene Erlebenspotentiale beinhalten, deren scheinbar antagonistische, tatsächlich lediglich phasenspezifisch-inkludierenden Pole ein Freiwilligkeit suggerierender Abenteuercharakter (erste Phase)[13] einerseits sowie ein zwangsweise verpflichtender Kriegseinsatz auf Leben oder Tod (Ende der letzten Phase) andererseits waren. In dieser letzten Phase sprach das Regime zwar immer noch von einer existierenden „Freiwilligkeit" hinsichtlich seiner Ansprüche an die Jugend. Wie sehr diese aber eine scheinbare und mit massiver Druckausübung verbundene war, dies offenbart exemplarisch der Plan des HJ-Gebietes Schwaben für eine am 9. 2. 1944 durchzuführende „Werbung für die Waffen-SS" in Augsburg:

> „Die Werbung ist grundsätzlich nach dem Prinzip der Freiwilligkeit durchzuführen. Es ist den Jungen klarzumachen, daß es unser Stolz sein muß, im 5. Kriegsjahr die Freiwilligenmeldungen zu verdoppeln. Die Neujahrsansprache des Reichsjugendführers ist besonders zu erwähnen. Wenn den Jungen dann nach grundsätzlichen Ausführungen durch die Bannführer der Sinn der Freiwilligenmeldung klargemacht ist, ist darauf hinzuweisen, daß der Führer eine Verstärkung der Waffen-SS befohlen hat und daß die Hitler-Jugend der einzigen Waffenträgerin der Partei, nämlich der Waffen-SS möglichst viel Freiwillige zuführen will" (BArch NS 28/82).

13 Dies verdeutlicht exemplarisch der Bericht des Zeitzeugen Stratmann über seine frühe Zeit im Jungvolk (Interview Stratmann, S. 56 ff.).

Die Reichsjugendführung rühmte sich in propagandistischer Selbstüberhöhung immer wieder der hohen Quoten Freiwilliger, die sich aus den Reihen der HJ, erst ihres Führungskorps, dann auch ihrer einfachen Mitglieder, zu den verschiedenen Kriegseinsätzen der Organisation oder in anderen Verbänden und der Wehrmacht gemeldet hatten (exemplarisch: Völkischer Beobachter vom 3. 9. 1944 und 17. 10. 1944; abgedruckt in Benecke 2013, S. 305 f., 314 f.). Eine weitergehende oder gar vollständige Verweigerung lag demgegenüber, wenngleich auch Zwang nur abgestuft bestand, nicht im vorgesehenen Akzeptanzbereich der führenden Funktionärinnen und Funktionäre der Jugendorganisation. Insgesamt kann festgehalten werden, dass nach der nationalsozialistischen Machtübernahme eine phasenübergreifend stetig ansteigende Erfassungsintention die Jugendpolitik des Regimes kennzeichnete. Entsprechend gelang eine beachtliche Steigerung der HJ-Mitgliederzahlen. Da allerdings bezüglich der Erfassungsquoten der HJ in der Forschungsliteratur gerade hinsichtlich einer Einschätzung ihrer höchsten Ausprägungen divergierende Angaben erhältlich sind (Hellfeld/Klönne 1987, S. 35; Dudek 2002, S. 344; Jahnke 2003, S. 38; Kater 2005, S. 25), ist hierzu eine differenzierende Erläuterung angebracht. Die zu konstatierenden Abweichungen resultieren zumeist aus unterschiedlichen, in den Spezifika ihrer Zugriffe als solche mitunter nicht hinreichend kenntlich gemachten, Betrachtungen dieser NS-Organisation. So macht es einen deutlichen Unterschied, ob die Erfassungsquote vor oder nach dem Inkrafttreten der Durchführungsverordnungen im März 1939 angegeben wird. Zudem kommt es darauf an, welche Teilpopulation man heranzieht. So hinkte die Erfassungsquote des BDM jener der männlichen HJ stets etwas hinterher (Kinz 1991, S. 25; Buddrus 2003, S. 288 f.) und schloss erst im Krieg seit 1939 zu dieser auf (Buddrus 2003, S. LIII). 1939 wurden dann die Angehörigen des Jahrgangs 1928/29 zu 90,7 % in DJ und JM aufgenommen, während der Jahrgang 1925 zugleich „weitgehend ‚verlustlos'" (Buddrus 2003, S. 288) in HJ und BDM überführt werden konnte. Hieraus hätte sich eine Erfassungsquote der gesamten HJ von „über 90 %" ergeben (ebd.). Durch die Erfassungseffekte der Eingliederung des Protektorats Böhmen und Mähren und der Überführung der dort lebenden „volksdeutschen" Jugendlichen in die HJ sowie der nur schleppend erfolgreichen Erfassung der dortigen bis dahin nicht organisierten Jugend, „fiel die Gesamterfassungsquote wieder auf das Normalmaß von 85,1 %" (ebd.). Diese Erfassungsquoten waren beachtlich[14], sie entsprachen jedoch nicht den mitunter

14 Zur Einordnung: In Summe wurden im wilhelminischen Kaiserreich – abgesehen von einigen Vorläufern (Benecke 2020, S. 94 ff.) dem Beginn der Geschichte außerschulischer Jugendorganisationen in Deutschland (ebd., S. 103 ff.) – etwa 20 Prozent der Jugendlichen von Jugendorganisationen erfasst (Gängler, 1996, S. 180). Während der Weimarer Republik erhöhte sich dieser Anteil infolge einer voranschreitenden Vergesellschaftung der Jugend auf 40 Prozent (ebd., S. 184 f.). Somit erreichten die Jugendverbände – nimmt man die Jugendorganisationen der Diktaturen (zur Bildungsgeschichte der DDR vgl. die Beiträge in Benecke 2022b) mit ihren Höchstwerten durchschnittlicher Erfassungsquoten von etwa

angegebenen, sicher zu hoch gegriffenen 98,1 % im Jahr 1939 (Jahnke 2003, S. 38; Kater 2005, S. 25) – unabhängig davon, welchen Zeitpunkt oder welche Teilpopulation der HJ man wählt. Eine derart hohe Erfassungsquote lässt sich allein für die genannte Überführung des einen Jahrgangs 1925 innerhalb der HJ, vom DJ in die HJ und vom JM in den BDM sowie nur bezogen auf die Jugendorganisation im Altreich annehmen.

Qualitativ fand diese Erfassungsintention ihre Entsprechung in einem organisationsspezifischen Erziehungsziel, der HJ-Typenbildung, wie sie Arno Klönne für die männliche Jugend formuliert hat. Angestrebt wurde:

> „Der äußerlich aktivierte und leicht aktivierbare, körperlich leistungsfähige, beruflich tüchtige, an Organisationsdisziplin gewöhnte Junge, der – von der Formaldisziplin bis zur Ideologie – an die Einhaltung der von der Organisation gelieferten Normen sich unreflektiert binden, Initiative nur im Rahmen dieser Normen entfalten und sein Selbstwertgefühl auf die Stellung seiner Organisation und seine Position innerhalb derselben beziehen sollte" (Klönne 2003, S. 84 f.).[15]

Die hier formulierte Soll-Erwartung, mit der die Funktionärinnen und Funktionäre des Regimes und dessen Propaganda die Heranwachsenden konfrontierten, barg bereits eine grundsätzliche Basis sozialer Differenz in sich: Das individuelle oder kollektive Ausmaß, mit welchem einzelne Jugendliche oder Jugendgruppen dieser nach Disposition und Fähigkeit entsprechen wollten und entsprachen. Während eine konstatierte Entsprechung meist Aufwertung durch symbolische Ehrerweisung und Besserstellung innerhalb des jeweils zuständigen Führerprinzips (bei der HJ die dortige Rangordnung) nach sich zog, resultierte aus einem unterstellten Versagen oder einer Verweigerung entsprechend gezielt beschämende Diffamierung und Degradierung. Nicht selten rief die Angst vor letzterem eine deutliche Verstärkung der eigenen Inklusionsbereitschaft hervor.[16] Somit ist die angedrohte

---

85 % (HJ) bzw. 80 % (FDJ) nicht hinzu – den bis heute höchsten Organisationsgrad der Geschichte. Die verbandliche Jugendarbeit (re-)stabilisierte sich in den Westzonen respektive der Bundesrepublik nach dem Zweiten Weltkrieg rasch. Für die frühen 1960er Jahre wurden Mitgliedszahlen erhoben, die wieder einen bis heute gehaltenen Organisationsgrad von etwa 40 Prozent der Jugendlichen belegen (Rauschenbach, 1991, S. 124 ff.). Zur Historie der Jugendorganisationen vgl. allgemein Benecke 2020; zur Bildungsgeschichte der DDR die Beiträge in Benecke 2022b; zur FDJ Skyba 2022.

15 Zur propagandistisch verklärenden Bestimmung des HJ-„Typus" aus NS-Funktionärssicht vgl. Usadel 1934, S. 31 ff. (Abdruck in Benecke 2013, S. 124 f.) sowie allgemeiner zur Konzeption der „Volksgemeinschaft" als Erziehungsraum inklusive einer dauerhaften Prägung zum nationalsozialistischen „Typ": Sturm 1935, S. 88.

16 Diese besondere inklusionsfördernde Ambivalenz hat bislang Brockhaus bezogen auf die Botschaft der Ratgeber zur Säuglingspflege der Ärztin Johanna Haarer hervorgehoben (vgl. Brockhaus 2009, S. 31 ff.).

oder erfolgte Beschämung als erste Stufe einer sozial differenzierenden organisationsinternen Sanktionierung abweichenden Verhaltens zu interpretieren:

> „Ich bin auch zweimal bestraft worden, weil ich mich schlecht, albern, undiszipliniert und ungezogen benommen hatte. Ich mußte einmal zur Strafe beim Marschieren nebenher gehen, und das andere Mal wurden mir Halstuch und Knoten für die Dauer einer Woche abgenommen. Und das war natürlich schon sehr, sehr schmachvoll und eine große Schande" (die Zeitzeugin Irmgard K., zit. n. Klaus 1998, S. 20).[17]

Dieser Aspekt einer sozialen Degradierung, welche sich im obigen Beispiel noch als harte, jedoch kontrolliert vollzogene und HJ-regelkonforme Sanktionsmaßnahme darstellt, konnte in der Alltagspraxis der Jugendorganisation durchaus auch in psychische und mitunter physische Misshandlungen und damit massivste Ungleichheitserfahrungen überschlagen. Der, 1932 in München geborene, Harro Betzold erinnert sich an seine Erlebnisse in der HJ:

> „Bei einem Geländespiel der HJ gehörte ich zur Siegergruppe. Ich bin schwach und auch feige. Aber diesmal habe ich mich überwunden: Ich habe mich in eine Rauferei gestürzt (allerdings mehr am Rande des Kampfgetümmels), und ich habe gesiegt.
>
> Großes Völkerballspiel der HJ auf dem Oberwiesenfeld. Es gelingt mir, als letzter im Spielfeld zu bleiben. Ich bin bis jetzt unbesiegt. Keiner konnte mich abschießen. Mein Gegner ist der Fähnleinführer. Und der schießt mich ab. Er trifft mich mit dem Volleyball so hart und unglücklich, daß ich lebensgefährlich verletzt bin.
>
> Ich bin nicht etwa ein verwundeter Held, nein, ich bin ein verachtenswerter Schwächling. Mein Vater bittet den Fähnleinführer zu einer Unterredung. Es geht um die hohen Arzt- und Krankenhauskosten. Der Fähnleinführer kommt. Er hält meinem Vater die Pistole an die Schläfe: ‚Sagen Sie, ob Sie etwas von mir wollen!' Mein Vater und meine Mutter sind leichenblaß. Ich zittere in meinem Bett. Der Fähnleinführer steckt gelassen die Pistole weg. Er grinst mich an. Dann sagt er, immer noch grinsend, zu meinem Vater: ‚Seien Sie froh, wenn der verreckt. Er macht Ihnen nur Schande. Schwächlinge haben keinen Platz bei uns!'" (zit. n. Lipp 1992, S. 17).[18]

Der hier agierende Fähnleinführer mag ein besonders selbstgerechtes und von der sozialdarwinistischen Ideologie durchdrungenes, zudem seine, im organisationsinternen Disziplinarrecht der HJ vorgesehenen (Tetzlaff 1944), Sanktionsbefugnisse überschreitendes Exemplar seiner Gattung gewesen sein. Dennoch standen sein Benehmen und seine Argumentation nicht im prinzipiellen Widerspruch

17 Zur Sozialisationsrelevanz der Scham im NS-Kontext vgl. auf das Beispiel der Erfahrung des Kriegseinsatzes bezogen Benecke 2011, S. 585ff.

18 Zur Charakterisierung von Gewalt als genuinem Element der HJ-Alltagspraxis vgl. Rosenbaum 2014, S. 192f. und 212f.

zu den ideologischen Leitlinien der NS-Bevölkerungspolitik im Allgemeinen und den, in der HJ umgesetzten, NS-Erziehungsansichten im Besonderen. Denn, Wertschätzung sollte das Individuum ausschließlich nach seiner nachgewiesenen funktionalen Leistungsstärke erhalten. Eine derartige Brutalität durch HJ-Führer war infolgedessen keineswegs allein dem Alltag im männlichen Teil der nationalsozialistischen Jugendorganisation vorbehalten. Auch im BDM kam es zu gewaltsamen Anpassungsrepressionen durch Führerinnen:

> „Den ersten Schock bekam ich […], als wir mit anderen Gruppen zusammen an die Ostsee fuhren und ich noch als ‚Kleine' die Launen einer etwa siebzehnjährigen ganz entsetzlichen BDM-Führerin zu spüren bekam: Sie dachte sich Mutproben für uns aus. Da ich nicht schwimmen konnte und Angst vorm Wasser habe, tauchte sie mich dreimal unter, bis ich ohnmächtig wurde. Als ich am Ufer wieder zu mir kam, meinte sie, das sei so in Ordnung" (Bericht eines ehemaligen BDM-Mitglieds, zit. n. Hering/Schilde 2004, S. 140).

Man mag einwenden, die Führerin sei zu jung und mit ihren Aufgaben überfordert gewesen, zudem durch den Vergleich mit den anderen anwesenden Gruppen selbst unter Druck geraten. Dies alles könne doch zur Verschärfung ihres Handelns beigetragen haben. Unbenommen von solchen Relativierungen bleibt das Verhalten, über welches oben berichtet wurde, jedoch eine folgerichtige Konsequenz aus der enthemmten Leistungsanforderung, wie sie im Kontext der NS-Erziehung auf die einfachen HJ-Mitglieder als Anpassungsdruck sowie auf die HJ-Führerinnen und -Führer als unter Effizienzdruck stehende Vermittler desselben ausgeübt wurde. In diesem Kontext sollten individuelle Abweichungen eben keine Empathie, sondern lediglich repressive Praxen der „Ausmerze" auslösen. In diesem Zusammenhang offenbarte sich erneut das funktionale pädagogische Konzept des Regimes und seiner Reichsjugendführung. Im Disziplinarverständnis der letzteren wurden derartige „Ehrenstrafen" dann passend als „Erziehung" interpretiert (Kollmeier 2007, S. 136 ff.). Die gezielt eingesetzte „Disziplinierung Einzelner als Erziehung der Gruppe" (ebd., S. 136), deren Teil die Betreffenden waren und auf welche deren Beurteilung abfärben, und diese zur inklusionsverstärkenden gruppeninternen Sanktionierung motivieren sollte, verweist schließlich zugleich auf das instrumentalisierende Verständnis von „Gemeinschaft" und der für diese als Interaktionsmaxime verordneten „Kameradschaft".[19]

---

19 In der Literatur ist umstritten, ob eine solche Beziehungskonzeption der „Kameradschaft" den Aufbau einer „Scheinidentität" ermöglicht habe, die als eigenständig empfunden werden konnte, ohne es tatsächlich zu sein (Klaus 1998, S. 181 ff.), oder ob es sich doch um authentische (Selbst-)Wahrnehmungen der HJ-Gemeinschaftskonzeption durch ihre Mitglieder handelte (Miller-Kipp 2007, S. 176 ff.). In jedem Fall bot die Kameradschaftschiffre den damals Heranwachsenden die Option, sich einzugliedern, unterzuordnen und sich dabei

Mit dem zuvor angeführten Aspekt einer zeitabhängigen Differenzierung der HJ-Erfassung verband sich schließlich noch eine weitere, ebenfalls andere Heterogenitätskriterien überlagernde, Quelle sozialer Ungleichheit hinsichtlich der Zugehörigkeit zur Jugendorganisation: das Alter der betreffenden Subjekte. Dieses Kriterium betreffend trafen sich zwei unterschiedliche Strategien des Regimes, die ihre verbindende Rahmung auf der Metaebene einer umfassenden Erfassungsbestrebung gegenüber der gesamten „Volksgemeinschaft" erfuhren: Einerseits ein Erziehungsanspruch, der lebenslang anhalten und sich nicht mehr auf bestimmte Lebensphasen beschränken sollte[20] sowie andererseits eine funktionale Altersspezifik der jeweils zur Anwendung gebrachten Inklusionsmaßnahmen. Bezogen auf die HJ als Jugendorganisation wurde letztere differenzierend wirksam durch die Fixierung eines HJ-Aufnahmealters sowie eine altersabhängige organisationsinterne Zuordnung zu den unterschiedlichen Untergliederungen der Hitler-Jugend.[21] In der HJ-bezogenen NS-Propaganda wurde gerade erstere altersspezifische Differenz, die Frage der erstmalig vollzogenen Mitgliedschaft, symbolisch aufgeladen:

> „Mit ‚Kinder' bezeichnen wir die nicht uniformierten Wesen niedriger Altersstufen, die noch nie einen Heimabend oder einen Aufmarsch mitgemacht haben. [...] Andere Eltern sprechen von ihrem Kinde, die Pimpfeneltern aber reden von ihrem *Sohn*. ‚Mein Sohn der Pimpf!' In diesem Satz liegt die tiefe Wandlung unserer Jugend" (Schirach 1934, S. 87; in diesem Sinne auch: Pimpf 1943, S. 3ff.; abgedruckt in Benecke 2013, S. 302ff.).[22]

---

dennoch – mitunter auch gerade – als selbstbestimmt handelnd zu erleben (exemplarisch: Sternheim-Peters 2000, S. 85f.).

20 Entsprechend fiel die knappe Deklarierung des Erwachsenenbildungsauftrages des 1935 gegründeten Volksbildungswerkes aus: „Volksbildungsarbeit ist weltanschauliche Erziehung der von der Schulung der Partei nicht [mehr; J. B.] erfaßten Volksgenossen" (Marrenbach 1940, S. 339).

21 Auf weiblicher Seite waren dies für die 10 bis 14 jährigen die „Jungmädel" (JM), ab dem 14. und bis zum 18. Lebensjahr der Bund Deutscher Mädel (BDM), danach ggf. bis zum 21. Lebensjahr das 1938 gegründete BDM-Werk „Glaube und Schönheit", dessen Erfassungsquoten heute jedoch nur noch geschätzt werden können (Miller-Kipp 2007, S. 21). Auf Seite der männlichen Heranwachsenden war ab dem 10. Lebensjahr das „Deutsche Jungvolk" (DJ („Pimpfe")) vorgesehen, ab dem 14. und bis zum 18. die Hitler-Jugend (vgl. die Abb. „Gliederung und Aufbau der HJ" in Vorschriftenhandbuch der Hitler-Jugend (VHB. HJ), Bd. II, 1942, S. 19; abgedruckt in Benecke 2013, S. 271).

22 Gegenüber diesem propagandistisch verbreiteten politischen Anspruch des Reichsjugendführers ist aus bildungshistorischer Sicht zu konstatieren, dass die wissenschaftliche Bearbeitung der für Kinder vorgesehenen Teilverbände der Jugendorganisationen in beiden deutschen Diktaturen (im NS: DJ und JM, in der DDR: Junge Pioniere) jener für die älteren Jugendlichen deutlich hinterherhinkt (Ansorg 1997, S. 17ff.).

Bei den so Angesprochenen stieß diese altersbezogene Aufwertung geschlechterübergreifend auf positive Resonanz (Miller-Kipp 1994, S. 141; Rosenbaum 2014, S. 163 ff.):

> „[I]m Hitlerjugendbereich zählte schon der Zehnjährige als *Kamerad*; war ein wichtiges Glied für *Volk und Vaterland*, wurde als vollgültiger Mensch angesprochen, als sei er ein Erwachsener und kein *Dreikäsehoch*, kein Spund, kein Muttersöhnchen, keine *Rotznase!*" (Der Zeitzeuge Max Helmut Weber zit. n. Wilcke 2005, S. 28).

Diese primäre Eingliederung brachte allerdings nicht nur die inklusionsbezogene Auszeichnung mit sich, sondern verpflichtete die betreffenden Heranwachsenden ab dem Moment des Eintritts auch zur organisationseigenen Disziplin. Die entsprechende „Ordnung" stellte alters- und damit statusbezogen fest:

> „Die Disziplinarmündigkeit beginnt mit der Aufnahme der Zehnjährigen in die Hitler-Jugend, Pimpfe und Jungmädel sind schon keine reinen Kinder und damit reine Erziehungsobjekte der Familie und der Schule mehr" (Tetzlaff 1944, S. 26).[23]

Gegenüber den angesprochenen Inklusionsmotiven resultierte umgekehrt auch eine Ablehnung der – phasenspezifisch zunehmenden – Vereinnahmungs- und Kontrollansprüche der HJ unter den Heranwachsenden nicht selten aus deren altersbedingten Dispositionen[24] (Klönne 1991, S. 308). Diese konnten sich dann jedoch, in ihren motivierenden Deutungsmustern und Ausprägungen, vielfältig mit situations-, regions- oder milieuspezifischen Elementen verbinden (Kenkmann 2002, S. 296 ff.).

Letztlich kann konstatiert werden, dass für die subjektive Wahrnehmung der HJ durch die Heranwachsenden beiderlei Geschlechts eine empfundene und erlebte Passung eigener Dispositionen zu Angebot und Anspruch der Jugendorganisation und ihren meist spezifizierend-funktionalisierenden (Streifendienst, Sondereinheiten etc.) und dabei zugleich sozial aufwertenden Untergliederungen

23 Die hier angesprochene HJ-Disziplinarordnung trat am 14. 12. 1936 in Kraft (VHB. HJ, Bd. II, 1942, S. 683 ff.) und wurde 1940 durch die „Dienststrafordnung der Hitlerjugend", die sogenannte „Kriegsdienststrafordnung" ersetzt (ebd., S. 997 ff.).

24 Dispositionen werden im Folgenden in einer umfassenderen Begriffsfassung verstanden und meinen im vorliegenden Kontext „die Fähigkeit und Bereitschaft einer Person, bestimmte Gedanken und Gefühle zu erleben, bestimmte Leistungen zu erbringen und bestimmte Verhaltensweisen zu äußern". Der Begriff fungiert demnach „als Sammelbegriff für all diejenigen Ursachen individueller Unterschiede im Erleben und Verhalten […], die der Person innewohnen" (Schmitt 2013, S. 392). Bezogen auf eine differenzierte subjektive Wahrnehmung der HJ gilt diesbezüglich das umfassende Fazit Klönnes: „Wer in der HJ seine persönlichen Neigungen, technische oder sportliche Hobbys […] berücksichtigt sah, der identifizierte sich eher mit dieser Organisation als derjenige, der solche Angebote dort nicht suchte oder nicht vorfand" (Klönne 2003, S. 149; vgl. hierzu ebd., S. 133 ff.).

grundsätzlich von entscheidender Bedeutung war (Benecke 2013, S. 82 ff.). Diese zuletzt angeführte Unterscheidung, zwischen den altersspezifischen Erfassungsstrategien der Reichsjugendführung sowie deren dispositionsabhängig-subjektiver Wahrnehmung durch die Adressatinnen und Adressaten, führt unmittelbar zu einer spezifischen Differenzierungsnotwendigkeit. Es geht um die, sämtliche Erziehungsmaßnahmen des Regimes, hierunter auch alle Aktivitäten der HJ als NS-Jugendorganisation betreffende, grundsätzliche Trennung zwischen den bereits angedeuteten Ebenen der propagandistischen Umschreibung (1) einer Maßnahme und ihrer Zielsetzungen; der tatsächlich mit ihr verbundenen politischen Intention (2); ihrer spezifischen Programmatik und Praxis (3); ihrer subjektiven Wahrnehmung durch die Beteiligten (4) sowie der potentiellen Nachwirkung ihrer Erfahrung in deren Biographien (5). Ein und dieselbe Maßnahme konnte sich auf diesen Ebenen höchst unterschiedlich manifestieren und damit auf verschiedene Weise zur Ursache sozialer Differenz werden.[25] Nicht wenige soziale Ungleichheitsphänomene der NS-Herrschaft lassen sich in ihrer scheinbaren Widersprüchlichkeit nur mittels einer Differenzierung der genannten Ebenen analytisch auflösen. Daher wird diese Untergliederung im Folgenden, neben den jeweils explizit behandelten Differenzierungsmustern, durchgehend berücksichtigt und an passenden Stellen exemplarisch veranschaulicht. Analytisch hinzuzunehmen wäre außerdem eine differenzierende Erweiterung, welche die dynamische Prozesshaftigkeit der Entwicklungen während der NS-Zeit berücksichtigt (Benecke 2011, S. 525 ff.). Bezogen auf die HJ hieße dies beispielsweise, dass eine einmal vollzogene Positionierung zur Jugendorganisation keineswegs zwischen 1933 und 1945 – die subjektive Wahrnehmung und biographische Bedeutung betreffend auch letzteres Datum überdauernd – konstant geblieben sein muss. Wenngleich ihre Wendung von der überzeugten und engagierten HJ-Führerschaft zum aktiven Widerstand eine seltene Entwicklung unter damals Heranwachsenden darstellte, so sind die Geschwister Hans (Herrmann 2012) und

25 Ein recht anschauliches Beispiel, an dem die HJ zumindest anteilig partizipierte, stellte die sogenannte „Erweiterte Kinderlandverschickung (EKLV)" während des Krieges dar (Buddrus 2003, S. 884 ff.; Benecke 2011, S. 688 ff.). An ihrem Exempel werden sowohl die Wahrnehmungsdifferenzen, wie sie zwischen den oben skizzierten Ebenen bestanden, als auch jene, die sich auf jeder einzelnen ergeben konnten, nachvollziehbar deutlich. Deutlich wird – maßnahmenbezogen – in Konsequenz dessen ebenfalls, dass eine Pauschalbeurteilung der damaligen Kinderlandverschickung als „bemerkenswerte soziale Leistung" (Giesecke 1999, S. 191) nicht nur wesentlich zu undifferenziert ausfällt, sondern auch einseitig der ersten der obigen Ebenen allzu weit und unkritisch in ihrer Wahrnehmung folgt. Im Folgenden werden einige „EKLV"-bezogene soziale Differenzierungen an passender Stelle beschrieben. Ein anderes Exempel, an dem die Differenzierungsnotwendigkeit unmittelbar augenscheinlich wird, stellt die Gegenüberstellung der von der RJF mit Verführungsintention verbreiteten Propaganda zum „Schanzeinsatz" der HJ im Krieg (Völkischer Beobachter vom 11. Oktober 1944, S. 3) und der autobiographischen Berichte (Schafft-von Loest 1997) über die subjektive Erfahrung desselben dar.

Sophie Scholl (Beuys 2010, S. 155 f., 169 f., 189 f., 211) doch exemplarische Belege für eine mögliche Prozesshaftigkeit der HJ-Wahrnehmung.[26]

3.1 Soziale Ungleichheit als Kennzeichen der NS-Jugendorganisation

Zur Untersuchung organisationsspezifischer sozialer Ungleichheitsmomente in und durch die HJ-Programmatik und -Dienstpraxen gilt es zunächst zu klären, was allgemein unter sozialer Ungleichheit verstanden werden soll. Ich folge hier Reinhard Kreckel, der definiert:

> „Soziale Ungleichheit liegt überall dort vor, wo die Möglichkeiten des Zugangs zu allgemein verfügbaren und erstrebenswerten sozialen Gütern und/oder zu sozialen Positionen, die mit ungleichen Macht- und/oder Interaktionsmöglichkeiten ausgestattet sind, dauerhafte Einschränkungen erfahren und dadurch die Lebenschancen der betroffenen Individuen, Gruppen und Gesellschaften beeinträchtigt bzw. begünstigt werden." (Kreckel 1992, S. 17).

In dieser Fassung stellt der „Zugang" zu „erstrebenswerten sozialen Gütern" bzw. „Positionen" ein primäres Differenzierungskriterium dar, von dem wiederum sekundär Unterschiede der jeweils verfügbaren „Macht-" bzw. „Interaktionsmöglichkeiten" sowie tertiär die „Lebenschancen" der Betroffenen abhängen können. Bezogen auf die historische Jugendorganisation Hitler-Jugend ist zu konstatieren, dass bereits aus dem Primärkriterium des „Zugangs" eine Etablierung systematischer sozialer Ungleichheitsmuster resultierte. Hierbei wurde das zentrale Differenzierungsmotiv der „Rasse" nach und nach durch andere ideologisch und herrschaftsfunktional begründete ergänzt und in eine phasenspezifische Praxis der HJ-bezogenen In- und Exklusionsbestrebungen übersetzt. Die Befassung mit der tatsächlichen Erfassungspraxis der HJ liefert allerdings zum Teil überraschende Anhaltspunkte dafür, dass dieses Relais dort keineswegs einer einfachen, allein rassistisch begründeten, schwarz-weißen Dichotomie von Aufnahme und Ausgrenzung folgte. Vielmehr ergaben sich unter dem Aspekt einer verstaatlichenden Vereinnahmung der Heranwachsenden unterschiedliche *Grauzonen* des Zugriffs. Diese werden später noch hinsichtlich ihrer Genese und ihrer konkreten Ausprägungeformen exemplarisch dargestellt (vgl. Kapitel 3.2.2).

---

26 Zum entsprechenden inneren, äußerlich nicht wie bei ihren Geschwistern in den aktiven Widerstand führenden, Distanzierungsprozess bei Inge Scholl vgl. Hikel 2013, S. 13 ff.; zur kritischen Analyse ihrer späteren Publikation zur Weißen Rose und deren öffentlicher Rezeption vgl. ebd., S. 123 ff.

Zu fragen wäre nunmehr nach den Prinzipien, welche die weniger statische, als vielmehr hinsichtlich ihres Ausmaßes, ihrer Ausprägungen und ihrer subjektiven Wahrnehmungen von stetigen Nachjustierungen geprägte, „dynamische Ordnung der Ungleichheit" (Kramer/Nolzen 2012, S. 9) innerhalb des NS-Herrschaftssystems und seiner Jugendorganisation bestimmten. Als übergeordnete Dimensionen[27] können hier allgemein Rasse und Macht angenommen werden, wobei letztere insbesondere in Form ausgeübter Herrschaft und erstere als dabei praktizierter Rassismus bzw. propagandistisch propagierte Rassenideologie mittel- und unmittelbar ungleichheitsgenerierend wirkten. Bekanntermaßen war es gerade die überspitzende und bedarfsgerecht instrumentalisierende Umsetzung der zentralen Elemente der NS-Ideologie (Rassismus sowie in Abhängigkeit hiervon Antisemitismus und Eroberung von Lebensraum) in politische Herrschaftspraxis, welche die weltanschauliche Aufladung des bevölkerungspolitischen Agierens des NS-Regimes genuin auszeichnete (Schmuhl 1992, Benecke 2011, S. 151 ff.).[28] Charakteristisch für die NS-Herrschaft insgesamt und sich bis auf die Ebene sozialer Praxis in der HJ durchschlagend war hierbei das Wechselspiel zwischen den beiden Hauptmotiven – der politischen und propagandistischen Förderung einer Durchsetzung der ideologischen Maximen sowie der eigenen Herrschaftssicherung bzw. deren stetiger Erweiterung – ungleichheitsbildend wirksam. Das Verhältnis dieser beiden Aspekte zueinander war ein zirkuläres.

27 Die Konzeption bestimmter Dimensionen sozialer Ungleichheit resultierte aus dem Bemühen, deren heterogene Phänomene zu bündeln und damit analytisch handhabbar zu machen (Hradil 2001, S. 31): „Deswegen wurde die Vielfalt konkreter Erscheinungen auf bestimmten Gebieten mittels beschreibender Kategorien zusammengefasst. Diese Kategorien werden als ‚Dimensionen' sozialer Ungleichheit bezeichnet. Materieller Wohlstand, Macht und Prestige sind Dimensionen sozialer Ungleichheit, die sich – freilich in sehr unterschiedlichen konkreten Erscheinungen – in allen bekannten Gesellschaften fanden und finden. [...] Unter den genannten Dimensionen sozialer Ungleichheit sind ‚objektive' und ‚subjektive' zu unterscheiden. ‚Objektive' Ungleichheiten (zum Beispiel des formalen Bildungsgrades) bestehen und vermitteln Vor- und Nachteile, ob dies den Betroffenen oder ihren Mitmenschen bewußt ist oder nicht, ob sie ihnen Gewicht zumessen oder gleichgültig gegenüberstehen. ‚Subjektive' Ungleichheiten (zum Beispiel der Integration, des Prestiges, vorteilhafter bzw. nachteiliger Mentalitäten, teilweise auch der Macht) bestehen hingegen nicht ohne das Denken und Handeln der Beteiligten" (ebd., S. 31 f.).

28 Entsprechend schon das frühe Grundsatzurteil bei Hannah Arendt: „Hitler hat nie den Anspruch auf Originalität in ‚Weltanschauungsfragen' erhoben. Auf den früh vorgebrachten Vorwurf anderer Gruppen, daß die Nazis die ‚völkische Idee' nicht erfunden, aber nun täten, als ob sie sie ‚gepachtet' hätten, antwortete er: ‚Nicht nur gepachtet, sondern für die Praxis geschaffen', nämlich durch Schaffung einer ‚schlagkräftigen Organisation'" (Arendt 1955, S. 577). Die „eigentliche Originalität [der NS-Herrschaftskonzeption; J. B.] bestand darin, daß sie ideologische Aussagen buchstäblich ernst nahmen und dadurch in Konsequenzen jagten, von denen sich der gesunde Menschenverstand [...] nichts hätte träumen laßen" (ebd., S. 743). Zur Aktualität der hier angesprochenen Definition des „Holocaust als angewandter Antisemitismus" vgl. das Resümee zum Forschungsstand bei Matthäus 2015.

Die Ideologie fungierte auf mentaler Ebene als Motivator und Legitimationsbasis einer Herrschaftspraxis, die wiederum zugleich Voraussetzung und Vollzug einer aktiven Umsetzung der ideologischen Prämissen sein sollte. Je nach phasenspezifisch-aktueller Ausrichtung der NS-Politik konnte hierbei das Pendel merklich zu Gunsten herrschaftspragmatischer Rücksichtnahmen oder einer ungehemmten Ideologiedurchsetzung ausschlagen. Nur unter Berücksichtigung dieser Differenzierungsmomente, der Struktur gegenseitiger Abhängigkeit von Ideologie und Herrschaft sowie der Unterscheidung der einzelnen Phasen und Ebenen, lässt sich etwa das scheinbar widersprüchliche HJ-spezifische Ungleichheitsphänomen der bereits erwähnten und später noch ausführlicher dargestellten Grauzonen der Erfassung systematisierend einordnen und erklären. Bei den beiden oben genannten Dimensionen handelt es sich demnach nicht um Masterdimensionen, die einen Alleinerklärungsanspruch bezüglich der Genese sozialer Ungleichheiten im Nationalsozialismus erheben würden. Vielmehr stellten sie und gerade die Interaktion zwischen beiden eine übergeordnete NS-typische Rahmung (Tenorth 2006, S. 43) der bevölkerungspolitischen, hierin eingelagert auch der „erzieherischen" Agitationen des Regimes dar. Als solche prägten sie Erscheinungsformen sozialer Ungleichheiten spezifisch vor, prädisponierten diese aber nicht zur Gänze. Im Sinne konzentrischer Kreise, in deren Zentrum das jeweilige konkrete Vorkommen sozialer Ungleichheit in der HJ stand, können daran anschließend die folgenden beiden Verlaufsmuster als ursächlich angesehen werden: 1. Ein direktes Durchschlagen der Effekte dieser Rahmung bis auf die HJ-Ebene; 2. Eine Genese entsprechender Differenzierungen durch die Relationen zwischen der Rahmung und anderen, meist traditionellen Differenzierungsmustern, wie beispielsweise dem Raum[29] als jeweiligem Vollzugsort, dem Geschlecht, der Generation oder dem Milieu. Diese Liste umfasst wesentlich relevante Einflussfaktoren, ließe sich aber anhand anderer Determinanten, wie etwa der ökonomischen Ausstattung, themenbezogen noch weiter ausdifferenzieren. Als soziale Differenzierungen zusätzlich beeinflussende Faktoren kommen außerdem die bereits erwähnten, übergreifend wirksamen, Faktoren der Zeit und des Alters der HJ-Angehörigen hinzu. An diese Ursachensystematisierung anknüpfend werden im Folgenden relevante Determinanten[30] bzw. das jeweils wirksame Verhältnis

29 Zur bildungshistorischen Analyse des sozialisationsbezogenen Anregungspotentials des sozialen Raums, in welchem sich das Aufwachsen damaliger Kinder und Jugendlicher vollzog, sowie zur Auswirkung des dortigen Eindringens des Nationalsozialismus vgl. exemplarisch die Darstellungen bei Rosenbaum (dies. 2014) zum bürgerlichen Milieu (ebd., S. 84 ff.), zum kleinstädtischen Arbeitermilieu (ebd., S. 357 ff.), zum protestantischen Industriedorf (ebd., S. 459 ff.), zum katholischen Dorf (ebd., S. 567 ff.) sowie die HJ-bezogene Zusammenfassung der organisationsbedingten Effekte (ebd., S. 624 ff.).

30 „Als Determinanten sozialer Ungleichheit bezeichnet man soziale Positionen von Menschen in Beziehungsgeflechten, wie etwa das Geschlecht, das Alter, den Beruf, die Wohnregion, die ethnische Zugehörigkeit, die Kohortenzugehörigkeit (Geburtsjahrgang), die an

zwischen ihnen als ungleichheitsprägend für die HJ angenommen. Da das Alter und der Zeitpunkt quer zu den anderen Determinanten liegen und bereits eingeführt wurden, werden unten zunächst die beiden Dimensionen (Herrschaft und Rassismus) definiert und ihre Durchschläge auf die Ebene der konkret ungleichheitsgenerierenden Determinanten skizziert. Hierbei werden an einigen Stellen auch Theoriebezüge zum Zwecke einer systematisierenden Einordnung aufgenommen. Im Anschluss hieran folgt eine exemplarisch-knappe Darstellung der HJ-spezifischen Differenzierungen, wie sie aus den Relationen der genannten überdauernden Determinanten mit diesen resultierten.

3.2 Die zentralen Dimensionen sozialer Ungleichheit im NS-System

3.2.1 Macht (Dimension) bzw. Herrschaft (Determinante)[31]

Die amorphe, in ihren unterschiedlichen konzeptionellen Ausdeutungen heterogene Referenzen aufgreifende und ausformulierende, Kategorie der Macht (Imbusch 2012a, S. 10 ff.) lässt sich im vorliegenden Kontext mit Stefan Hradil definieren. Sie wird verstanden als „jede wesentliche Beeinflussung [...], die ein Bestandteil der Gesellschaft über einen anderen ausübt bzw. ausüben kann, ohne daß dieser in der Lage ist, sich der Einwirkung zu entziehen." (Hradil 1980, S. 22).[32] Für eine Analyse der NS-Epoche wäre differenzierend zu ergänzen, dass neben der Ausübung von Macht auch das Bestreben diese stetig zu erweitern sowie die dauernde Angst vor Loyalitäts- und damit Machtverlust die Agitationen des Regimes prägten (Benecke 2011, S. 741 ff.; speziell auf die HJ bezogen: Benecke 2013, S. 78 ff.).

Die verschiedenen Ausprägungsmuster erfolgender Machtausübung können allgemein unter vier Kategorien subsumiert werden (Imbusch 2012a, S. 12 f.): I. Zwang, II. Einfluss, III. Autorität und IV. Attraktion. Sie alle weisen, wie im Folgenden aufgezeigt wird, mittelbar und unmittelbar Bezüge zur NS-Herrschaft

sich keine Besser- oder Schlechterstellung darstellen, aber diese mit hoher Wahrscheinlichkeit nach sich ziehen" (Hradil 2001, S. 34).

31 Die beiden Analysekategorien sozialer Ungleichheitsphänomene Macht und Herrschaft erleben in den letzten Jahren eine Renaissance als soziologische Grundbegriffe und eine entsprechend verstärkte Diskussion (Gostmann/Merz-Benz 2007).

32 Vgl. in diesem Sinne auch das Macht- respektive Herrschaftsverständnis bei Max Weber (ders. 1972, S. 28) sowie insbesondere die hieran anknüpfenden Deutungen der NS-Zeit als Realisierung einer charismatischen Herrschaft bei Kershaw 1998, S. 8; ders. 2001, insbesondere S. 23 ff.; ders. 2003; Lepsius 1993, S. 95 ff.; Wehler 2010, S. 542 ff. sowie auf die damaligen Sozialisationsbedingungen bezogen: Benecke 2011, S. 457 ff.

und hierin eingegliedert der HJ-Formationserziehung auf. Nun zur Darstellung möglicher Bezüge im Einzelnen.

Von *Zwang* wird gesprochen, „wenn auf einen möglichen Adressaten Druck über das Gewähren bzw. Zurückhalten bestimmter Ressourcen ausgeübt bzw. damit gedroht wird" (ebd., S. 12). In diesem Sinne kann Zwang zunächst und naheliegend als Androhung oder Vollzug von Sanktionen interpretiert und inszeniert werden. HJ-bezogen betrifft dies etwa den Gesamtbereich abweichenden Verhaltens Jugendlicher und die Reaktionen des Regimes hierauf, wie sie später noch zur Darstellung kommen.

I. Zwang

Macht als Sanktionierung abweichenden Verhaltens – soziale Ungleichheit durch kontrollierende Führung

Die komplexe, das Ensemble der NS-Instanzen umfassend nutzende, Sanktionspraxis der HJ sowie die sie legitimierenden Regularien können hier nicht en Detail beschrieben werden (Buddrus 2003, S. 368 ff.; Kollmeier 2007, S. 91 ff.). Zur Verdeutlichung ihrer ungleichheitsgenerierenden Relevanz sei lediglich auf die grundsätzliche Gliederung der HJ-Disziplinarordnung in drei Hauptkategorien verwiesen. Deren Disziplinarmittel stellten eine aufsteigende „Stufenfolge" (Tetzlaff 1944, S. 33) der Sanktionierung dar. Zur Gruppe I zählten Verwarnungen und Verweise; zur Gruppe II eine Beförderungssperre von bis zu drei Jahren, eine Aberkennung der Dienststellung sowie die Herabsetzung des Dienstgrades; zur Gruppe III die Aberkennung der Fähigkeit Jugendführer zu sein, der „Jugenddienstarrest"[33] von bis zu zehn Tagen sowie schließlich das – auf bis zu drei Jahre – befristete oder unbefristete Ausscheiden und der Ausschluss aus der HJ (ebd., S. 33 ff.).[34] Die Disziplinarstrafen galten alters- und geschlechtsunabhängig für

33 Zur Einführung des, auf „eine Schockwirkung" abzielenden, nicht aber als „Kriminalstrafe" geltenden (Tetzlaff 1944, S. 41) Arrestes als Dienststrafe der HJ vgl. die Anordnung Himmlers vom 25. 9. 1940 (LAV NRW, Abt. Rheinland, BR 5 Nr. 23248; abgedruckt in Benecke 2013, S. 352 f.); zu den formalen Richtlinien seiner Anwendung: Tetzlaff 1944, S. 41 f.; für Beispiele einer entsprechenden Sanktionierungspraxis, wie sie in den Veröffentlichungen des Sonderbeauftragten der Reichsjugendführung publiziert wurden: BArch NS 28/82 und Der HJ-Richter, Folge 4, Juni 1941, S. 7 ff. (abgedruckt in ebd., S. 287 ff.); Der HJ-Richter, Folge 5, Februar 1942, S. 9 f. (abgedruckt in ebd., S. 365 ff.); übergreifend zu den Disziplinarstrafen der HJ im Krieg: VHB. HJ, Bd. II, 1942, S. 997.

34 Vgl. zu den zu sanktionierenden Vergehen und den jeweils zuständigen HJ-Führungsebenen: Tetzlaff 1944, S. 57 ff.; für eine Liste der hiervon unterschiedenen, ohne formellen Aufwand einsetzbaren „Erziehungsmittel": ebd., S. 34 f.; die körperliche Züchtigung ihrer Untergebenen war den HJ-Führern zumindest offiziell untersagt (VHB. HJ, Bd. II, 1942, S. 646).

alle Angehörigen der HJ, fungierten also als eine exklusiv herrschaftsgebundene Basis sozialer Differenzierung. Die letztgenannte Sanktion, der HJ-Ausschluss, stellte die schärfste organisationsinterne Strafe dar (ebd., S. 45). Sie besiegelte in dieser Teilstruktur des NS-Systems die Schwelle vom Bereich, durchaus auch druckvoll oder gewaltsam eingeforderter, Inklusion zu jenem der Exklusion. Letztere bedeutete dabei den Verweis aus der Zugehörigkeitsgruppe all derjenigen, die sich als Angehörige der rassistisch zugeschnittenen „Volksgemeinschaft" zu den propagandistisch aufgewerteten „Kameradinnen" und „Kameraden" zählen durften. Zugleich resultierte hieraus die Überstellung in die Gruppe derer, die als „Asoziale" aufgrund ihres Verhaltens vermeintlich eine – vom Regime als ansteckend interpretierte – Gefahr für die „Volksgemeinschaft" darstellten und von dieser durch Ausgrenzung, etwa in den sogenannten Jugend-Konzentrationslagern (Guse 2004; ders. 2009), zu isolieren seien. Von solchen organisationsbezogenen Ausschlüssen waren allein zwischen Juli 1939 und August 1941 2 701 Heranwachsende und junge Erwachsene überwiegend aus dem HJ-Führerkorps (15 Prozent von ihnen aufgrund „gleichgeschlechtlicher Verfehlungen") betroffen (Nolzen 2005, S. 270).[35] In besonderem Maße von Ausschlussverfahren erfasst wurden HJ-Führer, die man der „gleichgeschlechtlichen Unzucht" bezichtigte und ihnen hierbei angesichts ihrer gehobenen Position strafverschärfend unterstellte, ihre Untergebenen verführt zu haben. Arreststrafen konnten hingegen für höchst heterogene Vergehen ausgesprochen werden. Insbesondere während des Krieges kam es dabei in Folge der NS-Bevölkerungspolitik mitunter zu Synergien mit den neuen Mustern sozialer Differenzierung. So etwa in einem Fall in Sachsen aus dem Jahr 1942:

> „Mangelnder Abstand gegenüber einem Kriegsgefangenen
> Die Schar X führte auf einem Sportplatz, der neben einem Kriegsgefangenenlager liegt, einen Sportdienst durch, an dem der fast 17-jährige A. teilnahm. Die Kriegsgefangenen sahen beim Sport zu und machten ihre Bemerkungen. Da A. einen deutsch-französischen Sprachführer bei sich hatte, ließ er sich mit den Kriegsgefangenen ein

35 Vgl. die Begründung des „entehrenden Ausschlußes" eines HJ-Stammführers aufgrund „gleichgeschlechtlicher Unzucht", versehen mit der zusätzlichen, für den weiteren Argumentationsverlauf eigentlich irrelevanten, Zuschreibung: „Bündisch" (BArch NS 28/82; Der HJ-Richter, Folge 5, Februar 1942, S. 7; abgedruckt in Benecke 2013, S. 363). Letztere sollte die bündische Jugend als angeblichen Hort einer „unnatürlichen" Neigung zur Homosexualität diskreditieren und zugleich die HJ, als von letzterer nur aufgrund der Unterwanderung durch „bündische Umtriebe" betroffen, exkulpieren. Hierzu passt die Erkenntnis, dass es sich bei der Kategorisierung abweichenden Verhaltens während der NS-Zeit und durch das sanktionierende Regime als „bündische Umtriebe" nicht selten um bloße Zuschreibungen der Kontroll- und Verfolgungsorgane handelte (Kenkmann 2002, S. 153 ff., 356). Zugleich zeigten nicht wenige Verfahren, dass tatsächlich völlige Unklarheit und sehr heterogene Vorstellungen darüber existierten, was unter dieser Chiffre an Inszenierungsformen und Einstellungsmustern zu erwarten sei (ebd., S. 159).

und gab einem von ihnen den Sprachführer durch das Gitter. Dem A. war bekannt, daß man mit Kriegsgefangenen keinerlei Verbindung aufnehmen darf. Er hat sich auch äußerst disziplinlos verhalten, weil er aus dem Glied herausgelaufen ist, um sich zu den Gefangenen zu begeben. Ein hinzukommender Wachposten der Wehrmacht schritt dann gegen A. ein.

A. hat durch sein Verhalten zugleich auch das Ansehen der HJ geschädigt. Die Anwendung eines Disziplinarmittels ist daher erforderlich. Er erhält JDA in Form eines Wochenendarrestes" (HJ-Richter, Ausgabe vom Februar 1942, S. 9 (BArch NS 28/82; abgedruckt in Benecke 2013, S. 365; zu den organisationsinternen Regularien für das Verhalten gegenüber „Juden, Polen und Kriegsgefangenen": VHB. HJ, Bd. II, 1942, S. 663 f.).

Die Warnkartei der HJ als sanktionsbezogene Quelle sozialer Differenzierung[36]

Eine, die erfolgte soziale Differenzierung eigenständig manifestierende, disziplinarische Verwaltungseinheit stellte schließlich die HJ-bezogene Warnkartei dar (BArch R 3001/21177 (abgedruckt in Benecke 2013, S. 234 f.; vgl. hierzu die später folgenden exemplarischen Abbildungen), in der alle „Ausschlüsse aus der Hitler-Jugend samt ihrer Untergliederungen gespeichert wurden" (Kollmeier 2007, S. 162 f.; zur Warnkartei als disziplinarischem Ordnungsinstrument der HJ: ebd., S. 99 ff., 162 ff.). Sie sollte die vollzogenen Ausschlüsse einerseits auf Dauer gewährleisten und konnte andererseits, im Sinne einer Stigmatisierung der Betroffenen, kumulativ weitere Ungleichheitsmomente im NS-Herrschaftssystem bedingen. So verhinderte eine vorhandene Warnkarte etwa die spätere Aufnahme in die NSDAP (ebd., S. 102). Insgesamt erfassten die Warnkarten in „wenigen, stark formalisierten biographischen Informationen" (ebd., S. 163) sowie der Angabe weitgehend kategorisierter Ausschlussgründe die betreffende Person als von der HJ- und damit der NS-Verhaltensnorm abweichend und dauerhaft zu sanktionieren. Durch die Zielsetzung, zu verhindern, „daß Jugendliche, die sich in der Hitler-Jugend als schädliche Elemente erwiesen haben und deshalb ausgeschlossen wurden, in anderen NS-Formationen erneut die Möglichkeit zur Betätigung finden" (BArch R 3001/21177), stellte die Warnkartei eine Basis weiterreichender kumulativer Exklusionen im NS-Herrschaftssystem dar. Sie umfasste schließlich 4 779 Ausschlüsse „mit einem deutlichen Schwerpunkt aus den Jahren 1934 bis 1938" (Kollmeier 2007, S. 163) – also in den vermeintlich ruhigen Jahren der Diktatur. „Für die 1940er Jahre haben eher vereinzelte Fälle bis unmittelbar vor Kriegsende Eingang gefunden [...] Der letzte disziplinarrechtliche Ausschluss,

36 Der offizielle Titel der Warnkartei lautete: „Reichskartei zur Warnung vor allen Personen, die aus der Hitler-Jugend ausgeschlossen oder ausgeschieden wurden, oder denen die Fähigkeit, Jugendführer zu sein, aberkannt wurde" (vgl. Buddrus 2003, S. 383).

der nach Meldung durch die Reichsleitung noch in die überlieferte Kartei des Reichsschatzmeisters in München eingegangen ist, datiert vom 5. April 1945. [...] Nicht nur die HJ-Gerichtsbarkeit funktionierte im sich auflösenden Dienstbetrieb bis unmittelbar vor Kriegsende, sondern auch die formalisierten Informationsverbindungen zwischen den Parteiorganisationen" (ebd.).

Eine eigene Analyse der Warnkartei (BArch NS 1 W B0001 ff.)[37] hat gezeigt, dass sich die angegebenen Ausschlussgründe, neben einigen tatsächlichen Gewaltverbrechen,[38] in ihrer großen Mehrzahl clusterartig auf drei größere Kategorienfelder verteilen: 1. Sittlichkeitsvergehen, 2. Haltung/angemessenes Verhalten, 3. Rasse.

Die *erste* Gruppe der Sexual- und Sittlichkeitsvergehen stellt mit etwa einem Drittel der Karten die größte Gruppe dar. Allerdings trennt sie geschlechtsspezifisch. Lediglich etwa sechs Prozent der so begründeten Ausschlüsse betrafen BDM-Angehörige (in diesem Sinne auch: Kollmeier 2007, S. 166 f.). Wenn Mädchen und junge Frauen dieser Kategorie zugewiesen wurden, dann bezog sich die Angabe von Gründen meist auf den § 218 (Abtreibung (Barch NS 1 W B0001)). Bei den männlichen HJ-Angehörigen stellte hingegen der Homosexualitätsvorwurf, hierunter vor allem jener der entsprechenden Verführung Untergebener durch HJ-Führer, mit insgesamt etwa zwei Dritteln und damit einem Fünftel aller Ausschlüsse die größte Gruppe dieser Kategorie dar. Andere Sittlichkeitsvergehen wurden dagegen nur selten und in schweren Fällen (etwa die versuchte Vergewaltigung einer BDM-Führerin) mit Ausschluss bestraft (zum gesamten Komplex der Beteiligung der HJ an der Kontrolle des jugendlichen Sexualverhaltens: Kollmeier 2007, S. 166 ff.). In den Warnkarten dieser ersten Kategorie finden sich – wie oben angegeben fast ausschließlich bei männlichen HJ-Angehörigen – überwiegend die Angaben der § 174 („Sittlichkeitsdelikte unter Missbrauch von Abhängigkeits- und Unterordnungsverhältnissen"), 175 („Unzucht zwischen Männern") und 176 (Abs. 3, „Unzucht an Kindern") als Ausschlussursachen. Hierbei kamen die § 174 und 175 deutlich häufiger zur Anwendung (Barch NS 1 W B0001 bis 4 und 7), als der § 176. Allerdings wurden mitunter auch Kombinationen angegeben (Barch NS 1 W B0002). Andere Begründungen, wie „Inzest", finden sich selten. Dies deutet – neben der besonderen Aktivität, mit der auch die Jugendorganisation männliche Homosexualität (BArch NS 1 W B0002) unter ihren Mitgliedern verfolgte – auf die Eigenschaft des § 175 als Sammelbecken hin. Unter diesem wurden zum Zwecke der juristischen Sanktionierbarkeit etwa auch „bündische Umtriebe" subsummiert (BArch NS 1 W

37 Das W steht in der Signatur für Warnkartei. Die Warnkarten sind alphabetisch geordnet und verteilen sich auf folgende Untersignaturen: B0001: Ba–Da; B0002: Da–Gu; B0003: Gu–Ke; B0004: Ke–Mü; B0005: Mü–Schmi; B0006: Schmi–Wie; B0007: Wie–Zwie; die Akten zum Buchstaben A fehlen im Bundesarchiv.

38 Vgl. exemplarisch die Begründung des 1938 vollzogenen Ausschlusses eines, 1920 geborenen, HJ-Angehörigen: „vorsätzliche Tötung eines 12jährigen Mädchens" (BArch NS 1 W B0004).

B0002 und 5). Allerdings zeigen Ausschlussbegründungen in dieser Kategorie zugleich die Vagheit der NS- und hierunter der HJ-sanktionierten Straftatbestände. So finden sich in der Kartei nicht weiter verifizierte Angaben, wie „sexuelle Veranlagung“ (BArch NS 1 WB0001), „sittliche Verkommenheit“, „sittliche Verfehlungen“, „dringender Verdacht, sittlich nicht ganz einwandfreien Verhaltens“ (BArch NS 1 WB0002), „Unsittlichkeit“ (BArch NS 1 WB0004), „unsittlicher Lebenswandel“ (BArch NS 1 WB0005) oder schlicht: „Unsittlichkeiten“ (BArch NS 1 WB0006). Sowie jener, das sexuelle Explorationsverhalten der Heranwachsenden unterdrückende, Disziplinierungsgrund der „Onanie“ (BArch NS 1 WB0002). Letztlich stellt der sanktionierende Umgang mit den HJ-intern zugeschriebenen Vergehen nach § 175 ein besonders anschauliches Exempel für die funktionale Sicht der Formationserziehung auf die betreffenden Subjekte dar. So stellte deren Denunziation durch die HJ-Führungskräfte an die zuständigen Verfolgungsinstanzen der HJ-Gerichtsbarkeit keine Form wünschenswerten Entgegenarbeitens dar. Vielmehr handelte es sich um eine klar kommunizierte Verpflichtung zur weiterleitenden Anzeige in derartigen Fällen (Der HJ-Richter, Februar 1942, S. 7 (BArch NS 28/82); Kollmeier 2007, S. 170 f., 181). Wie eindeutig hierbei eine ungleichheitsgenerierende funktionale Normierung den Vorrang erhielt, vor tatsächlicher Kameradschaft im Sinne freundschaftlicher Verbundenheit, dies verdeutlicht exemplarisch ein Beispiel einer damaligen Verurteilung durch das HJ-Obergericht:

> „Der 33jährige Bannführer A. hatte durch eine Meldung von homosexuellen Verfehlungen eines Angehörigen des von ihm geleiteten Stabes, Hauptgefolgschaftsf. B., Kenntnis erhalten. Diese Meldung gab A. nicht weiter, sondern wies den B. lediglich darauf hin, daß er seine Handlungen unterlassen sollte. Der Reichsbefehl 4/I vom 31. 1. 1936 enthält folgende Anordnung:
>
> Die Hitler-Jugend-Führer sind verpflichtet, jedes ihnen bekanntwerdende Vergehen eines Mitgliedes der Hitler-Jugend gegen § 175, auch wenn es nur geringfügiger Natur ist, unverzüglich auf dem Dienstwege zu melden. Die Unterlassung einer Meldung zieht eine sofortige Bestrafung des betreffenden Führers nach sich.
>
> Wie A. selbst angibt, hat er von dem Inhalt dieses Befehls Kenntnis gehabt und dagegen bewußt verstoßen. Als Grund gibt er an, ihn habe mit B. ein enges kameradschaftliches Verhältnis verbunden. A. ist in schwerstem Maße disziplinlos gewesen. […] A. ist damit als Jugendführer untragbar. […] Nur die bisherige gute Dienstleistung und seine lange Zugehörigkeit zur Bewegung vor der Machtübernahme haben das HJ-Obergericht von einer schärferen Disziplinarmaßnahme absehen lassen.
>
> Dem A. wurde die Fähigkeit aberkannt, Jugendführer zu sein“ (Der HJ-Richter, Februar 1942, S. 7 f.).

Unter die *zweite* Kategorie der obigen Aufzählung fielen folgende (hierzu auch: Kollmeier 2007, S. 181 ff.) geschlechterübergreifend zugewiesene Vergehen:

a) der Delinquenz – vorrangig Diebstahl (BArch NS 1 WB0001 bis 4) oder Unterschlagungen (BArch NS 1 WB0001, 2 und 4);
b) der Disziplin – als allgemeine Angabe (BArch NS 1 WB0002) oder spezifiziert als Befehlsverweigerung (BArch NS 1 WB0003, 4 und 7), bezüglich der Amtsausübung (etwa: „katastrophale Kassenführung" (BArch NS 1 WB0001 und 3)) oder der Amtsanmaßung (etwa: „Urkundenfälschung" bzw. „unberechtigtes Tragen von Rangabzeichen" (BArch NS 1 WB0002 und 4));
c) der politischen bzw. nicht angemessen nationalsozialistischen Haltung und der damit einhergehenden Unterstellung organisationsschädigenden Verhaltens – als allgemeine Angabe (BArch NS 1 WB0002) oder spezifizierend bezüglich des eigenen Auftretens (etwa: „Verächtlichmachung der HJ-Uniform" (BArch W B0002), „Interessenlosigkeit" (BArch NS 1 WB0001 bis 3), „Sabotage der HJ-Arbeit" (BArch NS 1 WB0002 und 4), aber auch durch üble Nachrede gegenüber vorgesetzten Führerinnen und Führern sowie höherrangigen Vertretern des NS-Regimes (BArch NS 1 WB0001 bis 3), hierunter auch des Reichsjugendführers (BArch NS 1 WB0007)). Zu guter Letzt finden sich hier zahlreiche Bezugnahmen auf eine Zugehörigkeit zu oder den unangebrachten Umgang der ausgeschlossenen HJ-Angehörigen mit angeblich politisch („Bündische" (BArch NS 1 WB0002 und 5)) und rassisch („Verkehr mit Juden" (BArch NS 1 WB0002 und 3)) abweichenden Bevölkerungsgruppen. Auch in dieser ausufernden, politische[39] und moralische Bewertungen zusammenfassenden, Begründungskategorie erfolgten häufig höchst vage, willkürlich auslegbare Angaben, wie „HJ-schädigendes Verhalten" oder „nicht HJ-mäßige Haltung" (zu beidem BArch NS 1 WB0001 bis 7) sowie schlicht: „Verfehlung" (BArch NS 1 WB0005).

Die *dritte* Kategorie begründete Ausschlüsse entsprechend der erbbiologischen und rassistischen Zulassungsgrundsätze der HJ („hochgradig angeborener Schwachsinn" (BArch NS 1 WB0004), „Geistige Minderwertigkeit" (BArch NS 1 WB0007)) bzw. deren wiederholter Grenzverschiebungen über die NS-Zeit hinweg (vgl. die Ausführungen zu den Grauzonen der Erfassung). Es handelte sich daher oftmals um rückwirkende Exklusionen. In diesen Fällen wurden bereits vollzogene Aufnahmen aufgrund attestierter „Nichtarierschaft" bzw. „Nichtarischer Abstammung" (als allgemeine Angabe (BArch NS 1 WB0001, 2, 4 und 7); auch: „gehörte der jüdischen Religionsgemeinschaft an", „jüdischer Mischling") später wieder aufgehoben. Diese Ausschlussbegründungen standen mitunter im Widerspruch zu den rassistischen Aufnahmeregularien der HJ. Etwa wenn ohne weitere Begründung der Status als „Mischling" ersten

39 Ebenfalls aufgeführt werden Begründungen, die sich auf eine vermeintliche politische Unzuverlässigkeit beziehen (BArch NS 1 W B0003), hierunter auch bereits am 30. 9. 1935: „im Kriege desertiert" (ebd.).

oder zweiten Grades (BArch NS 1 WB0002, 5 und 7) angegeben wurde – eine Zuschreibung, die an sich höchstens für eine Verweisung der Betreffenden in die „Bereitstellung“ hinreichend gewesen wäre.[40] Vergleichbares galt für die alleinige Begründung eines Ausschlusses durch den Hinweis „Fürsorgezögling“ (BArch NS 1 WB0002) – die Überweisung an die Fürsorgeerziehung stellte eine mögliche, aber keine zwingende Ausschlussursache dar, wäre also weiter zu verifizieren gewesen.

Insgesamt stellt die Warnkartei eine eindrückliche Quelle der herrschaftsbezogenen Inszenierung sozialer Ungleichheit unter Beteiligung der HJ dar. In ihr wird die Praxis der versuchten Stabilisierung bestehender Machtverhältnisse durch Zuschreibungen und daraus resultierende Sanktionierungen tausendfach manifest. Ausschlussgründe, die insbesondere unter bildungshistorischer Perspektive von Interesse wären, wie beispielsweise Gewalt gegenüber Untergebenen, finden sich nur im Promillebereich in der Warnkartei. Derartige Ausschlussbegründungen kamen augenscheinlich nur in Fällen massiver und vor allem anhaltend wiederholter Gewaltanwendungen (der „dauernden Mißhandlung“ oder der „gemeinen und rohen Behandlung“) gegenüber den untergebenen HJ-Angehörigen, insbesondere den jüngeren („Pimpfen“), vor (in diesem Sinne auch Kollmeier 2007, S. 182). Dieser Befund scheint allerdings nicht zuletzt dafür zu stehen, dass eine gezielt sozial differenzierende „Erziehung zur Härte“ in der Jugendorganisation einen gewissen Level nicht nur tolerierte, sondern geradezu vorsah. Wenngleich Prügelstrafen etc. offiziell verboten waren, bedurfte es also der Überschreitung einer nicht zu niedrig angelegten Härteschwelle, damit die Anwendung von Gewalt sanktioniert wurde. Dies gilt umso mehr für den hier beleuchteten schärfsten Disziplinierungsvorgang im Inklusionsbereich, den endgültigen Ausschluss aus der HJ. Eine BDM-Führerin oder ein HJ-Führer mussten sich massiver Überschreitungen dieses Levels schuldig gemacht haben, um dadurch als für die Jugendorganisation nicht mehr tragfähig und damit nicht mehr „brauchbar“ zu erscheinen. Wenn Ausschlüsse überhaupt in dieser Form begründet wurden, berief sich die Angabe meist auf allgemeine Straftatbestände („Körperverletzung“) und bezog keine Infragestellung des erzieherischen Handelns der Betreffenden mit ein. Diese Zuschreibungskategorie stellte somit den disziplinarischen Gegenpart zu jenem der sittlichen Vergehen dar, bei welchem mit hohem Eigenengagement insbesondere nach „gleichgeschlechtlichen“ Verfehlungen männlicher HJ-Führer gefahndet wurde.

---

40 Mitunter schienen die begründenden HJ-Funktionäre ihrer ideologisch legitimierten und durch ein politisches Eigenengagement motivierten Empörung einerseits sowie andererseits einer vermeintlich erhöhten Eindeutigkeit ihrer Einstufung dadurch Ausdruck verschaffen zu wollen, dass sie ihre Angaben personifizierten: „Der Junge ist Volljude“ (BArch NS 1 W B0002), „Die M. ist Zigeunerin“ (ebd.).

Abbildung 4: exemplarischer Auszug aus der Warnkartei (BArch NS 1 W (ehemals BDC) B0001)

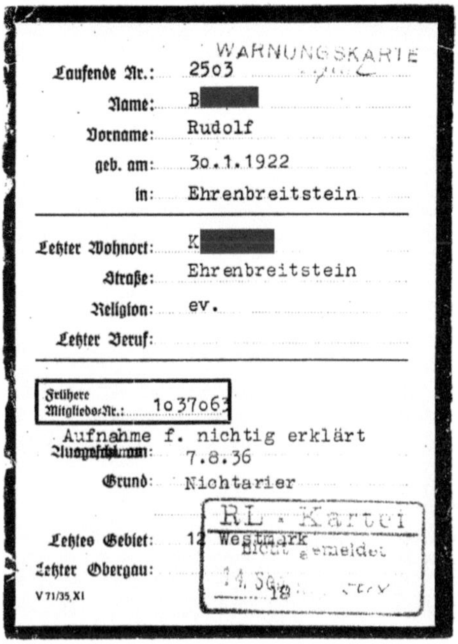

WARNUNGSKARTE

Laufende Nr.: 2503

Name: B[redacted]

Vorname: Rudolf

geb. am: 30.1.1922

in: Ehrenbreitstein

Letzter Wohnort: K[redacted]

Straße: Ehrenbreitstein

Religion: ev.

Letzter Beruf:

Frühere Mitglieds-Nr.: 103706

Aufnahme f. nichtig erklärt

Ausgeschl. am: 7.8.36

Grund: Nichtarier

RL - Kartei

Letztes Gebiet: 12 Westmark

Letzter Obergau:

V 71/35, XI

Abbildung 5: exemplarischer Auszug aus der Warnkartei (BArch NS 1 W B0001)

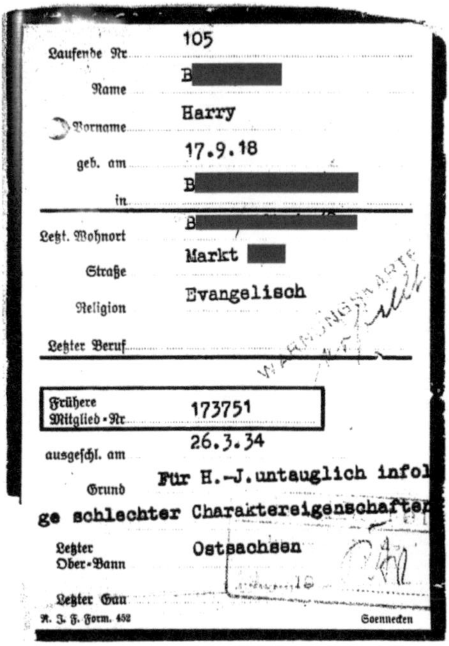

Laufende Nr 105

Name B[redacted]

Vorname Harry

geb. am 17.9.18

in B[redacted]

Letzt. Wohnort B[redacted]

Straße Markt [redacted]

Religion Evangelisch

Letzter Beruf

WARNUNGSKARTE

Frühere Mitglied-Nr 173751

ausgeschl. am 26.3.34

Grund Für H.-J. untauglich infolge schlechter Charaktereigenschaften

Letzter Ober-Bann Ostsachsen

Letzter Gau

R. J. F. Form. 452 Soennecken

Abbildung 6: exemplarischer Auszug aus der Warnkartei (BArch NS 1 W B0002)

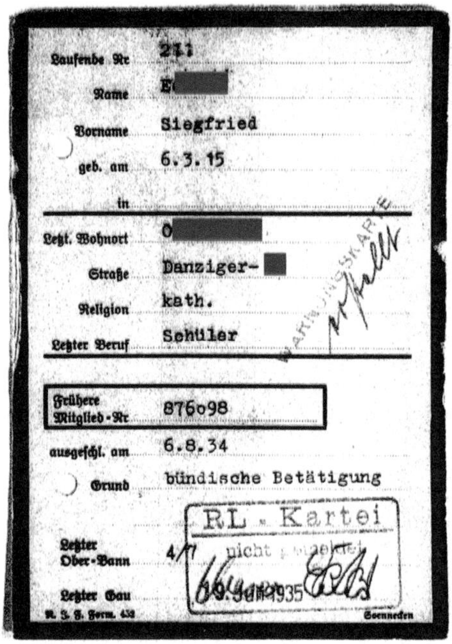

Laufende Nr. 211
Name [redacted]
Vorname Siegfried
geb. am 6.3.15
in
Letzt. Wohnort [redacted]
Straße Danziger-[redacted]
Religion kath.
Letzter Beruf Schüler
Frühere Mitglied-Nr. 876098
ausgeschl. am 6.8.34
Grund bündische Betätigung
Letzter Ober-Bann 4/1
Letzter Gau
R. J. F. Form. 452
Soennecken

Abbildung 7: exemplarischer Auszug aus der Warnkartei (BArch NS 1 W B0002)

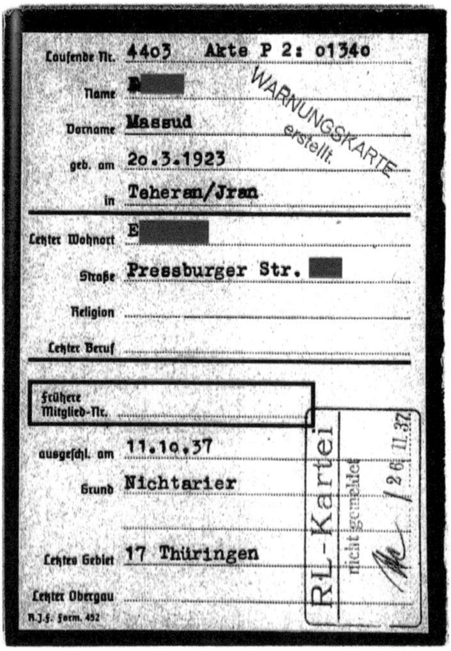

Laufende Nr. 4403 Akte P 2: 01340
Name [redacted]
Vorname Massud
geb. am 20.3.1923
in Teheran/Jran
Letzter Wohnort [redacted]
Straße Pressburger Str. [redacted]
Religion
Letzter Beruf
Frühere Mitglied-Nr.
ausgeschl. am 11.10.37
Grund Nichtarier
Letztes Gebiet 17 Thüringen
Letzter Obergau
R.J.F. Form. 452

Abbildung 8: exemplarischer Auszug aus der Warnkartei (BArch NS 1 W B0002)

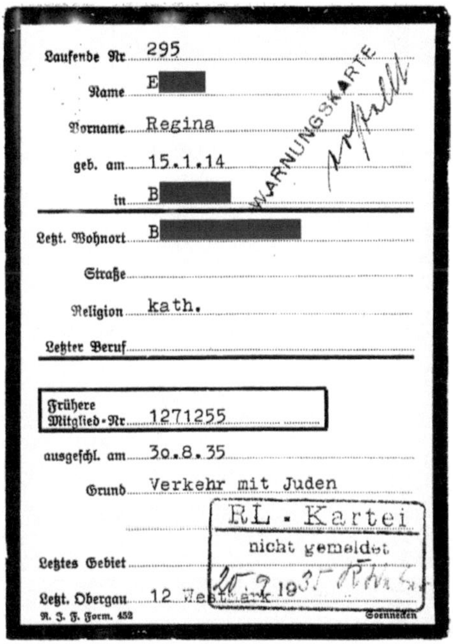

Laufende Nr. 295

Name E[redacted]

Vorname Regina

geb. am 15.1.14

in B[redacted]

Letzt. Wohnort B[redacted]

Straße

Religion kath.

Letzter Beruf

Frühere Mitglied-Nr. 1271255

ausgeschl. am 30.8.35

Grund Verkehr mit Juden

RL - Kartei
nicht gemeldet

Letztes Gebiet

Letzt. Obergau 12 Westmark

R. J. F. Form. 452

WARNUNGSKARTE

Abbildung 9: exemplarischer Auszug aus der Warnkartei (BArch NS 1 W B0005)

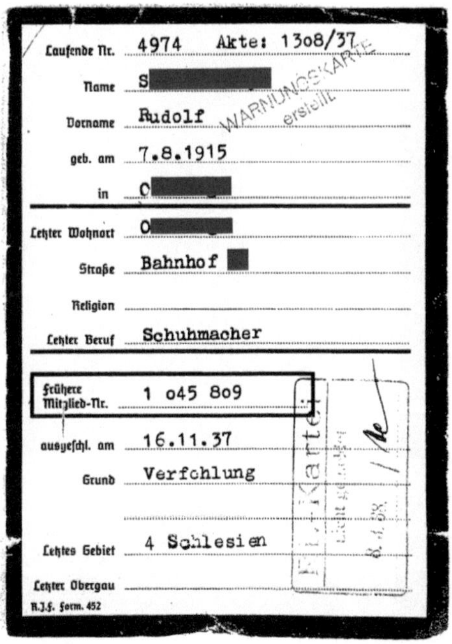

Laufende Nr. 4974 Akte: 1308/37

Name S[redacted]

Vorname Rudolf

geb. am 7.8.1915

in O[redacted]

Letzter Wohnort O[redacted]

Straße Bahnhof [redacted]

Religion

Letzter Beruf Schuhmacher

Frühere Mitglied-Nr. 1 045 809

ausgeschl. am 16.11.37

Grund Verfehlung

Letztes Gebiet 4 Schlesien

Letzter Obergau

R.J.F. Form. 452

WARNUNGSKARTE erstellt

RL-Kartei

Abbildung 10: exemplarischer Auszug aus der Warnkartei (BArch NS 1 W B0001)

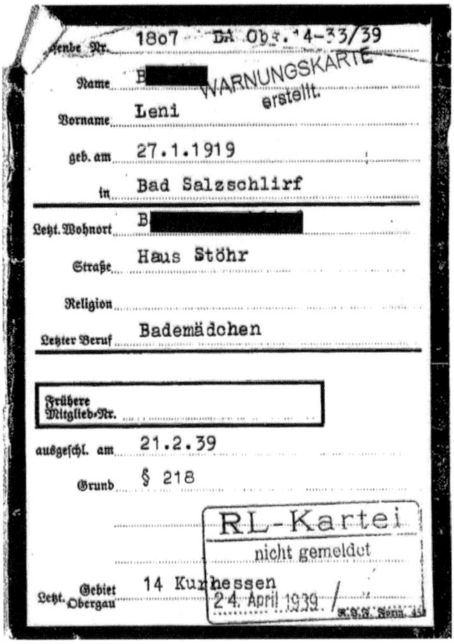

Laufende Nr. 1807 DA Obg. 14-33/39

WARNUNGSKARTE erstellt.

Name B[redacted]

Vorname Leni

geb. am 27.1.1919

in Bad Salzschlirf

Letzt. Wohnort B[redacted]

Straße Haus Stöhr

Religion

Letzter Beruf Bademädchen

Frühere Mitglieds-Nr.

ausgeschl. am 21.2.39

Grund § 218

RL-Kartei nicht gemeldet 24. April 1939

Letzt. Gebiet Obergau 14 Kurhessen

Abbildung 11: exemplarischer Auszug aus der Warnkartei (BArch NS 1 W B0001)

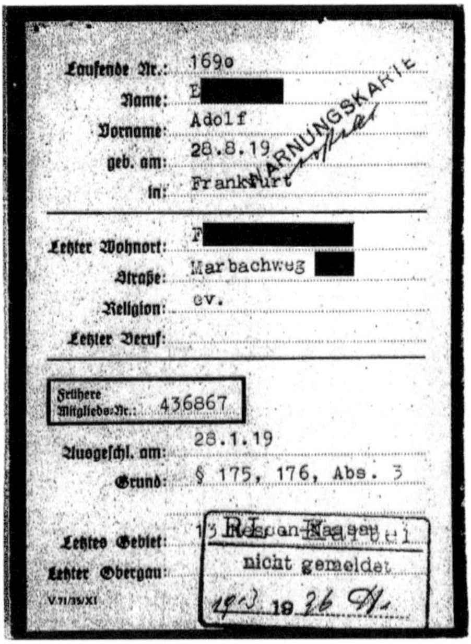

Laufende Nr.: 1690

WARNUNGSKARTE

Name: E[redacted]

Vorname: Adolf

geb. am: 28.8.19

in: Frankfurt

Letzter Wohnort: F[redacted]

Straße: Marbachweg [redacted]

Religion: ev.

Letzter Beruf:

Frühere Mitglieds-Nr.: 436867

Ausgeschl. am: 28.1.19

Grund: § 175, 176, Abs. 3

Letztes Gebiet: 13 Hessen-Nassau

Letzter Obergau:

RL-Kartei nicht gemeldet 19 36

V.71/35/XI

Abbildung 12: exemplarischer Auszug aus der Warnkartei (BArch NS 1 W B0003)

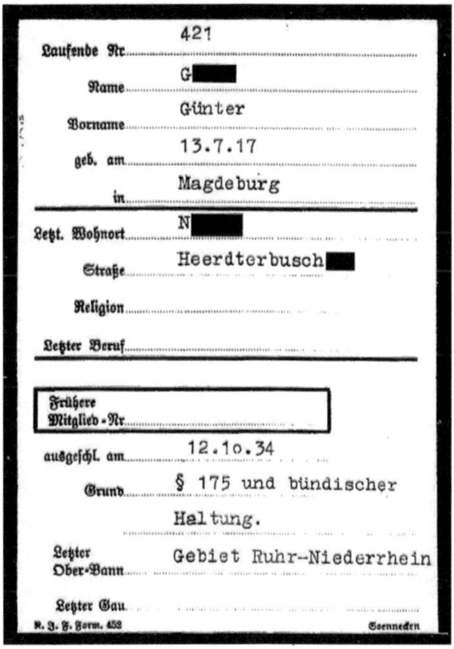

Laufende Nr. 421
Name G[redacted]
Vorname Günter
geb. am 13.7.17
in Magdeburg
Letzt. Wohnort N[redacted]
Straße Heerdterbusch[redacted]
Religion
Letzter Beruf
Frühere Mitglied-Nr.
ausgeschl. am 12.10.34
Grund § 175 und bündischer Haltung.
Letzter Ober-Bann Gebiet Ruhr-Niederrhein
Letzter Gau
R. J. F. Form. 452 Soennecken

Die dritte Kategorie der rassistischen Begründungen wich sanktionsbezogen strukturell ab, da den mit dieser Angabe Ausgeschlossenen durch kein Verhalten eine Möglichkeit gegeben war, ihr Schicksal selbst nennenswert zu beeinflussen.

Als sich um 1939 die Erfassungsquote der weiblichen HJ jener ihrer männlichen Altersgenossen allmählich annäherte, stieg auch ihr Anteil an den Ausschlüssen. Ohne mit 26 % (Kollmeier 2007, S. 218) allerdings je die quantitative Gleichstellung zu erreichen, die man hinsichtlich der Mitgliedschaft insgesamt nunmehr annähernd einnahm.

Machtstabilisierung durch Verführung – die Generierung sozialer Differenz in der HJ durch die Honorierung erbrachter Inklusionsleistungen und die Vergabe ungleicher Partizipationsmöglichkeiten

Die obigen Ausführungen zum Zwang durch Ausübung von Anpassungsdruck ergänzend, initiierte man im Kontext des NS-Herrschaftsvollzugs außerdem gezielt und nach Nützlichkeitserwägungen abgestimmt Maßnahmen zur Verhaltensanpassung. Dies geschah vornehmlich, indem „Rezipienten gewünschte Vorteile im Falle wunschgemäßen Verhaltens gewährt oder in Aussicht gestellt“ (Imbusch 2012a, S. 12) wurden. HJ-Bezogen traf dies unter anderem auf alle Bereiche der Vergabe symbolischer (HJ-Uniformen) und tatsächlicher

(HJ-Führungsränge) Besserstellung zu (zu den rangbezogenen Spezifika der HJ-Uniformen: VHB. HJ, Bd. II, 1942, S. 269 ff.; zu den Abzeichen der HJ: ebd., S. 340 ff.).[41] Insgesamt kommt hier die Grundstruktur der NS-Herrschaft von Führung und Verführung, von Sanktionsandrohung und Strafe gegenüber propagandistischer Belobigung und Belohnungsvergabe zum Ausdruck, die auch die HJ-Dienstpraxis ungleichheitswirksam prägte.

Schließlich „kann Zwang" außerdem „auch in Form von Überzeugungen stattfinden", wobei intendiert wird, „mittels Kommunikation Werte, Motivationen und Haltungen zu verändern" (Imbusch 2012a, S. 12). Dieser Fassung entsprach im NS und in der HJ das bereits angesprochene Bemühen einer propagandainitiierten und ideologiebezogenen Gesinnungsformierung bei der rassistisch definierten jugendlichen Adressatengruppe.

II. Einfluss

Einfluss als weiterer Moment erfolgender Machtausübung wird demgegenüber „von einem Akteur [...] auf der Grundlage allgemein akzeptierter Regeln" (Imbusch 2012a, S. 12) ausgeübt. Die Kompetenz hierzu hängt von einer „Machtposition in einem Netzwerk oder einer Organisation ab, die in der Regel die Verfügung über Ressourcen mit sich bringt" (ebd.). Die Effektivität dieses Machtausübungspotentials steigt in Abhängigkeit der Höhe der „Position in der Sozialstruktur" (ebd.) proportional an. Dies verweist HJ-bezogen etwa auf die prinzipiell ungleich verteilten Machtpartizipationschancen zwischen den einfachen Mitgliedern und der unteren Führerschaft der Organisation einerseits sowie dem zahlenmäßig viel geringeren oberen und obersten Führungskorps andererseits (Buddrus 2003, S. 305 ff.), an dessen Spitze die jeweilige Reichsjugendführung stand (Baldur von Schirach, Hartmann Lauterbacher (Übergangslösung), Artur Axmann (ebd., S. 18 ff.)).

III. Autorität

Autorität – ein Terminus, der nicht zuletzt in der Erziehungswissenschaft eine eigene Diskursgeschichte aufweist und im vorliegenden Kontext „im Sinne von Amts- und Befehlsgewalt" (Imbusch 2012a, S. 12) verwendet wird – beruht hingegen „auf der vorgängigen Gewährung von Legitimität seitens der Machtunterworfenen" (ebd.). Durch diese wird „ein Akteur befugt [...], bestimmte Entscheidungen zu fällen" (ebd.). Hinsichtlich der zu unterscheidenden Grundlagen der

41 Zum hiermit angesprochenen Bereich des Prestiges als Dimension sozialer Ungleichheit vgl. grundlegend Hradil 2001, S. 274 ff. Dieses ist mittelbar verbunden mit dem Status der betreffenden Prestigeträger, verstanden als „mehr oder minder hohe Position in der Schichtungshierarchie [...] hinsichtlich eines beliebigen hierarchiebildenden Schichtkriteriums" (Laatz 2007, S. 632).

Autorität (etwa rationales Wissen, legale Rechte, traditioneller Glaube etc. (ebd.)) griffen NS-Regime und dessen Reichsjugendführung primär auf den Versuch einer ideologiekonformen Wertevermittlung zurück. Die hierzu eingesetzte Propaganda bezog sich argumentativ-verstärkend immer wieder auf das Charisma des „Führers" Adolf Hitler (Kershaw 2003; auf die Sozialisation damals Heranwachsender bezogen: Benecke 2011, S. 457 ff.). Dieser zuletzt genannte Moment aktiver Machtausübung hängt unmittelbar mit dem vierten Punkt der oben angeführten Aufzählung zusammen.

IV. Attraktion

Die *Attraktion* bezieht sich „auf die diffuse Anziehung, die eine Person (oder Organisation) für andere hat, um sie entsprechend beeinflussen zu können" (ebd.). Attraktion nimmt in diesem Zusammenhang eine gewisse Gegenposition –Führung und Verführung – gegenüber dem Zwang ein. Bei ihr ist „die Folgschaft [...] freiwillig und kann entweder auf kognitiver Identifikation mit Personen/Institutionen, positiven Einstellungen und Gefühlen gegenüber Personen und Institutionen oder der Attribution von Charisma gegenüber Personen erfolgen" (ebd., S. 12 f.). Aus der großen Bandbreite möglicher Bezüge, wie sie sich zwischen dieser Fassung und der HJ-Dienstpraxis herstellen ließen, sei hier nur auf die gesteigerte Inklusionsmotivation und die damit einhergehende Formierungsbereitschaft verwiesen, welche aus einer – propagandistisch verstärkten – subjektiv-positiven Wahrnehmung der Jugendorganisation sowie insbesondere erfolgten dispositionsentsprechenden Erfahrungen mit der Führerschaft der eigenen HJ-Zugehörigkeitsgruppen resultierten (vgl. den entsprechenden Zeitzeugenbericht aus der Einleitung).

Nach diesen Bezugnahmen auf mögliche Realisierungsformen von Macht sollen im Folgenden einige weitere Anbindungsmöglichkeiten aufgezeigt werden, die sich zwischen allgemeinen machttheoretischen Konzepten und der Hitler-Jugend ergeben.

Die besondere Ungleichheitsrelevanz der sozialen Interaktivität als Charakteristikum politischer Macht

Grundsätzlich handelt es sich bei Macht um ein soziales Verhältnis – „Macht hat man nur in Bezug auf andere Personen" (Imbusch 2012a, S. 13). In diesem Sinne wird auch Macht hier nicht als statisch verstanden. Vielmehr wird auf ihren Prozesscharakter abgehoben, welcher „sich in Strukturen und Dynamiken niederschlägt" (ebd.). Die HJ-fokussierten Analysen beziehen sich daher wiederum nicht auf Machtbestände, sondern verstärkt auf „Machtfigurationen", verstanden als „ein komplexes Geflecht asymmetrischer und wechselseitiger Beziehungen, in dem mehrere Personen, Gruppen oder Parteien miteinander verknüpft sind und in dem Veränderungen einer Relation auch die anderen Relationen ändern" (Sofsky/Paris 1994, S. 13). *Gewalt* – bis hin zur Anwendung „absoluter Gewalt" in den NS-Konzentrationslagern (Sofsky 1993, S. 29 ff.) – stellt eine häufige Begleiterscheinung der Machtausübung dar, ohne mit dieser zwangsläufig einherzugehen oder ein unabdingbar konstitutives Element derselben zu sein (Imbusch 2012a, S. 15 ff.). Im hier untersuchten Zusammenhang war sie allerdings ein zentrales Instrument nationalsozialistischer Machtdurchsetzung, Machtetablierung und Machterweiterung. Bezogen auf die HJ ließe sich dies exemplarisch einerseits für den Exklusionsbereich anhand der gewaltsamen Übergriffe auf als „fremdvölkisch" deklarierte und somit aus dem Geltungsbereich einer partikularen NS-Moral (Welzer 2005; Gross 2012) abgeschobenen Bevölkerungsgruppen belegen (Roth 2015, S. 65 f.). Andererseits – auf den Bereich der Inklusionsbestrebungen des Regimes abstellend – anhand der Maßnahmen der, Abweichungen zunehmend sanktionierenden, Erfassungs- und Formationspraxis einer Organisation (Buddrus 2003, S. 250 ff. und 368 ff.), die ihre Machtfigurationen immer wieder durch die gezielte Anwendung struktureller Gewalt zu stabilisieren trachtete (Kollmeier 2007, S. 91 ff.).[42] Die hierbei wirksame Aufhebung der Universalität moralischer Grundsätze bzw. tradierter Verhaltensnormen und deren Ersetzung durch eine partikulare NS-Moral wird HJ-bezogen am Beispiel einer abweichenden Karriere deutlich, die damals in der Einweisung in ein Jugend-KZ gipfelte. Manuela Neugebauer schildert hierzu eine frühe Konfrontationserfahrung zwischen dem 1922 geborenen Friedrich A. und den Kontrollorganen der HJ:

> „Als er einer Jüdin beim Tragen eines Kartons hilft und dabei beobachtet und denunziert wird, bringt ihn sein zuständiger Gruppenführer vor das HJ-Ehrengericht, welches Friedrich A. wegen staatsabträglichen Verhaltens aus der HJ ausstößt. Aufgrund des Vorfalls wird er von der Gestapo verhaftet und erneut in ein Erziehungsheim eingewiesen" (Neugebauer 1997, S. 14).

Die Sanktionierung des attestierten abweichenden Verhaltens des Heranwachsenden stellt hier eine sekundäre Ungleichheitsbildung dar. Ihre Zuschreibung war von der primären sozialen Differenzierung durch die rassistische NS-Ideologie und deren politische Durchsetzung abhängig. Die entsprechende Diskrepanz wird umso deutlicher, wenn man sich die allgemeinen Verhaltensregularien der HJ ansieht, mit denen das Auftreten der jugendlichen Organisationsangehörigen geregelt werden sollte und die sich deutlich an traditionellen Werthaltungen

---

42 Zur präzisen Definition und Differenzierung der unterscheidbaren Gewaltbegriffe vgl. Imbusch 2005, S. 20 ff.; zu den, immer wieder auf die NS-Herrschaft als Ausgangspunkt und Beleg eigener Argumentationen rekurrierenden, zivilisationstheoretischen Perspektiven zum Verhältnis von Moderne bzw. modernen Gesellschaften und Gewalt ebd., S. 87 ff. und 449 ff.

orientierten (VHB. HJ, Bd. II, 1942, S. 631 ff.). Letzteres zeigte sich dann in ganz konkreten Verhaltensaufforderungen, wie jener, älteren Menschen und Soldaten in öffentlichen Verkehrsmitteln unaufgefordert den eigenen Sitzplatz anzubieten (ebd., S. 632).

Die NS-spezifische Überführung von Macht in Herrschaft und die hieraus resultierenden sozialen Differenzierungen auf der HJ-Ebene

Nach der politischen Machtübernahme in Deutschland transformierte[43] das NS-Regime selbige sukzessive in Herrschaftspraxis.[44] Letztere vereinte als Ursache sozialer Ungleichheit viele Elemente der Ein- (Veränderung bestehender Verhältnisse zum Zwecke der Machtkonzentration, -erweiterung und -sicherung) sowie der Zugriffe (Erfassung, Kontrolle, „Einsatz") auch im Kontext nationalsozialistischer Jugendpolitik. An der in diesem Zusammenhang angestrebten, stets strukturelle, nicht selten auch psychische und physische Gewaltanwendung einschließenden, Exklusion der als „fremdvölkisch" deklarierten Bevölkerungsteile beteiligte sich die HJ massiv. So waren die HJ als NS-Jugendorganisation und manche ihrer Mitglieder auch in unterschiedlicher Weise in die Straftaten und Verbrechen des Regimes aktiv involviert. Die Spannweite dieser Beteiligungen ging von häufigeren Übergriffen gegen „Fremdvölkische", „Gemeinschaftsfremde" und politische Gegner (letzteres im HJ-Fall insbesondere die Vertreter anderer, vermeintlich herrschaftsdestabilisierender, Jugendverbände (VHB. HJ, Bd. II, 1942, S. 1068 ff.)) während der ersten beiden Phasen der nationalsozialistischen Herrschaft (1933–1939) und steigerte sich bis zum gezielten Einsatz bei der Ermordung von (zumeist jüdischen) KZ-Häftlingen auf den „Todesmärschen" bei der Evakuierung der Konzentrations- und Vernichtungslager. Beteiligt waren HJ-Mitglieder an diesen Verbrechen in den jeweiligen Formierungen der Jugendorganisation vom einzelnen HJ-Angehörigen, über die unterschiedlichen HJ-Formationen, bis zum Gesamtverband. Nicht selten erfolgten derartige gewaltsame Übergriffe aus eigener Initiative einzelner HJ-Mitglieder heraus und wurden aus innerer Überzeugung ausgeführt. Nach der nationalsozialistischen Machtübernahme betrieben beispielsweise auch HJ-Einheiten zeitnah

43 Vgl. in diesem Sinne die Funktionszuschreibung beider Diktaturen in Deutschland an ‚ihre' Jugendorganisationen, als „Transmissionsriemen" zu fungieren, welche auf jugendpolitischer Ebene die jeweiligen ideologischen Vorgaben umsetzen sollten (zur HJ: Benecke 2020, S. 367 ff.; zur FDJ: ebd., S. 532 ff.).

44 Der hier angesprochene Vorgang wird in dieser Arbeit als vollzogene, zugleich aber auch während der gesamten NS-Herrschaft weiterlaufende und deren Dynamik charakterisierende, „Institutionalisierung von Macht bis hin zur Verfestigung als Herrschaft" (Imbusch 2012a, S. 14) verstanden. Zur theoretischen Konzeption von Herrschaft vgl. ebd., S. 21 ff.; zu den idealtypisch konzipierten Theorieentwürfen einer entsprechenden Stufenfolge des oben skizzierten Prozesses vgl. ebd., S. 14 ff. sowie Popitz 1986, S. 37 ff.

eine öffentliche Diffamierung der jüdischen Bevölkerung (BenGershom 1993, S. 35; Frodien 2002, S. 134). Spätestens seit 1935 hatten Mitglieder der HJ aktiv an Übergriffen gegen jüdische Bürger teilgenommen (Friedländer 2000, S. 154; Wildt 2007, S. 210 f., 294 f.). Nicht nur in München (Seidel 2004, S. 45) setzte die örtliche HJ zusammen mit der SA die 1933 begonnenen Boykottaktionen gegen jüdische Geschäfte selbständig und aggressiv fort (Wildt 2007, S. 211). Als Organisation „arisierte" die HJ überdies selbst jüdisches Eigentum (Zimmermann 2008, S. 114 f.). Insgesamt hat die neuere Täterforschung herausgearbeitet, dass antisemitische Gewaltakte bereits seit 1933 nicht selten von fanatisierten Mitgliedern der HJ ausgingen (Nolzen 2000; Bajohr/Pohl 2006, S. 34). Im Verlauf der „Reichskristallnacht" (Niethammer 1986, S. 211 f.), über deren Planung die Reichsjugendführung vorab informiert war (Steinweis 2011, S. 52), und insbesondere bei den folgenden Übergriffen am 10. November 1938, beteiligten sich Teile der HJ und nicht wenige HJ-Führer an der Zerstörung (BenGershom 1993, S. 98; Buddrus 1998, S. 13 ff.; Wildt 2007, S. 333; Steinweis 2011, S. 65 f., 87 ff.) und dem Raub (Friedländer 2000, S. 284) jüdischen Eigentums, der Erpressung jüdischer Bürger (Buddrus 1998, S. 128; Steinweis 2011, S. 85 ff.)[45], an gewaltsamen Übergriffen gegenüber der jüdischen Bevölkerung (Roth 2015, S. 154 f.; Postert 2021, S. 223 ff.) sowie in mindestens einem nachweisbaren Fall auch an der – damals freilich vertuschten – Ermordung eines deutschen Juden (Buddrus 1998, S. 129 ff.). Dass kaum einer der HJ-Täter später zur Verantwortung gezogen wurde, begünstigte nach 1945 die Wahrnehmung, die Übergriffe hätten ohne direkte Beteiligung der HJ stattgefunden (Steinweis 2011, S. 153).

Im Rahmen der Endphasenverbrechen (Arendes/Wolfrum/Zedler 2006) waren dann etliche HJ-Mitglieder der unterschiedlichen Organisationsebenen als Bewacher der jüdischen Häftlinge unmittelbar vor deren Ermordung eingebunden (Bergau 1994, S. 111 ff.). In nicht wenigen Fällen waren sie aber auch selbst direkt an deren gezielter Tötung beteiligt (Kater 2005, S. 193; Wildt 2008, S. 203):

> „In welchem Umfang Jugendliche Eigeninitiative und ‚Jagdinstinkt' entwickeln konnten, zeigt der Fall des sechzehnjährigen Hitlerjungen P. aus einem Dorf in der Nähe von Quenstedt. An einem Tag Mitte April wurde er von seiner Mutter beauftragt, Brot zu holen; im Zuge dieser Erledigung kam er beim Quenstedter Bürgermeisteramt vorbei. Dort traf er auf eine Menschentraube, bestehend aus sechs oder sieben KZ-Häftlingen, dem Bürgermeister Hartung, einem Lehrer namens Schimpf

45 In besonderer Dichte finden sich dokumentierte Fälle von mutwilligen Zerstörungen jüdischen Eigentums, räuberischer Erpressung, massiver Diffamierung, Bedrohung und gewaltsamer Übergriffe sowie der letztlich vertuschten Ermordung eines jüdischen Bürgers, wie sie von Angehörigen der unterschiedlichen HJ-Hierarchieebenen im Kontext der später sogenannten „Reichskristallnacht" begangen wurden, in der Aufstellung und dem Prozessbericht in BArch 28/126.

sowie einer Reihe weiterer Personen. Vermutlich aus Neugier gesellte sich der Junge zu der Gruppe, um zu sehen, was vor sich ging. Vom Bürgermeister erhielt er daraufhin den Auftrag, gemeinsam mit einem weiteren Jungen namens H. sowie zwei Angehörigen der SS-Wachmannschaft die Häftlinge nach Unterwiesenstädt zu bringen. Dabei gelte: ‚Wer von den Häftlingen nicht weiter kann, wird erschossen'. Die Jungen erhielten je ein italienisches Beutegewehr und sechs Schuss Munition ausgehändigt und forderten außerdem den 14-jährigen Ja. auf, sie doch zu begleiten. Einer der Häftlinge konnte bereits kurz hinter der Ortsgrenze nicht mehr weitergehen, woraufhin H. ihn nach Aufforderung durch einen der SS-Männer auf einem Acker erschoss. [...]

Abbildung 13: Ein HJ-Angehöriger bei der Aufsicht über jüdische Zwangsarbeiter, die eine Sprunggrube für die HJ ausheben (Bann 109, Karlsruhe; BArch, Bild 213-002/ o. Ang.)

Nachdem sie die überlebenden Häftlinge an der Sammelstelle abgeliefert hatten, machten sich die Hitlerjungen auf den Heimweg. Dort bemerkten sie einen weiteren Geflohenen. P. und H. übergaben ihre Fahrräder dem Ja., der auf dem Weg zurückblieb, während die beiden Älteren aus eigenem Antrieb die Verfolgung aufnahmen. Nachdem der Fliehende zu entwischen drohte, gab P. einen Schuss ab. Der Häftling ging zu Boden und die Jugendlichen hielten ihn für tot oder zumindest schwer verletzt. Sie wollten gerade ihren Weg fortsetzen, als der vermeintlich Getroffene sich erhob und über einen Zaun kletternd zu entkommen versuchte. Diesmal feuerte H. und der Häftling wurde, noch halb über dem Zaun hängend, tatsächlich getroffen. Um einen weiteren Irrtum auszuschließen, vergewisserten sich die Jugendlichen diesmal, dass der Schuss nicht wieder fehlgegangen war. Ehe sie weiterzogen, ‚besahen [sie] sich noch den Toten und stellten fest, dass ihm Blut aus dem Munde floss‘ […] Wenig später wurden sie von Dorfbewohnern darauf aufmerksam gemacht, dass sich ein weiterer Häftling versteckt halte. Sie beteiligten sich an einer Suchaktion und stöberten den Mann schließlich auf einem mit Stroh beladenen Wagen auf. Unter Beteiligung des P. wurde er ‚derartig verprügelt […], dass er am Wagen zusammenbrach und auf dem Rücken liegend sich nicht mehr rühren konnte.‘ Auch in diesem Fall dachten die Jungen nicht daran, ihr Opfer zu der Sammelstelle zu bringen, die ihnen ja bekannt war. Stattdessen machten sie ‚kurzen Prozess‘ und P. ‚erschoss ihn mit seinem Karabiner, indem er aus nächster Nähe zwei Schuss auf das Gesicht des Häftlings abfeuerte.‘ […]“ (zit. n. Keller 2013, S. 160 f.).

Die hier beschriebene Gewalteskalation war kein Element des regulären HJ-Dienstes, fand jedoch in deren Zuständigkeitsbereich statt, ohne Widersprüche von Seiten der dortigen Führung auszulösen. Vielmehr stellte sie die direkte Konsequenz einer, nicht zuletzt in der Jugendorganisation forcierten, NS-Sozialisation dar, welche im Kontext der zugespitzten Radikalisierung des nationalsozialistischen Herrschaftsvollzugs zu Kriegsende gewaltbezogen ihre Realisierungsoptionen und ideologisch-propagandistische Legitimation fand. Infolgedessen stellt das obige Beispiel einen HJ-bezogenen Sonderfall aktiver Beteiligung an der gewaltsamen Ungleichheitsbildung dar, der aber gerade kein Einzelfall war, sondern Ausdruck eines Prinzips, für das sich zahlreiche weitere exemplarische Belege auf unterschiedlichen Eskalationsstufen finden ließen (ebd., S. 158 ff.).

Nicht selten beteiligten sich Angehörige der HJ auch eigenmotiviert an der gewaltsamen Diskriminierung der Zwangsarbeiter aus den Konzentrationslagern, etwa in Köln, wo sie im Herbst 1942 den entkräfteten Häftlingen Steine hinterher warfen (Roth 2015, S. 214). In den letzten Wochen und Tagen der NS-Zeit waren Angehörige der HJ außerdem in einigen Fällen als Wachpersonal an den „Todesmärschen“ beteiligt, auf denen tausende erschöpfte und unterernährte KZ-Häftlinge unter den unmenschlichen Belastungen zusammenbrachen, worauf man sie entweder sterben ließ oder erschoss (Hammermann 2006, S. 138). Die neuere Forschung zu den „Todesmärschen“ 1944/45 belegt, wie stark HJ-Mitglieder in Form ihres örtlich und regional zuständigen Führungspersonals in deren Planung, Organisation und Durchführung involviert waren und wie tiefgehend ihre einfachen Mitglieder Teil der hierbei eskalierenden Gewalt geworden sind, wenn sie sich zögerlich oder auch bereitwillig an der planmäßigen oder im Gewaltrausch erfolgten Erschießung der jüdischen Häftlinge beteiligten (Blatman 2011, S. 192 ff., 198 f., 356, 499 ff., 512, 516 ff.). Auch in Österreich, etwa in der Steiermark, waren HJ-Angehörige an der Ermordung jüdischer Häftlinge aus evakuierten Konzentrationslagern beteiligt (Alexandre 1998, S. 154). Zudem nahmen HJ-Mitglieder aktiv an der Verfolgung und Ermordung geflüchteter KZ-Häftlinge teil, wobei sie mitunter gar die treibende Kraft darstellten (Keller 2006, S. 29). Überdies denunzierten BDM-Mädel und Hitler-Jungen in den letzten Monaten immer wieder andere jugendliche und erwachsene „Volksgenossinnen" und „Volksgenossen" wegen „Heimtücke"-Vergehen. Hierbei musste ihnen bewusst sein, dass sie damit unter Umständen das Todesurteil über die betreffende Person sprachen (Kohlhaas 2006, S. 60).

Zu den Desiderata der bildungshistorischen Forschung zur NS-Zeit gehört weiterhin die Beantwortung der Frage, wie weitgehend damals Heranwachsende und insbesondere Angehörige der HJ in Ausübung ihres dortigen Dienstes als Befehlsempfänger, aber eben auch durch selbständig unternommene soziale Ausgrenzungen, öffentliche Diffamierungen, Zerstörung von Eigentum, gewaltsame Übergriffe und schließlich vereinzelt als Mörder an der „Ausmerze" der jüdischen Bevölkerung beteiligt waren. Motiviert wurden sie hierzu meist aus einem Gemisch ideologischer Verblendung und anerzogener Befehlsempfänglichkeit einerseits. Andererseits dem Streben nach anerkennenswerter Leistungsbereitschaft und altersbedingten pubertären Machtbedürfnissen, ausgelebt im Kontext einer vermeintlich ideologisch legitimierten und rauschhaft-enthemmten Gewaltausübung. Dies konnte zudem zusätzlich motiviert sein, durch die gesteigerte, von der nationalsozialistischen Propaganda gezielt geschürte, Angst vor einem angeblichen Rachebedürfnis des „Weltjudentums" oder der alliierten Truppen (allen voran der sowjetischen Roten Armee) sowie den angedrohten Sanktionen des NS-Regimes selbst (Bajohr/Pohl 2006, S. 34). Die Beispiele zeigen auf bedrückende Weise, wie sehr die Heranwachsenden die NS-Maxime, gegebenenfalls gewaltsam an der Exklusion Unerwünschter zu partizipieren und damit die eigene leistungsstarke Inklusion unter Beweis zu stellen, sowie die damit verbundenen legitimierenden Argumentationsmuster verinnerlicht hatten. So eindeutig die Gewalttaten der HJ zu verurteilen sind, lässt sich daraus keine pauschale Aburteilung der Mitglieder ableiten. Aufgrund der Heterogenität der individuellen Vorbedingungen (Alter und damit Reflexions-, Urteils- und Schuldfähigkeit, Einsatzort, Zeitpunkt), der unterschiedlichen Erfahrungsräume (Art des Einsatzes, situative Kontextbedingungen), der verfügbaren Handlungsmuster (Dispositionen und Reaktionen der betreffenden HJ-Mitglieder) kann die Frage nach konkreter und persönlicher moralischer Verantwortung damaliger HJ-Angehöriger nur jeweils fallbezogen abgewogen werden (Semprun 1981, S. 37).

Der Anspruch einer vollständigen Inklusion der Jugend der „Volksgemeinschaft" in die HJ als spezifische Ursache sozialer Ungleichheit unter der NS-Herrschaft

Gegenüber der oben dargestellten Beteiligung der HJ an der gewaltsamen Exklusion „Gemeinschaftsfremder" war im Bereich der angestrebten politischen

Inklusion der Angehörigen der „Volksgemeinschaft" die konsequente Implementierung des Führerprinzips ein anschauliches Exempel der herrschaftsbedingten Einflussnahme. Diese fand ihren HJ-spezifischen Ausdruck u. a. in der Differenz zwischen oberer (hauptamtliche Führerinnen und Führer des BDM bzw. der HJ) und oberster (Reichsjugendführung) Führungsriege sowie den einfachen HJ-Angehörigen, die wiederum nach der organisationseigenen Hierarchie untergliedert waren.[46] Unter letzteren schuf beispielsweise die massenhafte Vergabe von abgestuften Führungsrängen oder die Verortung in die HJ-Sondereinheiten soziale Differenzierungen (Buddrus 2003, S. 187).[47]

Die einfachen Angehörigen von BDM und männlicher HJ nahmen das Angebot einer abgestuften Machtpartizipation in Form dutzender, im Verlaufe eines HJ-Werdegangs zu erklimmender Führungspositionen (VHB. HJ, Bd. II, 1942, S. 775 ff.) überwiegend als starke emotionale Inklusionsmotivation war. Diese schien gleichermaßen Ehre und Verpflichtung zu bedeuten. „Insgesamt hat die HJ ca. zwei Millionen (!) junge Führer hervorgebracht" (Miller-Kipp 2006a, S. 213)[48] und durch diese interne Differenzierung Loyalität und Einsatzbereit-

46 Für die Jahre 1937, 1938 und 1939 liegt eine vergleichsweise gute Quellenbasis zum Führerkorps der HJ vor (Buddrus 2003, S. 323). Sie belegt das starke Ungleichgewicht zwischen hauptamtlichen und ehrenamtlichen Führerinnen (zum BDM: Miller-Kipp 2002, S. 110 f.) und Führern (zum männlichen Teilverband: Buddrus 2003, S. 323 f.) der Jugendorganisation, welche bei kleineren Verschiebungen durchgehend etwa im Verhältnis von 3 zu 97 Prozent zueinander standen. Zur, als von der Position in der HJ-Hierarchie abhängig interpretierten, sozialen Differenzierung und deren Nachwirkungen im neuen politischen Kontext nach 1945 sowie der subjektiven Auseinandersetzung mit diesen vgl. die Systematisierung bei Reese 2007a, S. 20 ff.

47 Neben der Trennung der HJ-Mitgliederschaft nach einer wertenden Kategorisierung in „Stamm-" und „Pflicht-HJ" (Erste Durchführungsverordnung zum HJ-Gesetz vom März 1939, RGbl. I, Nr. 66, 6. 4. 1939, S. 709 f.), etablierte die Reichsjugendführung spezifisch-funktionalisierende Sondereinheiten (teils auch als Sonderformationen bezeichnet), welche quantitativ letztlich in etwa ein Drittel der Gesamt-HJ umfassen sollten (VHB. HJ, Bd. II, 1942, S. 52). Die Mitgliedschaft in diesen war mit einer sozialen Aufwertung im NS-Herrschaftskontext verbunden und entwickelte insbesondere durch ihr Potential, bestimmte Interessen der Heranwachsenden passgenau zu bedienen, einige Anziehungskraft unter den männlichen Adressaten. Seit Mitte der dreißiger Jahre wurden diese HJ-Sondereinheiten gebildet, die den jeweiligen Wehrmachts- und SS-Verbänden speziell geschulten Nachwuchs liefern sollten (VHB. HJ, Bd. III, 1942, S. 1277 ff.; Buddrus 2003, S. 186 ff.). Klassische Sondereinheiten waren Motor-HJ, Flieger-HJ und Nachrichten-HJ (VHB. HJ, Bd. II, 1942, S. 48 f.). Die Reiter-HJ wurde zu Kriegsbeginn aufgelöst, da Pferdemangel bestand und zudem angesichts eines elitären Ansehens der Kavallerie Sozialneid vermieden werden sollte.

48 Nach 1945 resultierte hieraus allerdings eine umgekehrte soziale Differenzierung in neuen politischen Kontexten: Die ehemaligen HJ-Führerinnen und -Führer waren nun in eigenen Publikationen und öffentlichen Verlautbarungen um Revision der HJ-Arbeit als pädagogische und nicht politische Tätigkeit sowie um persönliche Apologie bemüht (Buddrus 2003, S. XIV; Miller-Kipp 2007, S. 178 ff.; Benecke 2013, S. 89 f.); die ehemals

schaft der Heranwachsenden enorm gestärkt (aus sozialpsychologischer Perspektive: Marks 2007, S. 114 f.), wie das Beispiel eines Zeitzeugen exemplarisch zeigt:

> „Drei Jahre lang war L. ein pünktlicher Pimpf. Aber er war kein begeisterter Hitler-Junge, und heute ist der Chronist geneigt zu sagen, daß es begeisterte Hitler-Jungen, daß es ein Glück im dritten Glied überhaupt nicht gab. Es gab nur begeisterte Hitlerjugendführer. [...] [A]ls er dreizehn geworden war, [fragte] ihn sein Jungzugführer, ob er eine Jungenschaft befehligen wolle, zehn Zehnjährige, die an Hitlers fünfzigstem Geburtstag ins Jungvolk aufgenommen werden sollten, er sagte sofort ja, und in diesem Augenblick war sein Verhältnis zur HJ gewandelt, jetzt war er nicht mehr Masse, sondern ein Führerchen, trug Verantwortung und Schnur, hatte den Fuß auf die unterste Sprosse der Himmelsleiter gesetzt, an deren Spitze der Führer stand" (Loest 2005, S. 26 f.; abgedruckt in Benecke 2013, S. 217).[49]

Der damals Heranwachsende Zeitzeuge „Rudolf" erinnert sich im Interview mit Dan Bar-On vergleichbar unter Bezugnahme auf die Symbolik dieser heraushebenden Differenzierungserlebnisse sowie der daraus resultierenden Inklusionssteigerung:

> „Ich hatte einige Erlebnisse in der Hitlerjugend, die für mich besonders markant waren – z. B. wenn ich befördert wurde. Das waren Momente, wo die Seele wieder aufgepeitscht wurde. [...] [D]ann ging es immer sehr martialisch zu, Feuer, Fackeln in der Hand, und es wurden Lieder in Moll gesungen [...] Es wurde die Kordel hier angehängt, dann ging man mit stolzgeschwellter Brust durch die Straßen und fühlte sich als kleiner Vertreter des Nationalsozialismus" (zit. n. Bar-On 1996, S. 264; vgl. entsprechend zum BDM: Reese 1991, S. 213 ff.).

Beides – die, oben in den Aussagen des Zeitzeugen Loest zu findende, Andeutung des beträchtlichen Ausmaßes der Vergabe von organisationsinternen Führungspositionen und der eben zitierte Erfahrungsbericht des Zeitzeugen „Rudolf" – verdeutlicht die Notwendigkeit, bei der Analyse sozialer Ungleichheit das

---

einfachen Angehörigen (hierunter auch die Führerinnen und Führer auf den unteren, ehrenamtlichen Führungsrängen) suchten hingegen nach Möglichkeiten, ihre Erfahrungen biographisch einzuordnen und mit Sinn zu versehen (Rosenthal 1987; Miller-Kipp 2007, S. 191 ff.; exemplarisch: Walb 2000). Die angesprochenen Publikationen der ehemaligen ranghohen HJ-Funktionärinnen und -Funktionäre sind schon deshalb bildungshistorisch problematisch, da sie das Bild der NS-Jugendorganisation und insbesondere jenes des BDM nach 1945 längere Zeit exklusiv verbreitet sowie damit dessen öffentliche Wahrnehmung geprägt und verzerrt haben (Reese 2007a, S. 20, 24).

49 Vgl. exemplarisch auch die, von Rosenbaum (dies. 2014) aus dem bürgerlichen Milieu gesammelten, als „Karrieren" (ebd., S. 177 ff.) und „Profiteure" (ebd., S. 185 ff.) klassifizierten, Erlebnisberichte einer besonderen Inklusionsmotivation, welche aus der Zuteilung exponierter Stellungen in der HJ resultierte.

Kriterium des Zugangs auch noch *nach* der Hürde prinzipieller Zugehörigkeit zur Jugendorganisation zu berücksichtigen. Denn der Frage der primären Differenzierung hinsichtlich einer vom Regime erwünschten Zugehörigkeit zur HJ war jene der positionsgebundenen Hierarchisierung *innerhalb* dieser nachgelagert und dabei selbst wieder die Basis weiterer sekundärer Erscheinungsformen sozialer Ungleichheit.

Aus Sicht des Regimes und seiner Reichsjugendführung erfüllte beides den Zweck, das zentrale Bestreben nach Machterhalt und deren stetiger Erweiterung HJ-bezogen in vollzogene Herrschaft umzusetzen. Hierzu war man in einem ersten Schritt gewillt, entsprechend eigener ideologischer Kriterien zu entscheiden, wer erfasst und wer abgewiesen werden sollte. Ziel dessen war eine möglichst umfassende Einflusskontrolle: Sicherung und Erweiterung des eigenen Einflusses auf die erwünschte Jugend; Unterbindung desjenigen der unerwünschten Jugend und ihrer angeblichen Impulsgeber (rassistisch, sozial oder politisch definierter Art) auf die Erstgenannten. In einem zweiten, konsequent an den ersten anschließenden und von dieser ersten Ungleichheitsbildung abhängigen Schritt war man dann bestrebt, mittels einer Vergabe von erhöhten Positionen im Herrschaftsgefüge (HJ-Führungsränge) und damit der abgestuften Partizipation an der vorhandenen Macht, die Loyalität der Heranwachsenden beständig zu stabilisieren und zu steigern. Von der symbolischen Aufwertung durch das berechtigte Tragen der HJ-Uniform nach der offiziellen Aufnahme, über das Übernehmen verschiedener, nach dem Führerprinzip aufsteigend angeordneter, organisationsinterner ehrenamtlicher Leitungspositionen bis zu einer – wenngleich de facto für wenige erreichbaren – hauptamtlichen Berufstätigkeit in den obersten Führungsrängen, bot der HJ-Dienst demnach eine beachtliche Spannweite hierarchischer sozialer Differenzierungsstufen. Ergänzt wurde diese Ungleichheitsstruktur durch die gruppenspezifisch-differenzierende Zuordnung zu den bereits erwähnten unterschiedlichen Sondereinheiten der Jugendorganisation. Von diesen ging schon aufgrund ihrer explizit sportlichen oder technischen Ausrichtung eine besondere und im Vergleich zur zusehends von Drill und Indoktrination[50] geprägten Regel-HJ (exemplarisch: Rosenbaum 2014, S. 187 ff.) anhaltendere Attraktivität aus

50 Wiewohl der Terminus im Rahmen bildungshistorischer Darstellungen der NS-Zeit immer wieder Verwendung findet, ist er erziehungswissenschaftlich bislang nur in Ansätzen theoretisch reflektiert worden. Vergleiche daher zum Thema noch immer Reboul (1979) sowie den knappen Überblick bei Stroß (2001) und die Sammlung neuerer Beiträge zum Thema Erziehung und Indoktrination, welche Henning Schluß (2007) herausgegeben hat, und die erziehungstheoretischen Überlegungen bei Drerup (2018). Im Allgemeinen wird Indoktrination von Propaganda abgegrenzt, indem letzterer die Intention einer augenblicklichen und kurzfristigen Aktivierung größerer Gruppen zugeschrieben wird, während man ersterer den Willen zur nachhaltigen Implementierung bestimmter Einstellungsmuster attestiert (Reboul 1979, S. 35).

Abbildung 14: Übersicht über die HJ-internen Führungsränge (VHB. HJ, Bd. II, 1942, S. 777)

Rang- und Dienststellungsordnung **10VA**

Die Dienstränge der Hitler-Jugend

	Hitler-Jugend	Deutsches Jungvolk		Bund Deutscher Mädel	Jungmädelbund
Höheres Führerkorps	Stabsführer				
	Obergebietsführer				
	Gebietsführer		Höherer Führerinnenring	Gebietsmädelführerin	
	Hauptbannführer				
	Oberbannführer			Hauptmädelführerin	
Führerkorps	Bannführer			Bannmädelführerin	
	Oberstammführer	Oberjungstammführer			
	Stammführer	Jungstammführer	Führerinnenring	Mädelringführerin	JM-Ringführerin
	Hauptgefolgschaftsführer	Hauptfähnleinführer		Mädelhauptgruppenführerin	JM-Hauptgruppenführerin
	Obergefolgschaftsführer	Oberfähnleinführer			
	Gefolgschaftsführer	Fähnleinführer		Mädelgruppenführerin	JM-Gruppenführerin
Führerschaft	Oberscharführer				
	Scharführer	Oberjungzugführer		Mädelscharführerin	JM-Scharführerin
	Oberkameradschaftsführer	Jungzugführer			
	Kameradschaftsführer	Oberjungenschaftsführer	Führerinnenschaft	Mädelschaftsführerin	JM-Schaftsführerin
		Jungenschaftsführer			
Gemeinschaftsränge	Oberrottenführer	Oberhordenführer			
	Rottenführer	Hordenführer			

777

(Klönne 2003, S. 140; exemplarisch: Rosenbaum 2014, S. 174ff.). Der damalige Jungbergmann Gernot Heller berichtet entsprechend:

> „Da ich das Zugexerzieren absolut leid war, bin ich nach Recklinghausen-Süd gegangen und dort einer Schar Marine-HJ beigetreten. Winken und Morsen machten doch mehr Spaß – auch wenn es später der militärischen Ausbildung zugutekam, was wir als Jugendliche gar nicht gemerkt haben oder nicht merken wollten" (zit. n. Zimmermann 1986, S. 106).

Entsprechend beschreibt auch der, 1924 geborene, Zeitzeuge Erwin Hammel das Attraktivitätspotential der Spezialeinheiten der HJ:

> „And then the special youth groups were founded – for example the Hitler Youth Fliers – when boys showed interest in them. And if you wanted to fly, you didn't ask, ‚Is that a [political] party? Is that National Socialist?' As a boy, you more likely said, ‚Man, I have the opportunity to fly a glider.' […] I then got into the Naval Hitler Youth, and that was basically more interesting to us because we could cruise the Rhine and didn't have to march along the streets and below songs and such things like the regular Hitler Youth had to do. That's why a lot of boys eventually joined the Hitler Youth. Whoever was interested in something – be it water sports, airplanes, or motor vehicles – had to join the Hitler Youth. Otherwise there were no other organizations" (zit. n. Johnson/Reuband 2006, S. 163 f.).

Besonders umstandslos nachvollziehbar wird diese alters- und dispositionsbedingte Interessenpassung der HJ-Sondereinheiten wohl am Beispiel der Motor-HJ. In ihr konnten die Jugendlichen, vor denen die unmittelbare Zielsetzung der kriegsbezogenen Verwertung verschleiert oder zumindest nicht offen herausgekehrt wurde (Buddrus 2003, S. 188), die Fahrerlaubnis erwerben („Ausbildungsplan ‚K' für die Kriegszeit" der Motor-HJ: BArch NS 28/82). Entsprechend erfolgten in dieser Sondereinheit 1933 400, 1934 1 200, 1936 8 000, 1937 10 000, 1938 21 000 und 1940 30 000 erfolgreiche Führerscheinprüfungen (Buddrus 2003, S. 189).

Eine übergreifende Basis der leistungsbezogenen Differenzierung innerhalb der rassisch definierten Jugendkohorte waren schließlich die ständigen, zum Aktionismus als Charakteristikum der NS-Jugendpolitik zuzurechnenden, Wettkampfszenarien. Sie wurden in der NS-Herrschaft zum Zwecke der Inklusionsmotivation und gezielten Leistungssteigerung auf den ideologisch und politisch als relevant ausgemachten Gebieten systematisch und in beständiger Wiederholung durchgeführt. Erste Ebene dieser Wettkämpfe war jene der Selbstüberwindung, des Kampfes gegen alle in der Person selbst zu suchenden Hindernisse eines rückhaltlosen Einsatzes. Bei den immer wieder geforderten und propagandistisch-verklärend legitimierten Mutproben (Deutschland-Berichte der Exil-SPD (Sopade), Jg. 1938; abgedruckt in Benecke 2013, S. 233; Feller/Feller 2001, S. 99 ff.; Schreckenberg 2003, S. 254, 270) zeigte das Regime wenig Interesse am individuellen Schicksal der Jugendlichen. Primäres Ziel war vielmehr eine funktionale Effizienzsteigerung. Folgerichtig interpretierte beispielsweise Helmut Karasek seine entsprechenden Erfahrungen, bei denen er als Anwärter einer Nationalpolitischen Erziehungsanstalt, in der dortigen Probewoche genötigt wurde, von den obersten Sprossen einer Gitterleiter zu springen, diese Mutprobe als „Höhepunkt der Selbstaufgabe“ (Karasek 2006, S. 80). Ein Erlebnis, bei welchem sich „mindestens vier“ seiner Mitschüler „ein Bein gebrochen“, und sich „fast alle die Beine verstaucht“ hatten (ebd., S. 81). Von den Betroffenen hingegen wurde diese massiv eingeforderte und nicht selten gewaltsam forcierte Selbstüberwindung häufig als Überforderung und somit hautnah zu spürende soziale Differenzierung erlebt (vgl. den bereits zitierten Bericht eines BDM-Mitglieds in Hering/Schilde 2004, S. 140).

Auf diese subjektbezogene Basis bauten die ständigen, auf physische Inklusionsleistungen abzielenden, Wettkämpfe auf, welche von sportlichen Aktivitäten bis zur Anwendung körperlicher Gewalt in den Geländespielen der HJ (Rosenbaum 2014, S. 212 f.) reichen konnten. Sie verfingen durch die damit einhergehende symbolische Anerkennung[51] häufig emotional bei den Jugendlichen:

> „Beim Schwimmen, das ihm der Vater ja schon ganz früh beigebracht hatte, glänzte er. Stolz trug er das Abzeichen der Deutschen Lebensrettergesellschaft an der Badehose. Wie die meisten Altersgenossen war er dem Abzeichenkult erlegen, jener Vorstufe der Ausbeutung männlicher Eitelkeit durch die späteren Kriegsorden. Neben dem altehrwürdigen Reichssportabzeichen mußte also auch das HJ-Leistungsabzeichen in Silber erworben werden“ (Queiser 1997, S. 71).

Diese erlebten Hervorhebungen eigener Leistungsstärke verbanden sich zusätzlich motivationssteigernd mit der sozialen Differenzierung aufgrund gezeigter Inklusionserfolge im Wettbewerb mit anderen Gleichaltrigen. So etwa während des Krieges beim unentwegt eingeforderten Sammeln von kriegswichtigen Rohstoffen:

51 Vgl. hierzu auch die Richtlinien der Reichsjugendführung zum Leistungsbuch der Hitler-Jugend sowie zu den Prüfungsbedingungen für die Pimpfenprobe, das DJ-Leistungsabzeichen und das Hitler-Jugend-Leistungsabzeichen in Bronze bzw. in Silber (VHB. HJ, Bd. III, 1942, S. 1755 ff.; abgedruckt in Benecke 2013, S. 293 ff.).

Abbildung 15: Die Sondereinheiten der HJ in ihrer spezifischen Zuliefererstruktur für die entsprechenden Verbände und Organisationen im Kriegseinsatz (VHB. HJ, Bd. II, 1942, S. 49)

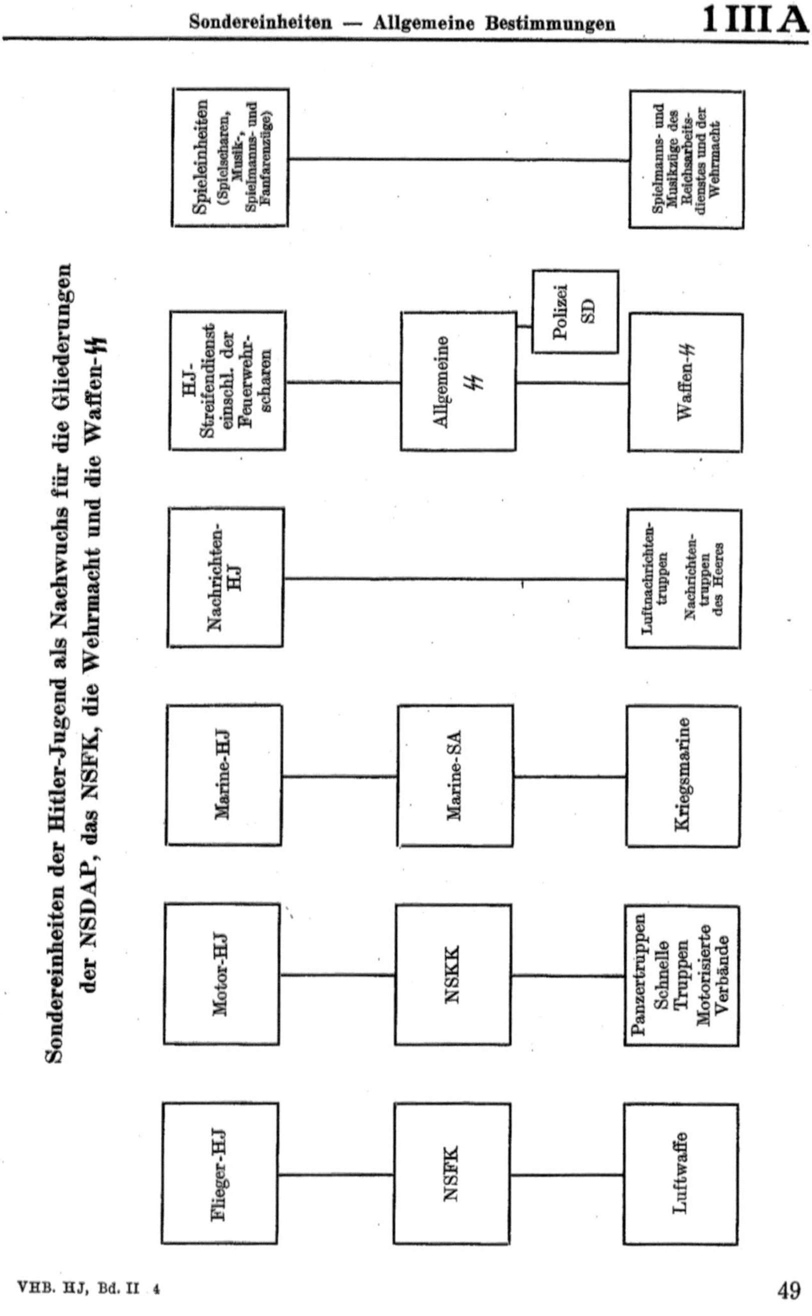

> „In einem Monat war ich mal Sieger in der Georg-Hassel-Schule. Die Schule hatte, was zu diesen Zeiten ganz toll war, einen Lautsprecher. Der wurde immer dann eingeschaltet, wenn eine Sondermeldung kam, oder bei ganz wichtigen Informationen oder einer Ansprache vom Hitler oder einer Ansprache vom Direktor. So wurden dann auch solche Helden wie ich in dem Monat, in dem ich beim Sammeln Sieger wurde, bekanntgegeben. Das habe ich durch Papiersammeln erreicht“ (Bericht des Zeitzeugen Klaus Dieter König, zit. n. Freyberg/Bromberger/Mausbach 1995, S. 44).

HJ-bezogen wurden diese Strukturen flankiert durch andauernde Wettkampfszenarien, welche sich auf die Anpassungsleistungen der Formationen bezogen. Dies waren u. a. sportliche Leistungen bzw. solche im Bereich der musischen Aktivitäten der HJ oder auch Schießwettkämpfe in der vormilitärischen Ausbildung. Unter den HJ-Führerinnen und -Führern auf allen Ebenen der Organisationshierarchie sowie in allen ihren jugendpolitischen Bezügen kamen außerdem die dauernd abgefragten und überprüften Wettbewerbe bezüglich der Anpassungsleistungen der ihnen unterstellten Einheiten hinzu (exemplarisch: die Abbildungen 17 und 18).

Abbildung 16: Deutsches Jungvolk (DJ) beim Sammeln kriegswichtiger Rohstoffe (BArch, Bild 133-065/o. Ang.)

Abbildung 17: Bewertungsbogen für den Leistungswettkampf aller Jungmädel- und Mädelgruppen (Staatsarchiv Augsburg, NSDAP-Gau Schwaben, BDM-Obergau Schwaben 1 (StA Augsburg S 4236))

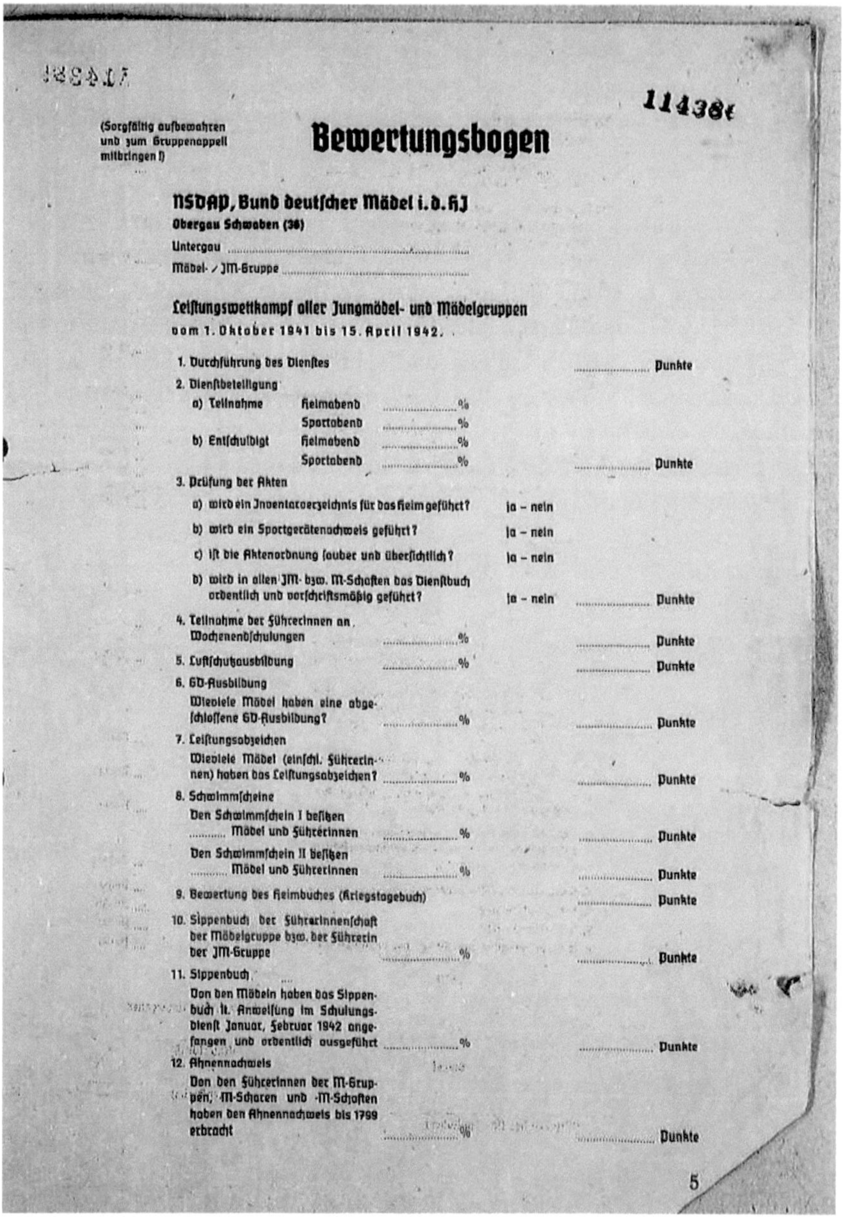

11438t

(Sorgfältig aufbewahren und zum Gruppenappell mitbringen!)

Bewertungsbogen

NSDAP, Bund deutscher Mädel i. d. HJ

Obergau Schwaben (36)

Untergau ....

Mädel- / JM-Gruppe ....

Leistungswettkampf aller Jungmädel- und Mädelgruppen

vom 1. Oktober 1941 bis 15. April 1942.

1. Durchführung des Dienstes .... Punkte
2. Dienstbeteiligung
   - a) Teilnahme Heimabend ....% Sportabend ....%
   - b) Entschuldigt Heimabend ....% Sportabend ....% .... Punkte
3. Prüfung der Akten
   - a) wird ein Inventarverzeichnis für das Heim geführt? ja – nein
   - b) wird ein Sportgerätenachweis geführt? ja – nein
   - c) ist die Aktenordnung sauber und übersichtlich? ja – nein
   - d) wird in allen JM- bzw. M-Schaften das Dienstbuch ordentlich und vorschriftsmäßig geführt? ja – nein .... Punkte
4. Teilnahme der Führerinnen an Wochenendschulungen ....% .... Punkte
5. Luftschutzausbildung ....% .... Punkte
6. GD-Ausbildung
   Wieviele Mädel haben eine abgeschlossene GD-Ausbildung? ....% .... Punkte
7. Leistungsabzeichen
   Wieviele Mädel (einschl. Führerinnen) haben das Leistungsabzeichen? ....% .... Punkte
8. Schwimmscheine
   Den Schwimmschein I besitzen .... Mädel und Führerinnen ....% .... Punkte
   Den Schwimmschein II besitzen .... Mädel und Führerinnen ....% .... Punkte
9. Bewertung des Heimbuches (Kriegstagebuch) .... Punkte
10. Sippenbuch der Führerinnenschaft der Mädelgruppe bzw. der Führerin der JM-Gruppe ....% .... Punkte
11. Sippenbuch
    Von den Mädeln haben das Sippenbuch lt. Anweisung im Schulungsdienst Januar, Februar 1942 angefangen und ordentlich ausgeführt ....% .... Punkte
12. Ahnennachweis
    Von den Führerinnen der M-Gruppen, -M-Scharen und -M-Schaften haben den Ahnennachweis bis 1799 erbracht ....% .... Punkte

5

Abbildung 18: Bewertungsbogen für den Leistungswettkampf aller Jungmädel- und Mädelgruppen (Staatsarchiv Augsburg, NSDAP-Gau Schwaben, BDM-Obergau Schwaben 1 (StA Augsburg S 4236))

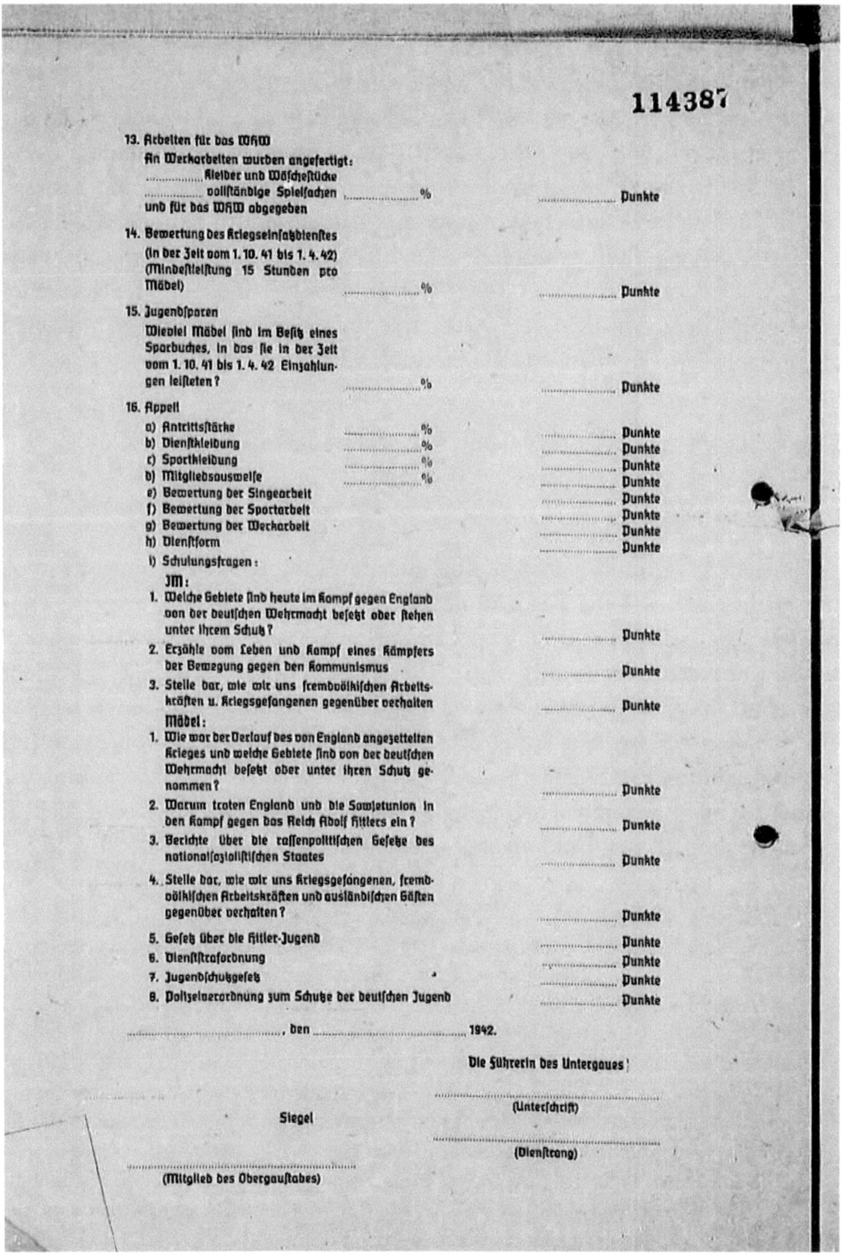

114387

13. Arbeiten für das WHW
An Werkarbeiten wurden angefertigt:
.... Kleider und Wäschestücke
.... vollständige Spielsachen .... % .... Punkte
und für das WHW abgegeben

14. Bewertung des Kriegseinsatzdienstes
(in der Zeit vom 1. 10. 41 bis 1. 4. 42)
(Mindestleistung 15 Stunden pro Mädel) .... % .... Punkte

15. Jugendsparen
Wieviel Mädel sind im Besitz eines Sparbuches, in das sie in der Zeit vom 1. 10. 41 bis 1. 4. 42 Einzahlungen leisteten? .... % .... Punkte

16. Appell
a) Antrittsstärke .... % .... Punkte
b) Dienstkleidung .... % .... Punkte
c) Sportkleidung .... % .... Punkte
d) Mitgliedsausweise .... % .... Punkte
e) Bewertung der Singearbeit .... Punkte
f) Bewertung der Sportarbeit .... Punkte
g) Bewertung der Werkarbeit .... Punkte
h) Dienstform .... Punkte
i) Schulungsfragen:

JM:
1. Welche Gebiete sind heute im Kampf gegen England von der deutschen Wehrmacht besetzt oder stehen unter ihrem Schutz? .... Punkte
2. Erzähle vom Leben und Kampf eines Kämpfers der Bewegung gegen den Kommunismus .... Punkte
3. Stelle dar, wie wir uns fremdvölkischen Arbeitskräften u. Kriegsgefangenen gegenüber verhalten .... Punkte

Mädel:
1. Wie war der Verlauf des von England angezettelten Krieges und welche Gebiete sind von der deutschen Wehrmacht besetzt oder unter ihren Schutz genommen? .... Punkte
2. Warum traten England und die Sowjetunion in den Kampf gegen das Reich Adolf Hitlers ein? .... Punkte
3. Berichte über die rassenpolitischen Gesetze des nationalsozialistischen Staates .... Punkte
4. Stelle dar, wie wir uns Kriegsgefangenen, fremdvölkischen Arbeitskräften und ausländischen Gästen gegenüber verhalten? .... Punkte
5. Gesetz über die Hitler-Jugend .... Punkte
6. Dienststrafordnung .... Punkte
7. Jugendschutzgesetz .... Punkte
8. Polizeiverordnung zum Schutze der deutschen Jugend .... Punkte

................, den .... 1942.

Die Führerin des Untergaues:

....
(Unterschrift)

Siegel

....
(Dienstrang)

....
(Mitglied des Obergaustabes)

Im NS-Kontext insgesamt kamen dann große Wettkampfinszenierungen, wie die Reichssportwettkämpfe oder der – auch ideologisches Wissen abfragende (vgl. die entsprechenden Fragen und Antworten; abgedruckt in Benecke 2013, S. 320 f.) – Reichsberufswettkampf kumulativ verstärkend hinzu.[52]

Das hier skizzierte Prinzip instrumentalisierter Herausforderungen und einer symbolisch aufwertenden Anerkennung des gezeigten Einsatzes wurde zum Alltagskennzeichen des HJ-Dienstes. Unter den unterschiedlichen, von der HJ abgehaltenen oder unter ihrer Mitwirkung initiierten, Wettkämpfen stellte der 1935 eingeführte „Reichssportwettkampf" wohl den größten und bekanntesten dar. Die Leibesertüchtigung war ein grundlegend-funktionales Element der HJ-Erziehung. Initiiert wurden hierzu nicht nur 1935, im „Jahr der Ertüchtigung", neben dem erwähnten „Reichssportwettkampf" und dem „Reichsberufswettkampf" dutzende kleinerer Wettkämpfe, an denen letztlich einige Millionen Heranwachsender teilnahmen (Klönne 2003, S. 27 f.).

Exkurs zur Diskussion ausgesuchter Theoriekonzepte für eine Analyse machtinduzierter sozialer Differenzierung in der und durch die HJ I: Niklas Luhmann

Das bisher Ausgeführte verweist, über den empirischen Gehalt hinausgehend, insgesamt auch auf eine Begrenzung gängiger Einordnungen NS-spezifischer bevölkerungspolitischer Differenzierungsprozesse anhand ausgesuchter *theoretischer* Konzepte. Gegenwärtig wird bei der Darstellung verschiedener und nicht zuletzt der hier fokussierten sozialen Ungleichheitsphänomene unter der NS-Herrschaft zur Systematisierung derselben meist auf die Inklusion/Exklusion Unterscheidung (Farzin 2006, S. 22 ff.) aus der Systemtheorie Niklas Luhmanns zurückgegriffen (exemplarisch zum Beispiel der NSDAP: Nolzen 2009b).[53] Neben meiner eigenen Dokumentation zur Hitler-Jugend (Benecke 2013, S. 54)

---

52 Vgl. exemplarisch die Richtlinien im Vorschriftenhandbuch der HJ (VHB. HJ, Bd. III, 1942) für „Leistungs- und Dienstwettbewerbe" (ebd., S. 1246 ff.); den „Reichssportwettkampf" (ebd., S. 1515 ff.); die „Leistungsabzeichen und Leistungsprüfungen der Hitler-Jugend und des Deutschen Jungvolks" (ebd., S. 1755 ff.); die „DJ und Hitler-Jugend-Schießabzeichen" (ebd., S. 1770 ff.); den „Reichsberufswettkampf" (ebd., Bd. IV, 1942, S. 2616 ff.).

53 Luhmanns Ansatz ist dem Theorienkorpus der funktionalen Differenzierung zuzurechnen (Schwinn 2007). Diese setzen bei der Analyse moderner Gesellschaften nicht auf die Erklärungskraft einer „Differenzierung von Menschen nach Kriterien sozialer Ungleichheit", sondern rekurrieren auf die, von ihnen als gegenwärtig wesentlich wirkungsmächtiger erachteten, „Differenzierungen von Ordnungen oder Teilsystemen nach bestimmten Leitkriterien" (ebd., S. 6). Auf gegenseitige, nicht zuletzt den unterschiedlichen Perspektivenschwerpunkten geschuldeten, Übertragungsprobleme sowie aber auch wechselseitige Anregungspotentiale beider Analyseansätze kann hier nicht eingegangen werden. Hierzu sei auf die oben genannte Literatur verwiesen.

waren dies, um nur einige der aktuelleren Publikationen zu nennen, zuletzt etwa Armin Nolzen und Nicole Kramer in ihrem resümierenden Überblick über die geschichtswissenschaftliche Forschung zu „Ungleichheiten im ‚Dritten Reich'" (Kramer/Nolzen 2012, S. 24 ff.) sowie Michael Wildt im Rahmen seiner Bilanzziehung des wissenschaftlichen Diskurses zur nationalsozialistischen „Volksgemeinschaft" und ihrer sozialen Praxis (Wildt 2013, S. 362 ff.). Letztlich nutzen alle mir bekannten Übernahmen des Dualismus von In- und Exklusion – ohne hierbei stets verlässlich auf Luhmann zu verweisen – diesen in Bezug auf die NS-Herrschaft zu einer Verortung von dieser ausgelöster sozialer Prozesse in die Großkategorien *Vereinnahmung* und *Ausgrenzung*. In diesen Zusammenhängen beschriebene Differenzierungen zwischen oder innerhalb der Kategorien sowie deren sachliche und moralische Bewertung erfolgen dann zumeist aus der Sachdarstellung heraus. Zur Systematisierung von Vereinnahmungs- und Ausgrenzungsprozessen unter der NS-Herrschaft kann die Anbindung an Luhmanns Dualismus durch die Bereitstellung von Verortungskategorien – auch eingedenk der später noch zu erläuternden Einschränkungen – weiterhin einen erhellenden Beitrag leisten. Hinsichtlich der hier beschriebenen Differenzierungsmuster *innerhalb* der HJ, also nach dem Relais des Zugangs und somit der erfolgten Inklusion, stößt die Anbindung an Luhmann jedoch an die Grenzen ihres analytischen Potentials. Denn die Systemtheorie mit ihrer, sämtlichen Teilsystemen zugeschriebenen, binären Differenzierung von In- und Exklusion schenkt einer irgendwie gearteten sozialen *Relation* hinsichtlich der jeweiligen Teilnahmebedingungen und dadurch entstehenden Formen sozialer Ungleichheit kaum Beachtung (Giegel 2004, S. 112 ff.). Dies gilt auch für alle Fragen nach einer *abgestuften* Inklusion und deren Erklärung (zum Beispiel der NSDAP: Nolzen 2009b, S. 71 ff.). Im Sinne Luhmanns bedeutet Exklusion entsprechend gerade nicht dasselbe wie eine irgendwie geartete Ungleichheit innerhalb des betreffenden Teilsystems (Luhmann 1997, S. 774; Giegel 2004, S. 105 ff.). Auf das Beispiel der Hitler-Jugend bezogen folgt hieraus, dass *allein* die Frage nach den kommunikativen Inklusions*vollzügen*, also nach den regimeeigenen Erfassungsagitationen als relevant erschiene. Die Aspekte einer mittels Führungsrängen abgestuften Inklusion blieben infolgedessen außen vor. Ebenso alle Fragen sozialpsychologischer Art, etwa nach den subjektiven Motiven einer erfolgten Selbstinklusion einzelner Heranwachsender, also der Subjektion der Subjekte (Benecke 2013, S. 72). Die hier angedeuteten Übertragungsproblematiken bleiben bei der einschlägigen Nutzung des Luhmannschen Dualismus überwiegend unreflektiert oder werden durch eine Einführung eigener Hilfskonstruktionen kontrolliert. In diesem Sinne schlug der ausgewiesene Kenner der NS-Herrschaftspraxen, Armin Nolzen, vor einiger Zeit auf dem Historikertag 2008 bezüglich des hier behandelten Zusammenhanges vor, den Dualismus um eine Kategorie der *Distinktion* zu erweitern, um so auch Rangunterschiede und damit Inklusionsabstufungen innerhalb einzelner Teilsysteme der NS-Herrschaft erfassen zu können.[54]

Der massenhafte Einsatz spezifischer herrschaftsabhängiger Verstärker der HJ-Erfassungsansprüche stellte jedoch ein wesentliches Beispiel der organisationsbedingten Ungleichheitsbildungen dar. So setzte das Regime mit dieser Intention bei phasenspezifischen Schwerpunktsetzungen übergreifend einen Verbund ein: zunächst Propaganda (in NS-typischer Manier im Wechselspiel von verführender Aufwertung und Diffamierungsdrohung bei Nichtentsprechung), dann berufsbiographischer Vorteilsvergabe oder Beschränkungen[55], ab 1936 bzw. 1939 einer HJ-spezifischen Gesetzgebung[56], die vor allem deren Erfassungs-

---

54 Vgl. den Tagungsbericht von Malte Thießen, abrufbar unter: http://hsozkult.geschichte.hu-berlin.de/tagungsberichte/id=2305

55 Etwa durch die Verknüpfung der Zulassung zum Abitur oder der Vergabe von Lehrstellen (BArch R 11/637, Bl. 21 und 25; abgedruckt in Benecke 2013, S. 137 und 137), mit der Bedingung, der HJ anzugehören. Allerdings konnte auch diese Inklusionsförderung je nach Land variieren. Während in Preußen unmittelbar nach der nationalsozialistischen Machtübernahme die Bekanntmachung erfolgte, dass solche Schülerinnen und Schüler, „die sich in der ‚Kampfzeit' in nationalen Verbänden betätigt hatten, bei der Versetzung und sogar bei der Vergabe des Abiturs zu bevorzugen seien" (Finger 2016, S. 58), wurde dies zur gleichen Zeit in Baden abgelehnt (ebd.). Ganz im Sinne sozialer Ungleichheit sollte zugleich für jüdische Heranwachsende spätestens ab Ende 1939 nicht nur keine Vergabe von Lehrstellen in deutschen Betrieben mehr erfolgen, sondern auch das Jugendschutz- und Arbeitsrecht, welches etwa maximale Arbeitszeiten regelte, nicht gelten (Gebiets-Rundschreiben der HJ-Schwaben vom 10. 3. 1942, S. 6 (StA Augsburg S 4232)). Dass es sich hierbei um ein allgemeines Prinzip der HJ-Inklusionsförderung handelte, zeigen auch die Praxen in den annektierten und besetzten Gebieten. In der Steiermark sollte „eine aktive Mitgliedschaft in den NS-Jugendorganisationen […] als ausschlaggebendes Kriterium für die individuelle Bildungslaufbahn" (Matzer 2021, S. 353) fungieren. Ganz im Sinne der Aussagen von Schirachs, wie sie in der Einleitung zitiert wurden, sollte demnach die HJ-Zugehörigkeit darüber entscheiden, ob anderweitige Leistungen der Betreffenden (etwa in der Schule) Berücksichtigung fänden. Letztlich gehört zum Spektrum der Vorteilsvergabe auch deren Gegenstück, die aktive Vorteilsnahme, welche allein durch eine Zugehörigkeit zur HJ ermöglicht wurde. Diese umfasste weit überwiegend solche Verhaltensweisen, welche die Reichsjugendführung zu unterbinden trachtete: „Korruption, Unterschlagung, Bettelei" (Postert 2021, S. 139; vgl. für exemplarische Belege ebd., S. 139 ff.).

56 Bezüglich der Manifestierung der NS-Herrschaft auf der HJ-Ebene, hier der nominellen, per Gesetz geregelten Mitgliedschaft, kann auch hinsichtlich der zu konstatierenden *Freiwilligkeit* einer Dienstverpflichtung am treffendsten von Grauzonen der Erfassung gesprochen werden (Reese 2010). Grundsätzlich ist zu konstatieren, dass das HJ-Gesetz eine bereits vorhandene Druckkulisse erhöhte (vgl. Benecke 2013, S. 40 f.). Eine Pflicht- oder gar Zwangsmitgliedschaft Jugendlicher war mit dem Gesetz aber noch keineswegs gegeben (Buddrus 2003, S. 251). Die 2. Durchführungsverordnung vom 25. 3. 1939 machte die Mitgliedschaft in der HJ dann für alle Heranwachsenden Deutschlands zwischen dem 10. und 18. Lebensjahr im Sinne einer nunmehr offiziell bestehenden „Jugenddienstpflicht" verbindlich. Erst mit deren Etablierung bestand faktisch ein Zwang zur Mitgliedschaft in der Jugendorganisation. Dies bedeutete zumindest juristisch die endgültige Abkehr vom

ansprüche rechtsverbindlich regelte, und schließlich einer schärfer werdenden Sanktionierung von Nicht-Zugehörigkeit bzw. Dienstverweigerung, die auch die Eltern der avisierten HJ-Angehörigen treffen konnte und sollte (Benecke 2013, S. 77 ff.). Schon anhand dieser knappen Anmerkungen wird deutlich, dass die Hitler-Jugend als Jugendorganisation bezogen auf die NS-Herrschaft weder allgemein (Buddrus 2003) noch im konkreten Sinne eines ungleichheitsgenerierenden Faktors als unpolitische Insel angesehen werden kann.[57] So wurden zur Anpassungsmotivierung wie auch zur Abweichungssanktionierung neben organisationseigenen Mitteln zusehends auch Verstärker aus anderen Bereichen der NS-Herrschaft herangezogen. Eine solche kumulative Verstärkungsaktivität, die sich auf ein sich gegenseitig initiierendes und dabei voneinander abhängendes Handeln unterschiedlicher Bereiche des Herrschaftsvollzuges stützt, stellt prinzipiell einen weiteren Widerspruch zum Erklärungsansatz der oben eingeführten Inklusions-/Exklusionsthese Luhmanns dar. Nach dieser ist es nicht vorgesehen, dass der Inklusions- oder der Exklusionsmechanismus eines Teilsystems mit

---

Prinzip der Freiwilligkeit (ebd., S. 277). Gerade bezüglich der Frage eines bestehenden Zwanges zur Mitgliedschaft dürfen jedoch auch nach diesem Datum die Intentionen der Reichsjugendführung nicht mit der Wirkung ihres Agierens gleichgesetzt werden. Insbesondere die logistischen Voraussetzungen für eine vollständige zwangsweise Erfassung der betreffenden Jahrgänge bestanden „erst ab 1941/42, umfassend erst ab 1943 […] zu einem Zeitpunkt, als für die Reichsjugendführung nur noch begrenzte Wirkungsmöglichkeiten bestanden" (ebd., S. 250; vgl. Reese 2007a, S. 21). Letztlich kann diesbezüglich weder vor dem Erlass des HJ-Gesetzes 1936 tatsächlich eine bestehende vollkommene Freiwilligkeit konstatiert, noch für die Zeit danach bzw. nach dem Erlass der 2. Durchführungsverordnung von 1939 von einer vollzogenen Zwangsmitgliedschaft in der HJ ausgegangen werden (Reese 2010, S. 63 ff.; Benecke 2013, S. 40 f.; zur Sanktionierung bei anhaltender Verweigerung: VHB. HJ, Bd. II, 1942, S. 115 ff.). Ebenso war die HJ, anders als mitunter kolportiert, durch das Gesetz von 1936 auch nicht zur Staatsjugend geworden. Bei ihr handelte es sich um eine Gliederung der NSDAP und deren Belange fielen auch nach dem „Gesetz zur Sicherung der Einheit von Partei und Staat" mit denen des Letztgenannten nicht völlig in eins (VHB HJ, Bd. IV, 1942, S. 3533 ff.).

57 Abgesehen von dem nachvollziehbaren Bedürfnis, als bedeutend erlebte und emotional erinnerte Etappen der eigenen Biographie – oder stellvertretend derjenigen anderer Familienangehöriger –, wie etwa den HJ-Dienst oder den Wehrmachtseinsatz, nachträglich vom kontaminierenden Kontext der verbrecherischen NS-Politik freizuhalten, übersieht deren Deklaration als unpolitisch einen wesentlichen strukturellen Faktor der NS-Erziehung. In dieser wurden keineswegs nur solche Momente als politisch verstanden und propagiert, in denen explizit Politisches zur Sprache kam (Offermanns 2004, S. 202; Rosenbaum 2014, S. 316, 319). Vielmehr galt jede, per Erziehung umzusetzende und von den zu erziehenden Subjekten zu leistende, Aufforderung zur Verhaltens- und Einstellungsanpassung dann als politisch, wenn sie als funktional im Sinne der Herrschaftssicherung und Ideologiedurchsetzung angesehen wurde (bereits in diesem Sinne argumentierend: Joch 1971, S. 235; die Leibesübungen als Element der Erhaltung der physischen Funktionstüchtigkeit entsprechend theoretisch-argumentativ politisierend: Baeumler 1937, S. 134).

den selbigen anderer Systeme direkt zusammenhängen (Luhmann 1997, S. 633). Dem widersprechen in Bezug auf die Erfassungspraxis der Hitler-Jugend jedoch vielzählige solcher Querverbindungen: Etwa die HJ-Mitgliedschaft als Bedingung für die Vergabe von Lehrstellen (BArch R 11/637, Bl. 6ff.; Bl. 21, 25; abgedruckt in Benecke 2013, 135 und 137; Nolzen 2009b, S. 67) oder die gezielte Überführung von HJ-Angehörigen in andere Verbände der NS-Herrschaft sowie die NSDAP und ihre Gliederungen (Schirach 1934, S. 176ff.; Nolzen 2009a, 149f.; Nolzen 2009b, S. 101, 309; Reese 2010, S. 63ff.).[58] Letzteres galt auch reversibel: Wer aus der Partei ausgeschlossen wurde, verlor automatisch auch seine HJ-Angehörigkeit (Tetzlaff 1944, S. 47). Vergleichbares gilt überdies für den immer weitreichender erfolgten Einsatz organisations*fremder* Hilfskräfte bei dem Versuch eine Vollinklusion der deutschen Jugend zu erreichen, während zugleich abweichende Gruppen einer ebenfalls *kumulativen* Exklusion mittels der massiven Verfolgung durch eben dieses Ensemble ausgesetzt waren.[59]

Die Doppelstruktur der Vereinnahmungsstrategien der NS-Herrschaft – das Exempel der Sanktionierung abweichenden Verhaltens damals Heranwachsender

Besonders augenscheinlich wird der auf die Jugend bezogene ungleichheitsgenerierende Einfluss der NS-Herrschaft letztlich anhand einer Betrachtung der Doppelstruktur der angewandten Strategien zur Inklusion der Heranwachsenden. Gemeint sind gleichermaßen die rassistische Definition der jugendlichen HJ-Zielgruppe und die damit einhergehenden Ausgrenzungen gegenüber Angehörigen angeblich „gemeinschaftsfremder" und „fremdvölkischer" Bevölkerungsgruppen sowie die Bestrebungen erstere mittels Verführung (Propaganda) und Führung (HJ-Gesetzgebung und deren im Bedarfsfall zunehmend gewaltsame Durchsetzung) effizienter zu erfassen. Daneben offenbaren sich die

58 De facto strebte das Regime im Sinne einer Genese möglichst loyaler „Volksgenossen" nach der Machtübernahme zeitnah und später, insbesondere während der letzten Phase der NS-Zeit, zunehmend druckvoll danach, den Parteinachwuchs nur noch aus den Reihen von HJ und BDM zu rekrutieren (Nolzen 2009a, S. 130ff.; Wetzel 2009, S. 85ff.). Aus dieser Konstellation entwickelte sich nach 1945 die entlastende Argumentation, es sei durchaus vorstellbar gewesen, dass gerade in den letzten Kriegsmonaten ganze Jahrgänge der HJ kollektiv oder zumindest in größeren Gruppen in die Partei überführt worden seien, ohne dass ihnen dies bewusst gewesen wäre. Für eine derartige Praxis finden sich keine historischen Nachweise (Nolzen 2009a, S. 146ff.).

59 Bezogen auf die vielfältigen Einflussnahmen der NSDAP auf andere Herrschaftsbereiche als jene, die die Partei als solche unmittelbar betrafen, entwickelte Nolzen eine weitere analytische Hilfskonzeption. Er stellte die Partei als eine Art, andere Teilsysteme funktional prädisponierendes, Metasystem des „Dritten Reiches" dessen institutioneller Herrschaftspraxis voran (vgl. den Beitrag in: Aus Politik und Zeitgeschichte, Heft 47, 2008, abrufbar unter: http://www.bpb.de/apuz/30845/die-nsdap-vor-und-nach-1933?p=all).

unmittelbaren Bezüge zwischen NS-Herrschaftsvollzug und einer Genese HJ-spezifischer sozialer Differenzierungen aber gerade auch am anderen Ende der Loyalitätssicherungsbemühungen des Regimes gegenüber ‚seiner' Jugend. Angesprochen ist hiermit der feststellbare Umgang mit attestiertem abweichendem Verhalten prinzipiell Angehöriger der HJ-Zielgruppe. Das entsprechende Repertoire reichte von der auslösenden Zuschreibung bis zur zusehends radikaleren Verfolgung und immer stärker gewaltsamen Sanktionierung. Der hier behauptete Zusammenhang soll im Folgenden anhand der bereits angesprochenen Sanktionierung abweichenden Verhaltens damals Heranwachsender aufgezeigt werden.

Solche Verhaltensweisen, die vom Regime als abweichend deklariert und verfolgt wurden, finden in den Übersichtsdarstellungen zur NS-Herrschaft häufig keine dezidierte oder differenzierte Beachtung (Burleigh 2000, S. 277).[60] Oftmals wird dieses soziale Phänomen weitgehend undifferenziert unter der Globalperspektive des Widerstands bewertet, welcher sich gegen das Regime in Gänze richtete und dessen Ablösung zum Ziel hatte. In diesem Sinne gedeutet, kann das Urteil nur lauten: Das abweichende Verhalten Jugendlicher stellte für den nationalsozialistischen Machtapparat keine wesentliche Bedrohung dar. Exemplarisch belegen lässt sich diese Argumentationsstruktur anhand der Ausführungen Hans-Ulrich Wehlers zur NS-Herrschaft (ders. 2010, S. 600 ff.). Er widmet der nationalsozialistischen Jugendorganisation insgesamt nur wenige Seiten (ebd., S. 760 ff.). Das abweichende Verhalten damaliger Heranwachsender wird hierbei auf einer Seite (ebd., S. 765) abgehandelt und erfährt – ganz entsprechend der oben angedeuteten thematischen Fokussierung auf Formen intendierten Widerstands gegen das Regime – eine nur ansatzweise differenzierende Beurteilung:

> „Völlig irreführend […] wirkt es, wenn eine wachsende Literatur aus ein paar hundert widerstrebenden Jugendlichen das Phänomen eines nennenswerten Jugendwiderstandes herleitet. Anfangs gab es mit Sicherheit einige Tausend elitäre Bündische, überzeugte Pfadfinder und konfessionell gebundene Jungen, die sich aus ganz unterschiedlichen Gründen der atheistischen ‚Proletenjugend' verweigerten. Spätestens seit 1936 verschwanden solche abweichenden Meinungen in dem braunen Millionenheer der Staatsjugend, der jedermann angehören mußte" (ebd.).[61]

60 Zur – trotz eines zu konstatierenden Interessenanstiegs in den letzten beiden Jahrzehnten noch keineswegs befriedigenden (Kenkmann 2002, S. 18) – Forschungslage zum abweichenden Verhalten Jugendlicher unter der NS-Herrschaft vgl. Benecke 2011, S. 743 ff. und die dort angegebene weiterführende Literatur sowie die Darstellungen bei Kenkmann 2002; Schilde 2007 und Lange 2015.

61 Wehlers Verweis auf eine vermeintlich „wachsende Literatur" zum Thema suggeriert einen Anstieg der themenspezifischen Forschungs- und Publikationsaktivität, welche tatsächlich nur bedingt gegeben ist (vgl. oben).

Zu den während des Krieges auftauchenden „zwei verschiedenartige[n] Oppositionsströmungen“ (ebd.) Jugendlicher stellt er lediglich fest:

> „An Zivilcourage fehlte es den ‚Edelweißpiraten‘ nicht, von einer konsistenten Resistenz, die über spontanes Aufbegehren hinausging, kann man jedoch bei diesen kleinen Gruppen mit ihrer Robin-Hood-Attitüde kaum sprechen. Noch weniger machte dem totalitären System die ‚Swing-Jugend‘ in Hamburg und Berlin zu schaffen […] Von Dissens, wenn auch in sehr unterschiedlicher Intensität, kann man in beiden Fällen sprechen, von lebensgefährlichem, regimefeindlichem Widerstand dagegen nicht – auch und gerade im Vergleich mit den Linken zu Beginn und den Konservativen am Ende des Regimes“ (ebd.).

Diese Aussagen sind nun so pauschal, dass sie auch faktisch verzerren. Dem NS-Regime machten die abweichenden Jugendgruppen nämlich durchaus zu schaffen (Peukert 1982, S. 182; Buddrus 2003, S. 463). Die Frage ist vielmehr, *warum* dies so war. Hierzu gilt noch immer ein qualitative Resümee Peukerts:

> „Die aggressive Militanz der Arbeiterjugendlichen aus den Edelweißpiratengruppen und Meuten und die skeptische Lässigkeit der bürgerlichen Swing-Jugend irritierten die Gesellschaft des Dritten Reiches nicht nur dort, wo einzelne zu explizit politischen Formeln des Widerspruchs griffen. Viel umfassender war die Herausforderung auf dem Gebiet der Alltagskultur“ (Peukert 1982, S. 201; zu den Erscheinungsformen: ebd., S. 182 ff.; in diesem Sinne auch die Argumentation bei Kenkmann 2002, S. 111, 228 ff., 261 ff. sowie exemplarisch die Meldung des Reichssicherheitshauptamtes vom März 1943 (IfZ München, Ma 442/2, Bl. 5491142-143) oder die Meldung der NSDAP-Ortsgruppe Düsseldorf-Grafenberg an die Gestapo vom 17. Juli des Jahres (Hauptstaatsarchiv Düsseldorf Gestapo 23599, Bl. 24)).

Solche informellen Jugendgruppen bedrohten also unmittelbar die Stabilität einer nationalsozialistisch durchherrschten Öffentlichkeit und die in diesem Kontext beanspruchte jugendpolitische Vormachtstellung der HJ (VHB. HJ, Bd. II, 1942, S. 927, 936 ff.). Sie machten insbesondere in der letzten Phase der NS-Zeit augenscheinlich, dass entgegen seinem Anspruch auf eine Kontrolle der Jugend, dem Nationalsozialismus „Teile von ihr umso mehr aus den Händen glitten, je mehr er sein formelles Organisations- und Repressionsinstrumentarium vervollkommnen konnte“ (Peukert 1982, S. 206). Wenn man sich allerdings allein auf die verhältnismäßig geringe *Quantität* der Teilnehmerinnen und Teilnehmer[62]

---

62 Diese Einstufung bezieht sich allein auf die hier angesprochene Cliquen- und Bandenbildung während des Krieges. Demgegenüber stellte sich die Entwicklung der Jugendkriminalität insgesamt auch quantitativ anders dar, als dies mitunter kolportiert wird. So verdoppelte sich die Zahl der rechtskräftig verurteilten Jugendlichen zwischen 1934 und 1937 von 12 303 auf 24 562 und noch einmal zwischen 1937 und 1942 auf schließlich 52 423 (Buddrus 2003,

der meist kleinen Gruppierungen sowie auf eine nur in Einzelfällen von Beginn an vorhandene Intention zum Widerstand innerhalb dieser Jugendgruppen konzentriert, dann geraten einem die weit überzogenen, auf massiven Ängsten vor Loyalitäts- und Kontrollverlust in der „Volksgemeinschaft" beruhenden (BArch NS 28/111, Bl. 2; Jugendführer des Deutschen Reichs 1941, S. 100, 114), Unterdrückungsagitationen aus dem Blick, mit welchen das Regime auf derartige Abweichungen der Heranwachsenden reagierte.

Aus sozialisationstheoretischer Sicht geht hiermit jedoch auch die Wahrnehmung der dynamischen Prozesshaftigkeit abweichenden Verhaltens Jugendlicher unter der NS-Herrschaft verloren, welche mitunter gerade durch die Interaktionsmuster von sozialer Handlung und darauf folgender gewaltsamer Rückkopplung zu einer Ausbildung tatsächlich widerständiger[63] Haltungen bei den betroffenen Heranwachsenden führten. Hinzu kommt die Problematik, dass dort, wo das abweichende Verhalten Heranwachsender während der NS-Zeit überhaupt dargestellt wird[64], dies häufig lediglich aufzählend und dabei eine vermeintliche

S. 404 f.). „Parallel dazu hatte sich der Anteil der Jugendkriminalität an der Gesamtkriminalität von sechs Prozent im Jahre 1937 auf 17,6 Prozent im Jahre 1943 fast verdreifacht" (ebd., S. 405). Aufgrund ihrer Brisanz wurden diese Statistiken damals nur den, zur Vertraulichkeit verpflichteten, Gau- und Reichsleitern zugänglich gemacht (ebd.).

63 Der Widerstandsbegriff kann hier nicht in seiner Entwicklung und hinsichtlich seiner Passung zur Analyse abweichenden Verhaltens damals Heranwachsender diskutiert werden (vgl. Benecke 2011, S. 750 ff.). Die Schwierigkeit einer kategorisierenden Zuordnung zeigt sich exemplarisch an der Debatte um die Frage, ob die Aktivitäten einer Edelweißgruppe aus Köln-Ehrenfeld, aus deren Reihen 1944 sechs Jugendliche vom Regime hingerichtet wurden, dem Widerstand zuzurechnen wären und wie deren Handlungen abschließend zu bewerten sind (Schilde 2007, S. 140 ff.).

64 Bei Giesecke etwa findet es selbst unter den Stichwörtern „Pluralisierung" (ders. 1999, S. 255 ff.) und „Individualisierung" (ebd., S. 258 ff.) keine nennenswerte Erwähnung. In seiner besonders fundierten Strukturgeschichte der männlichen HJ behandelt Michael Buddrus das Thema abweichenden Verhaltens Jugendlicher während der NS-Zeit unter der Perspektive der negativen „Rückkopplungen" (Ludolf Herbst) des NS-Systems, genauer der unterschiedlichen Disziplinarmaßnahmen der nationalsozialistischen Jugendorganisation und ihrer diesbezüglich systemimmanent genutzten Unterstützungsorgane (ders. 2003, S. 368 ff.). Zu bedauern ist demgegenüber, dass diese Thematik in den gegenwärtig aktuellsten und ansonsten ebenfalls fundierten Publikationen zur weiblichen HJ so gut wie nicht vorkommt (Miller-Kipp 2002 und 2007 sowie Reese 2007). In diesen Arbeiten wird die Nonkonformität damaliger Jugendlicher zwar im Kontext einer strukturgeschichtlichen Analyse des BDM-Dienstes (Miller-Kipp 2002, S. 107 f.), des Versuches der verallgemeinerbaren Konzeption einer BDM-Generation (Reese 2007a, S. 20) oder der dokumentarischen Präsentation exemplarischer negativer Erlebnisse im BDM (Miller-Kipp 2007, S. 79 ff.) in knapper Form erwähnt, aber nicht systematisch analysiert. Dies stellt auch von daher ein bildungshistorisches Desiderat dar, dass in den abweichenden Gruppen der Kriegszeit, wie an anderer Stelle angemerkt, durchaus Mädchen an den dortigen Inszenierungen eines selbstbestimmten Jugendlebens partizipierten. Demnach stellte diese Suche nach Abwechslung und Freiheitsgraden der alternativen Identitätsfindung ganz eindeutig ein geschlechterübergreifendes Motiv dar.

Trennschärfe zwischen den Gruppen loyaler Anhängerschaft des Regimes sowie dessen überzeugter Gegnerschaft suggerierend erfolgt (exemplarisch: Jahnke 2003, S. 175 ff. und 541 ff.). Solch antagonistischen Gegenüberstellungen haftet jedoch eine systematische Verzerrung an, auf die Breyvogel und Stuckert bereits vor längerem hingewiesen haben:

> „Die Trennung Hitlerjugend – Gegner verhindert genau das, was als Interaktionsdynamik zu bearbeiten wäre: die Verschränkung biographischer Erfahrung im Subjekt, d. h. die Interaktionsdynamik von Zustimmung und Ablehnung, Zuneigung und Widerspruch, Hoffnung und Enttäuschung wäre empirisch erst zu rekonstruieren, setzen wir nicht organisationsgeschichtlich entschiedene Subjekte voraus, was für Jugendliche so nicht gelten kann" (dies. 1991, S. 328).[65]

Eine solcherart statisch differenzierende Darstellung, wie sie in der obigen kritischen Argumentation angedeutet wird, birgt hinsichtlich der Erfassung abweichender Verhaltensweisen unter der NS-Diktatur und deren individueller Motivationen mindestens drei Problembereiche. *Erstens* geht mit ihr der Verlust einer analytischen Trennschärfe einher, wodurch mitunter der Eindruck entsteht, bestimmte Milieus wären vollständig und durchgehend „immun gegenüber den Offerten des NS-Regimes gewesen" (Kenkmann 2008, S. 158; vgl. hierzu die Ausführungen zu den Milieus in Kapitel 4). Diesbezüglich haben neuere Arbeiten u. a. für die in diesem Zusammenhang häufig genannten Milieus nachgewiesen, dass eine solche trennscharfe Abgrenzung nicht bestand (zur bürgerlichen Jugendbewegung: Niemeyer 2013 und 2015; Ahrens 2015 sowie zur katholischen Jugendarbeit: Nicolay-Fischbach 2022, zur HJ insbesondere S. 353 f.). *Zweitens* verdeckt sie den Blick für die komplexe Gleichzeitigkeit verschiedener, nicht selten divergierender Einstellungs- und Verhaltensmuster zum und im NS-System, wie sie vor allem die Ausprägungen nonkonformen Verhaltens unterhalb der Widerstandsebene kennzeichnete:

> „Protestaktionen und Widerstandshandlungen gegen das NS-Regime sind Taten weniger Zivilcouragierter. Erheblich höher war die Zahl der Nonkonformen und Verweigerer. Mannigfaltige ‚Kritik' und ‚Meckerei' vertrug sich durchaus mit der partiellen Anerkennung des Regimes oder zumindest mit einer passiven Hinnahme der Obrigkeit" (Kenkmann 2002, S. 160; vgl. in diesem Sinne auch Postert 2021, S. 378).[66]

---

65 In diesem Sinne stellt etwa die Darstellung bei Kater eine zu statische, die prozessualen Entwicklungsmuster zu wenig aufgreifende Gegenüberstellung von HJ und abweichenden Milieueinflüssen dar (Kater 2005, S. 26 ff.).

66 Vgl. in diesem Sinne, mit der Aufforderung, Nonkonformität unter der NS-Herrschaft differenzierend anhand des erkennbaren konkreten Verhaltens zu analysieren, zuletzt Hering 2013.

So werden bei einer statischen Darstellung auch die eher *qualitativ* relevanten Abweichungen unterschlagen, die das Regime in seiner Angst vor Loyalitätsverlust unter der Jugend der „Volksgemeinschaft" fürchtete, die sich nicht unmittelbar oder auch überhaupt nicht in entsprechenden *Handlungen* niederschlugen. Gemeint sind jene, ab 1936 mit der sich verändernden Wahrnehmung des HJ-Dienstes zunehmenden, Prozesse innerer Distanzierung aufgrund nicht dispositionsgerechter Erlebnisse in und mit der Jugendorganisation (Miller-Kipp 2007, S. 182 ff.). Diese konnten durchaus mit einer gleichzeitigen äußeren Aufrechterhaltung der HJ-Inklusion verbunden sein. Mit anderen Worten, eine zu stark abgrenzende Kategorisierung vermittelt den unzutreffenden Eindruck, man könne zwischen *der* Hitler-Jugend und ihren Gegnern nach einer „Konfrontationslinie Schuld – Unschuld" (Breyvogel/Stuckart 1991, S. 326) vermeintlich trennscharf schwarze und weiße Konturen unterscheiden. Tatsächlich lavierte sich auch im Bereich des jugendlichen Alltags zwischen 1933 und 1945 die Mehrheit eher „grau in grau" (Martin Broszat) durch (Peukert 1981, S. 30 f.). Hierbei waren häufig aktuelle Konfrontationen mit den unangenehm empfundenen Gegebenheiten des NS-Sozialisationskontextes deutlich relevanter für eine Ausprägung ablehnender Einstellungen und abweichender Verhaltensweisen unter Jugendlichen als die – in einer nicht zu unterschätzenden Zahl von Einzel- und Gruppenfällen durchaus ebenfalls Nonkonformität fördernden (Kenkmann 2008, S. 160) – tradierten Deutungsmuster einzelner Gesellschaftsmilieus. Auf beide Motivlagen wird weiter unten noch eingegangen. Grundsätzlich kann aber bereits festgehalten werden, dass auch im Alltag jener Jugendlichen, die nicht aufgrund kategorischer Zuschreibungen a priori verfolgt wurden, während der NS-Zeit ein typisches Interaktionsmuster mit dem Regime verbreitet war. In diesem trat, „unter der gleichzeitig suggestiven wie auch einschüchternden Herrschaft des Nationalsozialismus", eine „breite Skala gebrochener Verhaltens- und Reaktionsweisen, die oft ‚unreine' Mischung partieller Resistenz und zeitweiliger Anpassung" (Broszat/Fröhlich 1987, S. 14) zu Tage.

Drittens gerät bei einer statischen Kategorisierung der damaligen Jugendkohorte die *Prozesshaftigkeit* aus dem Blick, mit welcher sich die Genese individueller Abweichungen häufig vollzog.[67] Dies bedeutet nicht, dass eine grundsätzlich ablaufende abweichende Karriere von latenter Nonkonformität bis zum offenen Widerstand unterstellt würde, was vielmehr die seltene Ausnahme war (Breyvogel 1991, S. 10).[68] Demgegenüber resultierte allerdings auch bei der Inter-

67 Hiermit korrespondiert Miller-Kipps Feststellung, es gebe „in der ganzen Erinnerungserzählung […] nicht einen Fall gänzlicher Verweigerung *von Anfang an* [Hervorhebung; J. B.]" (dies. 2007, S. 182).

68 Solche Karrieren von der HJ in den aktiven Widerstand, wie sie die Geschwister Scholl vollzogen, waren auch unter Studierenden äußerst selten. Jene Widerstandsgruppen an verschiedenen Hochschulen, wie die „Weiße Rose" in München, blieben stets verschwindend kleine und isolierte Minderheiten (Grüttner 1995, S. 427 ff.).

aktion des Regimes mit den damals Heranwachsenden immer wieder eine deutliche Konfliktverschärfung aus einer überzogen repressiven Reaktion der nationalsozialistischen Kontrollorgane auf ein unterstelltes oder erfolgtes abweichendes Verhalten Jugendlicher (Hübner-Funk 2005, S. 140), welches zunächst auf einer niederen und für den Machterhalt de facto kaum bedrohlichen Ebene angesiedelt gewesen war. Diese prozessuale Genese abweichenden Verhaltens lässt sich konzeptionell am ehesten mit einer interaktionistischen Theorie erklären (Kebbedies 2000, S. 13 ff.). Hierzu ist der Ansatz eines labeling approach (Lamnek 2007, S. 223 ff.) augenscheinlich besonders geeignet. Seine, im hier besprochenen Kontext, wesentlichen Annahmen hat Schäfers zusammengefasst:

> „A. V. [abweichendes Verhalten; J. B.] (ist) [...] keine Qualität der Handlung, die eine Person begeht, sondern vielmehr eine Konsequenz der Anwendung von Regeln durch andere und der Sanktionen gegenüber einem ‚Missetäter'. A. V. ist demnach Produkt eines Zuschreibungsprozesses. Die Feststellung, ob a. V. vorliegt, hängt von Interpretationen und Prozessen des Aushandelns und somit von der Definitionsmacht der betroffenen Personen und Gruppen ab" (ders. 2003, S. 415).

In diesem Sinne wird in der vorliegenden Analyse abweichendes Verhalten gerade nicht als „punktuelles Ereignis" verstanden, sondern als ein – potentiell „abweichende Karrieren" generierendes – „sich fortlaufend entwickelndes Ergebnis dynamischer Interaktionsprozesse zwischen dem Abweichler und vielen anderen Personen und Institutionen" (ebd., S. 416). Letzteres wären in Bezug auf unser Thema die Organisationen und deren Repräsentanten auf den unterschiedlichen Ebenen des NS-Herrschaftssystems. Eine hinreichend differenzierte Analyse des abweichenden Verhaltens damals Heranwachsender muss demnach sowohl deren Einstellungen und Agitationen, als auch die darauf folgenden Bewertungen und Sanktionen durch das NS-Regime berücksichtigen. Nur so kann schließlich das aus beidem resultierende Belastungspotential einer betroffenen Identitätsentwicklung einerseits erfasst werden, andererseits zugleich die tatsächliche und die – in der öffentlichen Propaganda, sowie in der subjektiven Wahrnehmung des Regimes – stilisierte Bedrohung in ihrer Bedeutung, welche hieraus für den nationalsozialistischen Machterhalt resultierte. Nicht zuletzt durch die diesbezügliche Entwicklung während des Zweiten Weltkriegs kippte das „Mischverhältnis von negativen und positiven Rückkopplungsbeziehungen" (Herbst 1996, S. 24), welches im Gleichgewichtszustand die NS-Herrschaft lange kennzeichnete und deren Stabilität förderte (ebd., S. 22 f.), deutlich zu Ungunsten der letzteren (Gellately 2004, S. 131 ff.).

Im Anschluss an diese strukturelle Ursachenbestimmung abweichenden Verhaltens Jugendlicher kann nunmehr auch die komplexe und überaus heterogene Gesamtschau erfolgter Widerstandshandlungen unterschiedlichen Ausmaßes (Kenkmann 2008, S. 143 ff.) gegen die NS-Herrschaft systematisch ausdifferenziert werden. Dies soll anhand einer aufsteigenden Stufenfolge des abweichenden Verhaltens geschehen, wie sie Detlev Peukert vorgeschlagen hat (ders. 1982, S. 94ff.) und in deren einzelne Kategorien sich die entsprechenden Handlungsmuster damaliger heranwachsender Nonkonformisten eingliedern lassen. Zunächst unterscheidet Peukert drei verschiedene Konflikttypen im Gesamtkontext der NS-Herrschaft (ders. 1981, S. 22ff.):

1. Externe Konflikte zwischen dem NS-System und seinen Gegnern bzw. jenen Gruppen, die das NS-System im Laufe seiner Entwicklung bekämpfte.
2. Interne Konflikte, die horizontal zwischen verschiedenen Fraktionen des herrschenden NS-Systems verliefen.
3. Des Weiteren ein Konflikttypus, bei welchem die Bruchzone erneut innerhalb des Systems verlief, diesmal jedoch vertikal, zwischen den NS-Eliten und der Masse, also bestimmten Gruppen oder einzelnen Angehörigen der beherrschten Bevölkerung.

Für damals Heranwachsende konnten alle drei Konflikttypen in ungleichheitsbildender Weise sozialisationsrelevant werden. Die meisten Fälle damaligen jugendlichen Abweichens lassen sich allerdings der dritten der oben genannten Gruppen zuordnen. Denn, sowohl in den Fällen der Banden, Cliquen, Meuten und anderer Gruppierungen, welche in den letzten Jahren der NS-Herrschaft einen Vollzug alternativer, von der HJ-Norm gezielt abweichender Lebensentwürfe anstrebten, als auch bei vielen Jugendlichen, die in jenen Milieus (allen voran dem Arbeiter- und dem katholischen Milieu) aufwuchsen, denen man nach 1945 lange eine weitgehende Immunität gegenüber dem Inklusionsanspruch des NS-Regimes attestierte[69], resultierten nonkonformistische Verhaltensweisen der Heranwachsenden überwiegend aus Distanzerlebnissen, welche aus einer Konfrontation mit dem erhöhten Verpflichtungsanspruch oder dem gewaltsamen Gebaren des NS-Regimes entsprangen.[70] Wie bereits angedeutet, konnten die-

69 Diese Annahme hat sich gerade durch alltagsgeschichtliche Forschungen mittlerweile als revisionsbedürftiges oder zumindest zu differenzierendes Pauschalurteil erwiesen (Wirsching 1996, S. 40ff.; exemplarisch auf das Saarland bezogen Mallmann/Paul 1995, S. 530ff.). Dies gilt insbesondere für die Mentalitätsentwicklung innerhalb der Arbeiterschaft ab Mitte der dreißiger Jahre (Kershaw 2006, S. 246ff. sowie insbesondere ebd., S. 305f.). Neuere alltags- und regionalgeschichtliche Studien haben differenziert herausgearbeitet, dass sich auch für das katholische und das Arbeitermilieu zwischen 1933 und 1945 einerseits Beharrungstendenzen bezüglich traditioneller milieuspezifischer Abgrenzungsmuster sowie andererseits aber auch deutliche Anpassungstendenzen an die Inklusionsangebote der NS-Führung erkennen lassen (Wirsching 1996, S. 42).

70 Dies galt noch einmal in gesteigertem Maße unter den besonders repressiven Lebensbedingungen des Kriegsalltags sowie der in dieser Phase radikalisierten NS-Politik auch gegenüber der heranwachsenden „Volksgemeinschaft“ (ausführlich hierzu: Benecke 2011, S. 517ff.).

se Distanzerlebnisse und dadurch ausgelöste partielle Abweichungen der betreffenden Heranwachsenden durchaus mit einer vorangegangenen oder weiter bestehenden Befürwortung anderer Teilelemente des NS-Sozialisationskontextes einhergehen – dies war sogar die verbreitete Regel.

Wenn man nun davon ausgeht, dass sich ein individueller Entschluss zum Widerstand gegen das Regime zwar nicht immer, aber doch häufiger als Prozess dargestellt hat, wie können dann dessen auf einander aufbauende Teilstrukturen untereinander ausdifferenziert werden? Dies soll im Folgenden skizziert werden. Im Herrschaftsalltag des NS-Systems kam es aufgrund seiner inneren Widersprüche sowie dem ihm immanenten zunehmenden Formierungsdruck zu vielfältigen Gelegenheiten, „in denen sich Menschen mit der Frage konfrontiert sahen, ob sie nationalsozialistischen Anordnungen Folge leisten oder ihnen widerstehen sollten“ (Peukert 1981, S. 24). Fiel jedoch eine Entscheidung zugunsten einer individuellen Verweigerung, so war dies, was die dahinter stehende Intention des „Abweichlers“, aber auch den Grad seines abweichenden Verhaltens anbetraf, zunächst höchst selten auf der Ebene aktiven Widerstands gegen das NS-Regime angesiedelt. Für den NS-Sozialisationskontext gilt demnach einerseits, es gab Nonkonformismus, welcher nicht gleichzeitig Widerstand im eigentlichen Sinne war. Andererseits ging – ganz im Sinne eines prozessualen Konfliktverlaufs – einem schließlich aufgenommenen tatsächlichen Widerstand meist ein, vom Regime sanktioniertes, einfaches abweichendes Verhalten voraus.

Mit Peukert lassen sich die unterschiedlichen auffindbaren Formen und Grade abweichenden Verhaltens innerhalb und gegenüber dem NS-System nunmehr in eine ordnende Systematik eingliedern. Diese soll sie zugleich nach Form des gezeigten Verhaltens und nach dessen Grad der Abweichung differenzieren und systematisieren (ebd., S. 25). Er skizziert zunächst eine Ebene des Nonkonformismus im NS-Sozialisationskontext, welche auf ihren Achsen von den Variablen „Reichweite der Systemkritik“ (von partiell bis generell) und „Wirkungsraum der Handlung“ (von privat bis staatsbezogen) definiert wird. Innerhalb dieser Ebene verortet er dann, in aufsteigender Intensität der eingegangenen Konfrontation mit dem Regime sowie von dessen sanktionierenden Reaktionen darauf, die heterogenen Formen abweichenden Verhaltens. Diese gingen von einfacher Nonkonformität, über Verweigerung und Protest, bis hin zum tatsächlichen Widerstand. Gerade auf der untersten Stufe konnten sich die Verhaltenselemente des Mitmachens und des Entziehens miteinander verbinden. Gegenüber dem totalitären inneren und äußeren Erfassungswillen des Regimes bedeutete schon die Ausbildung einer inneren Distanz einen zu bekämpfenden Nonkonformismus, welcher im Lebensalltag des betreffenden Subjekts jedoch durchaus mit einer früheren oder weiter bestehenden Mitgliedschaft in der Hitler-Jugend einhergehen konnte (Miller-Kipp 2007, S. 40 sowie exemplarisch die Berichte in ebd., S. 63 ff., 79 ff. und 89 ff.). Bezüglich des abweichenden Verhaltens Jugendlicher ist Peukerts

Gliederung allerdings relativierend hinzuzufügen, dass es sich hierbei um eine Verhaltens- und dazugehörige Bewertungsskalierung handelt, nicht aber um eine daraus einfach ableitbare Entwicklungslinie moralischen Rechtsbewusstseins bzw. einer unweigerlich ansteigenden Widerstandsintention bei den betroffenen Subjekten (Breyvogel 1991, S. 10f.). Die politischen Einsichten damals Heranwachsender bildeten sich nicht in einer unabhängigen Stufenfolge, sondern in Abhängigkeit eines „Modus der Betroffenheit" (ebd., S. 10), sprich nach der individuellen Verarbeitung bestimmter Distanz- oder Konflikterlebnisse innerhalb des NS-Herrschaftssystems. Diese subjektiven Verarbeitungsformen lassen sich nicht pauschalisieren. So konnte ein entsprechendes Erlebnis „bei einem alles, bei anderen gar nichts auslösen" (ebd., S. 11). Wie schon erwähnt, war die große Mehrzahl der Fälle abweichenden Verhaltens damals Heranwachsender im Moment ihrer ursprünglichen Generierung auf dem Niveau der Nonkonformität, mitunter auch der Verweigerung angesiedelt. Wenngleich es hierbei, gerade in den genannten Milieus der Arbeiterschaft und des Katholizismus, nach 1933 auf dem Level der Verweigerung motivationsverstärkend auch zum Einfließen traditioneller politischer und gesellschaftlicher Deutungsmuster kommen konnte, waren diese alltäglichen Verhaltensformen an sich überwiegend unpolitisch (Peukert 1981, S. 26). Erst die, im Sinne des oben skizzierten Interpretationsansatzes als stigmatisierend anzusehenden, Reaktionen des Regimes darauf, setzten dann oftmals einen Prozess in Gang, welcher die Betreffenden auf höhere Niveaus der Abweichung trieb. Gerade die Entwicklung der HJ während der späten dreißiger und vor allem der vierziger Jahre, die stetige Ausweitung von Kontroll- und Erfassungsaktivitäten sowie der militarisierten Ausgestaltung des Dienstes, war es, welche zu einem gleichzeitigen Verlust an innerer Dynamik und äußerer Attraktivität führte (Peukert 1983, S. 98ff.). Diese Ausgangslage konnte eine nicht zu unterschätzende Zahl Jugendlicher zu einer nur widerwilligen Akzeptanz oder auch entschiedenen Ablehnung des HJ-Dienstes motivieren, was wiederum Konflikte mit den Ordnungskräften des NS-Systems nach sich zog (Klönne 1991, S. 299):

> „In der Gefühls- und Gedankenwelt der nonkonformen oder widerständigen jugendlichen Gruppen während des ‚Dritten Reiches' existierten, bei allen sonstigen Unterschieden, einige weithin gemeinsame Elemente: Ein auf jugendliche Lebenspraxis gerichteter Drang nach Selbstbestimmung; die Anfechtung staatlicher oder gesellschaftlicher Autoritäten (zum Teil auch der Autorität im eigenen Sektor der Erwachsenenwelt, etwa der Kirchen oder der früheren Arbeiterbewegung); die Verweigerungshaltung gegenüber nationalsozialistischen, zum Teil aber auch gegenüber nationalkonservativen ‚Tugenden' und daraus erwachsenden Pflichten, wie etwa der ‚Arbeitspflicht' und der ‚Wehrpflicht'; die Missachtung gegenüber ‚bürgerlichem' Opportunitätsverhalten; der Spott über ‚völkisch' begründete Ausgrenzungen des ‚Fremden'; der Hunger nach Leben in einer offenen Welt" (ebd., S. 308).

Letztlich treffen, je nach Sicht auf die damalige Genese jugendlicher Nonkonformität, beide Aussagen zu: Zum einen war der Jugendwiderstand quantitativ und qualitativ eher marginal und stellte für die nationalsozialistische Herrschaft *de facto* kaum eine ernsthafte Bedrohung dar (Ueberschär 2006, S. 125); zum anderen nahm das Regime dies jedoch anders, mit zunehmender Hypersensibilität, wahr und reagierte entsprechend überzogen (Klönne 1993, S. 225 f., 236).[71] Letzteres geschah beispielsweise, wenn den, von den Heranwachsenden gezielt anglophil geprägten, geschlechterübergreifenden Tanzveranstaltungen der Hamburger Swing Jugend im Sommer 1941 durch ranghohe Regimevertreter in Berlin konstatiert wurde, diese hätten bereits „staatsfeindliche und reaktionär zersetzende Formen angenommen" (IfZ München Ma 667, Bl. 5484203-204). Die angesprochene Hypersensibilität des Regimes führte infolgedessen wiederum dazu, dass die betroffenen Heranwachsenden weiteren und schärferen Repressionen ausgesetzt wurden und sich die Konflikte weiter zuspitzten (Peukert 1981, S. 29 f.; Lange 2015, S. 122 ff.).

Die abgestufte Inklusionsintention als NS-spezifisches Charakteristikum der Genese sozialer Ungleichheit und deren Auswirkungen auf der HJ-Ebene

Im Kontext einer herrschaftsbezogenen Betrachtung abweichenden Verhaltens Heranwachsender während der NS-Zeit gilt es überdies auszudifferenzieren, in welchem Maße der nationalsozialistischen Führung und mit ihr einer ihr ergebenen Reichsjugendführung *überhaupt* an einer Inklusion (hier: Einforderung von Leistungsbereitschaft und effizienter Nützlichkeit) der Betreffenden gelegen war. Diesbezüglich lassen sich – ganz unmittelbar im Sinne einer systematischen Bestimmung sozialer Ungleichheiten – drei hierarchische Stufen eines gruppenspezifischen Formierungswillens durch das Regime und entsprechender Reaktionen auf attestierte Abweichungen unterscheiden. Hierbei sind die Gruppen 1 und 2 nicht trennscharf zueinander, sondern als Stufenfolge aufeinander bezogen. Lediglich die dritte Gruppe verhält sich tatsächlich abgegrenzt zu den beiden anderen. Von herrschaftspragmatischen Ausnahmen abgesehen, sollte aus ihr kein Weg in eine der anderen Gruppen, insbesondere die erste, führen. Die Gruppen lassen sich wie folgt definieren:

1. Diejenigen, die keine Leistung im Sinne der NS-Ideologie generieren *wollten;* hierunter fallen all jene, welche durch Attest („asozial") oder tatsächlich gezeigtes Verhalten („Abweichler", wie die „Edelweißpiraten" oder die

71 Vgl. exemplarisch den Schriftverkehr bezüglich der Swing-Jugend in Hamburg zwischen Artur Axmann und Heinrich Himmler vom Januar 1942 (BArch NS 19/219, Bl. 68 ff.; abgedruckt in Benecke 2013, S. 356 f.).

„Swing-Jugend") ihre mangelnde Leistungsbereitschaft für die Ziele der NS-Ideologie angeblich oder tatsächlich unter Beweis gestellt hatten. Ihnen drohten zunächst Stigmatisierung und leichtere Sanktionen, dann vorübergehende Inhaftierung und schließlich eine endgültige Absonderung – sprich der Verweis in die zweite Gruppe dieser Liste – oder sogar die Todesstrafe, wenn sich ihre Abweichung mit allzu deutlichen Widerstandselementen vermengt hatte. Die funktionale Sicht auf die Jugendlichen der rassisch definierten „Volksgemeinschaft" und zugleich des NS-Erziehungsverständnisses wird anhand einer Argumentation deutlich, mit der ein damaliger NS-Funktionär die Intentionen schildert, mit welchen das Regime zunächst die polizeilichen Jugendschutzlager oder Jugendschulungslager (Lange 2015, S. 45f.), später die Jugendkonzentrationslager für alle diejenigen ins Leben gerufen hatte, die sich dessen Formierungsansprüchen widersetzten (exemplarisch zu Mittweida: Stadtarchiv Leipzig JuA Nr. 314, Bl. 108). Deren Ziele waren es:

> „[D]ie eingewiesenen Lagerzöglinge auf ihre Erziehbarkeit zu sichten, die noch erziehbar erscheinenden mit geeigneten Mitteln zum Nutzen der Volksgemeinschaft zu erziehen und die Unerziehbaren bis zu ihrer endgültigen Überführung in ein Konzentrationslager oder in andere Einrichtungen zu verwahren, unter größtmöglicher Ausnutzung ihrer Arbeitskraft" (Werner 1944, S. 95f.).

Die hier aufgerufene Frage der attestierten „Erziehbarkeit" stellte im NS-System das zentrale, herrschaftsabhängig funktionalisierte, Scharnier dar. Anhand dessen sollte sich das Schicksal der Betreffenden in Richtung druckvoll eingeforderter und gegebenenfalls gewaltsam erzwungener Inklusion einerseits oder dauerhafter Exklusion andererseits entscheiden (Tetzlaff 1944, S. 34).[72] Bei den diesbezüglichen Einschätzungen waren allerdings schon hinsichtlich der HJ-Dienstverpflichtung der Willkür Tür und Tor geöffnet. So hing es etwa im Kontext der Fürsorgeerziehung von der jeweiligen Einstufung der „Erziehungsschwierigkeiten" des Heranwachsenden durch die zuständigen Behörden und deren Gutachterinnen und Gutachter ab, ob jemand in der örtlichen HJ-Einheit im regionalen Umfeld der Anstalt am regulären Dienst teilnehmen, diesen in einer „Anstaltseinheit der Hitler-Jugend versehen" oder gänzlich ausgeschlossen werden sollte (ebd., S. 43f.). Dieser Befund einer funktionalen Vagheit galt letztlich für das gesamte Sanktionsrepertoire. Während das Procedere und insbesondere die Zuständigkeiten (ebd., S. 57ff.) der zu erfolgenden Sanktionierung recht klar fixiert wurden, blieben die legitimierenden Kategorien schwammig und somit interpretierbar. Ein Ausschluss aus der HJ, deren schwerste Sanktion, konnte

---

72 „Die Unterbringung im Jugendschutzlager ist ein letzter Versuch, solche Jugendlichen durch straffe Lagerzucht zu erziehen, und dient andererseits dem Schutze der Volksgemeinschaft durch Bewahrung der Unerziehbaren" (Tetzlaff 1944, S. 46).

beispielsweise verhängt werden, wenn sich die Betreffenden als „unwürdig" erwiesen hatten. Dies erreichten sie, indem sie „ehrenrührige Handlungen begehen" oder „durch ihr sittliches Verhalten in der Hitler-Jugend oder in der Allgemeinheit Anstoß erregten und dadurch die Hitler-Jugend schädigen" (ebd., S. 45 f.). Zu guter Letzt erfolgte ein Ausschluss automatisch, wenn die Jugendlichen „behördlich verwahrt werden" – hierunter fiel die Einweisung in ein Jugendschutzlager, nicht aber die Überweisung in die Fürsorgeerziehung (ebd., S. 46).

Die Folge war, gerade in der letzten Phase der NS-Zeit, eine auch quantitativ durchaus bemerkenswerte Ausschlusspraxis. Nach eigenen Angaben wurden allein zwischen dem 1. 11. 1942 und dem 1. 11. 1943 im ganzen Reichsgebiet 2 725 männliche und 1 107 weibliche Angehörige der NS-Jugendorganisation als „auf Dauer untragbar" eingestuft (ebd.; vgl. zu den Zahlen auch Buddrus 2003, S. 397). Der „Jugenddienstarrest" wurde im gleichen Zeitraum in 3 178 Fällen angeordnet (Tetzlaff 1944, S. 42). Als HJ-interne Sanktionsmaßnahme wies dieser allerdings eine geschlechtsbezogene Differenzierung auf: Er galt zunächst nur für männliche Angehörige der Organisation, eine Erweiterung auf den BDM wurde aber zuletzt angedacht (ebd., S. 55 f.). Diese Ausschlüsse aus der HJ stellten schließlich das strukturelle Gegenstück zu den, später noch explizit dargestellten, Grauzonen der Erfassung dar. Auch sie offenbarten die Problematik eines NS-spezifischen totalitären Vertretungs- und Prägungsanspruches: Man wollte gleichermaßen alle Heranwachsenden der „Volksgemeinschaft" eingliedern; zugleich aber innerhalb der Mitgliedschaft soziale Differenz, die aus individuellen Eigenheiten und nicht aus den herrschaftlichen Formierungsmaßnahmen resultierte, nur in geringen Freiheitsgraden dulden. Um die Unmöglichkeit dieses Unterfangens zu kaschieren und die Verursachung den jeweils Betroffenen und deren Umfeld zuschreiben zu können, bedurfte es zwingend solch weitgefasster Legitimationskategorien einer Sanktionierung abweichenden Verhaltens, die sich nach Bedarf auslegen ließen. Auf diese Weise konnte man – ganz im Sinne des später dargestellten Figurationsansatzes von Norbert Elias – das eigene Herrschaftsgebaren propagandistisch als Intervention zum Schutze traditioneller Werte- und Verhaltensprinzipien („Recht und Ordnung") umdeuten und damit die selbst initiierten Praxen sozialer Ungleichheitsbildung als notwendig und berechtigt erscheinen lassen. Die entsprechenden Einstufungen wurden dann – Führung und Verführung, Kontrolle und Anerkennung – als „Belobigungen" einerseits und „Bekanntmachung" der Ausschlüsse andererseits u. a. im „Amtlichen Nachrichtenblatt des Jugendführers des Deutschen Reichs und der Reichsjugendführung der NSDAP" regelmäßig mit propagandistischer Intention und sozial differenzierend veröffentlicht.[73]

---

73 Vgl. exemplarisch: Amtliches Nachrichtenblatt vom 18. Februar 1938, S. 63 bzw. 77; zur letztgenannten Kategorie auch die Bekanntmachungen im „HJ-Richter. Schulungsblatt der HJ-Gerichtsbarkeit": Folge 5 vom Februar 1942, S. 7 ff. (BArch NS 28/82; abgedruckt in Benecke 2013, S. 363 ff.).

Beispielsweise in Folge einer gezielt sozial isolierenden Einweisung in ein Jugend-KZ (Kuhlmann 1989, S. 202 ff.) waren die betroffenen Jugendlichen dieser Gruppe dann immer wieder auch körperlicher Überforderung und massiver Gewalt ausgesetzt. Die Inszenierungen von Sanktionen abweichenden Verhaltens waren in diesen abgeschotteten und von „absoluter Gewalt" (Wolfgang Sofsky) geprägten sozialen Räumen gleichermaßen willkürlich und drastisch. Hieran waren ebenfalls Angehörige der HJ, zwar nicht planmäßig, aber in häufigen Einzelfällen, aktiv beteiligt. So etwa in einem Fall, der sich 1942 im Jugend-KZ Moringen ereignete:

> „Er (der Lagerleiter, C. K.) liess es in seiner Zeit einem ihm als Erzieher von der Reichsjugendführung zugewiesenen HJ-Führer zu, zwei aus dem Lager entwichenen Jungen nach der Wiedereinlieferung eine Abreibung durch Mitzöglinge geben zu lassen. Während bei dem zuerst eingelieferten, (...) diese Prügel recht gelinde ausgefallen waren, reizte im zweiten Fall der HJ-Führer die Jungen, etwas derber zuzuschlagen, woraus dann das von ihm tief bedauerte Zutodeprügeln kam" (zit. n. Kuhlmann 1989, S. 205).

2. Diejenigen, die laut Attest der NS-Rassebiologen keine entsprechende Leistungsbereitschaft generieren *konnten* bzw. von denen dies erst gar nicht zu erwarten wäre. Hierunter fielen all jene, die das Regime – nunmehr primär aus angeblich „erbbiologischer" Perspektive – als „unerziehbar"[74] abstempelte. Aus diesem Attest folgte für die Jugendlichen nicht selten eine Überführung

74 Während die Zuschreibung „unerziehbar" sich vor allem auf das gezeigte Verhalten der Betroffenen bezog, fungierte die Chiffre einer angeblich nicht vorhandenen „Bildsamkeit" als Legitimation für weiterführende Exklusionsmaßnahmen, wie der gezielten Unfruchtbarmachung oder Ermordung der Opfer aufgrund einer unterstellten erbbiologisch verminderten Leistungsfähigkeit. Ganz entsprechend der nationalsozialistischen Nützlichkeitsbemessungen und der hiervon abhängigen Wertschätzung menschlichen Lebens wurde die Beurteilung der „Bildungsfähigkeit" in diesem Kontext zum entscheidenden Selektionskriterium, nach welchem Heranwachsende zur planmäßigen Tötung bestimmt wurden (Fuchs/Rotzoll/Müller/Richter/Hohendorf 2007, S. 64). Rund 77,2 % der selektierten Minderjährigen wurden als „bildungsunfähig" klassifiziert, während 73,3 % der überlebenden Mädchen und Jungen als „bildungsfähig" oder eingeschränkt „bildungsfähig" eingestuft worden waren (ebd., S. 65 f.). „Bildungsfähigkeit", im funktionalen Sinne definiert als „medizinisch-psychiatrische [...] Voraussage über ihre vermutlich zu erreichende Arbeitsfähigkeit und den wahrscheinlich anzunehmenden Grad einer eigenständigen Lebensführung" (ebd., S. 68), konnte für diese Heranwachsenden über Leben und Tod entscheiden. Die affirmative Theoriebildung nationalsozialistisch orientierter Erziehungswissenschaftler folgte auch dieser Praxis argumentativ-legitimierend nach. Etwa Alfred Baeumler, der erklärte: „im Mittelpunkt der Erziehungswissenschaft steht der Begriff der *Bildsamkeit des Menschen*. [...] Es wird immer das wichtigste Anliegen der Pädagogik bleiben, den Begriff der Bildsamkeit *richtig* [Hervorhebung; J. B.] zu bestimmen. Das erste, was durch das Rassedenken im Gebiete der Erziehungswissenschaft zu leisten ist, ist daher der Nachweis, daß der Begriff der Bildsamkeit bisher falsch aufgefaßt wurde. [...] Das rassekundliche Denken setzt nicht einem Prinzip der

in eine auf unbestimmte Zeit bewahrende, in ihrer Praxis während der NS-Zeit häufiger als qualvoll erlebte „Fürsorgeerziehung" (ebd., S. 78 ff., 105 ff.). Oder es wurde ihnen, nach NS-Bewertungskriterien, Debilität („Schwachsinnigkeit") unterstellt, worauf sie häufig in psychiatrische Verwahranstalten verbracht wurden, in denen viele von ihnen sterilisiert und während des NS-Euthanasieprogramms planmäßig ermordet wurden (Fuchs/Rotzoll/Müller/Richter/Hohendorf 2007).[75] Während der NS-Zeit wurde die öffentliche Fürsorgeerziehung zusehends zu einem Selektionsapparat (dies galt milieuübergreifend; vgl. in diesem Sinne zur katholischen Jugendfürsorge Nicolay-Fischbach 2022, S. 295 ff.). Dieser führte all jene, denen er eine unzureichende Leistungsfähigkeit (Kuhlmann 1989), oder aber, aufgrund angeblich „angeborener" und somit unveränderlicher Charaktermängel, eine unzulängliche Leistungsbereitschaft zugeschrieben hatte, gezielt einer „Bewahrung" unter zumeist unwürdigen Lebensbedingungen zu. In deren Institutionen wurden sie gezielt dauerhaft vom Rest der „Volksgemeinschaft" isoliert, immer wieder misshandelt und letztlich lebenslang geschädigt, wenn nicht gar umgebracht (Berger 2007; exemplarisch: Gross 2000). Zugleich aber – ein weiteres Exempel der Widersprüchlichkeit der formalen NS-In- und Exklusionspraxen – konnten die Heranwachsenden in den Fürsorgeeinrichtungen von der HJ-Dienstpflicht ereilt werden. Letzteres sollte für die Fürsorgezöglinge erneut in Abhängigkeit der einander widerstrebenden Maßgaben eines Totalitätsanspruchs der Jugendorganisation einerseits sowie der – ihnen attestierten – sozialen und „erbbiologischen" HJ-„Würdigkeit" andererseits entschieden werden (Kuhlmann 1989, S. 112 ff.). Eine Frage, die auch in ihren Fällen immer wieder mit einiger Willkür fallbezogen geklärt wurde. Letztlich wurden, nachdem eine BDM- und HJ-Organisation auch der Fürsorgezöglinge im Verordnungsblatt der Reichsjugendführung vom 7. 7. 1934 genehmigt worden war, an verschiedenen Anstalten, die unter heterogener Trägerschaft standen, eigene HJ-Scharen gebildet (ebd., S. 113 f.). Was die Betroffenen in diesen erleben konnten, verdeutlichen exemplarisch die Interviews, die Annette Eberle mit ehemaligen Fürsorgezöglingen der Anstalt *Kloster Markt Indersdorf* in Schwaben geführt hat. Hier berichten Zeitzeugen darüber, dass mit Kriegsbeginn (genauer 1938) der Nationalsozialismus mit seinen Organisationen und Verbänden auch auf das Kloster übergriff. Die bislang dort waltenden Klosterschwestern, welche die Zöglinge als empathisch erlebt und

unbeschränkten Bildsamkeit das Prinzip der beschränkten Bildsamkeit entgegen, sondern es *entdeckt* erst das wahre Prinzip der Bildsamkeit" (ders. 1942, S. 81 ff.).

75 In dieser Publikation werden die Fälle Betroffener eindringlich geschildert, wobei die perfide Wertbemessung menschlichen Lebens durch regimeeigene Nützlichkeitskriterien deutlich zum Vorschein kommt.

gemocht hatten, wurden nun zunächst durch Vertreter der Nationalsozialistischen Volkswohlfahrt (NSV) ersetzt. In deren Gefolge kam auch die HJ in die Anstalt, welche sie umgehend dienstverpflichtete. Nach nur einer Woche trugen die Fürsorgezöglinge HJ-Uniform und waren mit einem Dienstalltag konfrontiert, der ihnen mit Drill begegnete und Disziplin bei vormilitärisch inszenierten Geländeübungen abverlangte. Zugleich bot er ihnen aber auch neue, bisher nicht gekannte Optionen: Ausflüge zu unternehmen, in Kontakt mit der Dorfbevölkerung zu kommen und in der dortigen Landwirtschaft mitzuhelfen (Interview: Eberle mit Lammer und Mosholzer (Zeitangabe: 10:50 ff., 24:10 ff., 38:00 ff.)). Auch zu öffentlichen Aufmärschen der HJ wurden sie mitunter herangezogen, wobei einer von ihnen die Gelegenheit wahrnahm Baldur von Schirach die Hand zu schütteln, was er noch heute als besonderen biographischen Moment berichtet (Interview: Eberle mit Holler (12:30 ff., 48:20 ff.)). Ähnlich wie in anderen teilisolierenden Kontexten der NS-Herrschaft fiel die HJ-Erfahrung für diese Betroffenen ambivalent aus. Die HJ-Zugehörigkeit relativierte ältere soziale Ungleichheiten und brachte neue einschlägige Belastungen mit sich. So berichten alle Zeitzeugen darüber, dass sich die Insignien der Inklusion hoher Beliebtheit erfreuten (zur Uniform: Interview: Eberle mit Lammer und Mosholzer (39:15 ff.); zum HJ-Fahrtenmesser: Interview: Eberle mit Holler (57:00 ff.)). Ebenso die Möglichkeit der vorherigen, wenngleich in diesem Fall durch die Schwestern erträglich gestalteten, Isolation sowie auch einer, subjektiv als diffamierend wahrgenommenen, Klassifizierung der eigenen Person zu entkommen. Zugleich aber erlebten sie den Einfall der HJ nicht selten als Zwang, einhergehend auch mit körperlichen Übergriffen (Interview: Eberle mit Holler (8:15 ff., 13:30 ff., 55:00 ff.)); als scharfen und in seinen Auswirkungen physisch und emotional belastenden Bruch zur Wärme der Betreuung durch die Schwestern zuvor (Interview: Eberle mit Lammer und Mosholzer (9:20 ff.)). Zudem brachte die Übernahme der Fürsorgezöglinge der Anstalt durch die NS-Jugendorganisation erneut typische Widersprüche mit sich. Einerseits wurden hier eigentlich ausgegrenzte Heranwachsende Mitglieder der HJ, wie etwa der jenische „Zigeuner“ Holler (Interview: Eberle mit Holler (24:30 ff.)). Andererseits gewann die Interaktion mit der Dorfjugend oder der dortigen regulären HJ keine Selbstverständlichkeit, sondern blieb auf spürbar seltene Gelegenheiten beschränkt, bei denen die Jugendorganisation ihren vom Regime zugewiesenen Aufgaben nachkam, wie etwa bei kleineren und größeren Aufmärschen oder der Fahrt zu den Reichsparteitagen (Interview: Eberle mit Holler (48:40 ff.)).

3. Diejenigen, die nach Maßgabe der rassistischen NS-Ideologie erst gar keine entsprechende Leistungsbereitschaft ausbilden *sollten*. Hierunter fielen alle als „fremdvölkisch“ deklarierten Heranwachsenden im Reich und den eroberten Gebieten. Ihnen wurde entweder nur eine, nach NS-Kriterien bemessene,

Minderbildung zugestanden[76], damit sie sich für die „Volksgemeinschaft" als nützlich erweisen könnten („slawische" Völker). Oder es wurde ihnen, wie im Falle der „jüdischen Rassefeinde", sukzessive und intendiert jegliche Bildungschance genommen. Eine mangelnde Leistungsbereitschaft sollte in dieser Gruppe den herrschaftsstabilisierenden Normalfall darstellen. Dies verdeutlicht exemplarisch die, von Martin Bormann im Juli 1942 nach Hitlers Vorgabe verfasste, „Direktive zur Behandlung der Einheimischen in den eroberten Ostgebieten". Sie sah folgende funktionale Leistungseinschränkung vor: „Die Slawen sollen für uns arbeiten. Soweit wir sie nicht brauchen, mögen sie sterben. Impfzwang und deutsche Gesundheitsvorsorge sind daher überflüssig. […] Bildung ist gefährlich. Es genügt, wenn sie bis 100 zählen können. Höchstens Bildung, die uns brauchbare Handlanger schafft, ist zulässig. […] An Verpflegung bekommen sie nur das Notwendigste. Wir sind die Herren, wir kommen zuerst" (zit. n. Piper 2007, S. 529).

Aus Sicht des Regimes und somit aus herrschaftsbezogener Perspektive ist festzustellen, dass dessen Vertreter am stärksten gegenüber der ersten Gruppe an einer Evozierung von Leistungsbereitschaft in ihrem Sinne interessiert waren. Daher verfolgten sie jene, die vermeintlich oder tatsächlich nicht *wollten*, gezielt mit diesem Motiv. Demgegenüber ist aus Sicht einer Erfahrungsperspektive der betroffenen Heranwachsenden jedoch der ersten Gruppe nicht einfach gleichsam auch das höchste Belastungspotential zuzuschreiben. Deren Angehörige wollte das Regime zumindest auf lange Sicht wieder der „Volksgemeinschaft" zuführen. Im Gegensatz dazu schloss man die Gruppe derer, die angeblich nicht *konnten*, aus dieser aus, „verwahrte" sie unter schwersten Lebensbedingungen und brachte sie, im Bereich der attestierten höchsten Schweregrade des zugeschriebenen Nicht-*Könnens*, zu tausenden um. Die letzte der genannten Gruppen erlebte hingegen auf jede Abweichung drakonische Strafen, da für sie keine Aufnahme, sondern lediglich eine Ausbeutung für die „Volksgemeinschaft" („Slawen") oder eine konsequente Verbannung aus dieser („Juden") vorgesehen war. Hierbei wurde den Betroffenen per se ein, durch rassistische Bemessungskriterien schon a priori festgelegter, äußerst geringer („Slawen") oder gar negativer („Juden") Eigenwert zugeschrieben. In umgekehrter Perspektive lässt sich also konstatieren, dass die Angehörigen der ersten Gruppe ihre Leistungsbereitschaft in Folge einer „Erziehung" durch die zuständigen Systemorgane belegen sollten, während die Angehörigen der zweiten Gruppe dies nur in wenigen Einzelfällen noch konnten und die Angehörigen der dritten Gruppe erst gar nicht durften.

Der hier insgesamt angesprochene Zusammenhang zwischen NS-Herrschaftsvollzug und einer HJ-bezogenen sozialen Ungleichheitsbildung im

76 Zu den Planungen einer entsprechenden „völkisch"-rassistischen NS-Schulpolitik im Reichsgau Wartheland und im Generalgouvernement (vgl. Hansen 2007).

Bereich der Sanktionierung abweichenden Verhaltens Heranwachsender offenbart sich deutlich, wenn man die, propagandistisch verbreiteten, zuschreibenden Legitimationsmuster des Regimes bezüglich der Sanktionierung attestierter Nonkonformität betrachtet. Für den Bereich der HJ-Mitgliedschaft soll dies nunmehr an einem Beispiel exemplarisch aufgezeigt werden. Justiz und Reichsjugendführung griffen angesichts mitunter schwer zu fassender und juristisch kaum zu sanktionierender Tatbestände (Buddrus 2003, S. 462 ff.) immer wieder zu rechtsbeugenden Hilfskonstruktionen (Roth 2015, S. 85 f., 92 f.).[77] Man nutzte etwa die schwammige Kategorie „bündischer Umtriebe" (ebd., S. 462 f.; Kenkmann 2002, S. 153 ff.), um unter diesem Etikett heterogene Formen abweichenden Verhaltens verfolgen zu können. Mit derselben Intention zog man die Unterstellung illegaler Homosexualität, die von der Reichsjugendführung wiederum regimekonform als Auswuchs bündischen Jugendlebens deklariert wurde (Knopp 1941, S. 87 ff.; Nolzen 2005, S. 257 ff.; Postert 2021, S. 172 ff.), und den eigens hierfür erweiternd differenzierten § 175 StGB („Unzucht zwischen Männern" (Der HJ-Richter, Ausgabe vom Februar 1942, S. 4 ff. (BArch NS 28/82; abgedruckt in Benecke 2013,

77 Der NS-Sanktionsapparat berief sich legitimierend auf viele funktional eingesetzte Zuschreibungschiffren. Diese bezogen sich vordergründig auf tradierte gesellschaftliche Abweichungsmomente, deren Bekämpfung in der Bevölkerung häufig eine nicht weiter reflektierte Befürwortung erwarten ließ. In der charakteristischen Vagheit der sozialen NS-Ideologie (Benecke 2011, S. 221 ff.) wurden aber auch sie letztlich stets so formuliert, dass sie zum flexibel einsetzbaren Spielball der Verfolgungsintentionen des Regimes werden konnte. Ein augenscheinliches Exempel für diese Struktur ist der Erlass des Reichsinnenministers vom 14. Dezember 1937 „über die vorbeugende Verbrechensbekämpfung durch die Polizei" und die dortige Definition angeblicher Asozialität: „Als asozial gilt, wer durch gemeinschaftswidriges, wenn auch nicht verbrecherisches, Verhalten zeigt, daß er sich nicht in die Gemeinschaft einfügen will" (zit. n. Michalka 1985, S. 164). Hier wird in typischer Manier eine Intention zur Gemeinschaftsschädigung unterstellt und das Wohl der letzteren zur suggerierten primären Zielsetzung. An welchen Charakteristika sich eine asoziale Verhaltensweise konkret erkennen ließe, wird nicht festgelegt. So bleibt die Zuschreibung im Bedarfsfall der funktionalen Interpretation der Repressionsorgane des Regimes weitgehend freigestellt. Eine andere solche Zuschreibungschiffre im für die NS-Herrschaft charakteristischen, sich dynamisch steigernden und immer weiter ausgreifenden (Süß 2003) Ausgrenzungsprozess gegenüber der Bevölkerung stellte die zunehmend inflationär gebrauchte (Hellfeld 1990, S. 114 ff.) Legitimation „Schwachsinn" als Begründung einer Sterilisation oder Ermordung angeblich „erbkranker" Menschen im Kontext der nationalsozialistischen Euthanasie dar. Aus deren Gesamtzusammenhang (Klee 2004; Fuchs/Rotzoll/Müller/Richter/Hohendorf 2007) sei hier lediglich jene besonders augenscheinlich funktionale Typisierung wiedergegeben, mit der eine Sterilisation in einem Einzelfall begründet wurde: „Wer gegen Hitler ist und dies auch noch bekundete, muß ja schwachsinnig sein!" (zit. n. Klee 2004, S. 86). Mit den beiden hier genannten Zuschreibungschiffren ist das funktionale Exklusionsspektrum von abweichenden Verhaltensweisen („asozial") und angeblich erbbedingter „Minderwertigkeit" exemplarisch umrissen.

S. 361 f.); Nolzen 2005, S. 264 ff.))[78] respektive den § 176 StGB (Abs. 3 „Unzucht an Kindern") heran, um Jugendliche für Verhaltensweisen zu verfolgen, die nicht selten bloße Verleumdungen darstellten und ansonsten nicht zu sanktionieren gewesen wären.[79] Schon im ursprünglichen § 175 aus dem „Reichsstrafgesetzbuch (RStGB)" von 1871 hieß es auslegbar:

> „Die widernatürliche Unzucht, welche zwischen Personen männlichen Geschlechtes oder von Menschen mit Tieren begangen wird, ist mit Gefängnis zu bestrafen; auch kann auf den Verlust der bürgerlichen Ehrenrechte erkannt werden" (zit. n. Grau 1993, S. 95).

Nach dieser Maßgabe blieb die Sanktionierung der Homosexualität während der NS-Zeit zudem herrschaftsbezogener Ausgangspunkt einer geschlechtsbezogenen sekundären sozialen Differenzierung. Wenngleich auch lesbische Frauen im NS-Staat vielfältig diskriminiert wurden (Schoppmann 2004), betraf „die strafrechtliche Verfolgung" hingegen „nur Männer" (Nolzen 2005, S. 255).[80] Allerdings zeigte sich die HJ-Gerichtsbarkeit auch in dieser Frage mitunter sozial schärfer differenzierend als die offizielle Rechtslage. So wurden nicht nur eine Erweiterung des § 175 auch auf weibliche Angehörige der HJ gefordert und das Fehlen diesbezüglicher Erfassungsstatistiken „mangels Strafbarkeit" bedauert, sondern de facto zwischen 1936 und 1942 wegen „gleichgeschlechtlicher Unzucht"

78 Zur Sanktionspraxis gegenüber unterstellter oder tatsächlicher Homosexualität von Angehörigen der HJ vgl. im hier diskutierten Kontext erhellend: Nolzen 2005, S. 259 ff., 267 ff., 274 ff.

79 Vgl. zur diesbezüglichen HJ-eigenen Sanktionierungspraxis BArch NS 28/82 und die Sonderrichtlinien der Reichsjugendführung zur „Bekämpfung gleichgeschlechtlicher Verfehlungen im Rahmen der Jugenderziehung"; beides abgedruckt in Benecke 2013, S. 363 f. und 368 ff. Letztere schreiben die HJ-bezogene Auseinandersetzung mit dem Thema charakteristisch fort. Es wird allein die männliche Homosexualität thematisiert und die Jugendorganisation gleichermaßen einerseits als durch diese „Umtriebe" gefährdet, sowie andererseits als sittliche Bastion gegen deren Ausbreitung stilisiert. In diesem Kontext stellte auch die, in zeitgenössischen HJ-Quellen auffindbare und Sanktionen legitimierende, Kategorie „gleichgeschlechtlicher Verfehlungen" eine Zuschreibung der Verfolgungsinstanzen des NS-Regimes dar. Sie hob die Problematik auf, dass einige gleichgeschlechtliche Handlungen, die nach dem § 175 unter Strafe standen, nicht eindeutig unter Homosexualität zu rubrizieren waren (Nolzen 2005, S. 256). Zur Thematik der Fälle tatsächlichen körperlichen Missbrauchs im Kontext der bürgerlichen Jugendbewegung vor 1933 vgl. die Einordnung bei Benecke 2020, S. 179 ff.

80 Infolgedessen findet sich auch ein anhaltendes Desiderat: In den Publikationen zur BDM-Geschichte werden „lesbische Handlungen" kaum thematisiert (Nolzen 2005, S. 255). Während der § 175, wie oben skizziert, erweitert wurde, um weitergehende Sanktionen zu ermöglichen und diese zugleich im Sinne traditioneller Werthaltungen legitimieren zu können, wurde zur gleichen Zeit der § 182, welcher sexuelle Gewalt an Mädchen unter 16 Jahren verbot, nicht verschärft respektive ausdifferenziert (Pretzel/Roßbach 2000, S. 339).

letztlich „vier BDM-Angehörige mit Ausscheiden und eine BDM-Angehörige mit Ausschluß bestraft (Alter: 16–27 Jahre)" (HJ-Richter, Ausgabe vom Februar 1942, S. 6 (BArch NS 28/82)).

Die Vereine und Gruppen der Bündischen Jugend sowie jede bündische Betätigung in der HJ wurden dann mit der Polizeiverordnung der Gestapo vom 4. 2. 1936 verboten. Nunmehr konnte die Jugendorganisation auf legalem Wege intern gegen „bündische Umtriebe" vorgehen, da diese jetzt auch offiziell als Staatsfeinde eingestuft wurden (LAV NRW, Abt. Rheinland, RW 33 Nr. 10, Bl. 109 f.; abgedruckt in Benecke 2013, S. 164 f.). Der Großteil der Strafverfolgung gegen die Bündische Jugend berief sich in Folge dessen auf diese Verordnung (Kenkmann 2002, S. 153 ff., 192 ff.). Die Reichsjugendführung schlachtete jedoch weiterhin Homosexualitätsdelikte von HJ-Führern, die aus der Bündischen Jugend kamen, in besonderem Maße propagandistisch aus (Nolzen 2005, S. 272). Entsprechend dieser funktionalen Handhabung fiel die einfache Erfolgsmeldung der Reichsjugendführung vom 1. 1. 1941 aus:

> „Bei der Bekämpfung der Bündischen Jugend aus politischen Gründen gelang mangels anderer gesetzlicher Grundlagen die Zerschlagung der Bünde fast immer auf dem Wege über ein Strafverfahren wegen Vergehens nach § 175 StGB" (Jugendführer des Deutschen Reichs 1941, S. 113).

Wenngleich die Mehrheit der Strafverfolgungen Bündischer nicht auf Grundlage des § 175 vollzogen wurden, sondern mittels der Polizeiverordnung zum Verbot der bündischen Jugend (Nolzen 2005, S. 272), so handelte es sich hierbei doch um ein zentrales jugendpolitisches Herrschaftsmittel. Die exakte Bestimmung des Ausmaßes der Bekämpfung des Bündischen in der HJ stellt allerdings weiterhin ein bildungshistorisches Desiderat dar (Ahrens 2015, S. 354).

Ein anschauliches Beispiel für die zuvor beschriebene prozessuale Struktur der Entwicklung abweichenden Verhaltens unter den damals Heranwachsenden im Zusammenhang mit der eben skizzierten Zuschreibungspraxis des Regimes stellt der entsprechende Werdegang Hans Scholls vom begeisterten und überaus engagierten HJ-Führer (Holler 2012) zum entschiedenen Widerständler dar (Herrmann 2012). Zum Bruch mit dem NS-Regime und dessen Jugendorganisation kam es bei ihm vor allem in Folge des Erlebnisses einer eigenen Verurteilung. Am 2. Juni 1938 fand vor einem Stuttgarter Sondergericht die Verhandlung gegen Hans Scholl und einige seiner Kameraden „wegen Fortsetzung der bündischen Jugend u. a." (zit. n. Herrmann 2012, S. 13) statt. Allerdings war Hans Scholl nicht allein wegen der ihm unterstellten Fortführung bündischer Aktivitäten am 15. 12. 1937 verhaftet worden, sondern aufgrund einer Anzeige vom 14. 12., in der ihm Vergehen nach § 175a StGB unterstellt wurden (ebd., S. 15). Die Anzeige wegen „bündischer Umtriebe" ergab sich erst infolge der hierdurch ausgelösten

Ermittlungen (ebd., S. 15f.). Die Anklage gegen Hans Scholl nach § 175a war letztlich auch in diesem Fall das vorgeschobene legitimierende Argument, um einen schwer zu kontrollierenden und bündisch geprägten HJ-Führer in seiner Einflussnahme auf die Jugend in seinem Dienstkreis zu beschränken (ebd., S. 25). Vor dem in diesem Fall zuständigen Gericht hatte Hans Scholl Glück, ein verständnisvoller Richter nutzte seinen Ermessenspielraum zu seinen Gunsten (ebd., S. 10f.) und das Verfahren wurde eingestellt (ebd., S. 13). Für Hans Scholl bedeutete der Prozess jedoch die persönliche Erfahrung, wie schutzlos er zum Opfer der NS-Willkürjustiz werden konnte und wie leicht ihm dabei seine angestrebten Ziele der Offizierslaufbahn und des Medizinstudiums hätten verbaut werden können (ebd., S. 10). Sein „Weltbild [...] erfuhr eine Erschütterung bis in die Grundfesten", was bei ihm „zu einer radikalen Wandlung [...] vom begeisterten HJ-Führer zum entschiedenen Gegner des NS-Regimes (führte)" (ebd.).

Das Exempel des Distanzierungswerdegangs von Hans Scholl verdeutlicht zweierlei: Die herrschaftspragmatische Willkür mit der die NS-Verfolgungsorgane mit Hilfe inhaltlich vager, dadurch umso bedürfnisgerechter einsetzbarer Kategorien sanktionsfähig abweichenden Verhaltens operierten (1); die Gefahr für die betroffenen Heranwachsenden – ganz im Sinne einer verstärkenden Intersektionalität (Winker 2009)[81] sozialer Differenzierungskategorien des NS-Regimes – von der, zusehends unausweichlichen und von ihnen selbst kaum zu beeinflussenden, kumulativen Stigmatisierung und Verfolgung erfasst zu werden (2).

Drei zentrale, immer wieder in unterschiedlichen Kombinationen oder im bedürfnisgerechten Austausch eingesetzte (im Sinne intendierter „Überkreuzungen"), funktional auslegbare Stigmatisierungskategorien der NS-Jugendpolitik und hierunter der HJ-Verhaltenskontrolleure waren: „bündisch", „jüdisch" und „homosexuell". Diese argumentativen Sammelbecken der NS-Verfolgungsinstanzen wurden überwiegend im Verbund in Anschlag gebracht[82] und bildeten eine

81 Intersektionalität bedeutet nach Walgenbach, „dass soziale Kategorien wie Gender, Ethnizität, Nation oder Klasse nicht isoliert voneinander konzeptualisiert werden können, sondern in ihren ‚Verwobenheiten' oder ‚Überkreuzungen' *(intersections)* analysiert werden müssen. Additive Perspektiven sollen überwunden werden, indem der Fokus auf das *gleichzeitige Zusammenwirken* von sozialen Ungleichheiten gelegt wird. Es geht demnach nicht allein um die Berücksichtigung mehrerer sozialer Kategorien, sondern ebenfalls um die Analyse ihrer *Wechselwirkungen*" (Walgenbach 2012, S. 81). Die oben eingeführte Metapher der „Straßenkreuzung" verweist in diesem Kontext auf das besondere Gefährdungspotential in solchen Fällen, in denen sich unterschiedliche Diskriminierungsformen überschneiden.

82 Vgl. exemplarisch die abenteuerlich anmutende Ursachenforschung des Vorsitzenden des HJ-Obergerichts, Walter Tetzlaff, bezüglich männlicher Homosexualität in der „vornationalsozialistischen Jugendbewegung". In dieser werden alle drei Kategorien diffamierend vermengt, um in Folge dessen die HJ hiervon positiv abzuheben (Der HJ-Richter, Folge 5, Februar1942, S. 1 ff. (BArch NS 28/82), in Auszügen abgedruckt in Benecke 2013, S. 360 ff.).

rein sozial konstruierte, in diesem Sinne aber de facto in besonderem Maße gefährdende „Straßenkreuzung" sozialer Ungleichheit. Exemplarisch deutlich wird diese, sich exponentiell steigernde, Mehrfachgefährdung etwa am Beispiel der Aktivitäten jüdischer Jugendlicher im Rahmen der Widerstandshandlungen sozialistisch-kommunistisch ausgerichteter Organisationen sowie deren Verfolgung durch das NS-Regime (Schilde 2007, S. 82, 91). In Konsequenz dessen sind es gerade zwei soziologische Theorien, die sich bei der Ursachenforschung primär auf die dynamische Prozesshaftigkeit kollektiver Zuschreibungen beziehen, welche ein erhellendes Erklärungspotential bezüglich einer Analyse derartiger Differenzierungsprozesse durch die Kontrollansprüche der NS-Herrschaft aufweisen. Zum einen bezieht sich der bereits eingeführte Ansatz des labeling approach (entsprechend verschiedentlich auch als Ettiketierungs- oder Stigmatisierungsansatz bezeichnet) bei der Erklärung des Zustandekommens abweichenden Verhaltens vorrangig auf derartige Zuschreibungsprozesse. Seine Annahmen lassen sich trefflich auf die Untersuchung der dynamischen Entwicklung abweichenden Verhaltens Jugendlicher unter der NS-Herrschaft und hierbei auch gegenüber dem Formierungsanspruch der HJ übertragen. In diesem Kontext wurde eine, über das Niveau einfacher Nonkonformität hinausgehende, Steigerung jugendlichen abweichenden Verhaltens auch organisationsspezifisch häufig erst durch die hypersensiblen und überzogen sanktionierenden Reaktionen der NS-Verfolgungsorgane auf eine primäre attestierte Abweichung in Gang gesetzt (Benecke 2013, S. 78 ff.). Entsprechende Beispiele aus dem Bereich des HJ-Einflussgebietes finden sich im Kontext der später besprochenen Milieuprägungen damaliger Jugendlicher. Erwähnt sei hier nur, dass es sich bei den Bezeichnungen „Edelweißpiraten" oder „Meuten" aller Wahrscheinlichkeit nach zunächst um Zuschreibungen der

---

Vgl. in diesem Sinne auch die bedarfsgerechte Darstellung der „Homosexualitätsdelikte der männlichen Jugend" im Lagebericht des Reichsjugendführers (Jugendführer 1941) als durch „bündische" (ebd., S. 94, 99, 106 ff., 112 ff.) oder „katholische" (ebd., S. 96, 98 ff.) Charakteristika verursacht (mit derselben Stoßrichtung erfolgt auch die Zuschreibungen gegenüber „bündischen" und „katholischen" Einflüssen in der „Denkschrift zur sexuellen Kriminalität von Jugendlichen im Gau Saarpfalz" (BArch NS 26/351)). Die instrumentalisierende Handhabung der Kategorien abweichenden Verhaltens durch das Regime zeigt sich zudem in der wiederkehrenden Argumentation einer angeblich vorhersehbaren Karriere von der attestierten sittlichen Verfehlung bis zum politischen Widerstand: „Infolge der Wechselwirkung zwischen kriminell-asozialer Betätigung und politisch-oppositioneller Einstellung führt die Homosexualität schließlich im Ergebnis zur politischen Zersetzung. Der Homosexuelle neigt wie jeder Asoziale zur Cliquenbildung, die *immer* [Hervorhebung; J. B.] auch zur politischen Opposition führt" (ebd., S. 96). Was hier konstruiert wurde, war die dritte, kategorial sozial-differenzierende, Typisierung: Neben dem zu inkludierenden HJ-Typen und dem auszugrenzenden „Fremdvölkischen" nun der „Asoziale", der sich der Willkür des Regimes und dessen Zuschreibungen ausgesetzt, zwischen Inklusionsdruck und isolierender Exklusion hin- und hergeworfen wiederfinden konnte.

NS-Repressionsinstanzen gehalten hat, welche die betroffenen Heranwachsenden später des Öfteren selbst übernahmen (Schilde 2007, S. 142 ff.). Vergleichbares galt für das verfolgungsbezogene „Konstrukt des ‚bündischen' Jugendlichen" (Kenkmann 2002, S. 153 ff., 356). Dieses Verfahren erlaubte, wie an anderer Stelle gezeigt, eine sanktionsrelevante Klassifizierung subkulturellen Jugendverhaltens. Eine tatsächliche Kontinuität zwischen den, vom Regime so adressierten, Jugendlichen sowie ihrem von der NS-Normerwartung abweichenden Verhalten während der letzten Phase der NS-Herrschaft und den Bünden der bürgerlichen Jugendbewegung hat es hingegen tatsächlich kaum gegeben (ebd., S. 101 ff.). Die Unterstellungen durch diese Zuschreibungsmuster stellten somit ein Exempel der, von Nolzen und Kramer aufgerufenen (dies. 2012, S. 18 ff.), Analyse von durch Semantiken transportierten sozialen Ungleichheiten dar. Mitte der 30er Jahre wurde „bündisch" respektive „bündische Umtriebe", wie oben gezeigt, endgültig zur funktional eingesetzten Chiffre, mittels derer das Regime abweichende Jugendliche verfolgte, die sich dessen Inklusionsgebot entzogen (Buddrus 2003, S. 462 f.; Kenkmann 2002, S. 153 ff.). Wenngleich nicht wenige der so adressierten Jugendgruppen diese Bezeichnung mit einigem Stolz übernahmen, gab es doch nur noch selten tatsächliche personelle, organisatorische oder ideologische Kontinuitäten zu den Bünden aus der Zeit vor 1933 (vgl. hierzu allgemein: Kenkmann 2002; Lange 2015). Diese neuen Jugendgruppen rekrutierten sich häufiger aus dem Arbeitermilieu und hatten bündische Elemente eher eklektisch in das eigene Repertoire übernommen (Ahrens 2015 S. 354). Ihr bewusst unangepasstes Auftreten sollte sich nicht nur von der HJ absetzen, sondern unterschied sie auch vom disziplinierten Erscheinungsbild der früheren Bünde.

Exkurs zur Diskussion ausgesuchter Theoriekonzepte für eine Analyse machtinduzierter sozialer Differenzierung in der und durch die HJ II: Norbert Elias

Im Unterschied zum, oben bereits skizzierten, sozialen Differenzierungsansatz Luhmanns, zielt Norbert Elias' Figurationsansatz (ders. 2006, S. 100 ff.) stärker auf eine Analyse der Entstehung sozialer Ungleichheiten durch kategorisierende, interessengeleitet auf- und abwertende Kollektivzuschreibungen.[83] Gerade aufgrund dieser prinzipiellen Ausrichtung lassen sich seine Annahmen gut auf die Genese sozialer Ungleichheit im HJ-Kontext beziehen. Ungleichheitsverhältnisse definiert Elias als „Etablierten-Außenseiter-Figuration", deren *zentrale* Annahme darin besteht, dass die Macht zur Stigmatisierung anderer zur

83 Zur Interpretation von Elias Figurationsansatz als Konzept der Machtfiguration und damit Basis ungleichheitsgenerierender Herrschaftsprozesse vgl. Imbusch 2012b sowie zivilisationstheoretisch gewendet Imbusch 2005, S. 245 ff.

Quelle sozialer Ungleichheiten avanciere (Elias/Scotson 1993, S. 7 ff.).[84] Gesellschaftliche Beziehungen werden für ihn prinzipiell durch Macht kontrolliert (Elias 1978, S. 173). Es stellt nach Elias mithin kein Alleinstellungsmerkmal des NS-Regimes dar, dass unter dessen Herrschaft Machtbeziehungen existierten und soziale Ungleichheiten aus diesen resultierten. Charakteristisch für die NS-Herrschaft war diesbezüglich vielmehr die übergeordnete Relevanz und konkrete politische Umsetzung der NS-Ideologie bzw. das bereits angesprochene Wechselspiel zwischen den beiden zentralen Dimensionen der NS-Rahmung (Macht/Herrschaft und Rasse/Rassismus). Aus dieser Konstellation ergaben sich – ganz im Sinne der Figurationskonzeption nach Elias – spezifische Ungleichheitsmuster auch auf Ebene der NS-Jugendpolitik. Von besonderer Bedeutung ist, dass das figurationsspezifische Machtungleichgewicht nach Elias stets *jeder* beteiligten Partei irgendeinen Wert für die jeweils andere zuerkennt (ebd., S. 77) – erinnert sei diesbezüglich nur an die übersteigerte Angst des Regimes und seiner Reichsjugendführung vor einem Kontroll- und damit Machtverlust unter den Heranwachsenden. Anstatt vieler möglicher Beispiele aus der HJ-Propaganda für derartige machtabhängige Figurationsprozesse (wie der erwähnten Argumentation Tetzlaffs zu den angeblichen Ursachen der Homosexualität Jugendlicher (HJ-Richter, Ausgabe vom Februar 1942, S. 1 ff. (BArch NS 28/82; abgedruckt in Benecke 2013, S. 360 ff.)) oder selbiger in den Begründungen der organisationseigenen Gerichtsbarkeit (Sonderrichtlinien 1943, S. 4 ff.)), sei hierzu abschließend ein bezeichnendes Exempel für eines der Zuschreibungssammelbecken, die stigmatisierend eingesetzte Kategorie „jüdisch", wiedergegeben. Es stammt aus der damaligen Erlebenswelt eines HJ-Angehörigen, der sich als Sohn einer jüdischen Mutter 1941 einer Untersuchung seiner Abstammung durch das Judendezernat unterziehen musste:

> „Es schien eine langatmige Untersuchung ungewissen Ausganges zu werden. Ich war mir meines langen Atems sicher; auch der Tatsache, daß ich auf einem Terrain ungewohnter Verkehrsformen stritt. Denn eine sprachlich gewandte Intelligenz, die in die groben und haarfeinen Risse von Ungereimtheiten der Anzeige polemisch eindrang, war keine Empfehlung, das war *jüdisch*. So wurde ich auf den Ämtern still, eine stumme Klage, die die Welt nicht mehr versteht. Und hielt auf Distanz. Freundlich ja: nur lebhaft zu sein, d. h. sich ‚anzubiedern', war *jüdisch*. Auch die terrorisierende Angst, die ich hatte, war sorgsam zu verbergen – Angst war *jüdisch* (so wie umgekehrt Frechheit ‚jüdisch' gewesen wäre). So trug ich der Objektivität Rechnung: die Beamten

84 Diese stellt quasi das ausgrenzende Gegenstück zur „Benennungsmacht" in Bourdieus Habitusmodell und Feldtheorie dar, welche konzeptionell auf die Frage abstellt, „wer das Monopol auf legitime Benennung hat, jene Benennung, die als offiziell anerkannt wird und damit eine Sichtweise als die einzig angemessene, die einzig ‚wahre' durchkämpfen kann" (Barlösius 2004, S. 181).

taten ihre Pflicht, es ging nicht gegen mich als Person – dies zu verstehen war *arisch*" (Brückner 1980, S. 121).

Das „Entgegenarbeiten"[85] der Bevölkerung als Charakteristikum der NS-Herrschaft und dessen Relevanz für die Ausbildung sozialer Ungleichheit auch auf der HJ-Ebene

In der Konsequenz des bisher Ausgeführten ist für die NS-Herrschaft insgesamt sowie für deren Jugendorganisation im Besonderen ein differenzierender Hinweis von Bedeutung: Deren Herrschaftsvollzug ist themenbezogen nur vollständig zu erfassen, wenn man die massenhafte bereitwillige Partizipation an diesem in Form von Eingliederung und Ausübung auf den unterschiedlichen Ebenen einbezieht. Hierzu ist es sinnvoll, jene Konzeption hinzuzunehmen, mit der Alf Lüdtke die diktatorische Herrschaft als „soziale Praxis" (Lüdtke 1991) definierte und als komplexes Interagieren zwischen den jeweiligen Machthabern und der Bevölkerung interpretierte (Kramer/Nolzen 2012, S. 19 f.). Diese Fassung bezieht die angesprochene, stets zumindest anteilig gegebene Reziprozität (Imbusch 2012a, S. 26) von Herrschaft perspektivisch mit ein. Anders als Zwang, Gewalt oder Kontrolle, die auf eine „einseitige Durchsetzung von Interessen" (ebd.) der Herrschenden abzielen, sind Attraktion und Autorität – „vermittelt über die Legitimitätsthematik" (ebd.) – auf Akzeptanz und handelnde Inklusion der Beherrschten angewiesen.[86] Durch diese Erweiterung können unser Thema betreffend auch unter der Herrschaftsperspektive nicht mehr allein die Erfassungsstrategien der Reichsjugendführung als Produzenten sozialer Ungleichheiten erfasst werden, sondern ebenso die bereitwillige Ein- und Untergliederung der Adressaten der HJ-Inklusionsbestrebungen. Ebenso sämtliche Momente der aktiven Teilhabe von Angehörigen der Jugendorganisation an der gewaltsamen Herstellung sozialer Ungleichheiten. Letzteres konnte, wie bereits geschildert, von einer Denunziation abweichenden Verhaltens durch

85 Die Maxime, es sei „die Pflicht eines jeden, zu versuchen, im Sinne des Führers ihm entgegen zu arbeiten", entstammt einer Rede des NS-Funktionärs und SS-Angehörigen Werner Willikens (Kershaw 1998, S. 663). Ian Kershaw nahm diese Formulierung zum Ausgangspunkt seiner Interpretation der politischen Konstellation in Deutschland zwischen 1933 und 1945 als charismatische Herrschaft im Sinne Max Webers, bei deren Analyse es gelte, nicht nur den Herrschenden, sondern ebenso die Beherrschten und ihre Einflussnahmen zu berücksichtigen (ebd., S. 7 ff. und 663 ff.). Zur entsprechenden Deutung der NS-Herrschaft vgl. zudem Kershaw 2001 und 2003. Jürgen Finger hat diese Perspektive zuletzt in sinnvoller Weise ergänzt, indem er den analytischen Ansatz Kershaws von der Konzentration auf die Person Hitler löste und auf ein affirmatives sich „Hineinfühlen" (Finger 2016, S. 81) ins vermeintliche „nationalsozialistische Wollen" (ebd., S. 72) erweiterte. Dieses konnte – so die Interpretation – den Betreffenden als leitende Orientierungsmarke dienen, unter welcher subjektive Deutungen und eigene Dispositionen integrierbar waren.

86 Vgl. in diesem Sinne auf die Attraktion der NS-Bewegung bezogen die Beiträge in Brockhaus 2014 sowie die Perspektivenbegründung in ebd., S. 12 f.

HJ-Angehörige (Gellately 2004, S. 227, 325), über gezielte Übergriffe auf unterschiedlich klassifizierte Nicht-Zugehörige innerhalb der „Volksgemeinschaft" und in den besetzten oder annektierten Gebieten sowie eine HJ-spezifische Beteiligung an einer diskriminierenden Bevölkerungspolitik in den entsprechenden Gebieten im Osten Europas[87], bis zur aktiven Partizipation an den sogenannten Endphasenverbrechen während der letzten Kriegsmonate reichen (Benecke 2013, S. 51 ff.). Dieses Phänomen des Entgegenarbeitens von Seiten der Bevölkerung als spezifische Charakteristik nationalsozialistischen Herrschaftsvollzugs lässt sich deutlich am auffälligen Anzeigenaufkommen aus der Bevölkerung veranschaulichen. Denunziationen, welche aus den unterschiedlichen Bevölkerungskreisen an die staatlichen und parteieigenen Organisationen und deren Repräsentanten geleitet wurden, lassen sich unmittelbar nach der NS-Machtübernahme und bis Kriegsende vielzählig nachweisen (Gellately 2004, S. 189 ff., 223 ff. und 256 ff.). Während des Krieges erfuhr diese soziale Praxis eine erneute Steigerung, obgleich das Regime seine Sanktionierung abweichender Verhaltensweisen beständig verschärfte und die Angezeigten somit bekanntermaßen einer erhöhten Gefahr an Leib und Leben ausgesetzt wurden (ebd., S. 314 ff.). Unterschiedliche Studien zum Thema schätzen variierend einen Anteil von 60 (ebd., S. 191) bis zu 92 % (ebd., S. 264) der in Gang gesetzten Verfolgungsaktivitäten der Gestapo, denen eine Anzeige aus der Bevölkerung zugrunde lag, die diese überhaupt erst ausgelöst hatte. „Ohne diese Zuarbeit wäre die Gestapo sicherlich gehemmt worden" (ebd., S. 191; vgl. in diesem Sinne auch Mallmann/Paul 1993, S. 988; dies. 1995, S. 9 ff.). Von besonderem Interesse sind hierbei die Motive, die hinter diesen Anzeigen standen. Gellately fasst zusammen:

> „Ob nun hinter den Taten einiger Denunzianten gelegentlich affektive Motive oder im Nationalsozialismus erwünschte staatsbürgerliche ‚Tugenden' gestanden haben oder nicht, viel umfangreicher sind die Beweise für offen und offenkundig selbstsüchtige und instrumentelle Motive. Man kann sogar den sicheren Schluß ziehen, daß entgegen den neu proklamierten sozialen Idealen einer solidarischen ‚Volksgemeinschaft' Denunziationen in erheblichem Umfang von Eigennutz getragen waren. [...] Denunzianten gaben Hinweise, um Feinde, Nebenbuhler oder Konkurrenten loszuwerden und andere durch die Gestapo beseitigen zu lassen" (ders. 2004, S. 268).

Gellately führt für diese These vielfältige empirische Belege an, die verdeutlichen, wie sich Menschen bis hinein in engste familiäre Kreise gegenseitig bei der Gestapo oder anderen NS-Organisationen beschuldigten. Ausschlaggebend für eine Denunziation war allerdings meist gerade nicht die politische oder ideologische Überzeugung des Anzeigenden, sondern schlicht ein angestrebter Eigennutz oder ein persönliches Bedürfnis. So wurden immer wieder

87 Vgl. hierzu Buddrus 2003, S. 803 ff.; Steinert 2013, S. 102, 138, 182, 188, 215 f., 262, 285; Benecke 2013, S. 281 ff. sowie geschlechtsspezifisch zum BDM Harvey 2009, S. 319 ff.

Mitbürger, Juden, Fremdarbeiter und Kriegsgefangene beschuldigt, um „alle möglichen Mißhelligkeiten bis hin zu Familienstreitigkeiten zu regeln“ (ebd., S. 223) oder einfach „aus ‚einer gewissen Gehässigkeit‘“ (ebd., S. 231) heraus. Bis in die intimsten Privatbereiche hinein wurde denunziert, nicht selten obgleich die Konsequenzen für die angezeigte Person durchaus bekannt und den Denunzianten bewusst waren. Hierbei waren Eigeninteressen der Beschuldigten überwiegend das entscheidende Motiv (Mallmann/Paul 1993, S. 993 f.). Gellately schätzt das Verhältnis von Anzeigen mit „affektiven“ Motiven, also bedingt durch „‚systemtreue‘ oder nationalsozialistische ‚Überzeugungen‘“, zu Anzeigen mit „instrumentellen“ Motiven entsprechend auf ca. 25 zu 75 %, wobei sich allerdings häufig auch Vermischungen der Motivlage ergaben (Gellately 2004, S. 267). Bemerkenswert ist allerdings, dass gerade unter den Heranwachsenden HJ-Angehörigen, welche nicht selten aufgrund ihrer anhaltenden politisch-ideologischen Sozialisation sowie angesichts der Tatsache, dass sie keine anderen politischen Systeme kennengelernt hatten, besonders empfänglich sein konnten für die NS-Indoktrinationsversuche, Denunziationen durchaus durch eine NS-konforme Gesinnung motiviert sein konnten (exemplarisch die bereits 1934 erfolgte Denunziation eines katholischen Pfarrers aufgrund dessen regimekritischen Äußerungen durch einen HJ-Angehörigen in Augsburg (StA A S 4234, HJ-Bann Augsburg Stadt)).

Welche Bedeutung hatten diese Denunziationen für den Erhalt des nationalsozialistischen Herrschaftssystems? Diese Frage lässt sich nur in scheinbar widersprüchlicher Form beantworten. Zum einen war die Gestapo auf die Unterstützung der Bevölkerung angewiesen und ging diesen Anzeigen meist ohne Rücksicht auf dahinter stehende Motive des Denunzianten nach (Gellately 2004, S. 192 ff.). Einfache Bürger nahmen somit ganz bewusst und gezielt Einfluss auf Elemente des NS-Herrschaftsapparates. Es ist allerdings wichtig zu bemerken, dass solche Anzeigen das bestehende System letztlich durchweg stützten, da sie ja – aus welchen Beweggründen auch immer – dessen vorgesehene Funktionen erfüllten. Das stetige Ansteigen von Denunziationen beinhaltete daher auch einen deutlichen sozialen Konsens bezüglich der Akzeptanz des NS-Staates (Stöver 1993, S. 327 ff.). Nicht zuletzt diese unzähligen Anzeigen verstärkten den Eindruck einer allgegenwärtigen Gestapo, die jedes falsche Wort erfahren und sofort bestrafen würde. Das vorherrschende Gefühl einer „allwissenden Gestapo“ brachte wiederum Schwierigkeiten für jene mit sich, die Juden und anderen Unterdrückten Unterstützung zukommen lassen wollten (Gellately 2004, S. 205).[88] Diese systemstützende Funktion der Denunziationen geriet allerdings

88 Die Gestapo war unbedingt auf derartige „Unterstützung“ aus der Bevölkerung angewiesen, schon aus dem einfachen Grunde, dass ihr für den noch heute oftmals postulierten „totalen Überwachungsstaat“ schlicht das Personal fehlte. Im Vergleich zum späteren DDR-Staat, dessen Überwachungsbehörde, das Ministerium für Staatssicherheit (MfS, im Volksmund „Stasi“), allein über 91 000 hauptamtliche Mitarbeiter und 174 200 so genannte

dort ins Wanken, wo die Polizei immer mehr „haltlose Anzeigen bekam, auf falsche Fährten gesetzt wurde oder unter zu vielen Anzeigen erstickte“ (ebd., S. 194). Falsche Anzeigen wurden schon 1934 derart häufig getätigt, dass sie sich zu einer regelrechten „Landplage“ auswuchsen und bereits erste Kritik aus den Reihen führender NS-Vertreter am „‚Denunziantentum‘“ laut wurde (ebd., S. 197). Als die Gestapo während des Krieges mit immer zahlreicheren falschen Beschuldigungen überhäuft wurde, geriet die einstige wichtige Informationsquelle des NS-Systems zu einem echten Problem für die propagandistisch-verklärende Inszenierung der „Volksgemeinschaft“ sowie die tatsächliche Kontrolle der Loyalität und des Verhaltens ihrer Angehörigen. Daher wurden „die Führer Deutschlands (bis hin zu Hitler selbst) [...] nicht müde, ihre Bestürzung über diese Denunziationswut zu äußern, die dem oft beschworenen Ideal der ‚Volksgemeinschaft‘ hohnsprach“ (ebd., S. 279).

Es waren gerade auch „einzelne Regional- und Lokalstudien, die eine neue Sichtweise der Gestapo-Realität anbahnten“ (Mallmann/Paul 1993, S. 988). Mittlerweile ist es solchen Arbeiten gelungen, mit qualitativen und quantitativen Methoden „die überragende Bedeutung von Denunziationen für das staatspolizeiliche Handlungsrepertoire“ (ebd.) zu belegen. Schon rein zahlenmäßig wäre die Gestapo nie in der Lage gewesen, ihrer propagandistisch verkündeten und in der öffentlichen Wahrnehmung vor und nach 1945 weitreichend übernommenen Eigenschaft als Instrument einer flächendeckenden Kontrolle des nationalsozialistischen Maßnahmenstaates zu entsprechen (vgl. ebd.). Sie war de facto „eher eine der ständigen Aufgabeninflation und der eigenen Feindbildprojektion hinterherhinkende, unterbesetzte und überbürokratisierte Behörde“ (ebd.). So hatte etwa die Stapo-Stelle Stettin, wie auch jene in Frankfurt a. M., im Januar 1934 gerade mal 41 Beamte und Angestellte, Köslin sogar lediglich 29 (ebd.). 1935 kam die Braunschweiger Gestapo auf 26 Beamte und Angestellte, Hannover auf 42, Bremen auf 44, Bielefeld auf 18. Die Stapo-Stellen Dortmund und Recklinghausen, immerhin gemeinsam für das östliche Ruhrgebiet und das Münsterland zuständig, kamen auf 76 bzw. 61 (ebd.). Die, für den Niederrhein, das Bergische Land und das westliche Ruhrgebiet, sprich: für eine Bevölkerung von insgesamt 4 Millionen verantwortliche, Stapo-Stelle Düsseldorf brachte es im März 1937 einschließlich sämtlicher Außenstellen auf 281 Mitarbeiter. Würzburg – zuständig für ganz Unterfranken – lediglich auf 28 (ebd.). Gerade die Verweise auf das Rheinland und das Ruhrgebiet sind hierbei für die Thematik sozialer Ungleichheit und Hitler-Jugend von besonderer Relevanz, da sie nicht nur einerseits im Sinne des Herrschaftsvollzuges auf den prägenden Horizont einer Öffentlichkeit mit Formationsansprüchen verweisen. Vielmehr fanden sich andererseits nicht

---

inoffizielle Mitarbeiter beschäftigte, betrug die Überwachungsdichte (Anzahl der Spitzel pro Einwohner) im nationalsozialistischen Deutschland nur etwa ein Siebtel (Zahlen nach Schroeder 1998, S. 441 f.).

zuletzt in diesen Regionen während des Krieges vielfältige Entwürfe abweichenden Jugendverhaltens, die sich gezielt gegen die Kontrollansprüche der HJ richteten und nicht selten eine Sanktionierung nach sich zogen, die durch eine Anzeige aus den HJ-Reihen, allen voran dem organisationseigenen Streifendienst (VHB. HJ, Bd. II, 1942, S. 881 ff.), erst initiiert wurde (vgl. hierzu die späteren milieubezogenen Differenzanalysen). Gegenüber dieser konstatierten Struktur einer knappen Personalausstattung waren die Stellen der Metropolen Berlin, München oder Hamburg noch vergleichsweise gut besetzt. So konnte die Stapo-Leitstelle in Hamburg noch im August 1944 über die beachtliche Personalstärke von 265 Mitarbeitern verfügen (Mallmann/Paul 1993, S. 999). Zur angedeutet knappen Personaldecke kam häufiger die erschwerende Tatsache hinzu, dass ein Großteil der Mitarbeiter nicht operativ tätig, sondern mit Büroarbeiten befasst bzw. anderweitigen Aufgaben zugeteilt war (in Saarbrücken waren beispielsweise 70 Mitarbeiter den Außendienststellen und der Grenzpolizei zugeteilt) (ebd., S. 989). Fast überall außerhalb der genannten Metropolen waren etliche Ressorts nur mit einem Sachbearbeiter besetzt, nicht selten musste sich ein solcher auch um mehrere Ressorts kümmern. „Von flächendeckender Observation oder von Allmacht konnte da nicht die Rede sein" (ebd.). Ab Kriegsbeginn sank der Personalstand der Gestapo rapide (ebd., S. 989 f.), während die NS-Herrschaft, etwa durch die massenhafte Heranziehung von Fremd- und Zwangsarbeitern, immer schneller neue Aufgabegebiete schuf. Bald „glichen die Stapo-Stellen zunehmend einem Taubenschlag" (ebd., S. 990) und die Klagen über Personalmangel und Arbeitsüberlastung rissen kaum noch ab. Auch qualitativ veränderte sich die Personalstruktur seit Kriegsbeginn sukzessive. Anstelle der vielfach einberufenen Mitarbeiter rückten häufig junge Kriminalassistentenanwärter nach. „Mit ihnen wuchs ein neuer Typ von Gestapo-Beamten heran, der das bisherige kriminalistische Niveau noch um ein beträchtliches unterschritt, gleichzeitig aber weit ideologisierter war" (ebd., S. 991). Insgesamt gesehen stellte die Denunziation quantitativ wie qualitativ die wohl wichtigste Ressource staatspolizeilichen Wissens dar (ebd., S. 993). Gegen konspirative Gruppen der KPD und der SPD erwies sich das Mittel der Denunziation als untauglich, hier war der Einsatz von Spitzeln, von so genannten „V-Leuten" geboten (ebd., S. 994). Aber auch deren Anzahl war deutlich begrenzt. Die subjektive Wahrnehmung eines breit aufgestellten Agenten- und Spitzelapparates entspricht nicht der damaligen Realität. So verfügte etwa das, für ganz Nordbayern zuständige, Nachrichtenreferat IV N der Stapo-Stelle Nürnberg-Fürth 1943/44 gerade einmal über etwa 80 bis 100 V-Leute (ebd.). Dies sah bei anderen Stapo-Stellen wenig besser aus (ebd.). Zudem entsprachen auch die vorhandenen V-Leute selten dem Bild eines ideologisch fanatisierten und spionagetechnisch versierten Geheimagenten (ebd.). Bezogen auf den Herrschaftsvollzug erreichten die Denunziationen einen nicht zu überschätzenden Einfluss. So wurden beispielsweise bei der Stapo-Stelle Saarbrücken in 87,5 Prozent der Fälle Ermittlungen wegen attestierter „Heimtücke" „erst nach

Anzeigen von Wirtshausgästen und Gastwirten, von Arbeitskollegen, Straßenpassanten und Familienangehörigen" aufgenommen, während „nur 8 Prozent [...] auf Formen institutionalisierter Kontrolleinrichtungen der Post, der Bahn und der örtlichen Polizeidienststellen zurück(gingen)" (ebd.). Dies beleuchtet die Tatsache, dass weniger der Überwachungsapparat des Regimes, als vielmehr die Denunziationsbereitschaft die deutsche Gesellschaft weitgehend lückenlos erfasste. Hierbei waren – anders, als es milieubezogene Darstellungen mitunter suggerieren – weder proletarische Wohnquartiere oder Betriebe, noch der innerfamiliäre Binnenraum endgültig sichere Rückzugsgebiete (ebd.). Wenngleich Denunziationen häufiger in der sozialen Unterschicht vorkamen und vor allem ein Problem der nur scheinbar anonymeren Großstädte waren (ebd.), gehörten sie gesellschaftsübergreifend zum Alltag unter der NS-Herrschaft. Letztlich waren sie ein unverzichtbarer Bestandteil der Sicherung ihres Fortbestehens. In diesem Sinne gehören die Denunziationen in zweierlei Hinsicht zur sozialen Realität der NS-Zeit: Einmal als unterstützendes, wenngleich häufig subjektiv wahrgenommenes (Gellately 1995, S. 65 ff.) Element des NS-Überwachungssystems, wie es de facto das Sozialverhalten der „Volksgenossinen" und „Volksgenossen" beeinflusste (ebd., S. 66); außerdem als Möglichkeit zur gezielten, wenn auch meist auf den privaten Nahraum beschränkten, Einflussnahme „von unten" auf das NS-Regime und sein politisches Handeln (Benecke 2011, S. 492 ff.). HJ-Angehörige waren hiervon in beiden möglichen Stoßrichtungen ungleichheitsgenerierend betroffen: als aktiv Denunzierende oder passiv als Opfer erfolgter Anzeigen gegen sie.

Auf einer diktaturanalytischen Metaebene sind diese Denunziationen als Ausdruck des Entgegenarbeitens der Bevölkerung eine Konsequenz der NS-spezifischen Konstellation einer mit Formierungsansprüchen versehenen Öffentlichkeit.[89] Zu dieser gehörten gleichermaßen propagandistisch proklamierte Aussage*gebote* und, mit einer Sanktionsandrohung versehene, repressive Aussage*verbote*. Dieser Gesamtkontext konnte sich auch für Angehörige der HJ systematisch ungleichheitsgenerierend auswirken. Das Regime unternahm den Versuch, die dort erfassten Kinder und Jugendlichen dahingehend indoktrinierend zu beeinflussen, dass diese ihre eigenen Eltern sowie gegebenenfalls andere erwachsene Personen ausspionieren und denunzieren sollten, falls diese sich kritisch gegen Politik oder Personen des NS-Regimes äußern würden (Exilberichte

89 Zur besonderen Genese einer, durch Sanktionierung und Ausschaltung abweichender Informationsquellen und Meinungsbildungsprozesse, kontrollierten sowie permanent mittels Beeinflussung durch Propaganda – dem Anspruch nach – gelenkten Öffentlichkeit unter den Bedingungen der NS-Herrschaft vgl. Bankier 1995; Saldern 2003; Longerich 2006, S. 23 ff. Strukturell lassen sich die Öffentlichkeiten in Diktaturen, darunter auch jene im Deutschland der NS-Zeit, mit Adelheit von Saldern untergliedern, in formelle Präsentationsöffentlichkeiten, informelle und geschlossene Öffentlichkeiten sowie Öffentlichkeiten, die sich über Veranstaltungen und kollektive Aktionen herstellen (dies. 2003, S. 448 f.).

der SPD (SOPADE) 1937, S. 840; Mühlfeld/Schönweiss 1989, S. 139 ff.). In verschiedenen Fällen führte dieses Bestreben dazu, dass Mitglieder der NS-Jugendorganisationen tatsächlich Erwachsene und teilweise sogar die eigenen Eltern anzeigten (Mühlfeld/Schönweiss 1989, S. 142; Gellately 2004, S. 227, 275; Kater 2005, S. 37 f.). Diese Beispiele offenbaren einen bis ins Private gehenden Druck, eigene Auffassungen zu verschweigen, so sie nicht der geforderten diktatorischen Norm entsprachen. Zugleich zeigt sich eine, ebenfalls diktaturspezifische, Aufforderung zur denunzierenden Weitergabe entsprechender Aussagen. Zusammengenommen erzeugte dies ein Klima, in welchem Öffentlichkeit durch die stetige Gefahr einer Sanktionierung unerwünschter Aussagen be- respektive zugeschnitten wurde. Aber nicht nur aus pubertärem Selbstbehauptungswillen oder erfolgter ideologischer Infizierung erfolgten Denunziationen durch damalige HJ-Angehörige. Auch aus Versehen, durch eine Überforderung der kindlichen und jugendlichen Kommunikationsfähigkeit. In nicht wenigen Fällen entsprang ein solches „Anzeigen" eher einer Unachtsamkeit (Grunberger 1972, S. 122; Zimmermann 1986, S. 99; BenGershom 1993, S. 314) oder einer emotionalen Empörung des Kindes (Campbell Bartoletti 2007, S. 118 f.) und keiner, die möglichen Folgen antizipierenden und akzeptierenden, bewussten Denunziation. Die Folgen waren jedoch in allen genannten Fällen höchst ungleichheitsrelevante Sanktionierungsprozesse. An diesen war die HJ vielfältig und programmatisch verankert beteiligt: etwa durch die, bereits benannten, Kontroll- und ggf. Meldeaktivitäten des HJ-eigenen Streifendienstes oder durch die, in der Disziplinarordnung der Jugendorganisation fixierte, Verpflichtung der HJ-Führerinnen und -Führer, ein Fehlverhalten ihrer Untergebenen ab einem bestimmten Schweregrad unbedingt weiterleiten zu sollen.[90] Durch diese Öffentlichkeitsstruktur vermittelte sich den Heranwachsenden bereits früh ein Eindruck von der Notwendigkeit, persönliche Aussagen mit Vor- und Umsicht zu formulieren. Dieses Bewusstsein erstreckte sich wiederum auf die Kommunikation auch innerhalb privatester Räume und beeinträchtigte diese. Oftmals schuf die wahrgenommene Denunziationsgefahr ein emotionales Klima, in dem die Eltern, deren Kinder in der HJ waren, Angst hatten, ihr Kind könne eine „falsche" Bemerkung mit angehört haben bzw. ihre regimekritischen Einstellungen kennen. In beiden Fällen fürchtete man, das Kind würde sich „verplappern" oder eventuell sogar bewusst die Eltern anzeigen (Exilberichte der SPD (SOPADE) 1937, S. 853; Niethammer 1986, S. 209 f.; Zimmermann 1986, S. 97 f.).[91] Jedoch gehört es, wie oben angedeutet, ebenfalls zu den

90 Vgl. zum, auch auf dieser Ebene anzutreffenden, Wechselspiel zwischen der NS-konstituierten Öffentlichkeit und dem engagierten Entgegenarbeiten damaliger Angehöriger des HJ-Streifendienstes exemplarisch die Meldungen des Streifendienstes (BArch NS 28/82; aus dem HJ-Gebiet Schwaben: StA S 4232).

91 Ein eindrückliches Beispiel derartiger innerfamiliärer Wirrungen schildert eine Szene, welche Bertolt Brecht in einem seiner Stücke beschreibt. Dort treibt ein Elternpaar die Ungewissheit um, ob ihr Sohn, der HJ Mitglied ist, sie angezeigt hat oder nicht, nachdem er

Strukturen einer diktatorischen Öffentlichkeit, dass bestimmte Aussagen (verbaler oder verhaltenstechnischer Art) erwünscht und somit belohnt werden. Auch dies lässt sich am HJ-Beispiel verdeutlichen. Ausschlaggebend war hierbei ein umgekehrter Impetus, wie er bei den recht wenigen gezielten Denunziationen durch HJ-Mitglieder im privaten Umfeld motivgebend war. So kam es in einigen Fällen zur Aufnahme einer Mitgliedschaft in der staatlichen Jugendorganisation, um Elternteile zu schützen, die sich eines angeblich „artfremden“ Verhaltens schuldig gemacht hatten oder sich zumindest nicht im eingeforderten Maße NS-verhaltenskonform verhielten (Wehler 2007, S. 19 f.). So antwortete Max von der Grüns Mutter diesem, auf seinen Bericht, der Vater sei verhaftet worden, schlicht:

> „Ich weiß schon. Es hat wohl so kommen müssen. Jetzt musst du in die Hitlerjugend eintreten“ (ders. 1996, S. 130).

Ralf Dahrendorf bezeichnete seine Uniform des Jungvolks rückblickend gar als „Tarnanzug“ seiner sozialdemokratischen Eltern (ders. 2004, S. 50 f.).

Am massivsten äußerte sich dieser Herrschaftsdruck wohl gegenüber als abweichend eingestuften Bevölkerungsgruppen und ihren gruppeneigenen Verhaltensnormen. So wurde etwa den Zeugen Jehovas mit einem Entzug des Sorgerechtes gedroht, sollten diese ihre Kinder nicht bei der HJ anmelden (Roth 2015, S. 103). Dieser Bedrohung gaben manche von ihnen nach. Wo dieser Inklusionsaufforderung nicht folgegeleistet wurde, etwa in den Fällen von Bibelforschern, die aufgrund ihrer religiösen Überzeugungen ihre Kinder nicht zur HJ meldeten, kam es mitunter zum Entzug des Sorgerechtes (Liebler-Fechner 2001, S. 247 ff.). Die propagandistische Verkündung einer gleichberechtigten Erziehungstriade von Elternhaus, Schule und HJ (Schirach 1934, S. 165 ff.) wurde in den gerichtlichen Begründungen unübersehbar als Schimäre entlarvt (Liebler-Fechner 2001, S. 247 ff., 263 ff.).

Insgesamt verfingen die kontrolliert inszenierten Anregungen dieser diktaturspezifischen Öffentlichkeit als beständig meinungsbildende Umwelt des Alltagslebens der damals Heranwachsenden gerade bei diesen in besonderem Maße und wirkten sich in dieser Gruppe – unabhängig vom Bildungsgrad – stärker als in anderen politisch-konsensbildend aus (Reuband 2006, S. 333 ff.). Freilich kann auch dieser Befund nicht pauschalisiert werden. Im Sinne einer adäquaten Erfassung sozialer Differenz ist zugleich darauf hinzuweisen, dass es vorrangig ein Aufbegehren gegen diese kontrollierte Öffentlichkeit mit ihren Forderungen zur Verhaltensanpassung gewesen ist, welches bei den abweichenden Jugendgruppen während des Krieges eine innere Distanzierung und äußerliche Generierung

---

eine kritische Äußerung ihrerseits mitgehört hatte. Diese Szene ist eine von insgesamt 24, in denen Brecht teils meisterhaft die Mentalitäten der „Volksgemeinschaft“ eingefangen hat (Brecht 1970, die angeführte Szene mit dem Titel „Der Spitzel“ findet sich ebd., S. 66 ff.).

alternativer Lebensentwürfe motivierte. Dies ordnet sich, als besonders exponiertes Exempel, in die Historie eines Protektionismus (Sachße 2018) ein, welcher die Jugenpolitiken seit dem wilhelminischen Kaiserreich in unterschiedlicher Ausprägung charakterisierte, und auf den die jeweiligen Jugenden häufiger mit Ablehnung und Protest reagierten (Benecke 2020). Vor diesem Deutungshintergrund stellen sich die historisch auffindbaren Formen des Jugendprotestes zumeist als Reaktionen auf allzu reppressiv empfundene Verhaltensvorgaben dar.

Die Kulmination der NS-Herrschaft und ihrer jugendpolitischen Ungleichheitsgenese während des Zweiten Weltkriegs

Letztlich kulminierte der funktionale Zugriff des NS-Regimes auf die Jugend im massiven und zunehmend radikalisierten Kriegseinsatz der HJ, welcher stets die Zieldimension dort ablaufender Erziehung und Dienstpraxis gewesen war.[92] Auch hier war das engagierte Entgegenarbeiten der Reichsjugendführung, die ergeben die Vorgaben Hitlers nachvollzog, sowie vieler HJ-Führer, die sich freiwillig zum Kriegsdienst meldeten, eine verstärkende Komponente des jugendpolitischen NS-Herrschaftsvollzugs. NS- und Reichsjugendführung vollzogen in diesem Kontext besonders drastisch und damit zunehmend ungleichheitsgenerierend die typische Kombination aus Maßnahmen der kontrollierenden Führung und propagandistischer Verführung. Im September 1944 wurden schließlich die „Maßnahmen des totalen Kriegseinsatzes der HJ“ ausgerufen (Buddrus 2003, S. 48). Wer sich dem Kriegseinsatz der HJ nun noch entzog, der war unmittelbar mit der Todesstrafe bedroht. Standgerichte ließen die überall im Kampfgebiet im Schnellverfahren gefällten Todesurteile exekutieren. In vielen Fällen machten auch „Kameraden“ der eigenen und anderer NS-Organisationen „kurzen Prozess“. So berichtete ein damals 14-jähriger Hitlerjunge von seinen Erlebnissen Ende April 1945 in Berlin:

> „Der Russe schoß mit der Stalinorgel in die Stadt. Und als wir Schluß machen wollten und nach Hause gingen, wurden wir angehalten […] Mein Jungzugführer, der sich weigerte [in den Einsatz zurückzukehren; J. B.], wurde von ein paar SS-Männern und einem SA-Mann am nächsten Baum aufgehängt. Er war ja auch schon 15 Jahre.“ (Dollinger 1987, S. 367).

Demgegenüber berichtete der Niederdeutsche Beobachter beinahe zeitgleich im Februar 1945 in propagandistischer Motivationsabsicht:

---

92 Die Kriegseinsätze der HJ sind aufgrund der Quellenlage, vor allem aber durch deren Umfang und Heterogenität, qualitativ und quantitativ nur schwer systematisch und kaum vollständig zu erfassen (Buddrus 2003, S. 44 ff.). Dies fiel selbst der Reichsjugendführung schwer (ebd., S. XLVI). Die präzisesten Übersichten liefert Buddrus (2003, 2010). Eine systematisierende Übersicht findet sich in Benecke 2013, S. 42 ff.

„Der 16jährige Hitlerjunge Bernstdorf aus Hindenburg vernichtete in der Flakstellung bei Ruda zwei Sowjetpanzer. Helmut Tmetzek, ebenfalls aus Hindenburg, Kaufmannslehrling 15 Jahre alt, wurde als Melder in der Flak durch Granatsplitter am Kopf, Rücken und Oberschenkel verwundet. Als er im Beiwagen eines Krades zur Verbandsstelle gefahren wurde, sah er einen einzelnen Sowjetpanzer auf sich zurollen. Er ließ sich in den Straßengraben fahren und schoß den T 34 aus gefährlicher Nähe mit seiner Panzerfaust ab. Deutschland darf stolz sein auf diese seine kostbarste Wunderwaffe. Mit solcher Jugend müssen wir siegen" (zit. n. Jahnke 2003, S. 522).[93]

Abbildung 19: Auszeichnung des Hitler-Jungen Willi Hübner während der letzten Kriegsphase im März 1945 (BArch, Bild 183-G0627-500-001/o. Ang.)

93 Zur propagandistisch-verklärenden Darstellung der HJ-Kriegsdienste vgl. die Darstellung bei Dißmann/Wegner 1941.

Der vom Regime stets propagandistisch inszenierte und während des Krieges das tatsächliche Leid der dort „verwendeten“ Jugend sowie die Höhe ihrer Verluste kaschierende Helden- und Totenkult[94] des Nationalsozialismus stieß in diesem Kontext jedoch an seine Inklusionsgrenzen. Dieser war faszinierend und attraktiv, solange er auf der Phantasieebene bleiben und dort zur Aufwertung des eigenen Selbstwertgefühls genutzt werden konnte (Behrenbeck 1996). Die selbstzerstörerischen Implikationen, „der eigenen Vernichtung zuzustimmen“ (ebd., S. 595), wurden hierbei zumeist verdrängt. Im Angesicht des realen Kriegseinsatzes fand dann oftmals eine Entfremdung von den propagierten Idealen statt: „Indem der heroische Mythos zur Handlungsanweisung geworden war, die in die Selbstzerstörung führte, erschöpfte sich schließlich sein Deutungspotential und wurde seine Faszination gebrochen“ (ebd., S. 562; ausführlich zu den inneren Distanzerfahrungen Heranwachsender im Kriegskontext: Benecke 2011, S. 517 ff.). Noch am 19. 3. 1945 – einer seiner letzten Auftritte – empfing hingegen Hitler, mit der Intention einer verführenden Inklusionsstabilisierung, 20 „kampfbewährte“ Hitler-Jungen im Hof der Reichskanzlei (Behrenbeck 1996, S. 527 f.).

Aus dem Kreis der vielfältigen, heterogenen und überwiegend überfordernden Einsätze der HJ-Angehörigen im direkten Kriegsgeschehen sei hier zur Veranschaulichung nur ein Beispiel aus dessen letzten Monaten angeführt. Aus diesem lässt sich die besondere Funktionalisierungsperspektive der NS-Herrschaft auf die Jugend deutlich ablesen. Die, noch Anfang 1945 aufgestellten, Panzervernichtungseinheiten der HJ (Buddrus 2010, S. 259 ff.) sind bislang recht wenig bekannt und untersucht. Für die vorgesehenen Panzervernichtungseinheiten wurden letztlich noch über 4 000 HJ-Angehörige eingesetzt. Im März sollten dann, nach Verfügung der Reichsjugendführung, an allen „panzergefährdeten Punkten“ durch den Einsatz aller „noch vorhandenen Jungen des jeweiligen Einsatzortes“ Panzernahkampftrupps ausgebildet und aufgestellt werden (Buddrus 2003, S. 56).[95] Was man beim Einsatz dieser unzureichend ausgebildeten und ausgerüsteten Jugendlichen an den entsprechenden Punkten der unterschiedlichen Fronten (ebd., S. 57) billigend in Kauf nahm, offenbart eine Einschätzung des Beauftragten der Reichsjugendführung, Overbeck, bezüglich dreier Panzervernichtungsbataillone der HJ in Franken vom April 1945. Mit diesen, so Overbeck, solle künftig nicht weiter gerechnet werden: „Mit ihrem totalen Ausfall ist zu rechnen“ (ebd., S. 58). Zu guter Letzt war die Reichsjugendführung gewillt, zur Ergänzung der Panzernahkampftrupps, für die ab März 1945 auch noch Angehörige des Jahrgangs 1929 herangezogen werden sollten, im so genannten Panzerwarndienst Angehörige der

94 Für ein Exempel des organisationsintern instrumentalisierten Totenkultes aus der Frühzeit der NS-Herrschaft vgl. die Liste der „Toten der Hitlerjugend“, welche 22 HJ-Angehörige (21 der männlichen HJ, 1 Mitglied des BDM) umfasst, die sämtlich zwischen dem 26. 4. 1925 und dem 31. 8. 1933 „gefallen“ waren (Bartelmäs 1934, S. 4).

95 Vgl. die entsprechende Anordnung der Gebietsführung Osthannover vom 23. März 1945 (Zentrales Staatsarchiv Potsdam, Film Nr. 10900; abgedruckt in Benecke 2013, S. 323 f.).

Jahrgänge 1932 bis 1934 und BDM-Mitglieder einzusetzen (Buddrus 2010, S. 261). Die radikale Instrumentalisierung der Jugend durch das Regime zeigte sich jedoch letztlich am deutlichsten in ihren Konsequenzen. Die Folgen des vom NS-Regime entfesselten Krieges und insbesondere seiner sinnlosen Weiterführung angesichts einer zum Ende gänzlich hoffnungslosen Lage, waren für die HJ-Angehörigen der verschiedenen Jahrgänge und damit auch für die deutsche Gesellschaft verheerend:

> „Zuverlässige Zahlen der Gesamtkriegsverluste liegen inzwischen vor: [...] Gerade die junge Generation, also die HJ-Jahrgänge des Dritten Reiches, (hatten) die höchsten militärischen Verluste zu tragen [...] Mindestens 74 400 Angehörige der HJ-Führerschaft, etwa 18,4 Prozent aller eingesetzten HJ-Führer, kamen ums Leben, und allein vom höheren Führerkorps, also von den 19 765 hauptamtlichen HJ-Führern, über die die HJ noch im Jahre 1939 verfügte, fielen bis zum Kriegsende etwa 9 500 (48 Prozent) [...] Weit höher noch waren die Zahlen der ums Leben gekommenen einfachen HJ-Mitglieder, die als junge Rekruten einen immer größeren Teil des Personalbestandes der Wehrmacht und der Waffen-SS ausmachten. Gerade die HJ-Jahrgänge des Dritten Reiches wiesen sowohl absolut als auch relativ die höchsten Verlustraten des Krieges auf: Von der männlichen Bevölkerung der zwischen 1919 und 1928 im Altreichsgebiet Geborenen [...] kamen mindestens 1 879 000 Personen ums Leben; das waren 32,6 Prozent aller deutschen militärischen Verluste [...] Und von den ‚typischen' HJ-Jahrgängen, also den zwischen 1921 und 1925 geborenen Jungen, kamen im Zweiten Weltkrieg durchschnittlich 34,8 Prozent eines Jahrgangs zu Tode" (Buddrus 2003, S. XXXII f.).

Diese Umgekommenen stellten die vernichtende Realität dar, gegenüber jenem Toten- und Heldenkult, mit dem das Regime propagandistisch kontinuierlich den Eindruck einer quasi ererbten Inklusionsverpflichtung der HJ-Angehörigen suggeriert hatte. Diese Verpflichtungspropaganda wurde schon in Baldur von Schirachs „Manifest der Jugend" überdeutlich, welches am 29. Januar 1933 „zum Todestage von Herbert Norkus" jeder Gefolgschaft der HJ durch deren Führer verkündet und später veröffentlicht wurde (Schirach 1933, S. 2). In diesem wurde einleitend an jene Angehörigen der Jugendorganisation erinnert, die in den politischen Kämpfen zum Ende der Weimarer Republik „von den Marxisten erschossen, erstochen, erschlagen" worden waren (ebd., S. 3). Es endete mit der Einschwörung der Heranwachsenden:

> „Adolf Hitler. Für diesen Mann und diese Bewegung konnten fürwahr die besten deutschen Jungens freudig ihr Leben hingeben. Am Jahrestag der Ermordung von Herbert Norkus steht die deutsche Jugend am Grab ihrer erschlagenen Vorkämpfer. Und indem sie allen ihren hingemordeten Brüdern die Hand reicht [...], gelobt die deutsche Jugend feierlich: Unsere Toten sollen nicht umsonst gefallen sein. Wir werden das wahr machen, was ihnen leuchtend vor Augen stand und was sie in ihrer bittersten Stunde heiligten durch ihren Tod" (ebd., S. 15).

Abbildung 20: Gedenkfeier der HJ für Herbert Norkus im Januar 1934 (BArch, Bild 102-03341/Pahl, Georg)

Erklärung: Die früh umgekommenen Angehörigen der HJ wurden vom NS-Regime bereits vor und insbesondere nach seiner Machtübernahme immer wieder mittels propagandistischer Heldenverklärung als „Märtyrer" stilisiert und so als angebliche Verhaltensvorbilder instrumentalisiert. Ein eindrückliches Beispiel für dieses Vorgehen gibt der Fall des Hitler-Jungen Herbert Norkus, der am 24. Januar 1932 im Kampf mit kommunistischen Jugendlichen tödlich verletzt wurde. Seine Person lieferte noch vor 1933 die Vorlage für einen geschickt propagandistisch verklärenden Roman: „Der Hitlerjunge Quex" (Schenzinger 1932; Leutheuser 1995, S. 96 ff.). Dieser wurde mit einer Auflagenhöhe von nahezu einer halben Million Exemplaren das erfolgreichste nationalsozialistische Jugendbuch (Leutheuser 1995, S. 96). Auf der Romanfigur basierte dann in der, mit dem vielsagenden Untertitel: „Ein Film vom Opfergeist der deutschen Jugend" versehenen, Verfilmung von 1933 (Uraufführung am 11. September) die bekannte gleichnamige Filmfigur (Koch 1994). Durch die Kombination vermeintlicher Authetizität (Zustände der 1930er Jahre; reale Person Herbert Norkus, die nicht mit Völker identisch ist, aber unzweifelhaft auf diesen verweist), einer propagandistisch den „Opfergeist" der Hauptfigur verklärenden Inszenierung und der Passung zu altersbedingten Interessen der Jugendlichen, konnte der Film bei zahlreichen Rezipienten die vom Regime gewünschte Wirkung entfalten. Zum „Quex" als Bildungsmedium vgl. Benecke 2022a.

Hier klingt bereits jene Kampfmetapher an, welche im NS-Kontext immer wieder zur Legitimation erzieherischer Maßnahmen unter der Zielperspektive der Vorbereitung eines aktiven und leistungsstarken Kriegseinsatzes herangezogen wurde (Schirach 1934, S. 84 f. (zum DJ) und 90 f. (zur HJ)). Später wurde sie, u.a. durch programmatische Äußerungen von HJ-Funktionären, wie dem Obergebietsführer Helmut Stellrecht, auch mit rassistischen Begründungsmustern versehen. Letzterer erklärte den „Geist des Angriffs" schlicht zum Charakteristikum der „nordischen Rasse" und damit des „deutschen Soldaten" (Stellrecht 1938, S. 11 ff.). Potentiell lebensgefährlich und damit unwiderruflich sozial

Differenzierend war der HJ-Dienst jedoch nicht nur vor der NS-Machtübernahme oder während des Krieges, sondern auch in den Phasen der vermeintlich ruhigen Jahre der Diktatur. So kam es u. a. bei der Durchführung der Leibesübungen, genauer beim Kugelstoßen und Keulenweitwerfen, durch ein „Außerachtlassen der Sicherheitsbestimmungen" zu einem „tödlichen Unfall" (VHB. HJ, Bd. III, 1942, S. 1746). „Es wurde gerichtlich festgestellt, daß die beteiligten Hitler-Jugend-Führer fahrlässig gehandelt haben" (ebd.). Am 8. 10. 1937 wurde zudem die Verwendung von „Schreckschuß- und Scheintodpistolen" im Geländedienst der HJ und des DJ verboten, nachdem sich hiermit „schwere Unfälle, in einem Fall sogar mit tödlichem Ausgang" ereignet hatten (HJ, Bd. II, 1942, S. 370). Derartige Unfälle veranlassten die Reichsjugendführung bereits im April 1934, unter direkter Bezugnahme hierauf, eine „Anmeldepflicht für die Unfall- und Haftpflichtversicherung" in der HJ für obligatorisch zu erklären (BArch 28/360). Nicht zuletzt konnten die Momente einer gezielt konzentrierten „Erziehung zur Härte" potentiell lebensgefährlich werden. So kam es beispielsweise im Kontext der Kinderlandverschickung in der dortigen Lagererziehung zu vereinzelten Todesfällen (Niethammer 1986, S. 211). In welchem Ausmaß es in unmittelbarem Zusammenhang mit dem HJ-Dienst auch in diesen Phasen der NS-Herrschaft zu Todesfällen kam, offenbart schließlich eine geheime Statistik der Reichsjugendführung (s. Abbildung 21).

Was diese Liste zudem zeigt, ist der insgesamt herrschaftsfunktionale Umgang des NS-Regimes und seiner Reichsjugendführung mit den Toten der HJ. Dieser ließe sich folgendermaßen systematisieren. Während die HJ in die Kämpfe involviert war, die das Regime als politische (Straßenkämpfe vor 1933/Kampfzeit der HJ) oder weltpolitische Schicksalskämpfe (Zweiter Weltkrieg/dritte Phase der HJ-Entwicklung unter der NS-Herrschaft) ausgerufen hatte, wurden die in diesen Kontexten gefallenen Angehörigen der Jugendorganisation als Helden gefeiert und dann phasenübergreifend zu Vorbildern erklärt, denen es nachzueifern gälte. Sie dienten in den Kampfphasen als unmittelbare Motivatoren für einen eigenen Einsatz, dazwischen als propagandistisch verbreitete Inklusionsförderer, deren erbrachtes Opfer für die Gemeinschaft stete Verpflichtung zur Loyalität bedeute (vgl. hierzu auch die exemplarischen Nennungen bei Postert 2021, S. 37).[96]

96 Vgl. erneut das 1933 publizierte „Manifest der Jugend" von Baldur von Schirach (abgedruckt in Benecke 2013, S. 95 ff.) sowie die propagandistische Besprechung des Films „Hitlerjunge Quex" in der Filmwelt vom 13. 8. 1933 (abgedruckt in ebd., S. 95 f.).

Abbildung 21: Geheime Statistik der Reichsjugendführung zu tödlichen Unfällen im ursächlichen Zusammenhang mit dem HJ-Dienst (BArch NS 28/82, Bl. 1)

~~112812~~

~~048~~ 1

Der Jugendführer
des Deutschen Reichs

Berlin W.35, am 4.9.1939
Kurfürstenstr. 53

Geheim 2/39.

Geheim.

Unfallstatistik.

Von den 649 Todesfällen der Hitler-Jugend entfallen auf die verschiedenen Unfallarten:

	Anzahl:	%:
Tod durch Ertrinken	139	21
Tod durch Verkehrsunfall	257	40
Tod durch Sportunfall	43	6,6
Tod beim Geländespiel	14	2,2
Tod durch Erkältung	35	5,5
Tod durch Schußwaffe	27	4

An die

Chefs der Ämter und
Führer der Gebiete , sowie
Führerinnen der Obergaue.

Die vorstehende Unfallstatistik umfaßt die Todesfälle, die sich in der Zeit vom 1.4. 33 bis 1.8. 39 in der HJ. ereignet haben und in einem ursächlichen Zusammenhang mit dem HJ-Dienst stehen. Ich bitte, besonders auf die hohe Zahl der Verkehrsunfälle zu achten. Hierbei ist allerdings zu bemerken, daß die Schuld in diesen Fällen nicht bei den HJ-Dienststellen lag. Trotzdem muß durch Belehrung der Jugend versucht werden, diese Zahlen, die durch den Leichtsinn einzelner bedingt sind, zu drücken.

Schirach.

Kopie aus dem Bundesarchiv

Während der sogenannten ‚ruhigen' Jahre der NS-Zeit zwischen 1933 und 1938, in den Phasen der Etablierung und Konsolidierung der HJ als Jugendorganisation der „Volksgemeinschaft", stellten die im dortigen Dienst ums Leben gekommenen Heranwachsenden hingegen ein propagandistisches Ärgernis dar. Ihre Summe wurde folgerichtig zur Geheimsache erklärt, wie das abgedruckte Dokument zeigt. Ganz in diesem Sinne ist es zu verstehen, wenn im Verordnungsblatt der Reichsjugendführung vom 3. 10. 1935 eine Liste der „Toten der Hitler-Jugend" – eine Liste, die ohne weitere Zusätze an unterschiedlichen Stellen wiederveröffentlicht wurde (VHB. HJ, Bd. II, 1942, S. 874 f.) – publiziert wurde, in welcher lediglich umgekommene HJ-Angehörige aus den Jahren bis 1934 vorkamen, obgleich die Aufstellung angeblich „einer letztmaligen Überprüfung unterzogen" wurde und die notwendigen „Korrekturen und Ergänzungen" beinhalte, um sie der HJ als „würdige Ehrung unserer ‚unsterblichen Gefolgschaft'" überreichen zu können. Nicht von ungefähr stammten dann auch zwei der drei Toten, die für 1934 angegeben wurden, aus Österreich und damit einem zu dieser Zeit noch umkämpften Gebiet der HJ-Arbeit (ebd., S. 875).

Während des Zweiten Weltkrieges und der radikalen Phase der NS-Herrschaft, welche die Reichsjugendführung in blinder Ergebenheit und ohne jede kritische Reflexion praktisch (Kriegseinsätze der HJ) und propagandistisch (vgl. die Dokumente in Benecke 2013, S. 311 ff.) mitvollzog, wurden dann nicht allein die Angehörigen der HJ, die sich durch besondere Leistungen hervorgetan hatten, sondern auch jene, die im Kampfeinsatz gefallen waren, als Märtyrer zu Vorbildern erklärt. So etwa – nur ein Beispiel von vielen möglichen –, bei der „Benennung von Schulen nach im Kriege gefallenen Hitlerjungen" (VHB. HJ, Bd. III, 1942, S. 1935).

Zur hier vorgetragenen Argumentation passt schließlich, dass das Gedenken in BDM und männlicher HJ an die Toten des Ersten Weltkriegs (Weinrich 2013, S. 125 ff.) und dessen Einsatz als Loyalitätsmotivation und Verstärker des Einsatzwillens der Jugend in seinen Schwerpunkten *asymmetrisch* zur oben skizzierten Struktur verlief. Die „Konjunkturen […] des HJ-Weltkriegsgedenkens" wiesen zwischen 1926 und 1945 vier unterscheidbare Phasen der Weltkriegsrezeption auf (ebd., S. 315). Entsprechend der obigen These kam es zwischen 1931 und 1934 zu einer „selbstbewussten Usurpation des ‚Fronterlebnisses'" (ebd.). Diese Entwicklung erfuhr jedoch 1934 noch einmal eine „radikale" Änderung, als das HJ-Weltkriegsgedenken bis 1940 „eine wichtige Funktion im Rahmen der zur Staatsräson avancierten ‚Wiederherstellung der Ehre des deutschen Frontsoldaten'" (ebd., S. 316) erhielt. Danach nahm „das Interesse an den Jahren 1914–1918" in der HJ „rapide ab" – „von 1941–1945 spielte der Erste Weltkrieg in der HJ keine nennenswerte Rolle mehr" (ebd.). Er war, als einsatzförderndes und loyalitätsstabilisierendes Thema der NS- und hierunter der HJ-Propaganda, angesichts des tatsächlichen Kampfgeschehens des Zweiten Weltkrieges in der bisher genutzten Form nicht länger vonnöten.

3.2.2 Rasse (Dimension) bzw. Rassismus (Determinante)

Bei Rassen, so der gegenwärtige Forschungsstand und die bio- respektive psychologische Erkenntnis, handelt es sich um „soziale Konstruktionen" (Hund 2007, S. 120). Beim Rassismus, der in Konsequenz dessen älter ist, als die Rassen, auf die er abstellt (ebd., S. 34 ff.), geht es somit um „die soziale Konstruktion natürlicher Ungleichheit" (Hund 1999). Während Macht für das NS-Regime vor allem Bedingung und Basis einer Befähigung zur Schaffung ideologisch und politisch motivierter sozialer Ungleichheiten bedeutete und Herrschaft als deren institutionalisierte Form die sozialstrukturelle Voraussetzung ihrer bevölkerungspolitischen Umsetzung, stellte der Rassismus deren ideologische und propagandistisch verbreitete Legitimation dar.[97] In diesem Zusammenhang wirkte sich ihr argumentativer Einsatz herrschaftsstabilisierend aus. Auf den Exklusionsbereich bezogen findet sich hier das ergänzende Gegenstück zur oben angesprochenen Binnendifferenzierung der Zugehörigkeitsgruppe durch die Sanktionierung eines zugeschriebenen abweichenden Verhaltens:

> „Rassistische Abgrenzung [...] stellt allen Gesellschaftsmitgliedern ideologisch sanktionierte und häufig mit religiöser oder wissenschaftlicher Legitimation versehene Mittel der Diskriminierung anderer zur Verfügung, die sich ohne Rücksicht auf soziale Differenzen [...] verwenden lassen. Sie ermöglicht so Abgrenzung, Aufwertung und Protest in einem und stabilisiert gleichzeitig die Verhältnisse, denen sich die Motivation für ihre Anwendung verdankt. [...] In jedem Fall bestreitet sie das Menschsein der Betroffenen und legitimiert dadurch deren Ausnutzung und Verfolgung gleichermaßen. Auf diese Weise stellt sie allen Mitgliedern der Gesellschaft ein Medium der Identitätsbildung zur Verfügung, das von realer Verfügung über soziale und kulturelle Ressourcen unabhängig ist" (Hund 2007, S. 126).

In diesem Sinne lässt sich konstatieren, dass der Rassismus nationalsozialistischer Prägung als zentraler Bezugspunkt der NS-Ideologie zweifelsohne „den Dreh- und Angelpunkt jener Politik der Ungleichheit bildete, die das NS-Regime nach 1933 umsetzte" (Kramer/Nolzen 2012, S. 16). Im hier besprochenen Kontext ist demnach eine funktionale Definition von Rassismus weiterführend. Mit Christian Geulen lässt sich Rassismus entsprechend verstehen, „als einen Versuch [...], in Zeiten verunsicherter Zugehörigkeit entweder hergebrachte oder aber neue Grenzen von Zugehörigkeit *theoretisch zu begründen* und *praktisch herzustellen*" (Geulen 2007, S. 11). Geulen verweist darauf, dass die Grenzen der Zugehörigkeit durch Bezugnahmen auf die angebliche Natur der jeweils von

---

97 Zum hier konstatierten Zusammenhang zwischen Herrschaft und Rassismus als deren, begründend und zu deren Stabilisierung herangezogenem, argumentativen Legitimationskonstrukt vgl. Hund 2007, S. 9 ff.

einer Gemeinschaft ein- oder auszuschließenden Personenkreise theoretisch begründet werden[98], während die *praktische* Herstellung einer entsprechenden Differenzierung meist gewaltsam durchgesetzt wird (ebd., S. 11 f.).[99] Für die NS-Herrschaft hieß dies, dass „das Streben nach ‚Rassenreinheit' […] sich in einer beispiellosen Rassenpolitik niederschlug […] Das ‚Tausendjährige Reich' war der Entwurf einer vermeintlich perfekten Gesellschaft" (Echterkamp 2004, S. 6). Diese sollte einerseits alle „fremdrassigen" Einflüsse „ausmerzen" und bemaß andererseits den „Wert" ihrer Mitglieder nach deren Nutzen für die nationalsozialistisch geführte „Gemeinschaft". Entsprechend legte das Regime deren soziale Hierarchien fest und agierte zunehmend sowie während des Krieges in gesteigerter Radikalisierung gesellschaftspolitisch nach diesen Vorgaben (vertiefend: Burleigh/Wippermann 1991; Longerich 1998; Süß 2003; Benecke 2011, S. 323 ff.). Die NS-„Bewegung", für welche Aktivität und Dynamik Bestandsvoraussetzungen waren, stieß in diesem Prozess systematisch an die inneren Widersprüche ihrer Entwicklungsgesetze. Hierdurch wurde deutlich, dass die NS-Rasseideologie und die hiervon abhängige Bevölkerungspolitik, bei aller quantitativ wie qualitativ exponierten Verfolgung bestimmter „fremdrassiger" Gruppen, letztlich insgesamt nicht von trennscharfen Kategorien geleitet wurde. Vielmehr war sie auf eine große Grauzone bezogen, in welcher die oben genannte gewaltsame soziale Differenzierung ein dauerhaftes Gestaltungsprinzip der NS-Herrschaft darstellte. Es wurde hierüber ersichtlich,

> „Daß ‚Rassereinheit' und ‚Erbgesundheit' dynamische Begriffe sind, die – im Sinne der Selbststeuerung des Evolutionsprozesses – immer enger gefaßt werden konnten, so daß immer breitere Gesellschaftsschichten unter das rassische Verdikt fielen. Die Diskriminierung fraß sich – bei gleichzeitig zunehmender Aggressivität – von den Rändern der Gesellschaft in ihr Zentrum hinein" (Schmuhl 1993, S. 189).

Aus sozialisationstheoretischer Sicht ist es hierbei von einiger Bedeutung, dass ein solcher Exklusionsprozess nicht etwa – ohne diese besonderen Schicksale in irgendeiner Weise relativieren zu wollen – nur „Fremdvölkische", „Verbrecher", „erbbiologisch Minderwertige" und „Asoziale" erfassen konnte, die man als klar umrissene Gruppen a priori feststellen und aus der restlichen „Volksgemeinschaft" hätte isolieren können. Vielmehr konnte eine solche Ausgrenzung jede „Volksgenossin" und jeden „Volksgenossen" betreffen, wenn ihr respektive ihm von den zuständigen Funktionsinhabern des NS-Systems eine der genannten Eigenschaften zugeordnet wurde. Dies geschah im Kontext der NS-Exklusionspraxis mit

98 Zum entsprechenden funktionalen Einsatz der „Natur"-Chiffre als legitimierender Hilfskonstruktion der NS-Ideologie sowie ihrer propagandistischen Verbreitung und der Legitimation ihrer herrschaftspraktischen Umsetzung ausführlicher: Benecke 2011, S. 250 ff.

99 Vgl. in diesem Sinne auf die HJ bezogen Buddrus 2003, S. 69 ff. sowie Harten/Neirich/Schwerendt 2006, S. 3 ff., 50 und 60 f.

hoher Willkür und in ständig weiter ausuferndem Ausmaß. Der, von Matthias von Hellfeld vorgestellte, Fall einer damals jungen Frau, deren Familie vom Nationalsozialismus überzeugt gewesen war, die zudem selbst Mitglied des BDM, und deren Vater Mitglied von SA und NSDAP war, verdeutlicht exemplarisch, wie schnell und umstandslos man damals von der ausgrenzenden Gewalt der NS-Herrschaft erfasst werden konnte (Hellfeld 1990, S. 123 ff.). Sie selbst wollte Krankenschwester werden. Nachdem ihr Bruder wegen einer angeblichen Nervenkrankheit in eine geschlossene Anstalt eingewiesen worden war, wurde sie nach einem kleineren Unfall betäubt und ohne ihre Einwilligung sowie ohne, dass sie etwas dagegen hätte tun können, von willkürlich agierenden Ärzten sterilisiert. Einen konkreten Grund für ihre Zwangssterilisation kennt die Zeitzeugin und ehemalige Angehörige der NS-Jugendorganisation bis heute nicht.

Der ungleichheitswirksame Zusammenhang zwischen den Determinanten Herrschaft und Rassismus wurde dann mitunter anhand solcher Hintertürchen besonders augenscheinlich, die sich das Regime für seine herrschaftspragmatisch gehandhabten Ausnahmen von der rassistischen Regel gönnte. Ein solches stellte die funktionalisierende Handhabung der rassischen Differenzierungen des NS-Regimes dar. Genauer die wenig bekannten rassebezogenen ‚Aufwertungen' einzelner jüdischer Bürgerinnen und Bürger, welche man allein nach willkürlich gehandhabten Nützlichkeitszuschreibungen der obersten Regimeführung verlieh (Cornberg/Steiner 1998). Insgesamt bewilligte Hitler lediglich 260 von 9636 gestellten Anträgen auf eine rassische Aufwertung zum „Arier" (ebd., S. 149). Baldur von Schirachs spätere Behauptung, er habe Kinder aus hunderten von Familien zu „Ehrenariern" erklärt, stellt hingegen lediglich substanzlose Apologie dar (Buddrus 1998, S. 52 f.). Dieses Recht hatte sich Hitler – die soziale Differenz des Führerprinzips – nach dem Erlass der Nürnberger Gesetze exklusiv vorbehalten. Genauso gehört die Aussage des ehemaligen Leiters des Referats „Rassenrecht" im Reichsinnenministerium, Bernd Lösener, Baldur von Schirach selbst sei vom „Mischling 1. Grades" zum „Arier" erhoben worden, ins Reich der Mythen (Koop 2014, S. 63). Angehörige der HJ waren nicht unter den auf diese Weise rassisch Aufgewerteten. Schon aufgrund ihres Alters hatten sie wenig zu bieten, was dem, nach Maßgabe der erwarteten Nützlichkeit differenzierenden, Regime von solch maßgeblichem Interesse erschienen wäre, dass es dafür die eigenen Rassedefinitionen missachtet hätte.[100] Lediglich als Familienangehörige von „Ehrenariern" kam es in Einzelfällen vor, dass auch Heranwachsende betroffen waren und nach der Ernennung ihres betreffenden Elternteils aller Wahrscheinlichkeit nach Mitglieder der HJ werden konnten (ebd., S. 103 ff. und 199 f.).

Die quantitativ geringe Zahl bewilligter Anträge sowie die qualitative Eignung der Vergabestruktur als funktionales Herrschaftsinstrument des

---

100 Ich danke Volker Koop für die bestätigende Einschätzung zu dieser Annahme.

NS-Regimes erlauben allerdings nicht den Umkehrschluss, dass die Eltern jüdischer Heranwachsender diese Option durchweg ungenutzt hätten verstreichen lassen. Motiviert durch das Bedürfnis, den eigenen Kindern das Leben angesichts zunehmender sozialer Ausgrenzung, Diffamierung und vermehrt auch physischer Gewalterfahrungen zu erleichtern, kam es in wenigen Fällen zum Versuch, dies über ein solches „Gnadengesuch" auf eine rassische Aufwertung zu erreichen. Ein Fall, in welchem es um den Antrag auf eine veränderte rassenbezogene Einstufung dreier junger Brüder und Angehöriger der Hitler-Jugend ging, ist als Geschichte der Familie Hartmann recht gut im Archiv des jüdischen Kulturmuseums Augsburg (JKMA) belegt (Schönhagen 2014). Im hier vorliegenden Kontext ist vor allem das Schicksal des jüngsten Bruders, Helmut Hartmann (geb. 1929), erhellend. An ihm wird, neben dem historischen Fakt und der biographischen Belastungserfahrung, die Passung solcher Theorieansätze, die einen Zuschreibungsvorgang als Bedingung (labeling approach) oder Ausdruck (in Elias' Figurationsansatz) des aktiven Herrschaftsvollzuges annehmen, für eine systematisierende Einordnung exemplarisch augenscheinlich. Helmut Hartmann war, wie seine Brüder Alfred (geb. 1925) und Günther (geb. 1926), als Sohn eines protestantischen Vaters und einer evangelischen „Jüdin" durch die NS-Rassengesetze von 1935 als „Mischling" deklariert worden. Die Familie entstammte als protestantische Großhändlerfamilie väterlicherseits dem bürgerlichen Milieu Augsburgs. Mütterlicherseits war der familiäre Hintergrund der einer großbürgerlichen Familie aus Frankfurt, „die seit Jahrhunderten zur jüdischen Wirtschafts- und Geisteselite gehörte, mit der Integration in das deutsche Bürgertum aber die Bindung ans Judentum völlig aufgegeben hat" (ebd., S. 9; zur Familiengeschichte ebd., S. 13 ff.). Nelly Hartmann, die Mutter der drei Brüder, wurde infolgedessen evangelisch getauft und bis zum machtbasierten Eingreifen der NS-Herrschaft 1933 bzw. 1935 war das Judentum im Familienleben so gut wie nicht präsent. Letztere Zäsur führte auch in ihrem Fall zur rassebezogenen spezifischen NS-Zuschreibungspraxis: „Erst die Rassengesetze des NS-Staates erklärten die Mutter zur ‚Volljüdin', die Kinder zu ‚Mischlingen' und den Vater zum ‚jüdisch Versippten'" (ebd., S. 9). Das behütete und unbeschwerte Kleinkinder- und Kinderleben der Hartmann Brüder (ebd., S. 30 ff.) geriet nach 1933 sukzessive unter den Einfluss der nationalsozialistischen Rassenpolitik, wenngleich dies für sie selbst zunächst kaum spürbar war, da es den Eltern gelang, die Belastungen der ersten antisemitischen Bestimmungen und Übergriffe von ihnen fernzuhalten (ebd., S. 37 ff.). Vor diesem Hintergrund und während die antisemitischen Agitationen des Regimes zunehmend auch in das Leben jüdischer „Mischlinge" eingriffen (hierunter auch massiv in jenes, der Verwandtschaft seiner Frau, die im Gegensatz zu ihr nicht durch die Ehe mit einem „Arier" geschützt war), unternahm der Vater, Karl Hartmann, vielfältige Versuche, seine Frau, seine Kinder sowie auch seine Firma zu schützen (ebd., S. 42 ff.). So war er bereits 1933 trotz deren Antisemitismus in die NSDAP eingetreten, in der er beständig aufgefordert wurde, seine Frau zu verlassen, woraufhin er 1936 wieder austrat und damit einem Parteiausschluss zuvorkam (ebd., S. 42). Außerdem versuchte er, mit finanziellen und Sachspenden an verschiedene Parteigliederungen, „sich die regionalen Parteiführer gewogen zu halten" (ebd., S. 43; Belege im Konvolut Günther Hartmann im JKMA). Ihre Söhne konfrontierten die Eltern weder mit dem sich abzeichnenden Anstieg der Gefährdung durch die sich radikalisierende antisemitische NS-Bevölkerungspolitik noch mit den Versuchen des Vaters, deren Effekte auf ihr Leben zu entschärfen. Die Konsequenz dieser Strategie war es, dass die Brüder „ohne erkennbare Distanz zum NS-Staat erzogen" (ebd., S. 44) wurden. Sie jubelten Hitler zu, als dieser 1937 Augsburg besuchte und als Alfred und Günther zehn Jahre alt wurden, meldete der Vater sie bei der HJ an, wo letzterer es bis zum Rottenführer brachte (ebd.). Mit den Ausschreitungen am 9. und insbesondere 10. November, welche von Helmut Hartmann und seiner Familie zumindest beobachtet wurden (ebd., S. 85), schlug die antisemitische Repression dann bekanntermaßen spürbar und endgültig von der sozialen zur physischen Gewalt über. Als die Mutter zudem auch symbolisch diffamierend als „jüdisch" kategorisiert wurde, indem sie den Namen „Sara" führen,[101] und einen Ausweis

101 Bereits am 5. Oktober 1938 war verfügt worden, dass alle deutschen Pässe, deren Inhaberinnen und Inhaber das Regime als „Juden" identifizierte, mit einem großen, nach rassistischen Kriterien sozial differenzierenden „J" zu stempeln wären (Hilberg 1999, S. 183). Ab Januar 1939 musste die jüdische Bevölkerung überdies neue klassifizierende Zusatznamen annehmen – je nach Geschlecht „Sara" oder „Israel". Exemplarisch für eine Diskriminierungsstruktur, welche – im Sinne der oben angeführten theoretischen Deutungsansätze – durchweg primär von machtvoll durchgesetzten, ab- und ausgrenzenden Zuschreibungen ausging und nicht von etwaigen Charakteristika einer tatsächlich anhand dieser zu identifizierenden „jüdischen Rasse", sollten diese Zusätze die Betreffenden eindeutig als Juden ausweisen und durften in keiner Unterschrift mehr fehlen (ebd., S. 184f.; Walk 1996, S. 237). Ein weiteres Beispiel der Absurdität nationalsozialistischer Repressionsbürokratie lieferte hierbei die Tatsache, dass die Verpflichtung zur Übernahme der genannten Namen einfach anhand einer veröffentlichten Liste von weiblichen und männlichen Vornamen verhängt wurde, welche das Regime offenbar als eindeutig „jüdisch" ausgemacht hatte (Friedländer 2000, S. 276). Nicht etwa aufgrund einer Kartei der Gestapo oder ausführlicher Personenlisten der Ordnungsbehörden des NS-Staates wurde festgelegt, wer sich entsprechend ausweisen musste. Ausschlaggebend war, ob man seinen eigentlichen Namen auf der eigens erstellten Namensliste fand. So hatte sich zusätzlich „Israel" zu nennen, wer eigentlich Abel, Abieser, Abimelech usw. hieß. Bereits im Juni 1936 hatte der antisemitische Furor des NS-Regimes zu einer Weisung an das Innenministerium geführt, wonach Hitler nicht wünsche, dass Juden die Namen „Siegfried" oder „Thusnelda" trügen (Hilberg 1999, S. 184). Die Orientierung an der Namensliste führte dennoch zu Anwendungsproblemen. Diese lassen gleichermaßen die mangelnde Trennschärfe der Rassendifferenzierung in ihrer Übertragung auf die Bevölkerungspolitik offenbar werden sowie auch die Widersprüchlichkeit der sie begründenden Argumentationsmuster. Einige hebräische Namen wurden übergangen, da sie vollständig „eingedeutscht" seien und im „Volksbewusstsein" nicht länger als fremdartig gelten würden (vgl. ebd., S. 185). So verzichtete man auf die Aufnahme von Vornamen wie Adam, David oder

mit dem obligatorischen eingestempelten „J“ für Jude erhalten sollte, begann Karl Hartmann noch entschlossener damit, konkrete, auf seine Angehörigen bezogene, Schutzmaßnahmen zu ergreifen. Zunächst stellte er im Dezember 1938 einen Antrag auf Befreiung vom Reichsbürgergesetz für Nelly Hartmann (ebd., S. 45 f.). Dieser „Gnadenakt“, dessen Bewilligung sich der „Führer“ exklusiv vorbehalten hatte, wurde ihnen nicht bewilligt. Im August 1939 teilte der Reichsinnenminister dessen Ablehnung mit. 1941 bemühte der Vater sich dann, per Antrag eine „Gleichstellung seiner Söhne, auch Helmut war mittlerweile im HJ-Alter, mit Deutschblütigen“ zu erreichen (ebd., S. 46). In diesem Kontext – erneut waren Abstammungsformulare auszufüllen sowie Gutachten, Leumundszeugnisse und diesmal auch Bescheinigungen über sportliche Leistungen und positives, sprich angepasstes, Verhalten der Söhne einzuholen (vgl. die Unterlagen zu beiden Anträgen im Konvolut Günther Hartmann im JKMA) – besorgte er auch eine Stellungnahme des Kreisleiters Augsburg Stadt, Gallus Schneider. Obgleich mit Unterstützungsintention verfasst, spiegelt letztere in ihrem Duktus und den vorgetragenen rassistischen Deutungsmustern ganz offensichtlich die tiefe Inklusion Schneiders in den Nationalsozialismus wider (Stellungnahme Schneider im Konvolut Günther Hartmann im JKMA). Seine Argumentation arbeitet die zuschreibenden nationalsozialistischen Rassestereotype ab, indem für die Bereiche Phänotyp, Auftreten und Leistungsstärke positive Aussagen getroffen, und zugleich „jüdische“ Eigenschaften in Abrede gestellt werden. Im Anschreiben des Kreisleiters an den Polizeipräsidenten in Augsburg, vom 16. Februar 1942, die „Durchführung des Reichsbürgergesetzes“ und in diesem Zusammenhang die Bearbeitung des „Gesuches des Karl Hartmann“ betreffend, finden sich auch dessen Beurteilungen zu den drei Söhnen der Familie (Anschreiben Schneider im Konvolut Günther Hartmann im JKMA). In diesen möchte er, nachdem zunächst die „rein arische Abstammung“ und der Charakter Karl Hartmanns sowie die Tatsache, dass seine „jüdische“ Frau Nelly in zweiter Generation evangelisch getauft worden war, „jeden Verkehr mit jüdischen Familien abgelehnt (hat) und selbst bestrebt war, die Kinder im deutschen Geiste zu erziehen“ (ebd.), positiv hervorgehoben werden, schließlich zum

> „Gesuch des Karl Hartmann, daß dieser wegen Gleichstellung seiner Söhne Alfred, Günther und Helmut Hartmann – die Mischlinge 1. Grades sind – mit Deutschblütigen

---

Rafael bei den Jungen sowie Anna, Esther oder Ruth bei den Mädchen. Statt dessen fügte man bei den Jungen Faleg, Feibisch, Feisel, Feiwel, und Feleg, bei den Mädchen Scharne, Scheindel, Scheine, Schewa, Schlämche, Semche, Slowe und Sprinzi, „sowie zahlreiche weitere Verdrehungen und Phantasiegespinste hinzu“ (ebd.). Letztlich hatte diese soziale Differenzierungspraxis einen rassistischen Hintergrund, zu erklären und systematisch zu erfassen ist auch sie hingegen nur als mit diesem interagierender machtbasierter Herrschaftsvollzug.

> oder Anerkennung der deutschen Volkszugehörigkeit eingereicht hat, wie folgt Stellung nehmen: […]
>
> Alfred Hartmann, der älteste Sohn aus dieser Ehe, wurde am 12. 1. 1925 in Augsburg geboren […] Körperlich macht er einen vollkommen gesunden Eindruck, ist groß und schlank gewachsen, hat blonde Haare also keinerlei jüdische Merkmale und auch seine Charaktereigenschaften können durchaus als nichtjüdisch angesprochen werden. Seit vielen Jahren ist er auch ein begeistertes und rühriges Mitglied der HJ und wenn das Gesuch seines Vaters Erfolg hat, will er Offizier werden. […]
>
> Der zweite Sohn Günther Hartmann wurde am 30. 5. 1926 in Augsburg geboren […] [Er; J. B.] ist ebenfalls körperlich gut entwickelt […] seine geistigen Anlagen sowie sein Fleiß und sein Pflichtgefühl können als mittelmäßig und sein Betragen als zufriedenstellend bezeichnet werden. Eigenschaften, die auf einen jüdischen Geist schließen lassen, können an ihm nicht wahrgenommen werden und auch er ist seit Jahren ein eifriges Mitglied der HJ bzw. des deutschen Jungvolkes […]
>
> Der dritte Sohn Helmut Hartmann, geboren am 25. 10. 1929 in Augsburg, der dem deutschen Jungvolk angehört, […] macht ebenfalls einen gesunden, kräftigen Eindruck, ist von großem Wuchs, geistig gut veranlagt, hat jedoch schwarze Haare. Wenn hier auch das arische Aussehen nicht in dem 100prozentigen Ausmaß gegeben ist wie bei seinen beiden Brüdern, sofehlen [sic!] doch auch bei ihm die typischen körperlichen Merkmale der jüdischen Rasse und vor allem sind auch keine Charaktereigenschaften festzustellen, die in irgend einer Form auf die letztere schließen lassen […]
>
> Obwohl sich nun diese drei Schüler bemühen, zu einem guten kameradschaftlichen Verhältnis zu ihrer Umgebung zu kommen, ist seit dem Bekannt werden ihrer Abstammungsverhältnisse eine gewisse Diffamierung festzustellen und dies könnte sich im Lauf der Zeit schließlich auch ungünstig auf die charakterliche Haltung auswirken. Bei den im ganzen gegebenen Verhältnissen und vor allem bei der Haltung und dem Aussehen der Brüder Hartmann, das unbedingt auf eine überwiegend väterliche, also arische Erbmasse schließen läßt, möchte ich das Gesuch des Großkaufmanns Hartmann in der von ihm gestellten Form bestens befürworten" (ebd.).

Neben den nationalsozialistischen Rassestereotypen und dem NS-typischen chauvinistischen Beurteilungswillen, zeigt sich in diesen Aussagen die oben erwähnte Systematisierungseignung der genannten Theoriebezüge. Denn ganz im Sinne des labeling approach und des machtbezogenen Figurationsansatzes nach Elias, führte in der vorangegangenen Argumentationskette im Fall Helmut Hartmanns erst eine primäre Zuordnung zur Gruppe der jüdischen Minderheit dazu, dass bestimmte, dieser als typisch zugeschriebene, Merkmale wiederum zum angeblichen Beleg einer Abstammung aus selbiger stilisiert werden können. Nach dieser Einstufung drehte sich die Perspektive seiner Abstammungsbestimmung in typischer Manier gegenüber jenen Heranwachsenden der „Volksgemeinschaft" nahezu vollständig um. Seine phänotypischen Merkmale („schwarze Haare") werden nicht mehr als graduelle Abweichung vom „arischen" Rasseideal

Abbildung 22: Helmut Hartmann in der Uniform des Deutschen Jungvolks (DJ), 1939 (Schönhagen 2014, S. 47)

gedeutet, welches de facto für tausende damals Heranwachsende eine HJ-Mitgliedschaft keineswegs in Frage stellte (vgl. Abb. 22). Vielmehr gelten selbige nunmehr als Ausdruck seines zumindest Anteiligen „Jüdisch-Seins" und damit als schwer überwindbare Hürde einer Aufnahme in die NS-Jugendorganisation.[102] Mit dieser rassistischen Kategorisierung und den damit einhergehenden Zuschreibungen stand jedoch nicht nur der Ausschluss aus dem sozialen Kollektiv der HJ im Raum, sondern ebenfalls eine weiterreichende Exklusion aus der deutschen Bevölkerung, deren Effekte durch den Antrag gerade abgemindert werden sollten. Daher wird am Beispiel exemplarisch deutlich, in welcher Form die Macht und ihre Umsetzung in Herrschaftspraxis zur Stigmatisierung anderer (hier der abwertenden Zuschreibung angeblich typisch „jüdischer" phänotypischer und charakterlicher Rassemerkmale) – ganz im Sinne der Theorie Elias – zur Quelle sozialer Ungleichheitsvorkommen werden konnte. Dies konnte sich dann, wie im Beispiel ersichtlich, auch unmittelbar HJ-bezogen auswirken. Letzteres zeigte sich zunächst an dem Erlebnis einer HJ-internen Exklusion in der Inklusion, welche Helmut Hartmann als „Mischling" in der NS-Jugendorganisation machen musste. Die hier zum Ausdruck kommende Ambivalenz der

102 Für Helmut Hartmann wird in dem stigmatisierenden Moment, als er im Kontext des Antrages auf „Befreiung vom Reichsbürgergesetz" für seine Mutter im Augsburger Rathaus „rassenbiologisch Vermessen" wurde, erstmalig subjektiv klar, „dass ich anders war als die Anderen" (Schönhagen 2014, S. 47, in diesem Sinne auch ebd., S. 86).

Abbildung 23: Negativer Bescheid der Reichsjugendführung zum Verbleib der Brüder Hartmann im aktiven HJ-Dienst, vom 24. 11. 1941 (Schönhagen 2014, S. 112)

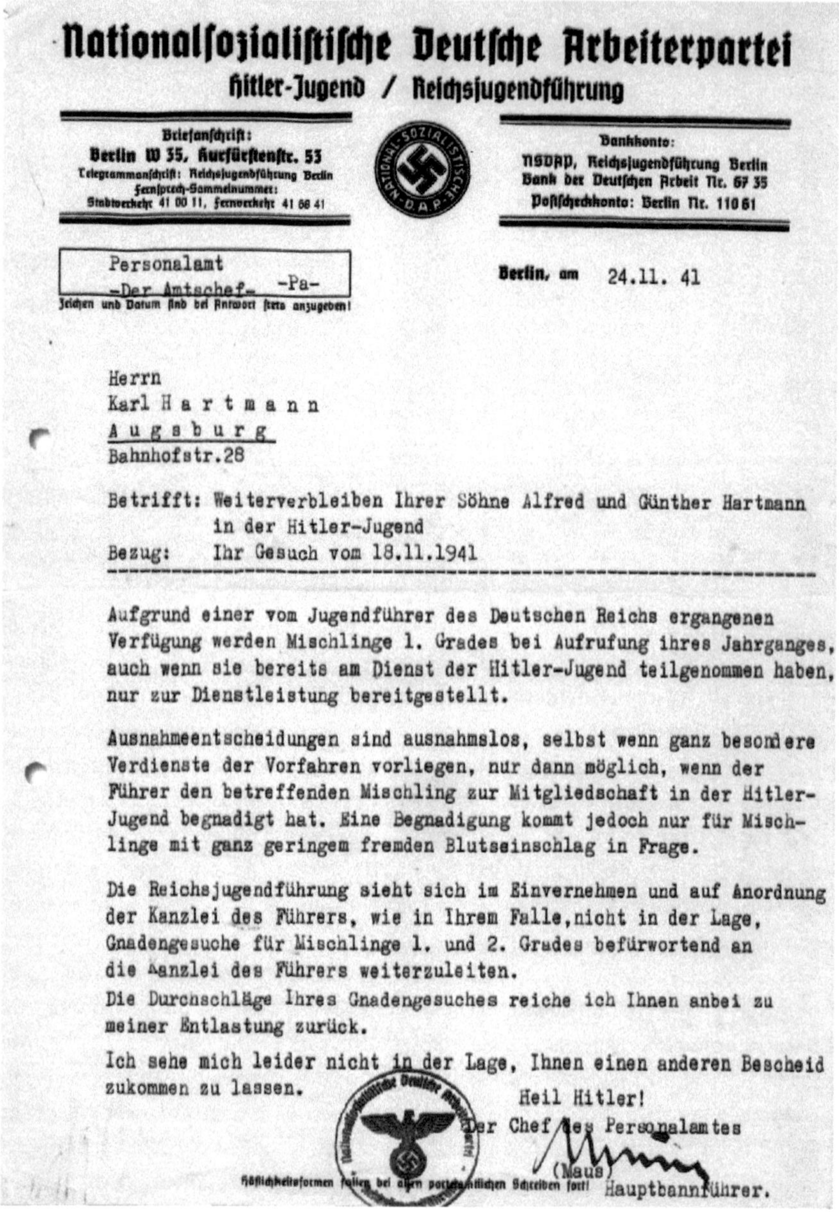

Nationalsozialistische Deutsche Arbeiterpartei
Hitler-Jugend / Reichsjugendführung

Briefanschrift:
Berlin W 35, Kurfürstenstr. 53
Telegrammanschrift: Reichsjugendführung Berlin
Fernsprech-Sammelnummer:
Stadtverkehr 41 00 11, Fernverkehr 41 68 41

Bankkonto:
NSDAP, Reichsjugendführung Berlin
Bank der Deutschen Arbeit Nr. 67 35
Postscheckkonto: Berlin Nr. 11061

Personalamt
-Der Amtschef- -Pa-
Zeichen und Datum sind bei Antwort stets anzugeben!

Berlin, am 24.11. 41

Herrn
Karl Hartmann
Augsburg
Bahnhofstr.28

Betrifft: Weiterverbleiben Ihrer Söhne Alfred und Günther Hartmann in der Hitler-Jugend
Bezug: Ihr Gesuch vom 18.11.1941

Aufgrund einer vom Jugendführer des Deutschen Reichs ergangenen Verfügung werden Mischlinge 1. Grades bei Aufrufung ihres Jahrganges, auch wenn sie bereits am Dienst der Hitler-Jugend teilgenommen haben, nur zur Dienstleistung bereitgestellt.

Ausnahmeentscheidungen sind ausnahmslos, selbst wenn ganz besondere Verdienste der Vorfahren vorliegen, nur dann möglich, wenn der Führer den betreffenden Mischling zur Mitgliedschaft in der Hitler-Jugend begnadigt hat. Eine Begnadigung kommt jedoch nur für Mischlinge mit ganz geringem fremden Blutseinschlag in Frage.

Die Reichsjugendführung sieht sich im Einvernehmen und auf Anordnung der Kanzlei des Führers, wie in Ihrem Falle,nicht in der Lage, Gnadengesuche für Mischlinge 1. und 2. Grades befürwortend an die Kanzlei des Führers weiterzuleiten.
Die Durchschläge Ihres Gnadengesuches reiche ich Ihnen anbei zu meiner Entlastung zurück.

Ich sehe mich leider nicht in der Lage, Ihnen einen anderen Bescheid zukommen zu lassen.

Heil Hitler!
Der Chef des Personalamtes
(Maus)
Hauptbannführer.

Höflichkeitsformen fallen bei allen parteiamtlichen Schreiben fort!

Sozialisationserfahrungen und die daraus resultierende identitätsbezogene Unsicherheit stellten ein verbreitetes Schicksal unter damals Heranwachsenden dieser nationalsozialistischen Rassekategorie („Mischlinge") dar (Schönhagen 2014, S. 48). Dies wird an anderer Stelle noch themenbezogen aufgezeigt. Als Helmut Hartmann mit zehn Jahren das Aufnahmealter des Jungvolks (DJ) erreichte, wurden jüdische „Mischlinge" dort zwar noch aufgenommen, jedoch nicht mehr als vollwertige Mitglieder eingestuft und lediglich „bereitgestellt" bzw. durften die Jugenddienstpflicht „freiwillig" ableisten – ein Widerspruch in sich, der die obige Problematik verdeutlicht und zugleich auf den funktionalen Gebrauch der Freiwilligkeitschiffre durch das Regime verweist. Für Helmut wurden die Folgen in Form einer sozialen Ungleichheitserfahrung unmittelbar spürbar: Er „verstand überhaupt nicht, warum er seine neue Uniform nicht mehr tragen durfte, sondern zum Gespött seiner Kameraden in Janker und weißen Wollstrümpfen hinter ihnen her trotten musste" (ebd., S. 47). Der „Antrag auf Gleichstellung" für die drei Hartmann Brüder war letztlich – wie in den allermeisten Fällen – nicht von Erfolg gekrönt. Im Oktober 1941 hatten die Deportationen deutscher Juden in den Osten begonnen und seit 1942 wurden grundsätzlich keine entsprechenden Anträge mehr bearbeitet (ebd., S. 46). Die zuständigen Funktionäre der Reichsjugendführung in Berlin setzten den abschlägigen Bescheid reibungslos auch für die HJ um und verwiesen Alfred, Günther und Helmut Hartmann auf ihren festgeschriebenen Status als lediglich „Bereitgestellte" (vgl. Abb. 23). Die NS-Zeit haben alle drei unter massiven Belastungen durch die nationalsozialistische Stigmatisierungs- und Verfolgungspolitik (Schönhagen 2014, S. 53 ff.) überlebt und kehrten nach 1945 sukzessive nach Augsburg zurück. Hier hatte der Vater bereits in der unmittelbaren Nachkriegszeit erneut die Führung des Familienunternehmens übernommen. Zuvor hatte er sich, aufgrund seiner vorübergehenden NSDAP-Mitgliedschaft, die er zum Schutze seiner „jüdischen" Angehörigen eingegangen war, einem Entnazifizierungsverfahren zu stellen, in dem er schließlich als „Mitläufer" eingestuft wurde (ebd., S. 67 ff.) – die doppelte Stigmatisierung, mit welcher nicht wenige „Mischlinge" die Ambivalenz ihrer rassistischen Einstufung durch das NS-Regime nach 1945 bezahlen mussten.

Das NS-spezifische Rasseverständnis und seine sozial differenzierenden Konsequenzen auf der Ebene der Hitler-Jugend

Es ist an dieser Stelle nicht möglich, aber auch nicht nötig, die mitunter abstruse, von grundsätzlichen inhaltlichen Fehlern geprägte[103], und alle fehlenden

103 So ist Hitlers „Rassendefinition, biologisch gesehen, unrichtig, da bei ihm der Rassebegriff mit dem übergeordneten Artbegriff gleichgesetzt wird". Zudem „ist seine Behauptung, in der Natur gäbe es als ewiges Gesetz den Trieb zur Rassereinheit, nicht haltbar" (Zentner 2006, S. 143). Hitlers Aussagen zur Bedeutung der Rassen sind faktisch falsch. Schwierige Fragen, wie jene „nach der Entstehung und Entwicklung der einzelnen Rassen"

empirischen Belege mit schlichten Verweisen auf das angebliche Walten der „Natur“ (Hitler 1933, S. 147) oder den angeblichen Willen Gottes bzw. der Vorsehung ersetzende, Argumentationslogik ausführlich nachzuzeichnen, welche Hitler in *Mein Kampf* zur Erörterung der „Rassenfrage“ vorexerzierte (Zentner 2006, S. 141 ff.). Prinzipiell stehen alle seine diesbezüglichen Ausführungen in dem Bemühen, einerseits die eigene „Wir-Gruppe“ (die nach dem Führerprinzip geordnete und rassisch definierte „Volksgemeinschaft“) zum Rassenadel zu erklären sowie andererseits mit den „Juden“ das Bild einer feindlichen Gegengruppe zu etablieren (Janka 1997, S. 187 ff.). Letztere strebe angeblich die Weltherrschaft an und verfolge, im Bewusstsein ihrer eigenen kulturellen Unfähigkeit und ewig dazu verdammt, sich als „Parasit im Körper anderer Völker“ von deren Errungenschaften zu nähren, den „arischen Kulturschaffenden“ mit neiderfüllter Missgunst. Die jüdische Assimilierung in Deutschland (und ebenso in allen anderen „Wirtsvölkern“) sei dementsprechend stets von dem Ansinnen motiviert, durch Anpassung die eigene Andersartigkeit unsichtbar zu machen, sich unbemerkt in die Gesellschaft einzuschleichen und diese (letztlich aber die gesamte Welt) sukzessive unter die eigene Kontrolle zu bringen (Hitler 1933, S. 342 ff.). Dies würde jedoch, so die rassistische Logik des NS-Regimes, zwangsläufig zum Verenden des Wirtsvolkes führen. Der Aufstieg der „arischen Rasse“ wäre somit untrennbar und notwendig verbunden, mit der sukzessiven „Ausmerze“ jeden jüdischen Einflusses. Für eine adäquate Einschätzung des Alltagslebens im Deutschland unter der NS-Herrschaft ist es daher wichtig, sich zu vergegenwärtigen, dass diese „rassische“ Konstruktion keineswegs nur durch die Organe und Organisatoren der nationalsozialistischen Propaganda von außen sowie durch die Parteiführung von oben in die unterschiedlichen Gebiete und Regionen eingebracht wurde. Indem gerade auch die kleineren Parteifunktionäre vor Ort, als Person greifbar und etwa in ländlichen Gebieten (Kaschuba/Lipp 1980, S. 119 ff.) zudem oftmals schon aus der Zeit vor der Machtübernahme als Meinungsführer bekannt und anerkannt, die gleich lautende Botschaft stetig verkündeten, wurde sie vermeintlich allgegenwärtig und ihre propagierte Gültigkeit erhielt enormen Nachdruck.

(ebd., S. 144) umgeht er unter Zuhilfenahme argumentativer Kunstgriffe und Hilfskonstruktionen. Zudem stellt „der Ausdruck ‚arische Rasse‘ (Sanskrit: arya = vornehm, Adel) […] die unzulässige Übertragung eines philologischen Begriffs auf einen konstruierten biologischen Tatbestand“ (ebd., S. 223) dar. „So etwas wie eine ‚arische‘ Rasse (oder auch eine ‚jüdische Rasse‘) […] existierte (nicht)“ (Longerich 2002, S. 240). Ganz grundsätzlich gilt für die nationalsozialistische „Natur“-Argumentation, wie für den Rassismus des 19. und 20. Jahrhunderts überhaupt, dass sie sich „naturwissenschaftlich […] gebärdete“ (Wildt 2002, S. 851), in ihrem Narrativ jedoch „Geschichtsphilosophie blieb, die mit Rasse und Natur als historischer Basis, am Fortschritt, an der Entwicklung zum Höheren, Besseren, an deren Gesetzmäßigkeit wie Erkennbarkeit festhielt. Nicht die Erkenntnis von Natur stand im Mittelpunkt rassistischen Denkens, sondern geschichtliche Gesetze; Rasse nicht nur verstanden als biologische Definition von Menschengruppen, sondern vor allem als historische Mission, als geschichtlicher Auftrag“ (ebd.).

Der Gefahr für die eigene „Rasse", die angeblich von einer Unterwanderung und Überwältigung durch „die Juden" ausgehe, sollten insbesondere auch schon die jüngsten Mitglieder der „arischen Gemeinschaft" gewahr sein. Dementsprechend wurden sie in den unterschiedlichsten Exponaten des NS-Erziehungssystems darauf hingewiesen. Der entsprechenden Vermittlungsaufforderung wurde im Bildungswesen der NS-Zeit, zumindest von ideologisch überzeugten Lehrerinnen und Lehrern, auch in den Schulen nachgekommen. Die, 1928 geborene, Zeitzeugin Gudrun Wilcke erinnert sich, wie sie als damals zehnjähriges Mädchen von einer Lehrerin eine Geschichte aus dem, 1938 vom Stürmerverlag herausgegebenen und dessen Vulgärantisemitismus wiederspiegelnden, „Giftpilz" vorgelesen bekam (dies. 2005, S. 89 f.):

> Es ging in dieser um zwei Mädchen, „die im Wartezimmer eines Zahnarztes auf ihre Behandlung warteten. Außer ihnen war niemand im Raum. Der Zahnarzt, ein hässlicher, kleiner, dicker Mann mit Krummnase und schwarzem Kraushaar, (also ein Jude!), winkte das erste Mädchen ins Behandlungszimmer. Das zweite Mädchen blieb allein zurück. Auf einmal hörte es das verzweifelte Gejammer des ersten Mädchens: ‚Ach nein, Herr Doktor! Bitte nicht, Herr Doktor!' – Dann Stille. Die Tür des Behandlungszimmers öffnete sich, der Zahnarzt, teuflisch grinsend, erschien und winkte dem zweiten Mädchen, ohne dass das erste herausgekommen wäre. Das zweite Mädchen wich dem Arm des Zahnarztes aus und rannte davon, hinaus aus der Zahnarztpraxis" (ebd., S. 89).

Ganz im Sinne des NS-Erziehungskonzeptes, welches seine ideologischen Botschaften effizient vermitteln wollte, sich aber um die empathische Fürsorge für die kindlichen Rezipienten wenig scherte, erfolgte das weitere Vorgehen der Lehrerin:

> „Sie ließ uns mit diesem Schluss allein. Auf Fragen nach dem Schicksal des ersten Mädchens antwortete sie nur: ‚Macht euch Gedanken darüber.'" (ebd.).

Das Beispiel dieser Lehrerin lässt sich nicht für das damalige Handeln ihrer Profession verallgemeinern. Vielmehr gab es recht heterogene Ausprägungen der ideologischen Aufladung und des entsprechenden Erziehungshandelns zeitgenössischer Lehrkräfte an den deutschen Schulen. Nicht wenige nutzen ihre Zugänge zu den Heranwachsenden gerade mit der Intention, die NS-Einflüsse zu relativieren (exemplarisch: Tenorth 1995). An dieser Stelle von besonderer Relevanz ist allerdings die Tatsache, dass das vorliegende Beispiel einer pädagogischen Vermittlung des Rassismus ganz im Sinne der nationalsozialistischen Machthaber entsprach. Deren Wirkung auf den entstehenden „Rassesinn" der jungen Heranwachsenden fiel wie beabsichtigt aus:

> „Mich hat diese Geschichte wochenlang beschäftigt, hat mir Alpträume verursacht! Wir waren ja noch nicht aufgeklärt, hatten aber schon mitgekriegt, dass es Verbrechen

mit Namen ‚Notzucht' oder ‚Kindesmissbrauch' gab, die mit Sexualität zu tun hatten. Was dabei Mädchen oder Kindern angetan wurde, wussten wir zwar nicht genau, waren aber davon überzeugt, dass es etwas ganz Furchtbares sein musste. Das Resultat meines ‚Gedanken-drüber-Machens' war die Erkenntnis: ‚So etwas Schreckliches tun Juden Deutschen an! Dann ist es doch unser Recht, uns gegen sie zu wehren!'" (Wilcke 2005, S. 89 f.).

Abgesehen von der perfiden antisemitischen Verleumdung wird hier deutlich, dass die NS-Erziehung nicht davor zurückschreckte, zur nachhaltigen Vermittlung ihrer rasseideologischen Botschaften eine gezielte Verängstigung und emotionale Überforderung ihrer Zöglinge anzustreben. Diesem Beispiel vergleichbare Versuche einer praktischen Umsetzung der Intention, den „Rassesinn und das Rassegefühl" allgemein und insbesondere in dieser konkreten Form des radikalen Antisemitismus in die nachwachsenden „arischen" Generationen „hinein zu brennen" (Hitler 1933, S. 475 f.), ließen sich, in unterschiedlichen Ausprägungsgraden und dabei konkret angewandten Methoden, für sämtliche Bereiche der NS-Erziehung nachweisen (Stellrecht 1938, S. 29, 53; zur Umsetzung: Benecke 2011, S. 208 ff.; exemplarisch: Ortmeyer 2013, S. 13 ff., 44 ff.; bezogen auf die HJ: Buddrus 2003, S. 72 ff.).

Die vorangegangenen Ausführungen machen ebenfalls deutlich, in welchem Maß „jüdisch" schlicht als funktional instrumentalisierte „Chiffre" (Herbst 1996, S. 55; Benz 2002, S. 42) verwendet wurde. Als solche konnte sie mit sämtlichen Elementen des, aus Sicht der NS-Führung, negativen modernen politischen Zeitgeistes angefüllt werden: der Demokratie an sich; dem Pazifismus; dem Internationalismus; dem „Marxismus" (als solchen bezeichneten die Nationalsozialisten zumeist die Sozialdemokratie); dem „Bolschewismus" (als solchen bezeichneten die Nationalsozialisten den Kommunismus); dem Parlamentarismus; dem Liberalismus; der freien Presse und der Meinungsfreiheit im Allgemeinen (Büttner 2003, S. 26). Gleichzeitig konnten in diese Melange negativer Projektionen auch jene Ablehnungen eingemischt werden, welche dem Regime gerade aufgrund traditioneller Bindungen in der Bevölkerung und deren angenommenem Potential, die Loyalität der „Volksgemeinschaft" mit der NS-Führung zu destabilisieren, ein Dorn im Auge waren. Am 11. Juli 1941, als die deutsche Bevölkerung bereits über Jahre propagandistisch mit antisemitischen Chiffrierungen indoktriniert, und so gegenüber deren neuen Absurditäten und inneren Widersprüchen desensibilisiert worden war, verkündete Hitler:

„Der schwerste Schlag, der die Menschheit getroffen hat, ist das Christentum; der Bolschewismus ist der uneheliche Sohn des Christentums; beide sind eine Ausgeburt des Juden." (zit. n. Friedländer 2006, S. 231).

Insgesamt gesehen handelte es sich bei den rassistischen Zuschreibungen des NS-Regimes überwiegend um eine Struktur sich selbst bestätigender

Argumentationen. Dies wird exemplarisch besonders deutlich anhand der Tagebucheintragungen, mit denen Goebbels am 13. Mai 1943 eine Äußerung Hitlers zur vermeintlichen Authentizität der nachweislich gefälschten „Protokolle der Weisen von Zion“ festhielt:

> „Der Führer vertritt den Standpunkt, daß die Zionistischen Protokolle absolute Echtheit beanspruchen könnten. So genial könnte kein Mensch das jüdische Weltherrschaftsstreben nachzeichnen, wie die Juden es selbst empfänden.“ (zit. n. ebd., S. 503).

Hier wird der angebliche Realitätsnachweis einer Unterstellung für gültig erklärt, da er eben diese Unterstellung bestätigt. Tatsächlich wurden so weder die Richtigkeit der Unterstellung, noch die Authentizität ihres vermeintlichen Beleges bewiesen. Noch wesentlich bedrohlicher wurden solche argumentativen Zirkelschlüsse, wenn sie im Ergebnis – ganz entsprechend dem dargestellten Verständnis von Rassismus – eine Gewaltaufforderung beinhalteten, aus der es für die anvisierten Opfer kein Entrinnen zu geben schien. So verkündete beispielsweise die Zeitschrift „Volk und Rasse“ im Mai 1942:

> „Das *richtige* [Hervorhebung; J.B.] Begreifen des Judentums muß seine völlige Vernichtung fordern“ (zit. n. ebd., S. 365).

Wer anderer Auffassung war als die NS-Propaganda, der hatte sich nach dieser Argumentationslogik nicht aufgrund einer eigenen Faktenanalyse der bestehenden Tatsachen eine andere Meinung gebildet, sondern schlicht das „Judentum“ nicht begriffen. Diese, in sich selbst kreisende, Argumentationsstruktur führte dazu, dass die NS-Propaganda die Juden diffamieren konnte, ohne je einen tatsächlichen empirischen Beleg für ihre Behauptungen anführen zu müssen. Die hierbei immer wieder berufene „Natur“ stellte im Kontext der nationalsozialistischen Ideologie sowie ihrer propagandistischen Verkündung vorrangig eines dar: eine legitimierende Chiffre. Sie konnte, je nach Auslegung, sowohl den Bruch mit den herkömmlichen, bürgerlich-konservativen Traditionen, als auch das Gebot zu deren Einhaltung begründen und einfordern. Dieser Chiffrierung ist es zu verdanken, dass das Personal des NS-Regimes – welches, je nach persönlicher Einstellung, recht unterschiedliche Aufschlüsselungen der Chiffrierung vertrat – bis heute durchaus authentisch gleichermaßen als „Menschenzüchter“, wie als Verfechter einer konservativen Sexualmoral erinnert werden kann. Diesbezüglich lässt sich eine Argumentation, die Rolf Zimmermann zu Hitlers Rassismus vorträgt, als treffend für die gesamte Genese der „Natur“-Chiffre sowie ihrer Verwendung in der NS-Ideologie und ihrer propagandistischen Legitimierung, ansehen:

> „Wenn sich Hitler auf den ‚Willen der Natur‘ beruft, um seinem Gedanken der rassischen Abgrenzung eine biologische Grundlage zu verschaffen, so wird dabei auch

deutlich, dass der biologische Begründungsversuch der Rassentheorie in Wahrheit eine Projektion von vermeintlichen Erfahrungen aus dem menschlichen Bereich auf die Natur darstellt" (ders. 2008, S. 115).

Tatsächlich war die Berufung auf die „Natürlichkeit" als Grundlage der nationalsozialistischen Sozialstereotypisierungen eine nachgeschobene, aber keineswegs rein propagandistische Begründung der Inhalte der NS-Ideologie. Die menschliche „Natur" ließ sich als Theoriegrundlage vermeintlich nicht mehr hinterfragen und war dennoch interpretationsfähig. Sie diente gleichzeitig als theoretischer Wahrheitsbeweis der NS-Ideologie und als Integrationsbasis des NS-Herrschaftssystems. Empirische Belege wurden, angesichts der behaupteten axiomatischen Eigenschaften der „Natürlichkeit" nationalsozialistischer Ideologieinhalte, für unnötig erklärt und durch die wiederholte Benennung der Elemente der „völkischen Weltanschauung" ersetzt. Robert Ley, der Führer der Deutschen Arbeitsfront (DAF), ersetzte in seinen Propagierungen der „völkischen Weltanschauung" dann gar jede argumentative Legitimation im Vorhinein durch apodiktische Belehrungen:

> „Diese natürlichen Gesetze sind unabänderlich, sie sind alle ewig, die Gesetze des Blutes, der Rasse, der Energie, des Mutes, der Tapferkeit, der Mutterschaft" (Ley 1943, zit. n. Poliakov/Wulf 1959, S. 18).

In einem Leitfaden der Hochschule für Politik der NSDAP wurde schließlich zum Nationalsozialismus insgesamt abschließend befunden, dieser sei:

> „keine theoretische Idee, sondern eine biologische und geistige Grundlehre, eine Lebenstatsache und Lebensaufgabe von unmittelbarer, nicht weiter erklärbarer, sondern zu verwirklichender unerbittlicher Notwendigkeit. Nationalsozialismus ist keines Beweises fähig und bedarf keines Beweises" (zit. n. ebd., S. 45).

Theoretische Begründung und empirischen Beleg ersetzte nunmehr ein Appell an den Glauben (Marks 2007, S. 57). Dieser wurde einerseits wiederum als spezifisches Wesensmerkmal des „Ariers" proklamiert und kam andererseits inklusionsfördernd einem menschlichen Grundbedürfnis danach entgegen, „zu vertrauen, zu glauben, ohne zu wissen" (ebd.). Die Überzeugung dessen, *was* die Gesetze der „Natur" eigentlich wären, entsprang somit gerade keiner objektiv gegebenen Realität oder einer ideologiekritischen Reflexion über diese, sondern war Ausdruck bei den Interpreten biographisch gewachsener sowie in der damaligen Gesellschaft virulenter Mentalitäten.[104] So waren etwa konservativ-bürgerliche Moralvorstellungen

---

104 Anstelle einer, an dieser Stelle nicht zu leistenden, differenzierten Auseinandersetzung mit der Verführungskraft der Proklamationen der NS-Ideologie sei hierzu lediglich auf die frühe erhellende Feststellung Hannah Arendts verwiesen: „Die den Ideologien

schon Jahrzehnte vor der Machtübernahme der Nationalsozialisten in der deutschen Gesellschaft dominant geworden und verbanden sich seit dem späten Kaiserreich erst mit den Strömungen des Nationalismus und dann des Rassismus (Mosse 1987). Eine Entwicklung, die in der Konzeption der Ideale des „Volksgenossen" bzw. der „Volksgemeinschaft" sowie der negativ besetzten Rassen- (der „Jude", dessen Darstellungen angeblich ebenfalls sein „Wesen", seine „Natur" beschrieben) und Verhaltensstereotype (etwa der Homosexualität, welche angeblich „entartet" und für jeden „Arier" wider seine „Natur" sei[105]), durch die Nationalsozialisten ihren Höhepunkt, ihre größte Verbreitung und ihre wohl umfangreichste Popularität erfuhr (ebd., S. 226 ff.). Die – tatsächlich nie realisierte oder auch nur exakt definierte – „Volksgemeinschaft" in ihrem nationalsozialistischen Zuschnitt kann demgegenüber wiederum als Chiffre verstanden werden, mit welcher die damals virulenten Motive Nationalismus und Rassismus begrifflich aufgegriffen und deren Inklusionskräfte für die politischen Zwecke des Regimes vereinnahmt werden sollten (Müller 2005; aus bildungsgeschichtlicher Perspektive: Oelkers 1996, S. 227 ff.; ferner in mentalitätsgeschichtlicher Analyse: Breuer 2010):

> „Die egalisierende Wirkung eines nationalistischen Weltbildes sollte andere Loyalitäten wie die gegenüber der sozialen Klasse, der Religion oder der Region zurückdrängen – und die Gesellschaft für den Krieg begeistern" (Echterkamp 2004, S. 7).

innewohnende Kraft, Menschen zu überzeugen, ist niemals [allein; J. B.] aus Propagandatricks oder bewußten Betrügereien derer zu erklären, die sich die Leichtgläubigkeit moderner Menschen zunutze machen, die sich auf ihren gesunden Menschenverstand in keiner Hinsicht mehr verlassen können. Die Ideologien müssen in ihrem zentralen Gehalt immer irgendwelchen Erfahrungen oder Wünschen entgegenkommen, sie müssen politische Bedürfnisse angemessen befriedigen. Ihre Glaubwürdigkeit erwerben sie nicht durch den Schein wissenschaftlich bewiesener Tatsachen oder historischer Gesetze […], sondern nur durch ihre politische Treffsicherheit" (dies. 1955, S. 262).

105 Gegenüber dieser diffamierend gebrauchten Zuschreibungspraxis stellt das tatsächliche Sexualitätsverständnis innerhalb der HJ ein anhaltendes Forschungsdesiderat dar (Reese 2007a, S. 31 f.). Zu diesem sind viele Erinnerungen an dessen Nicht-Thematisierung in der HJ-Alltagspraxis (Klaus 1998, S. 59 ff.; Rosenbaum 2014, S. 232 ff.) oder damals auffindbare, fast ausschließlich auf den BDM bezogene, Verballhornungen der nationalsozialistischen Geschlechterrollenstereotype verfügbar (Willmot 2007, S. 146 ff.). In der historischen Bildungsforschung existieren zu diesem Thema anhaltend recht kontroverse Einschätzungen (Miller-Kipp 2005, S. 895). Systematisierende Analysen zu diesem Aspekt der HJ-Sozialisation finden sich hingegen kaum. Die Konzentration lag *damals* anscheinend ohnehin mehr auf der Verfolgung und „Ausmerze" als abweichend deklarierten Sexualverhaltens (Kollmeier 2007, S. 166 ff.) als auf einer irgend gearteten sexuellen Aufklärung der Mitglieder. Die tatsächliche Verbreitung der Homosexualität in der HJ stellt ebenfalls ein Forschungsdesiderat dar (Nolzen 2005, S. 254): „[E]ine kritische Gesamtdarstellung des Phänomens Homosexualität innerhalb der HJ (steht) immer noch aus" (ebd., S. 255). Sicher ist aber, dass die HJ „eine der Organisationen (war), die sich mit besonderer Verve der Verfolgung von Homosexuellen widmete" (ebd., S. 256).

Die bereits angesprochene Intention, die rassistischen Argumentationsmuster und entsprechenden subjektiven Wahrnehmungen mittels herrschaftsgebundener Erziehung in die Alltags-, Welt-, Geschichts- und Politikdeutungen der damals Heranwachsenden „Arier“ zu implementieren, fruchtete bei diesen häufig in einer Weise, die es erlaubte, beinahe jedes diesbezügliche Erlebnis im NS-Sinne zu interpretieren. Auf den ersten Blick ganz anders anmutende Wahrnehmungen konnten unter Rückgriff auf dieses Zuschreibungsmuster als Beleg der angeblichen Gefährlichkeit der „Juden“ gedeutet werden. Auf der anderen Seite der rassistischen Dichotomie gab es für die betroffenen Mitglieder der jüdischen Bevölkerung Deutschlands und der eroberten Gebiete Europas bald keinen Ausweg mehr aus diesem Deutungskreis. Im Kontext des hier behandelten Themenfeldes verdeutlicht dies der autobiographische Bericht eines damaligen HJ-Angehörigen:

> „Im Sommer 1943 [...] war (ich) einmal mit zwei Klassenkameraden zu einer Radtour aufgebrochen, als wir plötzlich am Rande eines Waldes auf ein Sperrschild stießen, das in einem anderen Ton abgefaßt war als gemeinhin. Es wurde angedroht, daß sofort ohne Aufruf scharf geschossen werde, wenn man weiterginge. Man wußte auch als 14jähriger sofort, daß das auf entflohene KZ-Häftlinge aus Buchenwald gemünzt war. Ich kann auch die Empfindungen rekonstruieren, die mir durch den Kopf gingen: ‚Was mögen das für ungeheuer gefährliche Menschen sein, daß dort sofort auf die geschossen wird!‘“ (Schörken 2004, S. 146).

Die öffentliche Klassifizierung der „Juden“ und anderer vorgeblich „fremdvölkischer“ Bevölkerungsgruppen als Gefahr für Leib und Leben der „Volksgenossen“ trug nicht allein bei diesen HJ-Angehörigen bereits soweit, dass sie als Bedrohung angesehen wurden, selbst wenn die vermeintlich Gefährdeten sie einsperrten und ihnen Waffengewalt androhten.

Der NS-Rassismus als Auslöser sozialer Differenzierung auf der Ebene der Alltagspraxen des HJ-Dienstes

In Konsequenz des bisher Ausgeführten konnten im damaligen Herrschaftskontext die Einflüsse des Rassismus – sei es in Form rasseideologischer Legitimationsargumentationen oder aktiver, rassistisch motivierter, Selektion und Gewaltanwendung – nicht nur als Teil der vorprägenden NS-Rahmung, sondern auch ganz unmittelbar wirksam werden – etwa auf der Ebene der HJ-Dienstpraxen. Entsprechend „gehörte der Bereich der sogenannten rassenpolitischen Schulung“ seit Anfang 1934 „zum festen Inventar der weltanschaulichen Schulungsarbeit der HJ“ (Buddrus 2003, S. 70).[106] Im Juni 1939 verkündete der

106 Zur peniblen, auf Maximierung der Vermittlungseffizienz abzielenden, Regulierung der „Weltanschaulichen Schulung“ der HJ vgl. VHB. HJ, Bd. II, 1942, S. 1999 ff.

„Reichsjugendpressedienst", dass der „Rassegedanke" vor allem in seiner antijüdischen Ausprägung zum „Mittelpunkt aller weltanschaulichen Erziehungsarbeit in der Hitler-Jugend" (zit. n. ebd.) geworden sei und rühmte diese Entwicklung als herausragende Leistung im Bereich der Erziehungsgestaltung (ebd.).[107] Auf einer Tagung der Abteilungsleiterinnen und Abteilungsleiter für die „weltanschauliche Schulung der HJ-Gebiete und BDM-Obergaue" hatte der anwesende Chef des Amtes für weltanschauliche Schulung der Reichsjugendführung die Teilnehmer bereits deutlich früher auf eine neue, aus den Vorgaben der „Rassengesetze" von Nürnberg abgeleitete „Erziehung der Jugend" verwiesen. Erstere gelte es, „dem großen und letzten Sinn unseres Lebens dienstbar zu machen", der da hieße, „Volk und Rasse. In diese Zielsetzung ordnen wir auch die Jugenderziehung ein" (zit. n. ebd., 73). Aus dieser Haltung resultierten in der unmittelbaren und weiteren Folgezeit Arbeitsmaterialien für die HJ-Dienste, welche sich mit Themen wie den „Auswirkungen der Rassenmischung am Beispiel des Untergangs alter Völker und Kulturen" oder den „Ergebnisse[n] der Bastardforschung" befassten. Letzteres sollte den Heranwachsenden das „Schicksal des seelisch zerrissenen, zwischen den Rassen stehenden Bastards […] veranschaulichen und die Einflüsse der Verbastardisierung auf Politik und Kultur […] demonstrieren". „Ziel dieser Aufklärung" sollte dann eine erfolgreiche „Erziehung zu einem gesunden Rassenstolz" sein (zit. n. ebd.). Mit diesen und anderen, an der NS-Ideologie orientierten, Schulungsthemen (ebd.) waren an den HJ-Abenden Kinder und Jugendliche ab dem 12. Lebensjahr sowie konzentrierter Mädchen und Jungen in ihrem 15. Lebensjahr konfrontiert. Zwölfjährige hatten Thematiken, wie „Kampf und Auslese – Gesetz allen Lebens", „Blutsgemeinschaft Volk", „Haltet euer Blut rein" oder „Das deutsche Volk muß wachsen" durchzuarbeiten. „Das zentrale Heimabendthema ‚Das Volk und sein Bluterbe'" (ebd.) wurde bei den Jungen mit Unterthemen, wie „Kampfauslese in der Natur" oder „Gesetze der Vererbung" sowie bei den zwölfjährigen Mädchen mit Unterthemen, wie „Wir wahren die Reinheit des Blutes" oder „Gesetze schützen das gesunde Erbgut" durchgenommen (ebd.). Letztere hatten zudem „Ahnen- und Sippschaftstafeln" anzulegen. Zur Vermittlung der „Nürnberger Gesetze" wurde das Thema „Rasse" im Frühjahr 1936 in allen HJ-Einheiten in einem zwölfwöchigen Kurs ausführlich behandelt (ebd., S. 73 f.).

Mit der Vorlage eines umfangreichen Handbuches für die Schulungsarbeit der HJ durch die „HJ-Weltanschauungsfunktionäre" Fritz Brennecke und Paul Gierlichs nahm die rassenpolitische Arbeit der NS-Jugendorganisation dann noch einmal eine neue Qualität an (ebd., S. 74). Im Kapitel „Bevölkerungspolitik"

107 So ist auch „die stereotyp vorgetragene Legende, in der HJ sei das Lesen der von Streicher herausgegebenen Zeitschrift *Der Stürmer* verboten gewesen" (Buddrus 2003, S. 72), anhand der überlieferten Unterlagen nicht nachzuweisen und angesichts der positiven Bewertungen, welche Schleicher durch den Reichsjugendführer Schirach erfuhr, recht fraglich (ebd.).

dieses Handbuches wurden beispielsweise die „Ausmerze des Minderwertigen und Auslese des Höchstwertigen“ als zentrale „Mittel“ vorgestellt, um das Ziel, „den rassischen Wertzustand unseres Volkes zu erhöhen und zu erhalten“, erfolgreich umzusetzen (zit. n. ebd.). Zudem wurde ab 1937 auch im Bereich der „rassenpolitischen Schulung“ die Zusammenarbeit mit anderen NS-Organisationen, allen voran Himmlers SS angeordnet (ebd.). Hierdurch sollten zunächst die Führer der HJ und später deren einfache Mitglieder durch eine gezielte Verwendung von Schulungsinhalten und Schulungsmethoden der SS an deren „aktive ‚Rassenpolitik‘“ gezielt herangeführt werden (ebd.). War diese Vereinbarung noch nahezu vollständig auf die männliche HJ ausgerichtet, so wurde parallel hierzu auch im BDM eine rassenpolitische Schulung nach „spezifisch weibliche[n]“ Kriterien etabliert (ebd., S. 74 f.). Deren Ziel war es, „dem Willen und den Gesetzen des Staates auf biologischem und rassenpolitischem Gebiet“ in der „gesamten weiblichen Jugend von 10 bis 21 Jahren“ zu „stärkste[m] Widerhall“ zu verhelfen (ebd.). Im Ergebnis sollten die „blutsmäßigen Lebensfragen und Lebensnotwendigkeiten unseres Volkes den Mädeln durch die rassenpolitische Erziehung zur eigenen Verpflichtung“ (zit. n. ebd., S. 75) werden. Letztlich war die rassistische Indoktrinierung der Jungen wenngleich unterschwellig, so doch in zunehmendem Maße vom Aspekt der Legitimation einer auch praktisch anzustrebenden Vernichtung der „Fremdrassigen“ geprägt (ebd.). Demgegenüber wurde die Rassenthematik im BDM vor allem „unter bevölkerungspolitischen, fortpflanzungsorientierten und sexualhygienischen Gesichtspunkten behandelt“ (ebd.). Durchweg wurde hierbei eine nachhaltige „Internalisierung von Vorurteilen, Stimmungen und Grundüberzeugungen“ (ebd.) angestrebt, wie sie die nationalsozialistische Weltanschauung vorgab und wie sie den Machterhalt und -ausbau des NS-Regimes sichern sollten. Die rassenpolitische Schulung in der HJ wurde in der Folgezeit bis zum Untergang des Nationalsozialismus 1945 weiter ausgebaut und beständig an den ideologischen Zielsetzungen des Regimes ausgerichtet (ebd., S. 75 ff.). Somit handelte es sich auf Ebene der HJ-spezifischen Ideologievermittlung, trotz einer quantitativ etwas geringeren Vermittlungsintensität im BDM (Reese 2007a, S. 18 f.), bei der Rassenideologie und der Aufforderung zu entsprechendem rassebewusstem Verhalten, wie gezeigt, geschlechterübergreifend um eines der wichtigsten Elemente der HJ-Schulungen (Schulungsplan der HJ 1934, S. 3 ff.).

Die *eigene* Zielgruppendefinition der HJ als Jugendorganisation rekurrierte grundsätzlich auf die Grundwerte „Rasse“ bzw. „Blut“ (Dietze 1939, S. 74 f.). Seit Mitte der dreißiger Jahre verlangte man für die Aufnahme und die Übernahme einer Führungsfunktion in der HJ den sogenannten „Ariernachweis“. Seit dem Sommer 1936 – also bereits vor dem Erlass des HJ-Gesetzes – mussten Mitglieder durch einen großen „Abstammungsnachweis“ belegen, „dass es in ihren Familien seit dem 1. Januar 1800 keine ‚Vorfahren farbigen oder jüdischen Blutes‘ gegeben habe“ (Kollmeier 2007, S. 96; allgemein zum Ahnennachweis als Bedingung einer

HJ-Führungskarriere: VHB. HJ, Bd. II, 1942, S. 796 ff.).[108] Auf der Ebene der Organisationsstruktur sollten spätestens nach der scheinbar formaljuristischen Definition dieser Bevölkerungskategorie in der antisemitischen Gesetzgebung von 1935 sogenannte „Volljuden“[109] sowie diejenigen, deren Mitgliedschaft schon aufgrund phänotypischer Merkmale vermeintlich einen allzu offensichtlichen Widerspruch zur propagierten Rassenlehre dargestellt hätte, grundsätzlich vom HJ-Dienst ausgeschlossen sein. Letztere Erfahrung mussten insbesondere solche Jugendlichen beiderlei Geschlechts machen, die sich aufgrund einer dunklen Hautfarbe vom „arischen“ Ideal unterschieden (Kollmeier 2007, S. 201 f.; Tent 2007, S. 93 ff.).[110] Hiervon betroffen waren mitunter Heranwachsende, welche – nach den erfassungsbezogenen Erweiterungen der Durchführungsverordnungen von 1939 und der dort festgelegten Inklusion deutscher Staatsangehöriger of Color[111] – eigentlich dienstpflichtig gewesen wären (Kollmeier 2007, S. 201). Jene – der sozial differenzierenden Willkür Tür und Tor öffnende – terminologische Vagheit („„Aussehen, Charaktereigenschaften usw.““[112]), mit der hierbei Ausnahmen von der Regel

108 Vgl. die entsprechende Anordnung der Reichsjugendführung zur Aufnahme von Mischlingen in die Stamm-Hitler-Jugend in VHB. HJ, Bd. II, 1942, S. 195.

109 Vgl. den autobiographischen Bericht Hans Rosenthals, abgedruckt in Benecke 2013, S. 174. HJ-Mitgliedschaften von Angehörigen dieser rassistisch-ausgrenzenden Kategorie kamen nur noch dann vor, wenn die Betreffenden sich durch Täuschung unter dem Differenzierungs-Radar der Jugendorganisation durchmogelten. Dies gelang etwa dem, als „Hitler-Junge Salomon“ bekannt gewordenen Sally Perel (vgl. dessen autobiographischen Bericht, in thematisch einschlägigen Passagen abgedruckt in Benecke 2013, S. 331 ff.; vgl. in diesem Sinne auch den Bericht des Zeitzeugen Bruno Ehrhardt in Grabowsky 2012, S. 183 ff.). Ein lebensrettendes Manöver Perels, das jedoch ganz eigene, ungleichheitsbezogene Belastungserfahrungen mit sich brachte. Insgesamt lebten im Deutschen Reich nach in Kraft treten der Gesetze etwa 500 000 „Volljuden“ und 200 000 „Mischlinge“, die unter deren diffamierend kategorisierende Bestimmungen fielen (Friedländer 2000, S. 168).

110 Zu Beginn der NS-Zeit gab es wohl vorübergehend in sehr wenigen Einzelfällen HJ-Angehörige dunkler Hautfarbe (Tent 2007, S. 94). Bei ihrem späteren Ausschluss aus der HJ kam es mitunter zu entlarvenden Begründungen. So vermerkte die Warnkartei im Fall des in Teheran geborenen Masud E. aus Erfurt 1937 schlicht: „Nichtarier, Iraner“ (Kollmeier 2007, S. 98; vgl. hierzu Abb. 7 – in diesem Auszug aus der Warnkartei fehlt allerdings der entlarvende Zusatz: „Iraner“).

111 Der Terminus Person of Color (PoC) soll als Eigenbezeichnung von Menschen, die historisch wie gegenwärtig von heterogenen Formen von Rassismus in einer „weißen“ Mehrheitsgesellschaft betroffen waren oder sind, ältere Fremdzuschreibungen, wie „Farbige“ oder „Dunkelhäutige“ ersetzen. Ausnahmen bilden deren Verwendungen in historischen Quellen und Zitaten. Im Bewusstsein, dass auch diese Bezeichnung kontrovers ist, wird sie dennoch der Eigenbezeichnung Schwarz vorgezogen, da die Heterogenität der betreffenden Menschen – gerade auch ihren sozialen Status betreffend (diffamierte deutsche Staatsbürger oder mit propagandistischer Absicht vorgeführte Kinder von ausländischen Staatsgästen) – ansonsten künstlich vereinheitlicht würde.

112 „Als Beispiel solcher ‚unerwünschten Elemente‘ galt etwa ein ‚negroider Mischling‘“ (Kollmeier 2007, S. 201). Eine Aufnahme in die Stamm-HJ blieb den Staatsangehörigen of Color prinzipiell verwehrt (ebd., S. 202).

vorgesehen wurden (ebd.), ermöglichte allerdings für die Betreffenden hochgradig belastende Ungleichheitserfahrungen. Dieses Erlebnis einer vermeintlich unabänderlichen und rasseideologisch legitimierten sozialen Ungleichheit in Form massiver Diffamierung und Ausgrenzung machte HJ-bezogen damals der, 1926 geborene, Hans Massaquoi:

> „Die Käthnerkampschule mit dem Erznazi Wriede an der Spitze widmete sich energisch der Indoktrinierung ihrer Schüler und der Rekrutierung von Nachwuchs für das Jungvolk, der HJ-Abteilung für Zehn- bis Vierzehnjährige, die sogenannten ‚Pimpfe'. Es verging kaum ein Tag, an dem wir nicht daran erinnert wurden, daß das Leben außerhalb ‚der Bewegung' für einen deutschen Jungen im Grunde nicht lebenswert sei. Wriede verfolgte sein Ziel wie üblich mit gnadenlosem Fanatismus und ließ sich immer wieder neue Strategien einfallen. Eines Tages gab er bekannt, daß die Klasse, die als erste geschlossen dem Jungvolk beitrete, mit einem schulfreien Tag belohnt würde.
>
> Unser neuer Klassenlehrer, Herr Schürmann, entwickelte den Ehrgeiz, diese Lorbeeren für unsere Klasse und natürlich auch für sich zu ernten. Er wurde zu einem besessenen Werber und versuchte ununterbrochen, uns zum Beitritt ins Jungvolk zu bewegen. Kernstück seiner Rekrutierungsbemühungen war eine große Graphik, die er mit weißer Kreide auf die Tafel gemalt hatte: ein Rechteck, das in ebenso viele Quadrate unterteilt war, wie es Jungen in unserer Klasse gab. Jeden Morgen erkundigte sich Herr Schürmann als erstes, wer der HJ beigetreten war und trug dann die entsprechenden Namen in die Graphik ein. Nach und nach gab es mehr Quadrate mit Namen als ohne.
>
> Ich verfolgte seine Bemühungen relativ desinteressiert, da einige meiner Klassenkameraden und Freunde klipp und klar geäußert hatten, daß sie die HJ langweilig fanden und ihr niemals beitreten würden, ganz gleich, wie sehr Wriede oder Schürmann sich auch ins Zeug legten. Mir war das nur lieb, da auch ich nicht vorhatte, ins Jungvolk zu gehen. Doch allmählich gab einer nach dem anderen Schürmanns unerbittlichem Drängen nach und trat in die Hitlerjugend ein.
>
> Eines Morgens nahm Herr Schürmann sich die letzten Zögerer zur Brust und wollte wissen, warum sie ‚nicht genug Liebe für Führer und Vaterland' empfanden. Einige erklärten, daß sie nichts gegen Führer und Vaterland hätten, daß sie aber die Aktivitäten des Jungvolks – zelten, marschieren, Fanfaren blasen und auf altertümlichen Trommeln herumhauen – ziemlich langweilig fänden. Andere gaben an, daß ihre Eltern ihnen noch nicht erlaubt hätten beizutreten, woraufhin Herr Schürmann sagte, ihre Eltern sollten zu einem persönlichen Gespräch mit ihm in die Schule kommen. Als ich an die Reihe kam, öffnete ich den Mund, um etwas zu sagen, doch Herr Schürmann schnitt mir das Wort ab: ‚Schon gut; du bist ja sowieso vom Jungvolk ausgeschlossen.'
>
> Ich war wie vom Donner gerührt. Ausgeschlossen? Wieso? Ich hatte ihm sagen wollen, daß ich mich noch nicht endgültig entschieden hatte. Und jetzt erfuhr ich, daß ich, selbst wenn ich wollte, nicht beitreten durfte. Herr Schürmann bemerkte meine Verwirrung und sagte mir, ich solle in der Pause zu ihm kommen.

Bis zum Pausenklingeln war ich in einer Art Schockzustand und außerstande, dem Unterricht zu folgen. Ich fühlte mich von meinen Freunden im Stich gelassen, und die Vorstellung, irgendwann der einzige in der Klasse zu sein, der nicht im Jungvolk war, jagte mir Angst ein. Mit meinen zehn Jahren konnte ich es nicht ertragen, nicht dazuzugehören und wie ein Ausgestoßener behandelt zu werden.

Schürmann forderte mich auf, neben seinem Pult Platz zu nehmen. ‚Ich dachte, du wüßtest, daß du nicht ins Jungvolk darfst, weil du Nicht-Arier bist', fing er an. ‚Du weißt doch, daß dein Vater Afrikaner ist und daß Afrikaner und andere nicht-europäische Menschen als Nicht-Arier gelten. Nicht-Ariern ist es untersagt, der Hitlerjugend beizutreten.' – ‚Aber ich bin doch Deutscher', schluchzte ich unter Tränen. ‚Meine Mutter sagt, daß ich Deutscher bin, so wie alle anderen.'

‚Du bist ein deutscher Junge', räumte Herr Schürmann mitfühlend ein, ‚aber leider nicht wie alle anderen. Es tut mir leid, mein Junge, ich wünschte, ich könnte dir helfen, aber das geht leider nicht. Die Gesetze sind nun mal so.'

Als meine Mutter abends nach Hause kam, erzählte ich nicht, was in der Schule passiert war. Statt dessen bat ich sie, mit mir zum nächsten HJ-Heim zu gehen, das ganz in der Nähe lag, damit ich eintreten könnte. Meine Entscheidung kam für sie völlig überraschend. Aber als sie versuchte, mir die Sache auszureden, und sogar andeutete, daß ich vielleicht nicht aufgenommen würde, überkam mich schiere Verzweiflung. Ich konnte unmöglich der einzige in meiner Klasse sein, der nicht HJ-Mitglied wurde. ‚Bitte geh mit mir dahin', flehte ich. ‚Vielleicht machen sie ja eine Ausnahme.'

Wider besseres Wissen gab meine Mutter schließlich nach. Als wir das HJ-Heim erreichten, herrschte dort emsiges Treiben, und paramilitärische Kommandos ertönten aus allen Ecken. Durch eine offene Tür sah ich eine Gruppe von Jungen in meinem Alter um einen langen Tisch sitzen. Anscheinend lauschten sie dem Vortrag eines Truppenführers. Sie hatten schicke Uniformen an – schwarze kurze Hose, schwarze Jacke über Khakihemd und schwarzes Halstuch –, und die meisten von ihnen trugen, wie ich neidvoll registrierte, den kleinen schwarzen Dolch mit dem rautenförmigen Hakenkreuzemblem der HJ. Seit ich ihn das erstemal in einem Schaufenster gesehen hatte, wünschte ich mir insgeheim, auch so einen zu besitzen. Selbst die Wörter ‚Blut und Ehre', die in die glänzende Klinge eingraviert waren, rührten mich irgendwie an, obwohl ich ihre Bedeutung gar nicht begriff. Ich wünschte mir diesen Dolch so sehr, daß ich schon fast meinte, ihn in der Hand zu spüren.

Meine Mutter fragte einen Pimpf, wer hier die Leitung innehabe, woraufhin der Junge die Hacken zusammenschlug und auf eine Tür mit dem Schild Heimführer deutete. Auf unser Klopfen hin forderte eine durchdringende Männerstimme uns auf einzutreten.

‚Heil Hitler! Was kann ich für Sie tun?' fragte der gutaussehende Mann hinter dem Schreibtisch. Er trug die Uniform eines HJ-Führers und war etwa zwanzig Jahre alt.

Meine Mutter erwiderte den Gruß und fragte dann: ‚Sind wir hier richtig, um die Mitgliedschaft zu beantragen?'

Der junge Mann sah sie ungläubig an. ‚Mitgliedschaft für wen – für ihn?' wollte er wissen und starrte mich an, als wäre ich ein ekliger Wurm.

‚Ja, für meinen Sohn', erwiderte meine Mutter ungerührt.

Der Nazi fuhr zurück. ‚Ich muß Sie bitten, sofort zu gehen', sagte er. ‚Falls Sie es noch nicht gemerkt haben, weise ich Sie jetzt darauf hin, daß es für Ihren Sohn hier keinen Platz gibt, weder in unserer Organisation noch in dem Deutschland, das wir gerade aufbauen. Heil Hitler!' Mit diesen Worten erhob er sich und hielt uns die Tür auf.

Einen Moment lang glaubte ich, meine Mutter würde ihn ohrfeigen. Sie zitterte und sah ihn mit einer Wut an, wie ich sie noch nie bei ihr erlebt hatte. Aber sie gewann ihre Fassung zurück, nahm meine Hand und sagte ruhig: ‚Komm, wir gehen.' Auf dem Nachhauseweg sprachen wir kein Wort, und erst als wir in unserer Wohnung waren, drückte sie mich an sich und weinte. ‚Es tut mir so leid, es tut mir so leid', war alles, was sie hervorbrachte.

Meine Mutter so zu sehen war mehr, als ich ertragen konnte. ‚Bitte Mutti, hör auf zu weinen', flehte ich. Es war ein seltener Augenblick, denn normalerweise bemühte sich jeder von uns, seinen Schmerz mit sich selbst auszumachen. Schließlich waren wir ja Deutsche" (Massaquoi 1999, S. 107 ff.).[113]

Dieses Erlebnis einer kategorischen sozialen Ungleichheit, welche im NS-Kontext rassistisch begründet und konkret auf die HJ-Mitgliedschaft bezogen praktisch vollzogen wurde, überlagerte andere traditionelle Differenzierungskriterien, wie etwa das Geschlecht. Entsprechend machte die, 1930 geborene, Zeitzeugin Marie Nejahr eine vergleichbare Erfahrung:

„Im April 1940 – ich war gerade zehn Jahre alt geworden – erhielt ich eine Aufforderung, mich beim Bund Deutscher Mädel (BDM) zu melden. Ich freute mich sehr darüber, denn meine Mitschülerinnen hatten mir bereits von diesen organisierten Mädchengruppen vorgeschwärmt, die Hitler für die Jugend angeordnet hatte. ‚Es wird dort gesungen und geturnt', erzählten sie mit leuchtenden Augen. Das war etwas für mich, den genau diese beiden Dinge tat ich leidenschaftlich gern, in der Schule waren dies meine besten Fächer. Und nun durfte ich endlich auch dabei sein!

Meine Oma war sehr still, als ich losging, um mich beim BDM anzumelden, eigentlich beim Jungmädelbund, indem die Zehn- bis Dreizehnjährigen zusammengeführt wurden. Sie hatte es nicht gern gesehen, dass ich dem BDM beitreten wollte. Bei unserem Abschied hatte sie nur ‚Na ja, da musst du wohl hin' geseufzt und mit einer ungewöhnlich langsamen Bewegung die Haustür hinter mir geschlossen, als hätte sie mich doch noch im letzten Moment in die Wohnung zurückziehen wollen.

Kaum hatte ich das Gebäude betreten, dessen Adresse auf der Postkarte vermerkt war und das nicht weit hinter der Taubenstraße lag, war ich auch schon wieder draußen.

113 Vgl. in diesem Sinne auch den autobiographischen Bericht von Theodor Michael (ders. 2014, S. 40 ff.).

‚Was willst du denn hier?', brüllte mich am Empfang ein Jungscharführer an, ohne dass ich auch nur die geringste Chance gehabt hätte, etwas zu sagen. Im ganzen Haus mussten seine Worte zu hören gewesen sein.

‚Ich habe eine Aufforderung bekommen', antwortete ich eingeschüchtert.

‚Du kannst keine Aufforderung erhalten haben. Wer die losgeschickt hat, war ein Idiot. Raus! Deine Mutter hat es ja mit einem Nigger getrieben!'

Meine Aufforderungskarte noch immer in der Hand, machte ich auf dem Absatz kehrt und ging Richtung Tür. Dort hielt ich inne und drehte mich um, ich konnte es einfach nicht lassen: ‚Meine Eltern waren übrigens beide schwarz.' Mit hocherhobenem Kopf und ohne eine Antwort abzuwarten, setzte ich meinen Weg fort.

Ein Mädchen mit weizenblonden dicken Zöpfen und in Uniform, das das Geschehen offensichtlich beobachtet hatte, kam mir nachgelaufen und sagte: ‚Geh ganz schnell nach Hause, ganz schnell, und mach dir nichts draus.'

Noch einmal hörte ich die hasserfüllte Stimme des Jungscharführers, als er das nette Mädchen anschrie: ‚Was wolltest du denn noch von dieser Niggergöre? Wieso rennst du der hinterher?' [...]

[F]ür mich war das eben Erlebte die bislang größte erfahrene Demütigung in meinem Leben" (Nejahr 2007, S. 82 ff.).

Gegenüber diesen Ausgrenzungserfahrungen sind die wenigen auffindbaren Abbildungen Heranwachsender of Color in HJ-Uniformen angesichts der rigiden Exklusionspraxis der Jugendorganisation nach phänotypischen Zuschreibungsmustern letztlich zwei sozialen Sonderkategorien zuzurechnen: *Erstens* dem, nicht selten aus der bedrückenden Isolationserfahrung heraus unternommenen, Erstellen von Phantasieuniformen durch die Heranwachsenden selbst (dies konnte auch bei jüdischen „Mischlingen" mit gleichen Motiven geschehen, so etwa in München (Interview Berg, S. 19)); zweitens der kurzzeitigen Ausstaffierung der Kinder ausländischer Gäste (VHB. HJ, Bd. III, 1942, S. 2340 ff.) mit einer HJ-Uniform.[114] Auf der Grundlage einer, im Einzelfall zu erteilenden, besonderen „Genehmigung des Auslandsamtes der RJF" konnten Ausländer „fremdvölkischer Herkunft und ohne reichsdeutsche Staatsangehörigkeit [...] einen Teil der Erziehungsarbeit der Hitler-Jugend auch ihren Kindern angedeihen [...] lassen" (VHB. HJ, Bd. II, 1942, S. 192). Reguläre und dauerhafte Mitgliedschaften von Kindern und Jugendlichen of Color in der HJ sind nicht bekannt. Dieser Befund gilt in besonderem Maße für die zweite und dritte Phase der NS-Herrschaft, nach den oben angedeuteten, rassisch legitimierten, rückwirkenden Ausschlüssen solcher Mitgliedschaften, wie sie zuvor in Einzelfällen in Konsequenz der kollektiven Überführung anderer Jugendverbände in die HJ vorkommen konnten.

114 Ich danke Michael Buddrus und Peter Martin für die bestätigende Einschätzung zu diesen Annahmen.

Abbildung 24: Ein Mädchen of Color in einer selbsterstellten HJ-Uniform (Martin/Alonzo 2004, S. 39)

Abbildung 25: Ein Junge of Color in einer selbsterstellten HJ-Uniform (Martin/Alonzo 2004, S. 39)

Abbildung 26: Kinder of Color eines ausländischen Gastes in HJ-Uniformen (Nicholas 2005, S. 98)

Anmerkung: Die Bildunterschriften in den angegebenen Publikationen sind in allen drei hier wiedergegebenen Fällen etwas irreführend. Sie suggerieren, es habe sich bei den abgebildeten Uniformen um reguläre Dienstuniformen der HJ gehandelt und somit bei ihren Trägerinnen und Trägern um dauerhaft Angehörige der NS-Jugendorganisation.

Für die betroffenen Jugendlichen resultierte aus den beschriebenen Erfahrungsmustern meist eine von ihnen selbst oder ihrem familiären Umfeld kaum zu beeinflussende soziale Isolation. Diese wurde nicht selten umso stärker belastend empfunden, als gerade in den ersten Phasen der NS-Herrschaft häufiger Heranwachsende betroffen waren, die zuvor andere soziale Beziehungsmuster kennengelernt und praktiziert hatten, aus denen sie nun unter anderem durch die Zulassungspraxis der HJ ausgeschlossen wurden (Kaplan 2003, S. 140 ff.).

Gerade für die jüdischen Kinder – 1933 lebten in etwa 117 000 jüdische Kinder und Jugendliche im Alter zwischen 6 und 25 Jahren in Deutschland (ebd., S. 140) – ergaben sich hierbei häufig ungleichheitsgenerierende Synergieeffekte zwischen der HJ und dem sozialen Erfahrungsraum der Schulklasse. Etwa, wenn bei den wenigen Anlässen, bei denen jüdische Kinder an Schulveranstaltungen teilnehmen durften, „die ‚arischen' Kinder in ihrer Hitlerjugend-Uniform" auftraten, „so daß offensichtlich war, wer nicht dazugehörte" (ebd., S. 142; i. d. S. auch: BenGershom 1993, S. 40 f.). Das große Einheitssymbol der HJ, die geschlechtsspezifisch ausgestellte und mit den erworbenen Meriten funktionaler Leistungserbringung versehene Uniform der Jugendorganisation, wurde hier zur gezielten Exklusionsverdeutlichung der jüdischen Heranwachsenden eingesetzt. Offensichtlich bedurfte es dieser Symbole, um eine rassistische, de facto aber in keiner Hinsicht trennscharfe Differenzierung nach dem äußeren Erscheinungsbild abzusichern.

Noch einmal zugespitzt offenbarte sich dieses Erfahrungspotential im Kontext der Kinderlandverschickung (KLV) während des Krieges. Deren Auswahlpraxis wurde von der HJ mitbestimmt und hierbei intendiert „ebenfalls von rassischen, erbbiologischen Selektionskriterien" (Füller 2010, S. 341) geprägt. „Volljuden" und jüdische „Mischlinge 1. und 2. Grades" waren von der KLV ausgeschlossen (VHB. HJ, Bd. IV, 1942, S. 3169), während „Vierteljuden" Menschen „deutschen Blutes" gleichgestellt wurden (Gehrken 1997, S. 188). Die Ausschließung der „Mischlinge ersten Grades" hatte zur Konsequenz, dass die wenigen entsprechend kategorisierten Schulkinder, die zu diesem Zeitpunkt noch Teil der Klasse sein konnten, endgültig separiert wurden (Meyer 1999, S. 195). So hatten etwa in Hamburg Lehrerinnen und Lehrer aus Unkenntnis der Bestimmungen oder in bewusst schützender Absicht „Mischlinge" zwischen 6 und 14 Jahren mit in die Lager genommen. Als dies bekannt wurde, mussten diese Schülerinnen und Schüler gemeldet und unter Federführung des Nationalsozialistischen Lehrerbundes (NSLB) „rückgeführt" werden (ebd.). Die Betroffenen hatten also, neben den alltäglichen Repressionen und der daraus resultierenden psychischen Grundbelastung, nicht nur ihre Separierung von der Klassengemeinschaft zu verkraften, sondern auch die Erkenntnis, dass man es für angebracht hielt, sie in die bombardierten Gebiete zurückzubringen, aus denen man gerade unter aufwändiger propagandistischer Vermarktung alle „wertvollen" Kinder evakuiert hatte. Andere mussten eine vergleichbare Erfahrung – beispielsweise in München – schon vor der Verschickung machen, von der sie in Konsequenz der Bestimmungen als „Mischlinge“ von vornherein ausgeschlossen wurden (Interview Müller, S. 39 f.).

Die *Grauzonen* der rassebezogen-differenzierenden Inklusionsstruktur der HJ

Für eine umfassende Einschätzung der ungleichheitsbildenden Einflüsse der hier angesprochenen Dimensionen totalitärer Herrschaft und selektierendem Rassismus ist es wichtig, die deutlichen Widersprüche aufzuzeigen, wie sie aus den divergierenden Ansprüchen beider und in diesem Kontext aus der mangelnden Trennschärfe der dem letzterem zugrundeliegenden Gruppendefinitionen resultieren konnten. Im Bereich der mittels Propaganda und Verhaltensregulierung nationalsozialistisch-kontrollierten Öffentlichkeit ergab sich hieraus mitunter eine Wanderung auf sehr schmalem Grat. Dies bedeutete ein Höchstmaß an sozialer Ungleichheit, an massiver Herrschaftsausübung auf der einen und weitgehender Machtlosigkeit auf der anderen Seite. Mit ausgeprägter Machtwillkür bei der Interpretation der rassenideologischen Maximen lenkten die Vertreter des Regimes, hier der Reichsjugendführung und der HJ-Führerschaft auf den darunterliegenden Ebenen, die betroffenen „Mischlings“-Heranwachsenden auf einem, vom Regime bestimmten, Pfad der Herrschaftsfunktionalität. Zeitgleich drohte letzteren bei jeder unterstellten Abweichung die vollständige Exklusion, welche in der „Ausmerze“-Dynamik des Nationalsozialismus fast immer kumulativ weitere Repressionen nach sich zog. Dass einige der betreffenden Heranwachsenden die ihnen unterbreiteten Inklusionsangebote bereitwillig angenommen haben, vielleicht sogar die damit einhergehenden Zuschreibungen verinnerlichten, ist erstens angesichts ihrer anderweitig ständig bedrohlichen Lebensumwelt verständlich und ändert zweitens wenig an der obigen Feststellung ihrer Machtlosigkeit. Denn sie waren grundsätzlich abhängig von den sie betreffenden Attesten der zuständigen NS-Funktionäre. Freiheitsgrade bei der Generierung einer eigenen Identität konnten sie höchstens dort erfahren, wo sie sich schon im Vorhinein der Inklusion entzogen – die Exklusion somit inoffiziell selbständig wählten und initiierten (Tent 2007, S. 62 f.). Die hier angesprochene Widersprüchlichkeit offenbarte sich am deutlichsten dort, wo die Zuschreibungen einer rassistischen Einordnung und die phänotypische Erscheinung der Heranwachsenden augenscheinlich nicht im Einklang standen, wodurch sie, gerade auch HJ-bezogen, heterogene Impulse zur In- und Exklusion auslösten. Wie bereits angedeutet, war es in solchen Fällen meist der phänotypische Augenschein, welcher darüber entschied, ob ein Heranwachsender letztlich als nützlich eingestuft und zu einer funktionalen Inklusion aufgefordert, oder als „fremdvölkisch“ bzw. „artfremd“ diffamiert und ausgegrenzt wurde (Benecke 2022c).[115]

115 Diese Orientierung an subjektiven, auf Rassenstereotype abstellenden, Beurteilungen des Phänotypus der Betreffenden war mit umgekehrter Stoßrichtung auch im Bereich der

Solche Erfahrungen konnten damals Heranwachsende dunkler Hautfarbe machen (Tent 2007, S. 93 f.). Zugleich aber auch Angehörige der rassistisch definierten Gruppe jüdischer „Mischlinge“. So berichtet James F. Tent über ein von ihm geführtes Interview mit einem damals als „Vierteljude (Mischling zweiten Grades)“ betroffenen Zeitzeugen (ebd., S. 59 ff.):

> „Hans-Joachim litt an einem […] Makel, der in jener Zeit Bedeutung erhielt: Seine Physiognomie entsprach in den Augen vieler dem Klischee des ‚Jüdischen‘, und mehrere seiner Klassenkameraden setzten hier den Hebel an, um ihn zu piesacken. Sie verpassten ihm den Spitznamen ‚Itzig‘ und hänselten ihn. […]
>
> Hans-Joachim fühlte sich schon 1933 von dem jugendlichen Schwung, den die HJ ausstrahlte, angezogen und wollte beitreten. Doch das Schicksal kam dazwischen. Ein Jahr nach der Machtergreifung der Nazis, als er das Mindestalter für die Mitgliedschaft im Jungvolk erreichte, war er sich seiner Sache nicht mehr so sicher. Unschöne Begegnungen mit Mitschülern, die schon in der HJ waren, gaben ihm zu denken. Er fürchtete (wohl zu Recht), dass er in der HJ mit einem noch aggressiveren Rassismus konfrontiert würde als an der Schule. […]
>
> [D]ie Behandlung, die Hans-Joachims Bruder Erich Boehm widerfuhr, zeigt, welche Extreme an Willkür möglich waren. Erich Boehm schloss sich, wie sein Bruder sich erinnert, der HJ voller Begeisterung an. Anders als Hans-Joachim hatte er die Physiognomie eines ‚echten‘ deutschen Jungen und wurde deshalb von seinen Klassenkameraden bereitwillig akzeptiert. Er trat bei erster Gelegenheit in die Hitlerjugend ein, blühte in ihr regelrecht auf und schaffte sogar den Sprung in eine begehrte Sondereinheit, die Marine-HJ. Ihre Mitglieder trugen prächtige blaue Matrosenanzüge und fühlten sich als Teil einer neuen Elite. Noch später meldete sich Erich zu einer anderen Vorzugstruppe, der Motorisierten HJ in Berlin. Niemand machte sich die Mühe, nachzufragen, warum Erich ohne weiteres Aufnahme in solche nationalsozialistischen Eliteverbände gewährt wurde, während seiner [sic!] älterer Bruder gegen Ausgrenzung zu kämpfen hatte. Die Erklärung war einfach. Hans-Joachim hatte das Pech ‚jüdisch‘ auszusehen. Das war das erste rote Tuch. Das zweite war die Erkenntnis wissbegieriger Bürokraten, dass es in der Familie einen Großvater namens Samuel gegeben hatte. Bei Erich schauten sie erst gar nicht nach“ (ebd., S. 60 ff.).[116]

„Führerauslese“ im Altreich sowie in den annektierten und besetzten Gebieten gängig. So etwa, wenn von Seiten der HJ-Gebietsführung Steiermark Anfang 1942 gefordert wurde, dass ggf. auszuwählende HJ-Führer „auch in ihrem äußeren Aussehen etwas darstellen“ (zit. n. Matzer 2021302) sollten. Auf den entsprechenden Formularen fand sich als erster Punkt die Kategorie „rassisches Erscheinungsbild“ (zit. n. ebd., S. 303). Solche „auf Äußerlichkeiten zielende Aspekte fanden reichsweit Berücksichtigung, da das HJ-Führungspersonal – als Vorbild – einem gewissen ‚arischen‘ Ideal entsprechen sollte“ (ebd.).

116 Vergleichbare Erfahrungen konnten die Betroffenen auch in der Schule machen. Bei den hier stattfindenden Ausgrenzungen und Diffamierungen durch Mitschülerinnen und Mitschüler konnte es ebenfalls von einer vermeintlich „jüdischen“ Physiognomie abhängen,

Allerdings war die phänotypische Eignung selbst wiederum kein trennscharf in- und exkludierendes, sondern abgestuft ausgrenzendes Motiv sozialer Differenzierung durch die HJ. So mussten mitunter auch deren Angehörige entsprechende Ungleichheitserfahrungen machen:

> „Auch für die Spielschar war ich nicht recht tauglich, ich war zu allem nicht richtig geeignet. Ich hätte gern mal den Wimpel getragen, doch ich war von bräunlicher Hautfarbe, hatte dunkle Haare, dunkle Augen, ich war klein und mickrig und mußte immer im letzten Glied marschieren" (die Zeitzeugin Irmgard K., zit. n. Klaus 1998, S. 34).

An diesem Beispiel aus der HJ-Dienstpraxis zeigt sich, dass sich die – ansonsten in synergetischer Ergänzung den NS-Rahmen sozialer Ungleichheitsgenerierung bildenden – Determinanten Herrschaft und Rassismus auch in ihren Ansprüchen bezüglich der anvisierten Zielgruppe Heranwachsender widersprechen konnten. So schrieben die „Richtlinien der Reichsjugendführung für den Unterricht über Rasse" von 1934/35 aus der Befürchtung einer Inklusionsdestabilisierung heraus vor, dass „bei aller Bevorzugung der nordischen Rasse und ihrer Merkmale nicht der leiseste Anschein erweckt werden" solle, dass „ein Kamerad, der z. B. dunkle Haare oder dunkle Augen besitzt, nunmehr weniger wertvoll sei als ein solcher mit blonden Haaren und blauen Augen" (BArch NS 26/342). Dies berge die „Gefahr, in ihm Minderwertigkeitsgefühle zu erwecken" (ebd.). Freilich ging es der Reichsjugendführung hierbei nicht um die seelische Gesundheit der Betreffenden, sondern um eine Verhinderung einer Demotivation ihrer organisationsbezogenen Loyalität und Leistungsbereitschaft.

Für diejenigen damals Heranwachsenden, die in dieser rassistisch verbrämten künstlichen Sozialordnung als „Volljuden" eingestuft sowie sukzessive aus den Gesellschaftsbereichen exkludiert wurden und daher auch aus der HJ prinzipiell ausgeschlossen waren, bedeutete dies in mehrfacher Hinsicht eine biographisch belastende Ungleichheitserfahrung.[117] Sie durften ihre Zugehörig-

---

ob man drangsaliert wurde oder nicht (exemplarisch: Gay 1999, S. 73): „Der Druck, der am Goethe-Gymnasium auf die jüdischen Schüler ausgeübt wurde, blieb selektiv: Soweit ich mich erinnern kann, bin ich nie ausgelacht, belästigt oder angegriffen worden, nicht einmal hinterlistig. Mein Vetter Edgar dagegen wurde mehrfach zum Opfer, man drohte, ihn vor einen ausliegenden Stürmer zu zerren und zum Vorlesen zu zwingen" (ebd., S. 79).

117 Auch diese HJ-bedingte Ungleichheitserfahrung gehört in den Gesamtkontext einer Sozialisation damals heranwachsender jüdischer Zeitzeugen in Deutschland, die sich vielfach durch eine stetige Verengung der Lebens- und Entwicklungsperspektive auszeichnete – von der Diffamierung, über die Beschneidung ihrer persönlichen Rechte, Eingriffe in die Lebensbereiche der sekundären (Schule, Peer-Groups etc.), dann der primären (Familien) Sozialisationsinstanzen, bis zur Bedrohung des eigenen Lebens. An anderer Stelle habe ich entsprechend die Nutzung des sozial-ökologischen Theorieansatzes von Urie Bronfenbrenner (ders. 1981) in genau umgekehrter Auslegung der dort ursprünglich

keitsgruppen endgültig[118] nicht mehr frei wählen und wurden aus jenen, die sie kannten, massiv ausgegrenzt (zu entsprechenden Übergriffen HJ-Angehöriger im Schulkontext exemplarisch: Angress 2003, S. 112f.). Der Repressionsdruck der NS-Politik führte unter der jüdischen Bevölkerung Deutschlands mitunter zu einer Rückbesinnung liberaler Juden auf religiöse und kulturelle Inhalte des Judentums. Gleichzeitig stärkte er das Gemeinschaftsgefühl unter der jüdischen Bevölkerung, die kollektiv als Gruppe verfolgt wurde, sowie die Autorität der Zionisten (Benz 1993, S. 275). Hieraus darf jedoch nicht der Schluss gezogen werden, „‚die Juden' in Deutschland hätten nun eine weltanschaulich und politisch geschlossene Bevölkerungsgruppe gebildet" (ebd.). „Die Mehrheit bildeten die Indifferenten, die, ähnlich vielen Christen, zwar an etlichen äußeren Bräuchen festhielten, die hohen Feiertage beachteten, im übrigen aber ihren Alltag nicht mehr von der Religion bestimmen ließen" (ebd.; exemplarisch: BenGershom 1993, S. 27, 46ff.). Andere pflegten die jüdischen Traditionen, die sie jedoch weniger als Sache der Religion, sondern eher als allgemeinen Ausdruck ihrer jüdischen Identität verstanden (exemplarisch: Mosse 2003, S. 42f.). Die Judenverfolgung der Nationalsozialisten bezog sich in ihrer öffentlichen Rechtfertigung somit in jeder Hinsicht (Zuschreibungen und Konstruktion der angeblichen Feindgruppe) auf unzutreffende Grundvoraussetzungen. Hinzu kommt noch, dass sich die jüdische Bevölkerung keineswegs nur nach ihrer Handhabe des Judentums unterschied, sondern auch ganz gravierend hinsichtlich ihrer Stellung in der deutschen Gesellschaft vor 1933 und der damit verbundenen nationalen Identität. Je nachdem, ob man Teil des assimilierten Bürgertums gewesen war (exemplarisch: Mosse 2003, S. 15), welches das orthodoxe Judentum großenteils kritisch betrachtete (exemplarisch: Jens/Jens 2007, S. 96), oder aber vor den zunehmenden antisemitischen Repressionen im Osten Europas nach Deutschland geflohen war (Haumann 1999), konnte die Wahrnehmung der aufkommenden politischen Judenfeindlichkeit eine deutlich verschiedene sein. Gerade für erstere bedeutete die Entwicklung nach dem 30. Januar 1933 oftmals einen, früher oder später bewusst gewordenen, biographischen Bruch (exemplarisch: Mosse 2003, S. 115; Giordano 2007, S. 85ff.). Die oben angedeutete Besinnung auf jüdische Traditionen sowie das dementsprechende Zusammenfinden in „jüdischen"

---

enthaltenen biographischen Erweiterungsperspektive bezüglich der Partizipation an gesellschaftlichen Explorationsräumen zur Systematisierung der Sozialisationserfahrungen damals heranwachsender Juden in Deutschland vorgeschlagen (Benecke 2011, S. 54ff. und 643ff.). Dieser Vorschlag ist mittlerweile in einer Studie zur Theodor-Herzl-Schule in Berlin aufgegriffen worden und hat sich als nützlich bei der Erfassung derartiger NS-induzierter negativer Ungleichheitskarrieren erwiesen (Mayer 2013, S. 33).

118 Zu antisemitisch begründeten Exklusionen Jugendlicher aus sozialen Zugehörigkeitskonstellationen in den Jahrzehnten vor 1933, etwa der bürgerlichen Jugendbewegung, den Pfadfindern, den Sportvereinen oder der organisierten Studentenschaft, vgl. Benecke 2020, S. 170ff.; 198ff.; 323; 439 sowie die dort angegebene weiterführende Literatur.

Gruppen stellten eine Reaktion auf die erlebte Exklusion aus den unterschiedlichen Zugehörigkeitsgruppen dar. In diesem Sinne waren sie für die Betroffenen von einiger Sozialisationsrelevanz. Dabei galt allerdings auch für die heranwachsenden Personen, die von der öffentlichen und oftmals auch privaten (Freundeskreise, Schulkameraden, Nachbarschaft etc.) Ausgrenzung erfasst worden waren, dass es sich um höchst heterogene Gruppen handelte, die sich hier zusammenfanden. Die damals jugendliche Zeitzeugin Luise Stein berichtet dementsprechend:

> „Die jüdischen Jungen und Mädchen unserer Stadt (hatten sich) in einer Gruppe eng zusammengeschlossen, weil es keinen anderen Ort mehr gab, wohin sie gehen konnten. [...] Ich kam ziemlich oft zu diesen Treffen, da ich mich dort geschützt fühlte [...] Bald wurde die Gruppe zu einem Schmelztiegel aus eingebildeten deutschen, aus russischen, polnischen, palästinensischen, reichen, armen, lauten, ‚kultivierten' und sonstigen jüdischen Jugendlichen aus Konstanz" (zit. n. Limberg/Rübsaat 2003, S. 250 f.).

Diese Beschreibung stellt die Realität jüdischen Lebens in Deutschland dar (in Großstädten wie Berlin fiel diese Heterogenität noch wesentlich markanter aus). Eine, wie auch immer geartete, homogene jüdische Bevölkerungsgruppe hat es in Deutschland damals nicht gegeben. Die NS-Repression gegenüber all jenen, die sie als „jüdisch" identifizierte, hatte diesbezüglich die Funktion eines Trichters. Sie ließ die betroffenen Menschen zwangsweise zusammenwachsen. In diesem mentalitätsgeschichtlichen Sinne hat das nationalsozialistische Regime die Gruppe, die es so verbissen verfolgte, erst selbst geschaffen. Dies kommt auch im Bericht Luise Steins zum Ausdruck:

> „Es war unzweifelhaft ein Erfolg eines Teils der jüdischen Jugend, zusammenzufinden. Vorher hatten wir 19 Jahre [also Zeit ihres Lebens; J. B.] in derselben Stadt gelebt, ohne das Verlangen zu spüren, uns kennen zu lernen. Aber die Verfolgung, die Einsicht in unser Schicksal und das Leiden, das 1934 einsetzte, brachte uns zusammen" (ebd., S. 252).

Aber auch unter dem Druck der Verfolgung verschmolz die jüdische Bevölkerung keineswegs zu einer gänzlich homogenen Gruppe (Friedländer 2007, S. 23). Zwischen den unterschiedlichen jüdischen Gruppen (Zionisten, Ostjuden, liberale Juden) waren weiterhin weitreichende Kontroversen vorherrschend. Bindungen bestanden vielmehr innerhalb kleiner Gruppen, denn innerhalb eines übergreifenden Judentums: „Wenn wir uns das große Bild ansehen, können wir zu dem Schluß kommen, daß meist spezifische ethnisch-kulturelle, politische oder religiöse Bindungen, die Untergruppen miteinander verbanden, Vorrang vor allen Verpflichtungen hatten, die von einer gemeinsamen ‚Jüdischkeit' herrührten" (ebd.). Eine gewisse Entlastung konnten die ausgeschlossenen Heranwachsen zuletzt noch in den wenigen jüdischen Jugendgruppen erleben (Pilarczyk 2009, S. 100ff.; Benecke 2020, S. 438ff.; in diesem Sinne zu den jüdischen Sportvereinen: Wahlig 2015, S. 189f.). Diese ließ das Regime, bei unentwegten administrativen und rechtlichen Begrenzungen[119] sowie gewaltsamen Behinderungen ihrer Arbeit, aus herrschaftspragmatischen Gründen zunächst gewähren (Kaplan 2003, S. 162ff.). Die Gruppierungen der jüdischen Jugendbewegung, die sich wie die bürgerliche – welche ihre Mitglieder zahlreich aufgrund des dortigen Antisemitismus hatten verlassen müssen – vor 1933 ein elitäres Image gab und der infolgedessen lediglich 5% der jüdischen Heranwachsende angehört hatten, erlebten in Konsequenz von zunehmender sozialer Exklusion und später offener Verfolgung nach der nationalsozialistischen Machtübernahme einen dramatischen Zulauf (ebd., S. 162). 1936 waren bereits 50 000 Jugendliche zwischen 12 und 25 Jahren – etwa 60% aller jüdischen Jugendlichen – beigetreten. Trotz einer stetig steigenden Begrenzung ihres Handlungsspielraumes, sie durften nicht an öffentlichen Plätzen zelten, Uniformen tragen oder in Gruppenformation auftreten, sowie einer unvermeidbar hohen Mitgliederfluktuation (Auswanderung, Ausbildung usw.), boten die Jugendgruppen den Teilnehmenden eine entlastende Zufluchtsstädte (Tamir 1992, S. 51ff.).[120] Für diese waren sie ein Refugium der Selbstbestimmung innerhalb einer immer feindlicheren Umwelt: „Auch in finsterster Zeit

119 Vgl. die „Anweisung des Reichsinnenministeriums zur Einschränkung jüdischer Jugendverbände" vom 10. Juli 1935 (Stadtarchiv Plauen, III, IV, ID., 87, Bl. 176; abgedruckt in Benecke 2013, S. 160f.).

120 Die jüdischen Jugendverbände waren kein direkter, aber in einem weiteren Sinne doch Teil der beeindruckenden Selbsthilfemaßnahmen, mit denen die jüdischen Gemeinden im Deutschen Reich und hierbei u.a. auch im Bildungs- und Freizeitbereich der sukzessive voranschreitenden Exklusion der jüdischen Heranwachsenden mit einer Entlastungsintention begegneten. Die diesbezüglichen Maßnahmen reichten schließlich von der erwähnten Organisation und Durchführung jüdischer Jugendgruppen (Kaplan 2003, S. 162ff.); über die enorme Leistung, das jüdische Schulwesen den neuen Herausforderungen anzupassen, wie sie aus einer rapide steigenden Schülerzahl sowie der Notwendigkeit einer schwerpunktmäßigen inhaltlichen Neuausrichtung (benötigt wurden nunmehr: eine, nicht selten religiös transportierte, Stärkung der jüdischen Identität der außerhalb diffamierten Heranwachsenden (Angress 1985, S. 15ff.; ders. 2003, S. 111ff.; Vollnhals 1996, S. 330ff.; Ortmeyer 2000, S. 77ff.), vor allem aber eine Ausbildung, welche die angestrebte Auswanderung ermöglichte) resultierte (Angress 1985; Walk 1991; Röcher 1992; Vollnhals 1996, S. 348ff.); bis zur, nach der Gewaltzunahme der antisemitischen NS-Politik nach der „Reichskristallnacht" zusehends dringlicher werdenden (Vollnhals 1996, S. 359f.), intensiven und gezielten Fachausbildung bzw. Umschulung der Heranwachsenden („Hachscharah-Ausbildung") in den Programmen jüdischer Organisationen im Kontext der Auswanderungsvorbereitung („Jugend-Alijah", die einzige Form, in welcher, neben den Kindertransporten, etwa nach England (Kaplan 2003, S. 170ff.), die

gab es unter jüdischen Jungen und Mädchen den Willen zu leben, Lebenslust, Spaß am Unsinn und Humor" (Kaplan 2003, S. 164).

Allgemein ist zu konstatieren, dass die mangelnde Aufmerksamkeit, welche den Formen abweichenden Verhaltens unter jüdischen Heranwachsenden bislang zugekommen ist, den verfälschenden Eindruck verstärkte, sie hätten sich widerstandslos in ihren Opferstatus ergeben (Schilde 2007, S. 13, 76 ff.). Ob und mit welcher Konnotation diese Ausgrenzungsmomente damals von heranwachsenden Angehörigen der Mehrheitsgesellschaft wahrgenommen wurden, ist nicht vollständig zu klären. Dass sie in autobiographischen Berichten eher selten auf das Schicksal der verfolgten jüdischen Bevölkerung eingehen, ist hingegen bekannt. Insofern stellen die Erinnerungen des Zeitzeugen Herbert Stratmann eine Ausnahme dar, welche jedoch gerade aufgrund der darin zum Ausdruck kommenden persönlichen Verbundenheit ein Exempel für die hier geschilderte soziale Differenzstruktur darstellt:

> „Da war für mich ganz wichtig der kontinuierlichste Freund meines Lebens äh ein Hannoveraner Schulkamerad mit dem ich von Sexta bis Quarta also von zehn bis zwölf da war=der war stammte aus einer teils jüdischen Familie äh durfte nicht in die Hitlerjugend der war mein [...] engster Freund [...] Und ich hab das miterlebt wie in dessen Familie äh die Bedrücknis war dass eben da ein jüdischer Großvater war ein und die halbjüdische Mutter und der vierteljüdische Freund äh das waren ja damals *Kategorien*" (Interview Stratmann, S. 44).

Nimmt man nun die angeführten rahmenden, zugleich einander widersprechende Impulse auslösenden Einflüsse (Herrschaft, Rassismus) der NS-Alltagspraxen zusammen, so ergibt sich ein heterogenes und doch zugleich hoch wirksames, mentales und handlungsleitendes Ursachengefüge sozialer Ungleichheit. Dies soll im Folgenden kurz anhand von Verfahrensstrukturen aus dem Kontext der rassistisch-selektierenden Erfassungspraxis der HJ exemplarisch verdeutlicht werden. Es handelt sich um die in diesem Kontext nicht zufällig, sondern konsequent entstandenen Grauzonen zwischen ideologischem Selektions- und herrschaftlichem Totalitätsanspruch. Hierbei wurden in phasenspezifisch-systematischer Form Heranwachsende vorübergehend gezielt zum HJ-Dienst herangezogen oder zumindest zeitweise in ihm geduldet, die nach Maßgabe der allgemeinen NS-Ideologie und ihrer kollektiv zuschreibenden propagandistischen Proklamationen eigentlich auszuschließen gewesen wären. Derartige ungleichheitsrelevante Grauzonen der Erfassung finden sich HJ-bezogen phasentypisch ausgeprägt in mindestens drei Bereichen (Benecke 2013, S. 60 ff.).

Gruppenauswanderung von Jugendlichen nach Palästina möglich war, allerdings ebenfalls ohne Eltern (Vollnhals 1996, S. 379 ff.; Wetzel 1996, S. 446 ff. und 469 ff.)).

Zunächst in exponierter Form im Rahmen der NS-Besatzungspolitik im Osten Europas, vornehmlich in Polen.[121] Hier waren HJ und BDM zwischen 1939 und 1945 geschlechterübergreifend, wenngleich mit geschlechtsspezifischen Aufgaben versehen[122], vielfältig aktiv und planmäßig in die, als „Rassen- und Erziehungspolitik" euphemistisch verschleierte (Harten 1996, S. 69 ff.), gezielte Produktion sozialer Ungleichheiten involviert (ebd., S. 99 ff. und 265 ff.; Buddrus 2003, S. 814 ff.; Harvey 2009, S. 97 ff.; Steinert 2013, S. 97 ff.).[123] Diese Beteiligung fand vorrangig in Form von Organisations- und Betreuungsaufgaben im Kontext der, ab 1939 unter Leitung Heinrich Himmlers angestrebten, „Zurückführung der [...] Reichs- und Volksdeutschen im Ausland" (zit. n. Buddrus 2003, S. 804) sowie dem forcierten Aufbau eigener HJ-Organisationsstrukturen in den eingegliederten Gebieten statt (BArch NS 28/36, Bl. 23 ff.).

---

121 Solche sozial differenzierenden Herrschaftsvollzüge fanden unter Beteiligung der HJ (die Reichsjugendführung als Initiator; HJ-Angehörige beider Geschlechter als Ausführende vor Ort) auch in anderen besetzten Gebieten statt. Vgl. hierzu mit Blick auf die nationalsozialistische „Jugendmobilisierung" im besetzten Slowenien: Matzer 2021. Dort wurden die Kriterien für eine Aufnahme ins „deutsche" Kollektiv noch einmal deutlich pragmatischer gehandhabt als im besetzten Osten Europas. In Oberkrain und der Unterteiermark, den zentralen Untersuchungsgebieten in Matzers Studie, „bestand die Zielgruppe der NS-Jugendorganisierung [...] somit aus – fast allen – dort lebenden Jugendlichen im Alter von zehn bis 21 Jahren. Die einzigen Ausschlusskriterien waren (wie im gesamten Deutschen Reich) an antisemitisch-biologistische Kategorisierungen geknüpft" (ebd., S. 257). Zum entscheidenden Kriterium einer attestierten „Eindeutschungsfähigkeit" wurden dann Gesinnungs- und Verhaltensfragen, Loyalität und Leistung gegenüber dem bzw. im Sinne des NS-Regimes (ebd., S. 295 ff.). Als vermeintliches Symbol des „Deutsch-Seins" (zit. n. ebd., S. 295) fungierte die deutsche Sprache, deren Verwendung von den Betreffenden und in den Bildungseinrichtungen verlangt wurde (ebd., S. 264 ff.), auch wenn die zu vermittelnden Inhalt dadurch meist stark vereinfacht werden mussten (ebd., S. 268 f. und 278 f.). Die Konsequenzen dieser Einstufungen waren für die Betroffenen höchst ungleichheitsbildend: „Eine günstige Kategorisierung als ‚deutsch' durch die Autoritäten der NS-Jugendführung konnte für einzelne Jugendliche darüber entscheiden, ob der gewünschte Beruf erlernt oder eine höhere Schule besucht werden durfte, wohingegen eine negative Bewertung einem Ausschluss aus dem konstruierten Kollektiv gleichkam und zur Vormerkung für die nach Kriegsende geplanten Deportationen führen konnte" (ebd., S. 295).

122 Vgl. zur HJ und deren Beteiligung an der Politik der „Eindeutschung" im besetzten Polen sowie der Betreuung der „Volksdeutschen" in den eingegliederten Gebieten und dem „Reichsgau Wartheland": Buddrus 2003, S. 804 ff.; zum BDM Harvey 2009, S. 110 ff., 250 ff. und 319 ff.

123 In diesem Kontext übten auch Angehörige des BDM immer wieder aktiv Gewalt aus (Harvey 2009, S. 208 f. und 230 ff.; Steinert 2013, S. 102). Wenngleich dies, auch aufgabenbedingt, in geringerem Ausmaß stattfand als bei der männlichen HJ, so zeigt dieser Sachverhalt doch auf, dass es sich bei der Gewaltanwendung nicht um eine trennscharf männliche Verhaltensdomäne in der Jugendorganisation handelte. Sie kam vielmehr in Abhängigkeit des Ausmaßes eines vorhandenen chauvinistischen Aufgaben- oder Selbstbildes vor. Hierbei fungierte die konstatierte soziale Ungleichheit sowohl als Auslöser als auch als Legitimation von Gewalt.

Die von der rassistisch selektierenden und herrschaftspolitisch vollzogenen „Eindeutschung“ betroffenen Heranwachsenden fanden sich hingegen – ohne eigenes Zutun, allein nach der ihnen angediehenen Zuschreibung – in einer Grauzone zwischen angestrebter Inklusion und gewaltsamer Exklusion wieder. Ihr Schicksal stellt – gerade im deutschen Sprachraum – ein anhaltendes Forschungsdesiderat dar (Hopfer 2010, S. 12). Prinzipiell zur dritten der bereits genannten Gruppen („Fremdvölkische“) vom NS attestierter Normabweichung gehörend, etablierte die Reichsjugendführung – ganz im Einklang mit dem funktionalen Herrschaftsverständnis des Regimes – sie betreffend abgestufte Ausnahmeregelungen von den vorgeblich ‚rassischen‘ Aufnahme- und Ausschlusskriterien der HJ.

Im Zusammenhang mit der militärischen Eroberung von „Lebensraum“ im Osten Europas war die NS-Führung bestrebt, die dort lebende Bevölkerung ‚rassisch‘ zu sortieren und die einzelnen Gruppen entsprechend zu „behandeln“. Die Selektion, etwa der polnischen Bevölkerung, rekurrierte dabei auf die „übernationale Kategorie der Rasse“ (Harten 1996, S. 99). Die hiervon abhängig bestimmten Differenzierungskriterien der „nationalsozialistischen Rassenpolitik gegenüber den Polen“ (ebd.) orientierten sich einerseits an der Maßgabe einer Trennung „der Bevölkerung in Deutschstämmige und ‚Fremdvölkische‘“. Andererseits an einer darüberhinausgehenden Feststellung „nordisch-germanischer“ und „rassisch wertvoller“ Bevölkerungsteile, die man „herauslösen“ und schließlich „eindeutschen“ wollte (ebd.). Zu diesem Zweck wurde in den eingegliederten Gebieten die „Deutsche Volksliste (DVL)“ als Basis der sozialen Differenzierung nach rassistischen Legitimationsmustern etabliert (Wolf 2012). In diese Liste sollten alle deutschstämmigen und ‚rassisch wertvollen‘ Personen eingetragen werden. Wer nicht aufgenommen wurde, war dann endgültig als ‚Pole‘ – als ‚polnischer Schutzangehöriger‘ – definiert und mit der Aussiedlung bzw. Deportation ins Generalgouvernement bedroht“ (Harten 1996, S. 99). Da es für eine Differenzierung im Sinne dieser Intention scheinbar trennscharf definierender Kriterien bedurfte, wurden mit einem Erlass vom 12. 9. 1940 neue – in NS-typischer Manier hochgradig konstruierte und in ihrer Auslegung interpretierbare – Kategorien der Staatsbürgerschaft für verbindlich erklärt:

(1) „*deutsche Reichsbürger und Staatsangehörige* (nur diese durften nach einer Verfügung Bormanns in die Partei aufgenommen werden),
(2) *deutsche Staatsangehörige* (ohne Reichsbürgerrecht); Diesen beiden Kategorien wurden alle Deutschstämmigen zugerechnet, d. h. die deutsche Minderheit in Polen, soweit sie sich im Volkstumskampf aktiv eingesetzt oder zumindest ihr Deutschtum nachweislich bewahrt und ein ‚einwandfreies Bekenntnis zum Deutschtum abgelegt hatte‘.
(3) *deutsche Staatsangehörige auf Widerruf*: ‚Ein- oder Rückdeutschungsfähige‘, d. h. ‚polonisierte‘ Deutsche ohne Bekenntnis zum Deutschtum, sowie ‚wertvolle

Fremdvölkische'. Sie erhielten einen ‚Fremdenpass' mit dem Vermerk ‚wiedereindeutschungsfähig' […]

(4) *Schutzangehörige*: Polen ohne deutsche Abstammung und ohne Bekenntnis zum Deutschtum.

Genaugenommen gab es noch eine 5. Kategorie, in die Juden und Zigeuner fielen. Sie konnten nicht einmal den kolonialen Status des Schutzangehörigen erlangen, für sie existierte überhaupt kein rechtlich definierter Status" (ebd., S. 100).

In Abhängigkeit dieser sozialen Differenzierung wurde die sekundäre Ungleichheit in Form der Abteilungen der „Volksliste" festgelegt:

Abt. 1: „Volksdeutsche, die sich aktiv im Volkstumskampf eingesetzt hatten – sie erhielten die Staatsangehörigkeit (1);

Abt. 2: Volksdeutsche, die sich nicht aktiv eingesetzt, ihr Deutschtum aber nachweislich bewahrt hatten – Staatsangehörigkeit (2);

Abt. 3: Volksdeutsche, die Bindungen zum Polentum eingegangen waren (ins Polentum ‚abgeglitten'), ‚die aber aufgrund ihres Verhaltens die Voraussetzung dafür in sich tragen, vollwertige Mitglieder der deutschen Volksgemeinschaft zu werden'. Sie sollten zunächst die Staatsangehörigkeit erhalten (2), nach endgültiger Regelung der VO über die Deutsche Volksliste vom 4. 3. 1941 wurde ihnen aber nur die Staatsangehörigkeit auf Widerruf zugestanden (3). […]

Abt. 4: Deutschstämmige, die politisch im Polentum aufgegangen waren: sogenannte ‚Renegaten', die sich vor 1939 irgendwie deutschfeindlich betätigt hatten; sie konnten ebenfalls die Staatsangehörigkeit auf Widerruf erhalten, aber nur, wenn sie sich einer Umerziehung unterwarfen. […]

Bei den Angehörigen der Gruppen 3 und 4 und all jenen, deren Abstammung nicht eindeutig feststellbar war, waren rassische ‚Durchprüfungen' vorgesehen. […]

Die Volksdeutschen, denen nur die ‚Staatsangehörigkeit auf Widerruf' gewährt wurde, mußten erst noch zum Deutschtum erzogen werden – dies war eine Hauptaufgabe der NSDAP und ihrer Gliederungen" (ebd., S. 101 ff.).

Die HJ war in diesem ungleichheitsgenerierenden Gesamtkontext einerseits an den „rassischen ‚Durchprüfungen'" beteiligt – „15- bis 17-jährige, die für diese Aufgabe kaum ‚geeignet' waren" (ebd., S. 110 f.). Andererseits erfüllten HJ und BDM „im Rahmen der Germanisierungs- und Volkserziehungsaufgaben […] eine besondere Rolle" (ebd., S. 265). Dies galt schon rein quantitativ: „Insgesamt nahmen 46 700 junge Frauen und Männer der HJ an Aktionen des Ost-Einsatzes teil, 16 000 im Rahmen des Landdienstes" (ebd.). Sie erfüllten vorrangig folgende Aufgaben:

1. „Der Aufbau der HJ-Organisationen in den eingegliederten Gebieten;
2. die Betreuung der neu angesiedelten Volksdeutschen: Unterstützung und Hilfen für die Familien; Gemeindearbeit, Sozialarbeit, Schulhilfe und kulturelle Arbeit;
3. die Betreuung der Jugend in den Umsiedlerlagern" (ebd., S. 265 f.).

Die Beteiligungen der HJ und des BDM an der sozialen Differenzierung vermittels rassischer Selektion der Bevölkerung waren quantitativ ausgeprägt, dabei zugleich qualitativ heterogen (ebd., S. 266 ff.). Schon „während der ersten Jahre der Okkupation kamen rund eine Viertelmillion Umsiedler aus dem Osten in die eingegliederten Gebiete, darunter 50 000 bis 55 000 Jugendliche im jugenddienstpflichtigen Alter" (ebd., S. 266). Diese wurden in den, ab 1941 eingerichteten, insgesamt 500 Übergangslagern der HJ einer sechsmonatigen „Germanisierungsarbeit" unterzogen (ebd.). Letztere bestand aus den Komponenten: politische Indoktrination, körperliche Übungen, kulturelle Schulung, Gesundheitsinstruktionen und berufsbezogenen, vorrangig landwirtschaftlichen Aktivitäten (ebd.). Die primäre politische Schulung richtete sich nach den Maßgaben der politisch-ideologischen HJ-Arbeit und nutzte deren Materialien (ebd.). Das Hauptaufgabengebiet des BDM stellte die „Stärkung des deutschen Volkstums im Osten" dar – „im Rahmen der Ostaktion des BDM waren 1942 bereits 16 022 Frauen bzw. Mädchen im Osteinsatz" (ebd., S. 270, zu den hierbei anfallenden, im weiteren und ideologisch vorgeprägten Sinne, „entwicklungspädagogischen" Aufgaben: ebd., S. 270 ff.; Harvey 2009, S. 27 f., 250 ff., 262 ff.; VHB. HJ, Bd. IV, 1942, S. 2990 ff.). Nach Beginn des Krieges gegen die Sowjetunion wurden auch im Warthegau die „Ost-Aktivitäten von HJ und BDM [...] intensiviert" (Harten 1996, S. 280). Primär wurde nun das Ziel verfolgt, mittels einer „Integration der volksdeutschen Jugend in die nationalsozialistischen Jugendorganisationen [...] die soziale Stabilität in den besetzten Gebieten zu sichern und zu festigen" (ebd.).[124] Der männliche Teilverband der HJ war vorrangig an der Organisation einer Eingliederung der von Umsiedlungsaktionen betroffenen Jugendlichen in die „Volksgemeinschaft" im Reichsgebiet an zentraler Position beteiligt (VHB. HJ, Bd. II, 1942, S. 609 ff.; Buddrus 2003, S. 805 ff.). Die Jugendorganisation arbeitete hier eng als „Hilfstruppe" mit der für diesen Bereich der Besatzungspolitik hauptverantwortlichen SS zusammen (Buddrus 2003, S. 808 ff.). Zugleich war die HJ mit speziellen Einsatzkommandos „in den eingegliederten Ostgebieten selbst" (ebd., S. 813) seit Dezember 1942 aktiv in die Durchführung „der lebensentscheidenden rassischen Erfassung und Klassifizierung der Umgesiedelten" (ebd.) sowie in den Prozess der „Eindeutschung" solcher eigentlich

124 Vgl. zu den entsprechenden Aufgaben sowie exemplarisch zum dabei motivierenden Selbstverständnis als pädagogisch Tätige und der chauvinistischen und damit soziale Ungleichheitswahrnehmungen fortschreibenden Sicht auf das betreute Klientel: Harten 1996, S. 280 ff.; Harvey 2009, S. 172 ff.

„fremdvölkischer“ Heranwachsender (ebd., S. 813 ff.) involviert, denen die Rasseexperten des Regimes ein entsprechendes Potential aufgrund vermeintlicher „germanischer“ Wurzeln attestiert hatten und die man daher als gewinnbringend für die „Volksgemeinschaft“ ansah (Reichsbefehl der Reichsjugendführung vom 22. Februar 1941, S. 2 ff. (BArch NS 28/36; abgedruckt in Benecke 2013, S. 281 ff.; Buddrus 2003, S. 819 f.. Entsprechend dieser Intention ordnete die Reichsjugendführung bezüglich der Aufnahme nichtdeutscher Jugendlicher in die HJ im November 1941 an:

> „In einzelnen Gebieten des Altreichs kommen außer den besonders gekennzeichneten polnischen und den nichtdeutschen Arbeitskräften in beschränkter Zahl rassisch wertvolle eindeutschungsfähige nichtdeutsche Familien zum Einsatz, deren Mitglieder im Wege der Einzeleinbürgerung die deutsche Staatsangehörigkeit auf Widerruf erhalten sollen. Da sie möglichst bald im Deutschtum aufgehen sollen, finden auf sie die für Angehörige nichtdeutschen Volkstums geltenden sicherheitspolizeilichen und anderen Bestimmungen keine Anwendung. Für die Kinder der betreffenden Familien gilt deshalb auch mein Erlaß über die Behandlung Jugendlicher nichtdeutscher Volkszugehörigkeit vom 23. 9. 1940 [...] nicht.“

In diesem Sinne fiel dann die Anweisung zu einer entsprechenden Erfassungspraxis durch die HJ vor Ort aus:

> „Ich ordne daher im Einvernehmen mit dem Leiter der Partei-Kanzlei, dem Reichsminister des Innern und dem Reichskommissar für die Festigung deutschen Volkstums – Stabshauptamt – an, daß die im jugenddienstpflichtigen Alter stehenden Jugendlichen dieser Familien unverzüglich der zuständigen Einheit zur Ableistung der Jugenddienstpflicht in der Hitler-Jugend zuzuweisen sind, soweit ihr Geburtsjahrgang bisher zur Hitler-Jugend eingezogen ist oder demnächst eingezogen wird. Jugendliche im DJ- oder JM-pflichtigen Alter können sich vor der Einziehung ihres Jahrganges freiwillig zur Dienstleistung melden und aufgenommen werden. Die Heranziehung zum Dienst kann auch erfolgen, wenn die Einbürgerung der Eltern noch nicht erfolgt ist. Der in Betracht kommende Personenkreis ist beim zuständigen Höheren SS- und Polizeiführer als dem Beauftragten des Reichskommissars für die Festigung deutschen Volkstums zu erfragen.
>
> Ich bitte dafür Sorge zu tragen, dass die zuständigen Hitler-Jugend-Führer (-Führerinnen) sich dieser Jugendlichen besonders annehmen. Es ist vor allem Vorsorge zu treffen, dass das Verhalten der deutschen Jugendlichen den bestehenden Absichten angepasst wird.
>
> Die für die Eindeutschung aufzunehmenden Jugendlichen sind den besten Einheiten der Hitler-Jugend zuzuweisen und soweit zu fördern, dass sie in absehbarer Zeit den Anschluss an die deutsche Jugend erreichen. Über die Möglichkeit einer Beförderung dieser Jugendlichen zu Führern (Führerinnen) ergehen zu gegebener Zeit

näherer Weisungen; vorerst darf eine Beförderung nicht erfolgen" (BArch NS 28/82; vollständig abgedruckt in Benecke 2013, S. 286).

Schon diese wenigen grundsätzlichen Bestimmungen zur Durchführung der Aufnahme Jugendlicher, die als sogenannte „Nichtdeutsche" im Zuge ihrer – nicht selten zwangsweisen – Einbürgerung auch in die HJ aufgenommen werden sollten, offenbaren eine deutliche Ungleichheitswirksamkeit: Sowohl innerhalb der Bevölkerung der eroberten Gebiete, in welcher sie nach rassistisch verklausulierten Brauchbarkeitskriterien ausgewählt wurden, als auch innerhalb der sie aufnehmenden Jugendorganisation, in der ihnen zunächst einmal ein führender, auch in der Vergabe von ranghohen Führungspositionen zum Ausdruck kommender, Einfluss verwehrt blieb.

Das größte Kontingent der HJ-Arbeit im Osten war allerdings der mit Nachdruck angestrebte Aufbau *eigener* HJ-Organisationsstrukturen in den eingegliederten Gebieten, besonders in den „zu HJ-Gebieten formierten Territorien Ostpreußen, Danzig-Westpreußen, Wartheland, Oberschlesien und Generalgouvernement" (Buddrus 2003, S. 814). Betroffen von den dortigen Aktivitäten der Jugendorganisation waren 670 210 bis 1944 erfasste Jugendliche, die als „Volksdeutsche" nunmehr „potentiell jugenddienstpflichtig" (ebd.) wurden. Zudem hatte die HJ zwischen 1940 und 1944 insgesamt 186 100 jugendliche Umsiedler zu betreuen, die im Zuge „der nationalsozialistischen Völkerverschiebungen ins Reich gekommen waren" (ebd.).

Da die HJ-Führer in diesen Gebieten auf Sicht aus den Reihen der Umsiedler selbst kommen sollten, wurden 35 000 von ihnen ausgewählt, denen in den Führerschulen des Reiches „die ersten Voraussetzungen" für diese Funktionsübernahme vermittelt wurden (ebd., S. 817 f.). Insgesamt gesehen stellt der Osteinsatz wohl eine der massivsten, in größerem Umfang regulär und intendiert-kontrolliert durchgeführten sozialen Differenzierungen dar, an denen die HJ entscheidenden Anteil hatte. Dies ist zu konstatieren, da es bei den Selektionen in diesem Kontext für die betroffenen Bevölkerungsgruppen in den annektierten Gebieten im Osten um den – bei nicht erfolgter Auswahl drohenden – Verlust ihres Besitzes, später ihrer Heimat und schließlich ihres Lebens ging (Harvey 2009, S. 330).[125] Nicht zuletzt durch die „Kulturarbeit" des BDM sollten infolge dieses Selektionsanspruches „die sozialen Bindungen" zwischen den „Volksdeutschen" und den Polen nachhaltig „zerstört werden", damit aus ersteren „engagierte Kolonisatoren werden" könnten (ebd., S. 232). Zudem zog die primäre Differenzierung bezüglich der „Eindeutschungsfähigkeit"

125 Zum, freilich entschieden weniger rassistisch selektierenden und von einer geringer ausgeprägten chauvinistischen Sicht auf die dort ansässige Bevölkerung geprägten, Einsatz der HJ in den annektierten und besetzten Gebieten im Westen Europas vgl. VHB. HJ, Bd. II, 1942, S. 81 ff..

verschiedene Prozesse weiterer sozialer Unterscheidung nach sich. Zunächst die beständige Höherwertung der HJ im Altreich vor den, wiederum durch sie betreuten, HJ-Verbänden in den annektierten Gebieten. Danach in letzteren die HJ-eigene Hierarchisierung nach dem organisationseigenen Führerprinzip.

Schließlich war die HJ auch an der hochgradig ungleichheitsgenerierenden Umerziehungspraxis beteiligt, wie sie aus der Zuordnung zur oben genannten Abteilung 4 resultierte. Zum Zwecke ihres Vollzuges wurden die betroffenen Kinder und Jugendlichen nicht selten nach Deutschland in ausgewählte Heime, etwa des Lebensborn e. V., verschleppt, um dort mit massiver Ausübung von Zwang die klare Intention durchzusetzen: „Wir machen aus Euch deutsche Jugend!" (zit. n. Hopfer 2010, S. 168; zum Exempel des Lebensborn-Heimes „Alpenland": ebd., S. 168 ff.). Dieser Anspruch sah eine Brechung der polnischen Identität der Heranwachsenden und anschließend deren vollständige und irreversible, Bewusstsein und Verhalten prägende, „Eindeutschung" vor. In diesem Kontext war die HJ vor Ort, in den Heimen, für die organisationseigene, vor allem auf körperliche Ertüchtigung abstellende, quasi-militärische Ausbildung zuständig (ebd., S. 170, 186 f.). Diese Erfahrung wurde, nicht zuletzt durch die Brutalität und das Fehlen jeder Empathie unter den Erzieherinnen und Erziehern und den zuständigen HJ-Führungspersonen, für die betreffenden Heranwachsenden häufig zur Qual (ebd., S. 176 ff.), welche neben psychischer Misshandlung auch körperliche Schikanen beinhaltete (ebd., S. 202). Gerade die HJ-Vertreterinnen und -Vertreter waren nicht selten gefürchtet (ebd., S. 188 ff.). Die besondere Ungleichheit in der Ungleichheit, wie sie für die jungen Polinnen und Polen spürbar wurde, zeigte sich schon an der spezifischen Erfahrung mit den Symbolen einer erfolgten Inklusion. So hatten sie, mit dem Ziel einer möglichst effizienten „Eindeutschung", jahreszeitenunabhängig dieselbe uniformierende HJ-Kluft zu tragen: „Und im Winter die gleiche HJ-Hose wie im Sommer. Kurze!" (ein Zeitzeuge; zit. n. ebd., S. 187). Eine wenig fürsorgliche Praxis, die von jener der regulären HJ und deren gezielt differenzierenden Uniformenregularien stark abwich.

Im Rahmen des hier behandelten Kontextes des Agierens als Besatzungsmacht und einer dabei unternommenen – funktional gehandhabten – Aufweichung der Rassekriterien der HJ, waren außerdem zwei weitere Gruppen von besonderer Bedeutung. Die ca. 7 780 Jugendlichen, „die im Zusammenhang mit der ‚Rückgewinnung deutschen Blutes' im Osten ermittelt wurden und deren ‚Wiedereindeutschung durch Ansatz [Ansiedlung; J. B.] im Altreich' erfolgte" (Buddrus 2003, S. 814 f.). Zudem die ca. 18 530 Jugendlichen, auf die die „HJ bei der Suche nach verschüttetem deutschem Volkstum im Generalgouvernement […] gestoßen" war und „die in HJ-Lagern solange zu betreuen waren, bis sie als Deutsche gelten konnten" (ebd., S. 815). Diejenigen Jugendlichen, denen nach mehrwöchigem Aufenthalt und wiederholten Auswahlverfahren in den HJ-Lagern „von den zuständigen HJ-Eignungsprüfern der Entscheid ‚wiedereindeutschungsfähig' erteilt" wurde, konnten „zur weiteren Behandlung ins Altreich verbracht werden“ (ebd., S. 821). Auf diesem Wege kamen bis zum Frühjahr 1944 insgesamt 4 446 Jugendliche (2 735 Mädchen) ins Altreichsgebiet, wo „im Verwaltungsgebiet von 15 Höheren SS- und Polizeiführern Jugendlager errichtet worden [waren], in denen die Einzudeutschenden weitere zwölf Wochen verbringen mussten“ (ebd.). In diesen Prozess der „Eindeutschung“ war für jüngere Kinder auch der, bereits erwähnte, 1935 von Himmler gegründete Lebensborn e. V. (Lilienthal 2003) involviert. Im hier angesprochenen Kontext kam es dann, mit der Intention einer gesteigerten Erfolgskontrolle und Effizienz, zur Zusammenarbeit zwischen dem Lebensborn und der HJ, die gemeinsam und sich in ihren organisationsspezifischen Funktionen ergänzend, die „einzudeutschenden“ Kinder an den jeweiligen Verbringungsorten „betreuten“ (Hopfer 2010, S. 127 ff., S. 163 ff. und S. 186 ff.). Wie in den zuvor geschilderten Ausgrenzungserfahrungen, so stellte sich auch in diesem Zusammenhang erneut die Herstellung neuer sozialer Ungleichheiten für diejenigen Betroffenen besonders belastend dar, die durch die differenzierende Erfassungspraxis der Jugendorganisation plötzlich gegenüber ihren ehemaligen Freunden und Bekannten abgestuft sowie von diesen isoliert und teils diffamiert oder misshandelt wurden (Steinert 2013, S. 216). Die besondere Ungleichheitsgenerierung, wie sie aus einer NS-Herrschaftsausübung in den besetzten Gebieten und hierbei konkret der dortigen Etablierung neuer, nach rassistischen Kriterien die jugendliche Bevölkerung selektierender, HJ-Verbände resultierte, kann mit einem autobiographischen Bericht eindrücklich veranschaulicht werden. Der damals 13-jährige Jude Solly Ganor erzählt aus der Perspektive eines jugendlichen Zeitzeugen aus Litauen, wie er bei einer Kontrolle durch die Hitler-Jugend nur ungeschoren davonkommt, da er einen der Jungen von früher kennt. Diesem hatte er Jahre zuvor sein geliebtes Schaukelpferd geschenkt, als seine Eltern mit ihm vor den heranrückenden Nationalsozialisten von Heydekrug an der deutschen Grenze nach Kaunas fliehen mussten. Die berichtete Szene ereignete sich, als Ganor vor einem Laden anstand:

> „Langsam kam die Schlange voran. Ich hielt den Kopf gesenkt, bis ein Tumult an der nächsten Ecke mich aufsehen ließ. Ein halbes Dutzend Jungen kam die Strasse hinunter. Hitlerjugend! Ich erkannte sie an ihren braunen Uniformen und den rot-schwarzen Hakenkreuzen auf ihren Armbinden. Vor der Bäckerei blieben sie stehen. ‚Ich wette, in dieser Schlange sind auch ein paar Juden‘, sagte der Anführer auf deutsch, ‚los, Müller, du bist der Experte im Judenriechen. Zeig, was du draufhast.‘
>
> Gehorsam ging der Junge zum vorderen Ende der Schlange und begann, die Menschen nacheinander zu mustern. Er war etwas größer als ich, mit kurzgeschorenen Haaren und hellblauen Augen. Irgendwie kam mir sein Gesicht bekannt vor, doch ich konnte ihn nicht recht einordnen. Ich sah mich nach einem Fluchtweg um. Vergeblich: die anderen Hitlerjungen hatten uns fest im Blick. Es half nichts, ich mußte es durchstehen.

Dann sank mir das Herz. Müller packte David am Kragen und befahl ihm, er solle ihm in die Augen sehen. Im Gegensatz zu mir sah David nicht sehr ‚jüdisch' aus. Er war dunkelblond, hatte graue Augen und eine kleine gerade Nase. Er kam dem Befehl des Jungen nach, und der zog ihn auf die Straße.

‚Alles klar, er ist ein Jude. Haltet ihn fest, bis ich fertig bin.' ‚Aber er sieht überhaupt nicht jüdisch aus!' wunderten die anderen sich. ‚Woher willst du wissen, daß er ein Jude ist?'

‚Na ja, die blöden Litauer verstehen nicht ein einziges Wort Deutsch. Dieser kleine jüdische Gelehrte hier aber schon. Hätte er sich halt dumm stellen sollen…'

Während Müller fortfuhr, die Menschenreihe zu examinieren, fielen die anderen über David her. Schon lag er auf der Straße und versuchte, seinen Kopf mit den Armen zu bedecken. Sie traten ihn in den Rücken, die Rippen, den Magen. Dann trampelte der Anführer ihm brutal mit dem Stiefel ins Gesicht, noch mal und noch mal, bis David sich nicht mehr bewegte. Eine Blutlache bildete sich unter seinem Kopf, doch die Schläger ließen nicht eher von ihm ab, bis sie sich ausgetobt hatten. Ein Ausdruck sadistischer Befriedigung lag auf ihren Jungengesichtern. Ich wandte den Blick ab. Mein Herz raste wie verrückt. Müller näherte sich dem Ende der Schlange. Meinem Ende. Er warf einen Blick auf mich. Ein zufriedenes Grinsen breitete sich auf seinem Gesicht aus. In dem Augenblick erkannte ich ihn. Mein Herz krampfte sich zusammen. Trotzdem gelang mir ein Lächeln.

‚Hansi', sagte ich leise, ‚wie geht es meinem Holzpferd?'

Er hob den Arm wie zum Schlag, dann wandelte sich die Verwirrung in seinem Blick zu Schrecken. Einen Augenblick lang starrten wir einander an, bis er sich abrupt umdrehte und wegging. Die anderen Hitlerjungen hatten unseren Blickwechsel bemerkt.

‚Das ist doch auf jeden Fall ein Jude!' protestierten sie. ‚Wieso läßt du ihn laufen?'

‚Nein! Ich kenne ihn. Sein Vater ist Italiener, deshalb ist er so dunkel.'

Der Anführer sah mich zweifelnd an und legte den Arm um Hansi. ‚Schon gut, Hansi, ist schon in Ordnung. Wir müssen nicht alle Juden töten. Wir sollten der Gestapo und der SS auch noch ein paar überlassen. Der hier bedeutet dir irgendwas, stimmt's?'

Hansis Gesicht versteinerte. Ihm war klar, daß sie ihn prüften. ‚Nein, ich kenne die Familie', beharrte er und schüttelte den Arm des Anführers ab, ‚er ist kein Jude. Wie ich schon sagte: er ist Italiener.' Er drehte sich um und ging, ohne noch einmal zurückzusehen.

Die anderen zogen ab, nur der Anführer blieb und sah mich von oben bis unten an. ‚Come stai?' sagte er plötzlich. Das Herz schlug mir bis zum Hals. Trotzdem antwortete ich lächelnd: ‚Grazie, bene.'

Er war überrascht, dann winkte er. Ich winkte zurück, noch immer lächelnd, und dankte Gott, daß ich diese italienische Floskel von Onkel Georg gelernt hatte. Die Bande verschwand und ließ David in seiner Blutlache zurück. Er lag starr da. Einige litauische Frauen in der Schlange bekreuzigten sich.

> Ich zitterte am ganzen Leibe, doch ich war ebenso überrascht wie schockiert. Unter normalen Umständen hätte ich zu heulen angefangen, aber das hier waren keine normalen Umstände, und wenn ich mich nicht zusammenriß, würde ich bald neben David auf dem Kopfsteinpflaster liegen. Welche bösen Mächte hatten meinen geliebten Hansi in diesen Totschläger verwandelt?“ (Ganor 1998, S. 56 ff.).

Wie beim abweichenden Verhalten *innerhalb* der rassisch definierten „Volksgemeinschaft“ (vgl. die Ausführungen zum Milieu), kam es außerdem auch im hier behandelten Kontext zu Auseinandersetzungen zwischen Jugendlichen, die nach Selbstbestimmung strebten (etwa der polnischen Pfadfinder) und der NS-Herrschaft, vertreten durch die HJ als deren zuständiger und Kontrollansprüche durchsetzende Repräsentanz. Hierbei wirkten sich allerdings nicht selten die neugeschaffenen, besatzungsbedingten Ungleichheitsverhältnisse noch einmal verschärfend aus (Steinert 2013, S. 215 ff.). Die Konsequenzen dieser Auseinandersetzungen differenzierten sich freilich auch dahingehend von jenen im Altreich, dass die zugestandenen Rechte der Betreffenden noch deutlich geringer sowie zugleich die zu erwartenden und erfahrenen Sanktionen wesentlich rigider ausfielen. Letztlich konnte ein attestiertes abweichendes Verhalten aber in den besetzten oder annektierten Gebieten im Osten (ebd., S. 217) sowie aus der „Volksgemeinschaft“ heraus geschlechterübergreifend zur Einweisung in ein Kinder- oder Jugendkonzentrationslager führen. In beiden Fällen partizipierte die HJ hieran: indirekt in Fällen, in denen einerseits eine anhaltende Verweigerung des HJ-Dienstes (zum BDM: Limbächer/Merten 2000, S. 24; zur männlichen HJ: Neugebauer 1997, S. 15) oder andererseits Auseinandersetzungen mit der Jugendorganisation bzw. deren Verhaltenserwartungen (Neugebauer 1997, S. 15 f.) als Begründung der Einweisung fungierten; direkt, in den – im Altreich grundsätzlich gegebenen[126] – Fällen, in denen Repräsentanten der HJ entscheidend an der Beschlussfindung zur Einweisung beteiligt waren (ebd., S. 27; VHB. HJ, Bd. II, 1942, S. 977).[127]

Die Grauzonen der HJ-Erfassung gegenüber den Angehörigen der Hauptkategorien der exkludierenden rassistischen NS-Bevölkerungspolitik

Neben den beschriebenen „Rückführungen“ und „Eindeutschungen“ nach rassischen Auslesekriterien vollzog die HJ, wie bereits erwähnt, auch gegenüber den jugendlichen Angehörigen der angeblich „fremdvölkischen“ Hauptgruppen eine eher willkürlich anmutende Aufnahmepolitik. Diese transformierte die rassistisch bedingten Ungleichheitsmuster der NS-Bevölkerungspolitik unmittelbar

126 Zum bislang von der historischen Forschung nur in ersten Ansätzen bearbeiteten sogenannten „Polen-Jugendverwahrlager“ in Litzmannstadt vgl. Harten 1996, S. 295 ff.; Steinert 2013, S 252 ff.

127 Zur sozialen Differenzierung innerhalb der Jugend-KZs anhand einer Untergliederung der Inhaftierten in ein typologisierendes Blocksystem vgl. Neugebauer 1997, S. 29 ff.

auch in die Organisationsstrukturen der HJ. Die hierbei vermeintlich auftretende Widersprüchlichkeit ist nur unter Berücksichtigung der Phasengliederung der NS-Herrschaft zu verstehen. Während die Eingliederung ganzer Gruppen und Verbände anderer Jugendorganisationen in der ersten Phase zu einer Aufnahme „fremdvölkischer" Jugendlicher führen konnte, existierten zu diesem Zeitpunkt noch keine verbindlichen Aufnahmekriterien, die diese Jugendlichen grundsätzlich ausgeschlossen hätten. Hier wurden zunächst viele Entscheidungen von den zuständigen HJ-Funktionären vor Ort getroffen, die nicht selten ihre Effizienz bei der rassischen „Säuberung" ihrer Gliederungen unter Beweis stellen wollten. Die Reichsjugendführung hingegen, etablierte zur gleichen Zeit nach und nach ihren Totalitätsanspruch. Somit konnte auch der paradoxe Fall eintreten, dass Heranwachsende zunächst aus der HJ ausgeschlossen und später jugenddienstpflichtig wurden.[128] Zudem führten herrschaftspragmatische Rücksichtnahmen und der Totalitätsanspruch der Reichsjugendführung in Kombination in der ersten, zweiten und anfangs der dritten Phase dazu, dass Eingliederungen „Fremdvölkischer" in die HJ bestehen blieben, während zugleich andere Vertreter derselben Bevölkerungsgruppen rüde abgewiesen oder sogar diffamiert und physisch attackiert wurden. Zentrales Kriterium war die Wahrung des ideologischen Anscheins einer bestehenden Rassereinheit der HJ-Mitgliederschaft. Spätestens seit der zweiten Hälfte der letzten Phase wurden dann nahezu alle „fremdvölkischen" Jugendlichen aus den NS-Organisationen ausgeschlossen und entsprechend der NS-Rassenpolitik „behandelt". Allerdings gab es bis zuletzt vor allem in der Wehrmacht unentdeckte Ausnahmefälle.

Nun im Einzelnen zu den erwähnten „fremdvölkischen" Hauptgruppen und ihren spezifischen Ungleichheitserfahrungen mit den Inklusionsbestrebungen der HJ: Den Bevölkerungsgruppen der als „Zigeuner" abwertend klassifizierten Sinti und Roma einerseits sowie den jüdischen „Mischlingen" andererseits.

Die Gruppe der Sinti und Roma wurde von den Nationalsozialisten nach damals allgemeinem Sprachgebrauch sozial abstufend als „Zigeuner" bezeichnet, erfasst und „behandelt". Sie hatte im Einzugsgebiet des NS-Regimes ein der jüdischen Bevölkerung vergleichbares Verfolgungsschicksal zu erdulden (Zimmermann 1996, Fings/Sparing 2005). Dies kennzeichnete in besonderem Maß auch die damalige Lebenserfahrung ihrer jungen und jüngsten Nachkommen (Fings/Sparing 1993). Zugleich verfingen auch sie sich in entsprechendem Alter mitunter in den Aufnahmewidersprüchen der Hitler-Jugend. Für die dreißiger Jahre sind einige Mitgliedschaften von „Zigeunern" und „Zigeunermischlingen" in der HJ belegt (Benecke 2013, S. 149f.), wobei zumindest für den Fall eines Jungen,

128 Hierbei handelte es sich um ein weiteres der ungleichheitsrelevanten Paradoxa, wie sie aus der wirksamen Verbindung von Herrschaft und Rassismus entstanden, jener „Widersprüche in dem Versuch, gesellschaftliche Totalität mit gleichzeitiger, rassistisch begründeter Aus- und Abgrenzung zu verbinden" (Kollmeier 2007, S. 29).

der bis 1936 Mitglied war, auch ein archivalisch nachprüfbares amtliches Dokument überliefert ist (Landesarchiv NRW, BR 2034/619).[129] Auch in dieser Bevölkerungsgruppe fanden die meisten Ausschlüsse, falls die Betreffenden nicht bereits zuvor das 18. Lebensjahr erreicht hatten, ab Mitte der dreißiger Jahre statt. Entsprechend dieser selektierenden Untergliederung hinsichtlich einer angeblich vorhandenen Differenzierbarkeit nach „Mischlings"-Graden legte die Reichsjugendführung noch im Mai 1942 fest:

> „Aus gegebener Veranlassung weise ich darauf hin, daß Zigeuner und Zigeunermischlinge zur Jugenddienstpflicht nicht heranzuziehen sind. Ausgenommen hiervon sind Zigeunermischlinge mit vorwiegend deutschem Blutanteil, deren Eltern vom Reichskriminalpolizeiamt Berlin [...] als ‚sozial angepaßt' festgestellt werden" (BArch R 43-II/522b, Bl. 95; abgedruckt in Benecke 2013, S. 297).

Hiermit werden mindestens vier Charakteristika der rassistischen NS-Bevölkerungspolitik in die (geplante) Aufnahmepraxis der HJ überführt: eine Unterscheidung nach angeblich „deutschen" Anteilen dieser Bevölkerungsgruppe, für welche eine Dienstpflicht bestehen solle; die weitere Differenzierung nach dem Grad des attestierten „sozial angepassten" Verhaltens der so herausgehobenen Heranwachsenden; die höchst marginalen Möglichkeiten der Betreffenden selbst, ihre Einstufung selbstbestimmt zu beeinflussen; die entschiedene Exklusion all derer Angehöriger dieser Bevölkerungsgruppe, denen man die zuvor genannten Ausnahmekriterien nicht zuwies.

Anhand des Schicksals der Gruppe jüdischer Heranwachsender soll nun die Struktur der sie betreffenden, den obigen im Prinzip vergleichbaren, HJ-Differenzierungen dargestellt werden. Die rassebezogenen Vorschriften des NS-Systems richteten sich primär gegen die Juden („Nichtarier"), im Bereich der HJ gegen die jüdischen Kinder und Jugendlichen zwischen ihrem 10. und 18. Lebensjahr. Aber auch aus ihren Reihen konnten Heranwachsende eine vorübergehende Aufnahme in die HJ erfahren, wenn sie der rechtlichen Grauzone der jüdischen „Mischlinge" bzw. einer Untergruppe dieser „Rassen"-Kategorie angehörten (Stoltzfus 2003, S. 93 f., 171 f.; Tent 2007, S. 78; Postert 2021, S. 216).[130] Aus ihren Reihen kam es

---

129 Ich danke Karola Fings für diesen Hinweis.

130 „Als Person ‚gemischten jüdischen Blutes' galt, wer 1. von zwei jüdischen Großeltern (Halbjuden) abstammte, aber a) am 15. September nicht (oder nicht mehr) der jüdischen Religion angehörte und ihr zu keinem späteren Zeitpunkt beitrat *und* b) am 15. September nicht (oder nicht mehr) mit einem Juden verheiratet war und zu keinem späteren Zeitpunkt eine Ehe mit einem Juden einging (solche Halbjuden wurden ‚Mischlinge ersten Grades' genannt); und 2. von einem jüdischen Großelternteil abstammte (Mischling zweiten Grades [so genannte ‚Vierteljuden'; J. B.])" (Hilberg 1999, S. 76). Von dieser Einstufung betroffen waren 1939 im Deutschen Reich (Österreich und Sudetengebiete eingeschlossen) schätzungsweise 64 000 „Mischlinge ersten" und 43 000 „Mischlinge zweiten

mitunter zur HJ-Mitgliedschaft, wenn die Jugendverbände, in denen sie zuvor organisiert gewesen waren, in diese überführt wurden (Meyer 1999, S. 282 ff.; Tent 2007, S. 93 ff.). In Einzelfällen waren sie auch bereits vor 1933 in die HJ eingetreten (Tent 2007, S. 171). Gerade in der letztgenannten Kategorie mussten Heranwachsende mitunter erfahren, wie eindeutig die „Kameradschaft" als Sozialform der HJ in Abhängigkeit der NS-Ideologie stand. Entsprechendes erlebte der, 1929 der Jugendorganisation beigetretene, Zeitzeuge Günther Lack, als er 1935 durch die „Nürnberger Gesetze" als „Halbjude" klassifiziert wurde:

> „Kaum hatte er eines Nachmittags den Versammlungsraum betreten, stand der gesamte Jungzug auf Geheiß seines Führers stramm und skandierte: ‚Halbjude, Halbjude, Halbjude!' [...] Seine Gefährten, die stets das hohe Lied der Kameradschaft anstimmten, empfingen ihn jetzt mit Schmähungen und Verachtung, ohne dass er sich selbst in irgendeiner Weise verändert hätte" (Hartl 2007, S. 130 f.).

Die „Mischlinge" waren aufgrund ihres, zugleich rassistisch konstruierten und begründeten, sozialen Status in besonderem Maße der Willkür ihrer Umwelt und insbesondere der nationalsozialistischen Organisationen ausgesetzt (Benz 1996, S. 684 ff.). So konnte es auch in ihrem Fall durchaus vorkommen, dass allein das Aussehen, genauer: das Vorhandensein der angeblich typisch „jüdischen" Körpermerkmale, darüber entschied, ob ein Heranwachsender als „Jude" angesehen und aus der HJ ausgeschlossen wurde (exemplarisch: Rosenbaum 2014, S. 178). Mitunter kam es bei den Söhnen ein und derselben Familie zu unterschiedlichen Erfahrungen (Tent 2007, S. 49 ff., 61 f.; vgl. auch das bereits dargestellte Schicksal der Brüder Hartmann). Bis 1940 wurden „Mischlinge" beider Grade in die allgemeine

---

Grades" (Benz 1996, S. 687), 90 % von ihnen gehörten einer christlichen Konfession an (ebd.). Für ein Verständnis der Sozialisationsrelevanz dieser, zwar als willkürlich-herrschaftliche soziale Kategorisierung, aber zugleich auch formal eindeutig anmutenden Definition „jüdischer Mischlinge", sei ein Beispiel aus der immer wieder von Irrungen und Wirrungen durchzogenen Praxis der entsprechend differenzierenden Bevölkerungspolitik angeführt. Der Zeitzeuge Ludwig Brunner war gezwungen unterzutauchen, während seine Eltern nicht verfolgt wurden und ihn unterstützten: „‚Meine Mutter war Nichtjüdin, trat aber bei der Eheschließung mit meinem Vater zum jüdischen Glauben über, und ich wurde jüdisch erzogen. Nach der Machtübernahme durch die Nazis trat meine Mutter aus der jüdischen Gemeinde aus und galt als ‚Arierin'. Die Ehe mit meinem Vater wurde dadurch eine sogenannte privilegierte Ehe. Ich war wegen meiner jüdischen Erziehung sogenannter Geltungsjude, wurde aber strafgesetzmäßig als Mischling behandelt.'" (zit. n. ebd., S. 685). Obgleich die Ehe der Eltern des Zeitzeugen gerade deshalb keine „privilegierte" war, da er im jüdischen Glauben erzogen worden war (ebd.), wird die rechtliche Unsicherheit und identitätsbezogene Zerrissenheit deutlich, wie sie für die betreffenden Heranwachsenden aus diesen juristischen Definitionen resultieren konnte. Zu den unzähligen antisemitisch motivierten und konnotierten Gesetzen, Erlassen und Verordnungen, die hier nicht weiter besprochen werden können, vgl. die informative Darstellung bei Walk 1996.

HJ aufgenommen (Meyer 1999, S. 195).[131] Demgegenüber hatte die HJ allerdings, laut der Angaben der organisationseigenen Warnkartei, zwischen 1933 und 1939 bereits 574 Mitglieder mit „anteiliger jüdischer Abstammung" ausgeschlossen (Kollmeier 2007, S. 98; vgl. exemplarisch die Ausführungen zu den rassistisch begründeten Ausschlüssen in der Warnkartei der HJ). Die Reichsjugendführung übertrug also „in ihrem totalen Erfassungsanspruch" schließlich „die Jugenddienstpflicht mit bürokratischem Vollständigkeitswahn" (Buddrus 2003, S. 284) auch auf die Angehörigen der hier benannten „fremdrassigen" Gruppen. Dies betraf vorrangig die Zeit nach dem Erlass der beiden Durchführungsverordnungen von 1939 und der damit einhergehenden Radikalisierung der Jugenddisziplinierung (Kollmeier 2007, S. 199 ff.), zu welcher auch der totalitäre Erfassungsanspruch und die so produzierten inklusionsbezogenen Widersprüche zählten (ebd., S. 201 ff., 303). Entsprechend dieser Erweiterung[132] ordnete die Reichsjugendführung im Oktober 1941 eine neue Aufnahmepraxis der HJ an (BArch R 43-II/512, Bl. 246; abgedruckt in Benecke 2013, S. 283 f. sowie die Abbildung 27).

In diesen Aufnahmebestimmungen – also der organisationseigenen Regulierung des sozial differenzierenden Kriteriums des „Zugangs" (vgl. die obige Definition sozialer Ungleichheit) – kommen die, oben bereits für die Bevölkerungsgruppe der „Zigeuner" aufgewiesenen, ungleichheitsgenerierenden Charakteristika zum Tragen. Gleiches galt für die, noch einmal besonders hervorgehobene – als soziale Differenzierung im Sinne der eingangs definierten Zugangsunterschiede zu interpretierende – ‚Bevorzugung' der „deutschblütigen Jugendlichen" bei der Ermöglichung „ihre Jugenddienstpflicht abzuleisten". Darüber hinaus brach auch in diesem Kontext das bekannte, ebenfalls auf unterstellenden Zuschreibungen

131 Vgl. exemplarisch den autobiographischen Bericht Helmut Schmidts, dessen Großvater Jude war (ders. 1994, S. 209). Er war Angehöriger der HJ, später auch der Sonderformation der Marine-HJ (ebd., S. 226 ff.), hatte sich selbst nicht als ‚jüdisch' verstanden (ebd., S. 217 ff.) und wurde auf die entsprechenden sozialen Differenzierungen erst durch die Jugendorganisation verwiesen, ohne in dieser selbst davon betroffen zu werden: „Vom Nazi Begriff der Rasse habe ich zuerst in der Hitler-Jugend gehört" (ebd., S. 223). Das Beispiel Schmidts zeigt HJ-bezogen, wie sehr die Annahme – vor allem das assimilierte Judentum betreffend – in die Irre führt, es habe sich zum Zeitpunkt der NS-Machtübernahme bei Deutschen und Juden um trennscharf differenzierbare und sich gegenseitig abgrenzende Bevölkerungsgruppen gehandelt.

132 „Diese Erweiterung der Zielgruppe auf äußerlich und im Verhalten konforme ‚Mischlinge' bediente sich der graduellen Differenzierung von Abstammungsverhältnissen des 1935 erlassenen ‚Reichsbürgergesetzes' und wurde über die rechtliche Konstruktion der staatlichen Dienstpflicht gerechtfertigt" (Kollmeier 2007, S. 201). In dem Bemühen, weiterhin vorzeigbare und inklusionsfördernde Residuen der „Rassereinheit" auch in der HJ zu erhalten, waren alle „Mischlinge" von einer Aufnahme in die Stamm-HJ ausgeschlossen (VHB. HJ, Bd. II, 1942, S. 195). Dieser Teilverband legte härtere rassistische Maßstäbe als Aufnahmehürden an, als es die Nürnberger Gesetze einerseits, sowie die entsprechenden Kriterien der Norm-HJ andererseits vorgaben – eine weitere soziale Ungleichheit in der Ungleichheit.

rassistischer Couleur beruhende, Misstrauen gegenüber dem angeblichen Verschwörungswillen der „jüdischen Rasse" durch. Beispielsweise wenn es hieß: „Eine Bereitstellung [also noch keine vollzogene Aufnahme in den aktiven HJ-Dienst; J. B.] der jüdischen Mischlinge *allein* [also in eigenen Gruppen ohne organisations- und somit herrschaftsbezogene Kontrolle; J. B.] hat zu unterbleiben." Letztlich ergab sich der stark sozial differenzierende Sachverhalt, dass die jüdischen „Mischlinge ersten Grades" entgegen der früher zumindest propagierten „prinzipiellen Ausgrenzung" (Kollmeier 2007, S. 96) zwischen März 1939 und Oktober 1941 in der HJ dienstpflichtig wurden (ebd., S. 202). Danach sollten sie nur mehr „bereitgestellt" werden, eine Zuweisung zum Dienst aber nicht mehr erfolgen. Mischlinge 1. Grades, die der HJ bereits angehörten, sollten hingegen „durch Erteilung eines Bereitstellungsscheines" wieder aus ihren Reihen „entfernt" werden (BArch R 43-II/512).

Noch am 18. Oktober 1941 bekräftigte Axmann hingegen, dass theoretisch eine Jugenddienstpflicht auch für jüdische „Mischlinge zweiten Grades" bestehe (ebd.). Sie sollten pro forma weiterhin zum HJ-Dienst herangezogen werden (Kollmeier 2007, S. 202), wurden de facto aber meist ebenfalls „bereitgestellt". Dies lag an der unten genannten, weiter Ungleichheit verschärfenden, Anordnung, dass angesichts des Führermangels der HJ im Krieg, „zunächst den deutschblütigen Jugendlichen die Möglichkeit zu geben" sei „ihre Jugenddienstpflicht abzuleisten" (BArch R 43-II/512). Für die „Mischlinge ersten Grades" galt dies, wie gezeigt, nicht mehr. Letztere wollte man, spätestens mit Beginn der systematischen Deportationen 1941, möglichst geräuschlos wieder aus der HJ entfernen (Kollmeier 2007, S. 202). Noch 1943 waren daher jüdische „Mischlinge 2. und niederen Grades" jugenddienstpflichtig, durften aber keine Mitglieder der Stamm-HJ werden, welche laut der ersten Durchführungsverordnung zum HJ-Gesetz vom März 1939 u. a. alle vor Bestehen der Jugenddienstpflicht freiwillig in die Jugendorganisation eingetretenen Jugendlichen aufnahm (RGbl. I, Nr. 66, 6. 4. 1939, S. 709 f.). Letzteres stellte eine auch sekundär soziale Ungleichheit generierende Maßnahme dar, mit dem Ziel: „die Zugangsfunktion zu den Parteiverbänden zu schützen" (Kollmeier 2007, S. 202). Zu diesem Zweck rekurrierte man hier „auf die strengere Definition von ‚Juden' durch die Partei" (ebd.; VHB. HJ, Bd. II, 1942, S. 195; letzteres abgedruckt in Benecke 2013, S. 179). Seit 1942 wurden allerdings auch diejenigen jüdischen „Mischlinge", die laut Gesetz eigentlich nicht von diesem befreit gewesen wären, endgültig vom HJ-Dienst zurückgestellt, ohne dass dies öffentlich kommuniziert worden wäre (BArch NSD 43/111; Nolzen 2005, S. 265).

Letzterer Vorgang stellte eine dritte, rassistisch begründete und herrschaftsabhängig durchgesetzte, soziale Differenzierung dar: nach der Separierung der jüdischen Bevölkerung (1) und deren Unterscheidung nach „Mischlingsgraden" (2) nun die Zugangsverweigerung der eigentlich dienstverpflichteten Teilgruppe (3).

Abbildung 27: Aufnahmebestimmungen der HJ für „jüdische Mischlinge“ und Jugendliche nichtdeutscher Volkszugehörigkeit (VHB. HJ, Bd. II, 1942, 125)

Es ist künftig zwischen Mischlingen 1. und 2. Grades zu unterscheiden. Mischlinge 1. Grades sind solche, die von zwei der Rasse nach volljüdischem Großelternteil abstammen (1/2-Juden). Mischlinge 2. Grades sind solche, die von einem der Rasse nach volljüdischen Großelternteil abstammen (1/4-Juden).

Auf die Erläuterungen des Begriffs im einzelnen im Rundschreiben des Stabsführers vom 2. 4. 1940 Nr. 33/40 wird Bezug genommen.

1. Mischlinge 2. Grades

Mischlinge 2. und niedrigeren Grades sind wie deutschblütige Jugendliche zum Dienst heranzuziehen.

a) Erfassung der 10jährigen.

Die Jugendlichen erhalten einen Zuweisungsschein und sind den zuständigen Einheiten zu überweisen.

b) Erfassung der älteren Jahrgänge (1924 bis 1929).

Mit Rücksicht auf die durch den Krieg bedingte Führerlage und die besonderen Kriegsaufgaben kann im allgemeinen von den älteren Jahrgängen bei ihrem Aufruf jeweils nur ein Teil zum Dienst herangezogen werden, während der Rest bereitzustellen ist.

In erster Linie sind hierbei die jüdischen Mischlinge bereitzustellen, um zunächst den deutschblütigen Jugendlichen die Möglichkeit zu geben, ihre Jugenddienstpflicht abzuleisten.

Können bei der Führerbesetzung der Einheit alle Jugendlichen des aufgerufenen Jahrganges zum Dienst herangezogen werden oder soll nach Anweisung der gesamte Jahrgang zum Dienst herangezogen werden, so sind Mischlinge 2. Grades wie deutschblütige Jugendliche durch Aushändigung eines Zuweisungsscheines zum Dienst heranzuziehen. Eine Bereitstellung der jüdischen Mischlinge allein hat zu unterbleiben.

2. Mischlinge 1. Grades

a) Erfassung und Aufnahme.

Mischlinge 1. Grades sind ausnahmslos bereitzustellen, und zwar auch dann, wenn eine Bereitstellung deutschblütiger Jugendlicher nicht erfolgt. Eine Zuweisung zum Dienst erfolgt demnach künftig nicht mehr.

b) Mischlinge 1. Grades, die der Hitler-Jugend bereits angehören.

Nachdem der Führer und Reichskanzler die Entlassung aller jüdischen Mischlinge 1. Grades aus der Wehrmacht angeordnet hat, sind nunmehr sämtliche Mischlinge 1. Grades, die bereits der Hitler-Jugend angehören, durch Erteilung eines Bereitstellungsscheines wieder aus der Hitler-Jugend zu entfernen.

c) Bereitgestellte Mischlinge 1. Grades sind zu keinerlei Dienstleistung heranzuziehen.

d) Der Grund für die Bereitstellung der Mischlinge 1. Grades auch in den Fällen zu Ziffer 2 b ist bei etwaigen Anfragen und Beschwerden dahin zu beantworten, daß mit Rücksicht auf die Einberufung neuer Geburtsjahrgänge und den kriegsbedingten Führermangel nicht mehr alle Jugendlichen zum Dienst herangezogen werden können und auch zahlreiche deutschblütige Jugendliche keine Möglichkeit zur Ableistung ihrer Jugenddienstpflicht haben. Ein Hinweis auf die politischen Hintergründe der Bereitstellung ist in jedem Falle zu vermeiden. Geben sich Beschwerdeführer mit diesem Bescheid nicht zufrieden, so sind sie an das Hauptamt I der Reichsjugendführung zu verweisen. Dorthin sind auch weitere Beschwerden mit Vorgängen zu leiten.

Die Einheitsführer sind entsprechend zu unterrichten.

Der Erlaß gilt nur im Bereich des Jugenddienstrechts. In die Stamm-HJ können jüdische Mischlinge nicht aufgenommen werden.

Der Erlaß darf Außenstehenden nicht zur Kenntnis gebracht werden.

125

Als Konsequenz der hier skizzierten, ohne eigene Möglichkeiten zu eigener Einflussnahme erfolgten, Zuschreibungen und Kategorisierungen ergab sich für die Betroffenen „Mischlinge" eine spürbare „Zerrissenheit" (Grabowsky 2012)[133]: zwischen einer, in ihrem Fall mehr von deren Verlust bedrohten, als mit Aufwertungen versehenen, anteiligen In- und einer, entsprechend der antisemitischen NS-Politik stigmatisierenden, anteiligen Exklusion. Infolgedessen erlebten einige Angehörige dieser NS-Rassenkategorie selbst nach 1945 HJ-bezogene belastende Ungleichheitserfahrungen. Sie waren nunmehr scheinbar besonders gefordert, ihre HJ-Mitgliedschaft nachträglich zu erklären, während sie mitunter aufgrund derselben von den Entnazifizierungsausschüssen in die Kategorie der „Mitläufer" eingestuft wurden (Meyer 1999, S. 256).

Die Grauzonen der HJ-Erfassung gegenüber den Angehörigen der, nach „erbbiologischen" Kriterien, mit negativer Konnotation sozial differenzierten Teile der „Volksgemeinschaft"

Von den hier beschriebenen, herrschaftsgebundenen und – nun in einem weiteren, die Eugenik einschließenden Sinne – rassistisch legitimierten, sozialen Differenzierungen waren zudem jene Angehörigen der „Volksgemeinschaft" betroffen, die aufgrund einer ihnen attestierten Behinderung nicht den propagierten Idealen der „erbgesunden" HJ-Mitgliedschaft entsprachen (Benecke 2013, S. 62 f.). Nicht zuletzt auf Betreiben der zuständigen Sonder- und Hilfsschullehrerschaft (Büttner 2005,

133 Zerrissenheit wird hier im Sinne sozialer Ambivalenz verstanden, die ein wesentliches Charakteristikum der Identität damals heranwachsender jüdischer „Mischlinge" darstellte (Grabowsky 2012, S. 93 ff.): „*Soziale A.*, Merkmal einer sozialen Situation, in welcher miteinander unvereinbare normative Erwartungen an den Inhaber einer Position oder mehrerer Positionen gerichtet werden und diese Person momentan über keine Möglichkeiten zur Lösung dieses Konflikts verfügt" (Fuchs-Heinritz et al. 1994, S. 34). Dieser Zustand bedeutet im hier vertretenen Verständnis soziale Ungleichheit, da der Zugang zur Definition der Zugehörigkeitskategorien für die Betroffenen versperrt, und damit die Freiheitsgrade einer selbstbestimmten Identitätsbildung stark beeinträchtigt waren. Das Schicksal der heranwachsenden jüdischen „Mischlinge" unterschied sich hierbei durch das fast vollständige Fehlen eigener Entscheidungsbefugnisse von den Erfahrungen vorangegangener Generationen. Deren Erfahrungswelt hatte wiederum die Zeitzeugin Cora Berliner beschrieben: „In den Jüngeren zeigt sich oft eine Zerrissenheit und Unausgeglichenheit, sie fühlen deutlich zwei verschiedene Welten, die sich nicht vereinigen wollen. Wie oft wird der Entschluß, zum Christentum, dem Glaubensbekenntnis der Majorität, oder auch zur zionistischen Partei überzutreten, aus der Sehnsucht geboren, aus einem Zwiespalt herauszukommen, um auf einer Seite seine Kraft voll entfalten zu können" (Berliner 1916, S. 49; zit. n. Schatzker 1988., S. 236 f.). Hier unterschied sich diese jüdische Jugend von den älteren Generationen, so der damalige Befund Berliners. Für letztere stelle sich „die Frage ‚Deutschtum oder Judentum'" häufig „überhaupt nicht", da sie „noch die große Zeit von Deutschlands nationaler Einigung und die Jahre vor dem Neuauftreten des Antisemitismus miterlebt" hätten (zit. n. ebd., S. 236).

S. 76), welcher es nicht zuletzt um eine eigene herrschaftsinterne Aufwertung durch die Hervorhebung der Gemeinschaftsrelevanz ihrer Klientel ging, änderte die RJF den generellen Ausschluss von Hilfsschülerinnen und Hilfsschülern im Herbst 1935 in eine Kann-Vorschrift bezüglich ihrer Aufnahme in das Deutsche Jungvolk (Brill 2011, S. 165). Außerdem kam es in dieser Phase der NS-Herrschaft und der damit verbundenen Organisationsentwicklung zur Gründung einiger, aufgrund „erbbiologischer" Zuschreibungsmuster sozial ausdifferenzierender, „Sonderbanne" der HJ (VHB. HJ, Bd. II, 1942, S. 55, 60 f.). Im März 1934 genehmigte die Reichsjugendführung den Bann B (Blinde), im Dezember 1934 wurde der Bann G (Gehörlose) zugelassen und im Juli 1935 der Bann K (Körperbehinderte)[134] (Büttner 2005, S. 79 ff.). Der Bann K wurde allerdings 1936/37 bereits wenige Monate nach seinem Entstehen wieder aufgelöst, da dessen Existenz und vor allem eine eventuelle öffentliche Wahrnehmung Körperbehinderter als HJ-Angehörige offenbar in zu deutlichem Widerspruch zur Rasseideologie standen (VHB. HJ, Bd. II, 1942, S. 60; Brill 2011, S. 175).[135] Entsprechend legte die Reichsjugendführung im Februar 1937 – bezüglich der internen HJ-Strukturen, also den Inklusionsbereich betreffend – höchst ungleichheitsbildend fest:

> „Unter Aufhebung sämtlicher Anordnungen und Verfügungen wird die Organisationsform der drei Banne Körperbehinderte (K), Gehörgeschädigte (G) und Blinde (B) mit sofortiger Wirkung endgültig wie folgt festgelegt:
>
> 1. Bann Körperbehinderte (K)
> Da das Auftreten der Mitglieder des Bannes K in sämtlichen Gebieten zu berechtigten Klagen Anlaß gegeben hat, wird der Bann K aufgelöst. Es wird jedoch ausdrücklich betont, daß mit dieser Auflösung weder ein Werturteil über die Arbeit des Bannes noch über die einzelnen Sachbearbeiter gefällt werden soll.
>
> Das weitere Verbleiben der ehemaligen Mitglieder des Bannes K und die Neuaufnahme von Körperbehinderten in die Hitler-Jugend hat nach den noch herauszugebenden Richtlinien des Gesundheitsamtes zu erfolgen. Die danach in der Hitler-Jugend verbleibenden Mitglieder des aufgelösten Bannes K werden in die örtlichen

---

134 Vgl. entsprechend den Auftrag der, beim dortigen Oberpräsidenten angesiedelten, Abteilung für höheres Schulwesen in der Provinz Brandenburg vom 19. Oktober 1935, die infrage kommenden Lehranstalten nach geeigneten „körperbehinderten" Schülern durchzusehen und deren Namen zu melden (BBF/DIPF/Archiv: GUT SAMML 199).

135 Die einschlägige Forschung hat sich mit der frühen Auflösung des Bannes K bislang kaum beschäftigt (Brill 2011, S. 175). Hinweise, die die obige These stützen, liefert jedoch eine Notiz zu einer Besprechung vom 11. 11. 1936 unter der Leitung des zuständigen Organisationsleiters der Reichsjugendführung Heyl. Hier wurde die Auflösung des Bannes K beschlossen und mit dem Argument begründet: „Weil grundsätzlich Körperbehinderte (wegen) ihrer äußeren Erscheinungsform (für) das Auftreten der HJ-Gliederungen nicht dienlich sind" (BArch NS 12/1357). Ein Forschungsdesiderat kann grundsätzlich für alle Sonderbanne konstatiert werden (Brill 2011, S. 158).

Einheiten übergeführt und versehen dort, je nach dem Grade ihrer körperlichen Behinderung nach der Entscheidung des Bannarztes ihren Dienst. Damit fallen zukünftig sämtliche Sachbearbeiter für den Bann K in den Gebieten fort.

2. Bann Gehörgeschädigte (G) [[136]]
Der Bann G bleibt wie bisher in seinem organisatorischen Aufbau bestehen. Es fällt zukünftig lediglich die bisher von den Mitgliedern des Bannes G getragene gelbe Armscheibe mit drei schwarzen Punkten weg. Die Angehörigen des Bannes G sind demnach nur noch an dem schwarzen G auf den Schulterklappen und an der schwarzen Paspelierung erkenntlich.

3. Bann Blinde (B)
Der Bann B bleibt ebenfalls in seiner heutigen Form bestehen. Es wird jedoch grundsätzlich angeordnet, daß die Arbeit des Bannes sich nur auf die Blindenanstalten zu beschränken hat.

Die Angehörigen des Bannes B dürfen innerhalb und außerhalb der Anstalten nur dann den Dienstanzug tragen, wenn sie als geschlossene Einheit auftreten. Das Tragen des Dienstanzuges ist demnach einzelnen nicht gestattet. Gleichfalls sind öffentliche Kundgebungen des Bannes B grundsätzlich verboten" (VHB. HJ, Bd. II, 1942, S. 60 f.; abgedruckt in Benecke 2013, S. 186).

Eine Integration der Behinderten – gleich welcher attestierten und, wie im obigen Dokument zu entnehmen, erneut sekundär ungleichheitsgenerierenden Unterkategorie – in den allgemeinen HJ-Dienst wurde strikt abgelehnt. In den HJ-Einheiten an den einzelnen Taubstummenschulen wurden überdies, ganz im Widerspruch zu den Vorschriften der Regel-HJ, Mädchen und Jungen zusammengefasst (Büttner 2005, S. 81 f.). Nach der Gründung der Sonderbanne bildeten sich an vielen Sonderschulen und Heimen eigene HJ-Gruppen (ebd., S. 80 ff.; Brill 2011, S. 166 ff.). Wenngleich einige der institutionellen Situation und den besonderen Eigenschaften der Zielgruppen geschuldete Durchführungsbesonderheiten berücksichtigt werden mussten und letztlich Anspruch und Wirklichkeit nicht selten recht weit auseinanderklafften, war man doch bestrebt, den HJ-Dienst in diesen Einheiten dem in der Regel-HJ anzupassen (Büttner 2005, S. 92 ff.; Brill 2011, S. 172 ff.). Die Existenz dieser Sonderbanne belegt exemplarisch den totalitären Erfassungsanspruch der Reichsjugendführung (Büttner 2005, S. 123). Die mangelnde Aufmerksamkeit, die ihnen bislang von Forschungsseite zukam (Kollmeier 2011, S. 62), korrespondiert mit dem Bestreben der Reichsjugendführung,

136 Der Bann G bezog sich ursprünglich auf „Gehörlose", durch die Erweiterung der Zielgruppe auf „Schwerhörige und ertaubte Jugendliche" – ein Ausgreifen der NS-typischen dynamischen Selektionspraxis auf HJ-Ebene – ergab sich die Notwendigkeit, diesen in „Bann G (Gehörgeschädigte)" umzubenennen (VHB. HJ, Bd. II, 1942, S. 63 f. und 191; ersteres abgedruckt in Benecke 2013, S. 142).

die jede auf deren Existenz und die Aufnahme Behinderter in die HJ gerichtete öffentliche Aufmerksamkeit zu unterbinden trachtete (Büttner 2005, S. 89, 115). Auch wenn dies vor allem aufgrund überwiegend zu kleiner Gruppengrößen erfolgte, so zeigt die ansatzweise koedukative Organisationsstruktur der heiminternen Einheiten doch auf, dass die HJ-internen sozialen Differenzierungen hier erst auf rassistischer Ebene trennscharf verliefen – die jüdischen Schülerinnen und Schüler waren auch in diesem Rahmen vom HJ-Dienst ausgeschlossen (ebd., S. 82).

Am Beispiel der hier dargestellten Erfassungsgrauzonen wird die Relevanz des Wechselspiels zwischen den Dimensionen Macht/Herrschaft und Ideologie/Rassismus für die Analyse NS-spezifischer sozialer Ungleichheitsmuster HJ-bezogen deutlich. Die propagandistisch zur Legitimation des politischen Handelns herangezogenen Ideologeme wurden bedarfsgerecht im Sinne des Herrschaftsanspruches ausgehöhlt. Dies geschah so weitgehend, bis diese Praxis vermeintlich einen allzu deutlichen Widerspruch zwischen beiden Ansprüchen erzeugt hätte – und damit zugleich die Glaubwürdigkeit der Ideologie und die Stabilität des Herrschaftsvollzugs gefährdet gewesen wären. Diese besonderen, auf den ersten Blick widersprüchlich erscheinenden, Zugriffe wurden von der HJ-Forschung bislang kaum systematisch berücksichtigt.

Die bisher dargestellten Systematisierungen zum Thema ermöglichen nunmehr die Entfaltung analyseleitender Hypothesen, deren Zutreffen anhand der bereits eingebrachten und noch folgenden empirischen Beispiele exemplarisch belegt wird: 1. Die beiden – widersprüchliche Effekte auslösenden – Dimensionen der Macht und des zentralen Motivs der NS-Ideologie, der Rasse, sind von übergeordnet-zentraler Bedeutung für die Genese sozialer Ungleichheit auf der HJ-Ebene; 2. Das *Wechselspiel* zwischen diesen zeichnet das NS-Herrschaftssystem genuin aus und macht einige wesentliche Differenzierungsmuster auf der HJ-Ebene erst systematisch erfassbar; 3. Zwischen diesem NS-Rahmen und den Einflüssen anderer, häufig die NS-Herrschaft überdauernder Differenzmuster kam es zu vielfältigen Wechselwirkungen, die im Ergebnis wiederum spezifisch geordnete Phänomene sozialer Ungleichheit in der HJ hervorbrachten; 4. Anhand einer knappen Beschäftigung mit den themenspezifischen Aspekten der einzelnen Determinanten wird im Folgenden das Vorhandensein heterogener sozialer Ungleichheitsphänomene in der HJ entsprechend der Annahmen der Thesen 1 bis 3 feststellbar werden.

Kapitel 4

Soziale Ungleichheitsphänomene auf der Ebene der Hitler-Jugend

Im Folgenden sollen die Erscheinungsformen und Ursachen HJ-spezifischer sozialer Ungleichheiten, wie sie aus den oben angedeuteten Relationen zwischen NS-Rahmung (Thesen 1 und 2 der vorangegangenen Liste) und traditionellen Mustern sozialer Differenzierung (These 3) entsprangen, anhand ausgesuchter Beispiele veranschaulicht und dadurch die bereits formulierten Annahmen empirisch belegt werden (These 4). Hierzu werden die folgenden vier – in der einschlägigen bildungshistorischen Literatur häufig als klassische und besonders einflussreich eingestuften – Determinanten sozialer Differenz bezogen auf die HJ einer themenspezifischen Betrachtung unterzogen: Geschlecht, Generation, Raum/Region, Milieu.

4.1 Geschlecht

Es ist an dieser Stelle weder möglich noch nötig, den Versuch zu unternehmen, sämtliche sozialen Differenzierungen nachzuzeichnen, wie sie sich durch die Doppelstruktur der HJ, ihre Untergliederung in einen weiblichen (JM, BDM, das organisationseigene Werk „Glaube und Schönheit" (Offermanns 2004, S. 173ff.; Willmot 2007, S. 129f.)) sowie einen männlichen Teilverband (DJ, HJ) ergaben bzw. aus Sicht des Regimes ergeben sollten (Schirach 1934, S. 95ff.).[137]

Diese Untergliederung entsprang politischen Intentionen die sich prägend auf den Bereich der sozialen Herrschaftspraxen auswirkten. Mit dem Ziel effizienterer Erfassung und deren Legitimation durch die Suggestion eines Einklangs mit tradierten Geschlechterrollenstereotypen, welche auch propagandistisch als ‚natürliches' Verhältnis der Jungen und Mädchen zueinander proklamiert wurden, konnte mit einer Ablehnung jeder Koedukation in der organisationalen Alltagspraxis auch die Kontrolle der Heranwachsenden in ihren Teilverbänden gesteigert werden. Bereits hingewiesen wurde auf die, zur differenzierten Erfassung der nationalsozialistischen Jugendorganisation notwendige, analytische Unterscheidung der HJ-Bedeutungsebenen: Propaganda; politische Intention;

137 Vgl. für eine derartige Unterscheidung der Dienstpraxen in den Teilverbänden zum BDM: Miller-Kipp 2002 und 2007; Reese 2007a sowie zu den geschlechtsspezifischen Aufgaben des BDM im Osteinsatz: Harvey 2009, S. 328ff., 341ff.; zur männlichen HJ: Buddrus 2003 sowie Benecke 2013.

Abbildung 28: Der vorgesehene, funktionsgerecht typenprägende, „Weg“ beider Geschlechter durch die Jugendorganisation (Quelle: VHB. HJ, Bd. II, 1942, S. 37)

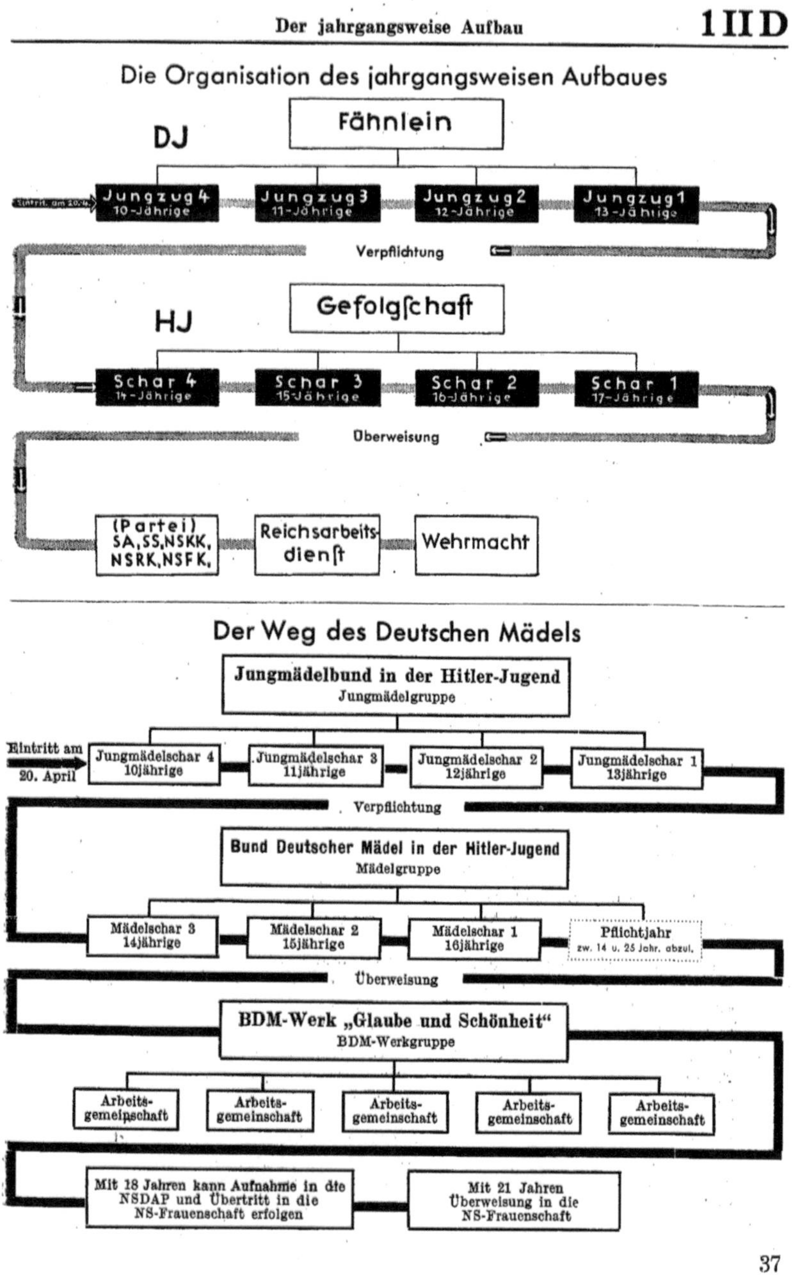

Dienstpraxis und einer, dieser zugrundeliegenden, Programmatik; subjektive Wahrnehmung sowie gegebenenfalls biographische Nachwirkung der Mitgliedschaft. Entsprechend lässt sich schon aus dieser Skizze schließen, dass die Erfahrungen der – im Unterschied zur späteren FDJ des SED-Regimes noch nicht koedukativ arrangierten – alltäglichen Dienstpraxen, deren propagandistische Legitimationen sowie damit einhergehend auch die subjektive Wahrnehmung durch die Heranwachsenden geschlechtsspezifisch variieren konnten.

Auf der Ebene der mit der HJ verbundenen politischen Intentionen stellte sich dies allerdings weniger differenziert dar. Unabhängig davon, in welchem Ausmaß die jeweiligen Regimevertreterinnen und Regimevertreter, von der Führungsriege der NSDAP, über die Reichsjugendführung, bis zu den Funktionärinnen und Funktionären, Führerinnen und Führern, denen die Organisation und Ausgestaltung der Dienstpraxis oblag, selbst von den propagierten Geschlechterrollenstereotypen überzeugt waren, einte die politische und organisationale Führung doch auf dieser Ebene ein klares Ziel: Mit der geschlechterübergreifend eingeforderten einstellungs- und verhaltensregulierenden, asexuell definierten Formationschiffre der „Kameradschaft" (Kühne 2006, S. 97 ff.; Reese 2007b, S. 252 f.; Benecke 2013, S. 68 ff.)[138] als Maxime des rechten Verhältnisses aller HJ-Angehörigen untereinander sowie der Mädchen und Jungen zueinander (Klönne 2007, S. 84), wurde eine möglichst dauerhafte und sich stetig erweiternde Erfassung der Heranwachsenden durch Kontrolle und emotionale Bindung sowie damit einhergehend die Sicherung und beständige Steigerung ihrer ideologie- und herrschaftsfunktionalen Einsatzbereitschaft (physisch und die entsprechende Gesinnung betreffend) angestrebt.[139] Als funktionalisierendes Konzept implizierte „Kameradschaft" in diesem Zusammenhang zugleich heterogene soziale Differenzierungen: Extern zwischen den Zugehörenden und den Ausgeschlossenen; intern durch abgestufte Inklusion (formal durch die HJ-Führungsränge; informell durch die vergebene – sich häufig symbolisch manifestierende – Anerkennung für besondere Inklusionsleistungen) sowie demgegenüber die, wiederum abgestufte, Sanktionierung abweichenden Verhaltens innerhalb und durch die „Kameradschaft".[140]

138 Vgl. zur diesbezüglichen Relevanz der Kameradschaftschiffre als organisationsinterner Formierungsbasis aus soziologischer Sicht Kühl 2014, S. 147 ff. – die Soziologie hat sich als Disziplin mit dem Nationalsozialismus und dem Holocaust lange wenig befasst bzw. relativ wenige eigene theoretische Deutungsansätze hierzu hervorgebracht (ebd., S. 20 ff.).

139 „Kameradschaft ist ein Angebot auf Teilhabe, hinter dem alles Individuelle und Spezifische zurückzutreten hat. So auch das Geschlecht" (Reese 2007b, S. 253; in diesem Sinne auch Kühne 2006, S. 96).

140 Die damalige „Kameradschaft" wird mitunter autobiographisch anders, als soziales Refugium und Rückhalt, quasi als „schöner Schein" (Peter Reichel) erinnert. Dies steht nicht im Widerspruch zur obigen Argumentation. Vielmehr beziehen sich diese Erinnerungen oftmals auf Gemeinschaftserfahrungen, die entsprechende Qualitäten unabhängig von der NS-Chiffre aufweisen konnten. Zudem sind sie mitunter geprägt, von einer anhaltend

Die folgenden Ausführungen sind bemüht, die oben angedeutete Differenzierung der Ebenen einer Analyse der NS-Herrschaft durchgehend zu berücksichtigen, um die hieraus resultierenden Einschätzungen zu geschlechterbezogenen Ungleichheiten in der HJ möglichst valide zu halten. Auf der Ebene der subjektiven Sicht betroffener Heranwachsender ergab sich eine geschlechtsspezifische Differenz hinsichtlich der Attraktivitätswahrnehmung der HJ insbesondere zu Beginn der NS-Zeit. Die HJ schien die verführerischen Momente jugendbewegten Lebens nunmehr allen Jugendlichen zugänglich zu machen (Klönne 2003, S. 304f.). Hieraus erwuchs eine starke Anziehungskraft insbesondere auf Mädchen, die zahlenmäßig, ihre spezifischen Bedürfnisse betreffend sowie in den Führungspositionen innerhalb der männlich dominierten Bünde der Kaiserzeit und der Weimarer Republik unterrepräsentiert gewesen waren (Andresen 2000; Klönne 2000; Klönne 2003, S. 305f.; Tenorth 2008, S. 216).[141] Für sie stellte sich die Selbstverständlichkeit, mit der das NS-Regime auch für Mädchen eine unabhängige Jugendphase und die Teilnahme an jugendlichen Aktivitäten zu postulieren schien, oftmals als Aufwertung des eigenen Geschlechts und hiervon abgeleitet auch der eigenen Person dar (Klaus 1986, S. 460f.; Giesecke 1999, S. 209ff.; Klönne 2007, S. 80ff.). Eine Aufwertung, die im NS-Kontext, bei erfolgreichem Durchlaufen der Organisation, auch real erfahrbare Optionen zur eigenen Herrschaftspartizipation mit sich bringen konnte (Hübner-Funk 2005, S. 34). Diese Wahrnehmung des BDM als Option zur Freisetzung und erlebnisreichen Abwechslung gegenüber beengend erlebten Lebens- und Autoritätsverhältnissen war nicht auf den Kontrast mit den eigenen, meist patriarchalisch strukturierten, familiären Konstellationen und Interaktionsmustern beschränkt. So konnten etwa Mädchen – um nur ein Beispiel zu nennen – aus Blindenschulen, die als Internat organisiert waren und mit einer Isolierung der Betreffenden einhergingen, die Teilnahme am BDM auch in den späten 30er und 40er Jahren

---

empfundenen Loyalitätsverpflichtung, die aus der einst verinnerlichten Verpflichtung zur und für die „Kameradschaft" resultiert.

141 Dieser Befund gilt prinzipiell, wenngleich sich diesbezüglich, zwischen den verschiedenen Jugendgruppen und Jugendorganisationen der Weimarer Zeit, nicht zu unterschätzende graduelle Unterschiede feststellen lassen (Plato 1986, S. 47). Das quantifizierende Fazit bedeutet somit ausdrücklich nicht, dass Mädchen in den Gruppen und Bünden der „bewegten" Jugend gar nicht beteiligt oder dort gänzlich ohne Einfluss gewesen wären (Klönne 2000, S. 13f.). Nicht zuletzt die gemischtgeschlechtliche Zusammensetzung der jugendlichen „Banden", „Cliquen", „Meuten" oder der Swing-Jugend in den damaligen Subkulturen Heranwachsender während der zweiten und insbesondere der letzten Phase der NS-Herrschaft machte später deren besonderes Anziehungspotential aus. Hier konnte sich das oben angedeutete geschlechtsspezifische Wahrnehmungsmoment mit den altersbedingten Dispositionen der Jugendlichen, mit deren Interesse am Kontakt mit Vertreterinnen und Vertretern des jeweils anderen Geschlechts, verstärkend ergänzen (BArch NJ 15657, Bl. 4; Kenkmann 2002, S. 347; Lange 2015, S. 47, 116f. sowie die Abbildungen in ebd., S. 33, 56, 78 und 186ff.).

als willkommene Abwechslung gegenüber der Eintönigkeit des dortigen Alltags empfinden (Brill 2011, S. 172 ff.). Im Sinne dieser Erlebensstruktur berichtet die, 1926 geborene, Frau St., die 1937 bis 1943 eine Blindenschule mit angeschlossenem Internat in München besuchte, sich autobiographisch erinnernd:

> „Mit zehn Jahren ist man zum BDM gekommen. Wenn wir das nicht gehabt hätten, wäre unser Leben im Internat bei weitem viel trister und eintöniger gewesen. Das war schön. Wir hatten da Führerinnen, wie das hieß. Die kamen aus religiösen Elternhäusern, hatten eine ausgesprochen gute Schulbildung. […] Die haben mit uns dann auch noch alles mögliche da unternommen, daß wir diese bekannten Lieder einmal gesungen haben, daß man sich da zusammengesetzt hat. Oder wir mußten im Garten marschieren, so und so viele Runden und die Lieder dazu singen. Das war nicht schön, das war öd und fad" (zit. n. ebd., S. 173).

Was die Zeitzeugin über ihre subjektive Wahrnehmung der Dienstpraxis in einer Einheit des bereits erwähnten Sonderbannes G (Gehörgeschädigte) berichtet, enthält die geschlechter- und einheitenübergreifend erkennbare Einschätzung bestimmter Elemente der HJ als attraktiv oder abstoßend (Benecke 2013, S. 82 ff.): Positiv beurteilt wurden zumeist die Erfahrungen von Alltagsabwechslung, die Freisetzung von traditionellen Hierarchien und zugleich Abenteuer bedeuten konnten; die Anerkennungen für erbrachte Inklusionsleistungen und die damit verbundene Option zur subjektiven Generierung von Lebenssinn; das symbolische (Uniformen) und interaktive (Singen etc.) Erleben gemeinschaftlicher Aktivitäten. Negativ beurteilt wurden demgegenüber vor allem jene, als zunehmender Drill interpretierte und erinnerte, Momente einer gesteigerten ideologischen Indoktrination, welche zwar verfangen konnten, aber auch als inhaltliche Leere des HJ-Dienstes wahrgenommen wurden (Reese 1989, S. 85 ff.); außerdem die – gerade die männliche HJ betreffend – verstärkte Ausrichtung des Organisationsalltags auf eine militärische, den Waffendienst vorbereitende, Ausbildung, solange sie nicht explizit subjektive Dispositionen befriedigte. Gerade in dieser subjektiven Einschätzung des HJ-Dienstes trafen sich geschlechterübergreifend (Brill 2011, S. 173 f.) die vorrangig altersbedingten Dispositionen der Heranwachsenden und prägten entsprechend die Wahrnehmung der NS-Jugendorganisation. Es scheint so zu sein, dass im zitierten Beispiel die zuvor erlebte und isolierende Unterbringung in der Blindenschule diese jugendlichen Bedürfnisse lediglich wie unter einem Brennglas dringlicher werden ließ und damit die Interpretation des HJ-Dienstes als Freisetzung und Abwechslung umso stärker verfangen konnte.[142] Die gleichzeitige Unterordnung unter eine neue funktiona-

142 Entsprechend konnte mit diesem spezifischen Bedürfnishintergrund auch die Teilnahme an einem paramilitärisch organisierten HJ-Lager als willkommene Abwechslung erlebt werden (Brill 2011, S. 177 f.).

lisierende Hierarchie wurde auch in diesem Bereich nicht als vom-Regen-in-die-Traufe-kommen Vorgang, sondern vielmehr als willkommene Eingliederung in eine – häufig von der konkreten Person der jeweiligen Führerin/des jeweiligen Führers getragenen und mit deren/dessen Qualitäten stehenden und fallenden – Gemeinschaft einer sie vermeintlich emanzipierenden Organisation wahrgenommen. So berichtet der, 1923 geborene, Zeitzeuge Herr F. über seine Erlebnisse in einer Berliner Blindenschule:

> „[W]ir Jungs waren alle begeistert. Wir wurden jetzt ins Jungvolk übernommen, und wir wurden betreut von einem anderen Jungvolk, ein Jungvolkfähnlein nannten sich die. [...] Die kamen jetzt in unsere Anstalt rein, die machten mit uns Heimabende, da wurden Lieder gesungen [...] Der Fähnleinführer selber spielte Klampfe, dann wurde gesungen und erzählt. Dadurch gewannen wir ja jetzt eine gewisse Freiheit. Am Staatsjugendtag samstags war keine Schule, sondern wir durften ohne Aufsicht aus der Blindenanstalt raus, marschierten in den Grunewald und haben um unsere Fähnlein gekämpft, Ringkämpfe gemacht. [...] Als Hitlerjugend oder als Jungvolk waren wir in Uniform, wir durften auch nicht geschlagen werden von den Lehrern. Es war für uns eine Zeit der Befreiung, wir standen nicht mehr unter Aufsicht" (zit. n. ebd., S. 174).

Von besonderer Relevanz für den hier diskutierten Kontext ist dabei die Tatsache, dass diese subjektive Wahrnehmung prinzipiell keine geschlechtsbezogene Trennschärfe aufwies. Bei der damaligen weiblichen Jugend häufte sich eine derartige Erlebnisstruktur lediglich bzw. konnte deren Wirkung durch den Einfluss vorangegangener Erfahrungsmuster geschlechtsspezifisch verstärkt werden. Entscheidend war vor allem das Potential, die HJ-Teilnahme subjektiv als Emanzipation gegenüber den als ereignisarm oder gar unterdrückend empfundenen, mehrheitlich patriarchalisch-autoritär geprägten Gegebenheiten des eigenen Herkunftsmilieus zu erleben (Sieder 1987, S. 229f. und 232f.). Dies betraf, neben dem konservativ-bürgerlichen Milieu (Rosenbaum 2014, S. 204f.), in beträchtlichem Umfang die ländliche (Hering/Schilde 2004, S. 26) respektive dörfliche Jugend (Rosenbaum 2014, S. 484ff., 522f., 586ff.). In diesem Sinne konnte ein so begründetes Attraktivitätspotential der HJ auch in der subjektiven Wahrnehmung männlicher Heranwachsender verfangen. Walter Hoffmann, der in der HJ eine Führungsposition erlangte, berichtet entsprechend, dass für ihn, als „das Einkind kleiner Leute [...] Kindheit und Jugend im Nationalsozialismus Emanzipation und Identitätsfindung (bedeuteten)" (Hoffmann 1992, S. 53).[143] Ob es sich bei diesen Erfahrungsmustern um Emanzipation im heutigen Verständnis handelte, ist

143 Für ein weiteres Beispiel einer subjektiven Wahrnehmung der HJ-Zugehörigkeit als emanzipierend gegenüber den familiären Autoritätsstrukturen vgl. den autobiographischen Bericht des, 1926 in Berlin geborenen, Zeitzeugen Günter de Bruyn 2004, S. 87ff.; in den entsprechenden Passagen abgedruckt in Benecke 2013, S. 237ff.

in der bildungshistorischen Forschung durchaus umstritten. So stehen sich etwa die Darstellungen bei Giesecke, der die Indienstnahme der weiblichen Jugend im BDM als Emanzipations-Erfolgsgeschichte beschreibt (ders. 1999, S. 209 ff.), und diejenige Reeses, die die damalige BDM-Erfahrung als funktionale Inklusion ins NS-Herrschaftssystem statt als Emanzipation interpretiert (dies. 1991, S. 212), kontrovers gegenüber. Letztlich hängt das Urteil davon ab, wie man sich hinsichtlich der Tatsache positioniert, dass es sich zumindest bildungshistorisch bei den Erlebnissen der BDM-Mitglieder um eine „Freisetzung zu neuer Unterwerfung“ (Tenorth 2008, S. 262)[144] handelte. Giesecke schenkt dieser erneuten Vereinnahmung durch die NS-Jugendorganisation in diesem Zusammenhang kaum problembezogene Beachtung (ders. 1999, S. 213 ff.), während Reese diese Transformation der Kontrolle deutlich in ihre Bewertung miteinbezieht (dies. 1991, S. 212). In der subjektiven Wahrnehmung der betroffenen BDM-Angehörigen konnte diese Ambivalenz dispositionsgerecht aufgelöst werden, wodurch sie so lange nicht als unangenehm-widersprüchliche innere Spannung erlebt werden musste, wie der Interpretationshorizont der NS-Ideologie und -Propaganda trug:

> „Ich habe ‚strahlenden Herzens‘ Lieder von Freiheit gesungen und mich dabei frei gefühlt: frei von der Unterdrückung des gefürchteten Vaters, frei von den Zwängen der altmodischen Töchtererziehung, frei von dem Notendruck ‚politisch unzuverlässiger‘ Lehrer, frei von der Zumutung, über politisch Andersdenkende nachsinnen zu müssen. Die Worthülse ‚Freiheit‘ wirkte auf mich, die Zwölf- bis Vierzehnjährige, wie eine Droge, die mir ihren sinnentstellenden Inhalt verschleierte. So konnte ich mich frei fühlen und dennoch jedem Befehl hörig sein“ (die ehemalige Jungmädel- und BDM-Führerin Renate Finckh, zit. n. Hübner-Funk 2005, S. 179).

Gegenüber den genannten geschlechtsspezifischen Differenzmomenten von wesentlicher Bedeutung ist schließlich der Aufweis jener Ungleichheitsstruktur, in welcher die Jugendlichen *beiderlei* Geschlechts gleichermaßen vom Regime und der Reichsjugendführung zum Zwecke einer ideologischen Zielerreichung funktionalisiert werden sollten (Miller-Kipp 2002, S. 12).[145] Angesprochen ist hier-

---

144 Dies sah im NS-Alltagsverständnis dann mitunter so aus, wie es der autobiographische Bericht einer ehemaligen BDM-Führerin veranschaulicht. Maria Anne Hirschmann erzählt hier, wie sie als junge Frau und überzeugte Nationalsozialistin von ihrem damaligen Freund gebeten wurde, sie zu heiraten. Als sie erwidert, dass das nicht ginge, da er „aus einer alten, angesehenen Offiziersfamilie mit dem besten Ruf“ stamme und sie selbst nur eine Waise sei, „die aus einer einfachen Bauernfamilie kommt“ (dies. 2006, S. 43), gibt er folgende, im vorliegenden Kontext bezeichnende, Antwort: „‚Unsinn Liebes‘, erwiderte Walter. ‚Hitler hat doch das Klassenproblem in unserem Land gelöst. Solange du arisch bist und gesunde Kinder haben kannst, bist du mir ebenbürtig‘“ (ebd.).

145 Exemplarischer Ausdruck dieses Instrumentalisierungsanspruches gegenüber beiden Geschlechtern ist jener berühmt-berüchtigte Teil der bekannten Reichenberger Rede Hitlers vom 2. Dezember 1938, in der er die kontinuierliche Kontroll- und

mit – nunmehr auf der Ebene politischer Intentionen – die konsequente Prioritätensetzung herrschaftspragmatischer Überlegungen, vor allen Aspekten der sozialen Ideologie, zu der auch die Geschlechterfrage zählte.

In der HJ-eigenen Hierarchie – wie letztlich auf allen Ebenen der NS-Herrschaft – waren die weiblichen Heranwachsenden, wenngleich nicht zwingend gegenüber den jeweils nächsthöheren Rängen, doch prinzipiell und letzten Endes auf die stets männlich besetzte Reichsjugendführung zulaufend, durchgehend männlichen Funktionsinhabern untergeordnet (ebd., S. 21, 57).[146] Dieses Differenzierungsprinzip „entsprach nationalsozialistischer Politik wie althergebrachter Geschlechterordnung" (Miller-Kipp 2007, S. 14).[147] Durchaus hierunter subsumierbar ist die keineswegs neue Erkenntnis, dass das NS-Regime in seiner Sicht der Geschlechter chauvinistisch geprägt war, was sich bis auf die Ebene der tatsächlichen Disziplinarpraxis der HJ niederschlug (Kollmeier 2007, S. 302).

Der hier insgesamt vertretenen Argumentation lässt sich auch die Bemerkung Dagmar Reeses subsumieren, es habe der geschlechtsspezifischen Segregation in der HJ als „Herrschaftsmittel" (Reese 2007a, S. 10) bedurft, um *überhaupt* die umfassende Inklusionsbestrebungen des Regimes umsetzen zu können.[148] Die Geschlechtertrennung fungierte in diesem Zusammenhang demnach

---

Funktionalisierungsabsicht gegenüber der Jugend skizziert, welche in den bezeichnenden Worten kulminiert: „und sie werden nicht mehr frei ihr ganzes Leben" (eine eigene Abschrift eines im Deutschen Rundfunk Archiv verfügbaren Tondokuments (DRA Archiv-Nr. 002590330) dieser Passage findet sich in Benecke 2013, S. 201 f.). Der entsprechende Teil aus Hitlers Rede wurde und wird immer wieder mit inhaltlichen Verfälschungen und unzutreffenden Quellenangaben publiziert (Benecke 2011, S. 68 ff.). Bezüglich der hier angesprochenen Thematik ist interessant, dass bis in neuere (Giesecke 1999, S. 19) und neueste Publikationen (Horn/Link 2011, S. 7; Benner/Brüggen 2011, S. 275) jene, vom Original abweichende, Abschrift der Rede kolportiert wird, in der lediglich auf den „Knaben" abgestellt wurde und das, im Originalwortlaut mit angesprochene, „Mädchen" unter den Tisch fällt (i. d. S. jetzt auch: Miller-Kipp 2012, S. 88 f.).

146 Vgl. hierzu die Faksimiles der Organigramme der Reichsjugendführung sowie der HJ als Gesamtorganisation (Miller-Kipp 2002, S. 30 ff. sowie Benecke 2013, S. 199 und 258 ff.) aus welchen die prinzipielle Unterordnung der weiblichen Funktionärinnen deutlich hervorgeht.

147 Diese chauvinistische Grundstruktur der NS-Herrschaft lässt sich themenbezogen-exemplarisch mit Wolfgang Wippermann verdeutlichen: „Die ‚Reichsfrauenführerin' Scholtz-Klink mußte sogar die Leitung des BDM dem Reichsjugendführer Baldur v. Schirach zugestehen. Der weibliche Reichsarbeitsdienst unterstand ebenfalls nicht ihr, sondern dem Reichsarbeitsdienstführer Konstantin Hierl. Sie selber war als Leiterin des Frauenamtes der Deutschen Arbeitsfront Robert Ley untergeordnet. Das ‚Hilfswerk Mutter und Kind' schließlich war ein Bestandteil der Nationalsozialistischen Volkswohlfahrt (NSV) unter seinem Führer Erich Hilgenfeld, der darüber hinaus noch eine Art Leitungskompetenz gegenüber der NS-Frauenschaft beanspruchte" (ders. 1998, S. 178).

148 Wer das Ziel einer möglichst umfassenden und geschlechterübergreifenden organisationalen Erfassung der Jugend verfolgte, der „musste", so die begründete Argumentation Reeses, „Zugeständnisse an zeitgenössische Mentalitäten machen, zu denen jene der aufgeklärten Großstädter ebenso gehörten wie die Haltungen einer gegen die moderne

auch als herrschaftspragmatische Voraussetzung der angestrebten HJ-spezifischen Formierung der Mädchen wie der Jungen in *einer* NS-Jugendorganisation (ebd., S. 11). Insofern ist Reese zuzustimmen, wenn sie resümiert, die Erziehung im Bund Deutscher Mädel sei nicht primär „Erziehung zur Weiblichkeit, Erziehung zur Mütterlichkeit, geschlechtspolare Erziehung" gewesen, „sondern eine Erziehung zu Fungibilität, die auf Vereinzelung gründete, und in deren Mittelpunkt für die Mädchen wie für die Jungen Körperbeherrschung und Disziplin, Rationalität und Effizienz standen" (Reese 1989, S. 59; in diesem Sinne auch Miller-Kipp 2002, S. 307 f.). Die Verhaltensvorgaben „der Pflicht, der Treue, des bedingungslosen Einsatzes und der Verschwiegenheit" (Reese 2007a, S. 12 f.) sollten für beide Geschlechter gelten, wenngleich sie sich in ihren Aufgabenzuweisungen auf jeweils unterschiedliche soziale Bereiche beziehen konnten (Klönne 2003, S. 60 ff., 77 ff. und 86 ff.). Auf der Ebene der Zielgruppenerfassung erhob das Regime in Form seiner Jugendorganisation dann auch selbstverständlich einen, in der zweiten Durchführungsverordnung (DV) zum HJ-Gesetz – der sogenannten „Jugenddienstverordnung" – vom März 1939 fixierten, Anspruch einer „öffentlich-rechtlichen Erziehungsgewalt" gegenüber beiden Geschlechtern (RGbl. I, Nr. 66, 6. 4. 1939, S. 710 ff.).[149] Dies sollen die nachstehenden Abbildungen bildlich für die Ebenen Propaganda/politische Intention und Alltagspraxis der HJ-Dienste verdeutlichen. Mit ihrer Darstellung ist jedoch keineswegs der Anspruch erhoben, hiermit entweder die einander vergleichbaren Dienstpraxen oder aber die geschlechtsspezifisch unterscheidbaren Aufgaben von BDM bzw. dem Werk „Glaube und Schönheit" sowie der männlichen HJ belegt zu haben.

Die Abbildungen zur militärischen HJ-Ausbildung sowie zum BDM-Werk sollen darüber hinaus exemplarisch verdeutlichen, in welchem Maß es gerade in der unmittelbaren und gezielten Kriegsvorbereitung, aber auch im symbolisch-ästhetischen Bereich zumindest schwerpunktmäßig geschlechtsbezogene Spezifika der HJ-Teilverbände gegeben hat (Miller-Kipp 2002, S. 269 ff.; zur Differenz zwischen dem BDM-Werk und den nicht der HJ angehörenden Jugendgruppen der Reichsfrauenschaft: VHB. HJ, Bd. II, 1942, S. 254 ff.).

Gesellschaft noch weitgehend abgeschotteten Bevölkerung auf dem Land" (dies. 2007a, S. 10 f.).

149 Unter § 1 heißt es hier zur „Dienstpflicht": „Alle Jugendlichen vom 10. bis zum vollendeten 18. Lebensjahr sind verpflichtet, in der Hitler-Jugend Dienst zu tun"; unter § 2 wird zur „Erziehungsgewalt" ergänzt: „Alle Jungen und Mädchen der Hitlerjugend unterstehen einer öffentlich-rechtlichen Erziehungsgewalt nach Maßgabe der Bestimmungen, die der Führer und Reichskanzler erläßt" (RGbl. I, Nr. 66, 6. 4. 1939, S. 710 ff.; abgedruckt in Benecke 2013, S. 205 ff.). Mit diesem doppelten Zuständigkeitsanspruch formulierte das NS-Regime eine nunmehr auch verschärfte Sanktionen legitimierende Verfügungsgewalt gegenüber allen altersentsprechenden Heranwachsenden der rassisch definierten Zielgruppe (Benecke 2013, S. 40 ff.).

Abbildung 29: HJ-Plakat mit Inklusionsaufforderung gegenüber der avisierten männlichen Mitgliedschaft (BArch, Plak 003-011-018/HN)

Abbildung 30: HJ-Plakat mit Inklusionsaufforderung gegenüber der avisierten weiblichen Jugend (BArch Koblenz 3/11/9; hier entnommen aus: Sammlung Miller-Kipp)

Abbildung 31: Geländespiel („Reiterkämpfe") in der männlichen HJ (BArch, Bild 146-2004-0031/Weinrother, Carl)

Abbildung 32: Geländespiel des BDM (Munske 1935, S. 104; Bildunterschrift: „Die stärksten und geschicktesten Mädel treten zum ‚Reiterkampf' an, der über Kraft und Gewandtheit entscheidet"; hier entnommen aus: Sammlung Miller-Kipp)

Abbildung 33: Schießdienst der männlichen HJ in einem Wehrertüchtigungslager als vormilitärische Ausbildung der Jugendorganisation (BArch, Bild 146-1981-053-35A/ o. Ang.)

Abbildung 34: Ästhetische Erziehung der weiblichen Jugend im BDM-Werk „Glaube und Schönheit“ (Castell 1940, S. 7; Bildunterschrift: „Glückliche Mädel in einer glücklichen Jugend“; hier entnommen aus: Sammlung Miller-Kipp)

Tendenzielle *Unterschiede* zwischen den geschlechterdifferenzierten Teilverbänden ergaben sich vorrangig in Bezug auf die zentrale Aufgabenstellung der HJ, die Vorbereitung (Reese 2007b, S. 227) und den Vollzug der organisationseigenen Kriegseinsätze.[150] Nicht zuletzt aus herrschaftspragmatischen Rücksichtnahmen wurden diese beim BDM weniger offensichtlich zur Zieldimension des HJ-Werdegangs erklärt, wie dies spätestens ab 1939 bei der männlichen HJ der Fall war (Benecke 2013, S. 42 ff.). Eine eindeutig militärische Ausbildung wurde beim BDM erst spät und in wesentlich geringerem Ausmaß unternommen.[151] Zunächst wurden die Angehörigen des weiblichen Teilverbandes vor allem im Bereich der unmittelbar als kriegswichtig eingestuften „Erntehilfe" eingesetzt. Allein 1942 waren hier 600 000 Jungen sowie – entsprechend des militärischen Schwerpunktes der *männlichen* HJ-Ausbildung – 1 400 000 Mädchen tätig. Beim BDM machte die „Erntehilfe" ganze 40 % des Kriegseinsatzes insgesamt aus (Willmot 2007, S. 138). Demgegenüber sahen jedoch die „Bestimmungen" der Reichsjugendführung geschlechtsspezifisch strukturierte, kriegsrelevante „Einsatzaufgaben" selbstverständlich für BDM *und* männliche HJ vor (VHB. HJ, Bd. II, 1942, S. 559 ff.; „Kriegsgeschichte der HJ", S. 88 ff. (BArch NS 26/358)). Auch der BDM erhielt im Kriegskontext umfangreiche Aufgaben zugewiesen (Miller-Kipp 2002, S. 205 ff.; Willmot 2007, S. 137 ff.).[152] Hierbei wurden BDM-Mädel letztlich ebenfalls zu aktiven Kriegseinsätzen im direkten Kampfgeschehen, wie dem Panzerwarndienst oder Schanzenarbeiten, herangezogen (Miller-Kipp 2002, S. 233 ff.; Buddrus 2003, S. 44 und 140; Benecke 2013, S. 49 f.).[153] Die angesprochene, ge-

150 Vgl. zum Zweiten Weltkrieg als zentraler Sozialisationsinstanz der NS-Zeit umfassend Benecke 2011, S. 517 ff. – ganz allgemein stellt die Erforschung der heterogenen und umfangreichen weiblichen Dienste in sowie im Umfeld der Wehrmacht noch immer ein Desiderat dar (Kundrus 1999, S. 719 ff. sowie die Übersicht in Benecke 2011, S. 571 f.).

151 Unabhängig von dieser chronologischen Nachordnung verdeutlichen Erfahrungsberichte betroffener Frauen exemplarisch, in welch hohem Maße auch eine vorangegangene BDM-Sozialisation institutionell und biographisch als prädisponierend für den späteren Kriegseinsatz erlebt werden konnte (Maubach 2009, S. 54 ff.).

152 In welchem Ausmaß und mit welcher Selbstverständlichkeit auch der BDM mit organisationsspezifischen Kriegseinsätzen bedacht wurde, zeigt die – freilich deutlich propagandistisch eingefärbte – Darstellung des letzten Reichsjugendführers Artur Axmann in dessen im Sommer 1944 angefertigter „Kriegsgeschichte der HJ" (BArch NS 26/358, S. 88 ff.; Benecke 2013, S. 319 f.; der den BDM und dessen Kriegseinsätze betreffende Teil ist abgedruckt in Miller-Kipp 2002, S. 222 ff.).

153 Die Kriegseinsätze der HJ beiderlei Geschlechts, insbesondere die aktiven militärischen Einsätze im unmittelbaren Kampfgeschehen, stellen in vielen Darstellungen zur Jugendorganisation einen blinden Fleck dar (vgl. etwa Giesecke 1999, S. 163 ff., der keine solche Verwendung der damaligen Jugend zu kennen scheint). Diese verkürzende Darstellung wird, vor allem dann, wenn sie sich nicht explizit auf eine Beschränkung ihres Analysezeitraumes auf die ersten Phasen der NS-Zeit als ursächlich beruft (Rosenbaum 2014, S. 21), weder den politischen Intentionen des Regimes und dem Gebaren der Reichsjugendführung, noch dem damaligen Erleben tausender (zu) junger Mitglieder der HJ in

schlechtergrenzen übergreifende, Fungibilität des HJ-Dienstes zeigte sich dann deutlich zu Kriegsende, als BDM-Führerinnen zur Kompensation des Ausfalls von HJ-Führern in Reihen der männlichen HJ herangezogen wurden (zur entsprechenden Planung schon im Dezember 1939: BArch NS 28/34, Bl. 5; zur Umsetzung: BArch, Film Nr. 14442 und Nr. 14652) – freilich nicht, ohne dass dies propagandistisch als Notlösung legitimiert wurde und von Seiten der männlichen, in einer chauvinistischen Deutungsstruktur eingeübten, HJ-Anhängerschaft Widerspruch ausgelöst hätte (Klönne 2007, S. 84 f.). Die Tatsache, dass gerade die als „freiwillig" deklarierten Kriegsdienste quantitativ überwiegend von den „ohnehin überbeanspruchten" (Willmot 2007, S. 142) Führerinnen und Führern der HJ geleistet wurden und somit ein vollzogener vollständiger Einsatz der Jugendorganisation, wie er propagandistisch immer wieder beschworen wurde, „bezweifelt werden darf" (ebd.), stellt eine hierarchiegebundene weitere soziale Differenzierung innerhalb der HJ während des Krieges dar – sie gilt aber prinzipiell für beide Geschlechter und ihre Teilverbände:

> „Zwar hatte der BDM einmal als die Mädchenorganisation des Nationalsozialismus begonnen, nun aber, im totalen Krieg, war er nur noch die ‚andere Hälfte der HJ'" (Buddrus 2003, S. LIII).

Ganz im Sinne der hier angeführten geschlechtsspezifischen Differenzthese wurden dem BDM letztlich zwar spezifische Leitbilder vorgegeben und entsprechende Modifikationen auch im Dienstbetrieb vorgenommen, nach denen „durch eine bestimmte Art von ‚Kulturpflege' eine größere Auflockerung" ermöglicht wurde, als dies bei der männlichen HJ der Fall war. Bezeichnenderweise urteilt Klönne aber auch zu diesem Befund, dass dies nicht „besagt, daß es gelungen wäre, die uniformierte Grundlage der BDM-Arbeit (und die daraus entstehende Typologie) wesentlich zu durchbrechen" (Klönne 2003, S. 85). Dies betraf auch die bereits angesprochene HJ-bezogene Typologie. Entsprechend skizziert Arno Klönne einen BDM-Typus, der strukturell dem des männlichen HJ-Angehörigen vergleichbar ist, demgegenüber aber „die Synthese von körperlicher und hauswirtschaftlicher Ertüchtigung" als „Grundthema" sowie „die künftige ‚Mutter-Funktion'" als Leitbild definiert (ebd.). Auf der Ebene der realen Erziehungspraxen im BDM und der dort vermittelten Leitbilder ist diese propagandistisch-programmatische Kategorisierung allerdings zu differenzieren. Mit dieser Typologie ist keineswegs die gesamte Spannbreite weiblichen Selbstverständnisses abgedeckt, wie sie im BDM und unter den Ranghohen BDM-Führerinnen zum Tragen kommen und von den jungen weiblichen Mitgliedern der Organisation als Momente der Emanzipation erlebt werden konnte (Rosenbaum 2014,

---

beiden Teilverbänden gerecht (Miller-Kipp 2002, S. 196; Buddrus 2003, S. XIII ff. sowie Benecke 2013, S. 42 ff.).

S. 204 f.). So offenbaren beispielsweise die Dokumente zur Berufsbildung und Berufslenkung durch den BDM, die Miller-Kipp gesammelt und kommentiert hat (Miller-Kipp 2002, S. 114 ff.)[154], eine pragmatische Haltung des NS-Regimes zur Frauenarbeit insgesamt sowie auch die, trotz aller programmatischen Proklamation (VHB. HJ, Bd. IV, 1942, S. 2616 ff.) feststellbare, „mangelnde Zuneigung der BDM-Führung zum häuslichen Lebensentwurf für die Frau" (Miller-Kipp 2002, S. 115). Die Weiblichkeitsbilder konnten, auch auf die Berufserziehung bezogen (Willmot 2007, S. 132 ff.), durchaus modernere Komponenten enthalten. Letztlich – auch im Sinne der obigen Differenzargumentation – entscheidend war, dass sie sich sämtlich unter eine umfassende Dienstmetapher untergliedern ließen, der die gesamte „Erziehungsarbeit" der weiblichen HJ (konzeptionell, propagandistisch-legitimierend und subjektiv, in der Selbstwahrnehmung der BDM-Mädel) ihre funktionalistische Richtung vorgab. Dies gilt auch für die Ostarbeit des BDM, deren Erfahrung für nicht wenige Angehörige des weiblichen HJ-Teilverbandes damals zum einen eine spürbare Erweiterung des eigenen Lebensraumes, zum anderen eine Selbstwahrnehmung als pädagogische Emanzipationsförderinnen in den annektierten Ostgebieten bedeutete (Harvey 2009, S. 29 ff., 62 ff., 94 ff., 122 ff., 250 ff.).

Interessant ist diesbezüglich, dass diese – mit geschlechtsspezifischer Adressierung – Mädchen und Jungen gleichermaßen verpflichtende, ideologisch legitimierte und propagandistisch proklamierte Anforderungsstruktur bei einigen damals Heranwachsenden zu einer mentalen Neutralisierung eigener geschlechtsbezogener Ungleichheitserfahrungen führen konnte (Klaus 1998, S. 28 f.). So erinnern sich die Zeitzeuginnen Anna J. und Charlotte R. bezüglich der nur für die männliche HJ existierenden Sondereinheiten der Marine-, Flieger-, Reiter- und Motor-HJ:

> „Charlotte:
> Ich hätte irrsinnig gern geflogen, was die Jungen ja konnten. Aber das hat mir nicht gefehlt, das war ja selbstverständlich, daß das nicht ging.
> Und Anna sagt:
> Auf den Gedanken, die Jungen dürfen mehr, da kam ich überhaupt nicht" (zit. n. Klaus 1998, S. 28).

Grundsätzlich konnten die altersabhängigen Dispositionen entweder, wie im obigen Beispiel, einander geschlechterübergreifend ähneln, oder sich entsprechend unterscheiden – die beschriebene Inklusionsstruktur bleib dieselbe. So berichten Sabine Hering und Kurt Schilde in ihrer Arbeit zum „BDM Werk Glaube und Schönheit" über ein damaliges Mitglied dieser Organisation, dessen Aussage

---

154 Zur, jugendliche Inklusion fordernde und dafür ökonomische Vorteile bietende, Jugendberufsarbeit der HJ insgesamt vgl. VHB. HJ, Bd. IV, 1942, S. 2429 ff.

exemplarisch die hier beschrieben interessenabhängige Motivationsstruktur für die *weibliche* Jugend der NS-Zeit verdeutlicht:

> „Die Idee zu ‚Glaube und Schönheit' zu gehen, kam durch die fachlichen Interessen unter uns Zeichnerinnen. Ich habe dort einen Malkurs besucht, daneben aber auch viel gesungen und geturnt. Es hat mir sehr gefallen, weil dort viele interessierte junge Frauen zusammenkamen und der Unterricht sehr qualifiziert war" (dies. 2004, S. 28, vgl. diesbezüglich auch ebd., S. 21).

Vergleichbar berichtet die Zeitzeugin Maria Huber, wie sie damals eher einem „mondänen" Frauenideal und der Schauspielerin Ilse Werner anhing, worauf sie mit den ästhetischen Ansprüchen des BDM in Kollision geriet:

> „Das war der Typ der deutschen Führerin ((lachend)) und dem entsprach ich nu absolut nicht /das geb ich auch zu […] dass ich da nicht so /hin tendierte ((lachend)) und wurde abgesetzt und war darauf hin *sehr sauer* aufn BDM muss ich sagen und wollte eigentlich ausm BDM übertreten in *Glaube und Schönheit*" (Interview Huber, S. 12 f.).

Angesichts der Tatsache, dass der BDM den weiblichen Heranwachsenden lediglich das „Werk" als Angebot zur Auslebung spezifischer Interessen anbot (Miller-Kipp 2007, S. 21), während den Jungen die unterschiedlichen Sondereinheiten sowie auch die kontrollierende Aktivität im Streifendienst offenstand[155], ist Rosenbaums, zum bürgerlichen Milieu formuliertem, Fazit zuzustimmen: „[D]as organisatorische Angebot für die weibliche Jugend (ist) wesentlich geringer und weniger attraktiv gewesen […] als für die Jungen" (Rosenbaum 2014, S. 176). Die hier argumentierte, auf einer höheren Abstraktionsebene differenzierende, Grundstruktur bleibt allerdings trotz dieser summierenden Einschätzung unbenommen gültig.

Das Vorangegangene insgesamt resümierend, bleibt somit, strukturell gesehen und ungeachtet der erwähnten kleineren Differenzierungsmuster des geschlechtsspezifischen HJ-Dienstes (etwa in der alltäglichen Dienstpraxis oder der subjektiven Wahrnehmung der geschlechtsspezifischen Teilverbände durch ihre Angehörigen), als *spezifisch* weibliche Erfahrung – nicht im Sinne einer unterstellten Exklusivität, aber doch hinsichtlich einer zu konstatierenden stärkeren Aufladung im weiblichen Teilverband – vor allem jene der *Ambivalenz* (Miller-Kipp 2007, S. 22). Der Dienst im BDM ermöglichte seinen weiblichen Mitgliedern „einen bis dahin noch nie zugestandenen gesellschaftlichen Freiraum, sie vermittelte Selbstbewusstsein durch die Erfahrung eigener Fähigkeit und durch

155 Ein weiblicher Streifendienst mit BDM-Angehörigen wurde ab August 1939 geplant (BArch NS 28/32), kam aber über dieses Stadium nicht mehr hinaus.

die Produktion individueller Tüchtigkeit"; demgegenüber wurden die Mädchen und jungen Frauen aber „emotional an das NS-Herrschaftssystem gebunden und funktionsgerecht darin eingepasst" (ebd.).

4.2 Generation

Unmittelbar verbunden, aber nicht äquivalent mit der einleitend angesprochenen Determinante Alter ist jene der *Generation*. Zu dieser gilt es hinführend und quasi als Vorgeschichte zur NS-Zeit, auf jene sozialen Differenzierungen zu verweisen, wie sie aus den spezifischen Sozialisationsbedingungen im Kaiserreich und insbesondere der Weimarer Republik resultierten (Benecke 2011, S. 88ff.; Benecke 2020, S. 103ff. und 210ff.). Von den Auswirkungen der wirtschaftlichen Krisen auf die Berufsbiographien war während letzterer vor allem die Alterskohorte der Jugendlichen betroffen, der sich kaum entsprechende Chancen auf eine Aufnahme einer selbstbestimmten und ökonomisch versorgenden Berufstätigkeit offenbarten. Auf diese Erfahrung reagierten sie mit dem starken Gefühl der Ungerechtigkeit (Moore 1984) sowie einer hieraus resultierenden Abwehr solcher Kontrollansprüche einer älteren Generation, die man als bevormundend und ungerechtfertigt bevorteilt ansah. Diese Ausgangslage einer kontrollierenden Jugendpolitik einerseits und hierauf reagierendem jugendlichem Aufbegehren andererseits, fand ihre Zuspitzung in den Generationenkonflikten dieser Zeit (Benecke 2011, S. 112ff.; Benecke 2020, S. 33ff.). Ein Ergebnis dessen war das Entstehen einer dritten Phase der bürgerlichen Jugendbewegung in Deutschland.[156] Die dort organisierten Jugendlichen waren empfänglich für jene, gleichermaßen von der politischen Rechten und Linken propagandistisch verbreiteten, Deutungsangebote, die die Jugend als Trägerin einer vermeintlich besseren Zukunft umwarben und ihr vorgeblich einfache Lösungen der gesellschaftlichen Krisen und Konflikte anboten. Weniger als in den – in Bezug auf die bürgerliche Jugendbewegung ohnehin hinsichtlich ihrer Kontroversität oftmals überbewerteten (Benecke 2020, S. 136ff. und 160ff.) – Generationenkonflikten zwischen

156 Die bürgerliche Jugendbewegung kann insgesamt, statt wie häufig geschehen in zwei (Wandervogel und bündische Phase), sinnvoller in drei Phasen eingeteilt werden (Krabbe 1995, S. 41ff.): 1) Diejenige des Wandervogels (meist bis 1913 und zum Fest auf dem Hohen Meißner datiert); 2) Darauffolgend eine Phase der „Freideutschen Jugend", als deren Initialzündung der Übergang der Trägerschaft von der Schüler-Generation der „Wandervögel" auf die Studenten-Generation der „Freideutschen" angesehen und die bis zur Jenaer Führertagung 1919, höchstens aber bis zum Meißner-Jubiläumsfest von 1923 datiert wird. Letztere zerfiel infolge der Politisierung um 1917 zunächst in drei Richtungen – in den Folgejahren dann gänzlich; 3) Schließlich jene Phase der bündischen Jugend, die bis 1933 angesetzt wird. Vgl. zu allen Phasen die zusammenfassenden Darstellungen in Benecke 2020. Für eine Übersicht über die unterschiedlichen Bezüge der Jugendbewegung vgl. Fend 1996, S. 190ff.

diesen Jugendlichen und den Autoritäten ihres direkten sozialen Umfelds (Eltern, Lehrer, Geistliche), drückte sich ihr Aufbegehren zunächst in einer Ablehnung der rigiden wilhelminischen Verhältnisse, wie sie insbesondere das Bildungswesen prägten (1. und 2. Phase der bürgerlichen Jugendbewegung), später dann in einer aktiven Beteiligung an den politischen Kämpfen während der letzten Jahre der Weimarer Republik (3. Phase) aus. Die Enphase der Weimarer Republik war von einer allgemeinen Militarisierung geprägt, welche spätestens 1930/31 von den Wehrverbänden, den rechten Bünden und Parteijugendverbänden bis zu den republikanischen Jugendverbänden die meisten Jugendorganisationen erfasste (ebd., S. 234 ff.). Diese Homogenität der ästhetischen Inszenierungsformen bei gleichzeitiger Orientierungsvielfalt wird als Basis damals geteilter Erfahrungsmuster deutlich, wenn man eine Beschreibung des Auftretens von organisierten Jugendlichen im Jahr 1932 durch eine zeitgenössische Beobachterin aufgreift:

> „Marschierende, einheitlich gekleidete Jungentrupps in geschlossenen, disziplinierten Reihen. Sie halten Gleichschritt, die Fahne an ihrer Spitze, die einmal die Fahne des kommenden sozialistischen Staates ist, oder die Hakenkreuzfahne des kommenden Dritten Reiches, ein andermal das Kreuz katholischer oder evangelischer Jugend oder die schwarze Fahne des Widerstands gegen den Versailler Gewaltfrieden. Das Stehen und Marschieren in Reih und Glied ist allen Ausdruck ihres stärksten Lebensgefühls, bedeutet allen elementares Erlebnis, wirkt auf alle wie ein Rausch" (Fischer 1932, S. 39 f.).

Diese Motivationsstruktur führte zeitgenössisch jedoch unter den Jugendlichen und Adoleszenten der späten Weimarer Republik zunächst viel stärker zu einer Zuwendung zur entsprechend wahrgenommenen Sturm-Abteilung (SA) der NSDAP als zur HJ, die unter den Jugendverbänden dieser Zeit schon quantitativ unterrepräsentiert war. Rein zahlenmäßig spielte die HJ in der Zeit vor 1933 – verglichen mit anderen Jugendverbänden und -organisationen – eine marginale Rolle (Keim 1995, S. 124 ff.; Dudek 2002, S. 344). Für das Jahr 1926 wurden folgende Mitgliederzahlen erhoben: 595 772 evangelische Verbände; 881 121 katholische Verbände; 56 239 sozialistische Verbände; 401 897 berufsständische Verbände; 4 750 jüdische Verbände; 44.300 politische Verbände; 29.755 Bünde der Jugendbewegung; 1 577 563 Verbände für Leibesübungen; 544.400 sonstige Verbände (Das neue Deutschland 1927, S. 18).[157] Die HJ hatte hingegen Anfang 1932 nach eigenen Angaben gerade einmal 20 000 Beitrag zahlende Mitglieder und etwa noch einmal so viele, die keinen Beitrag entrichteten sowie eine höhere Zahl Sympathisierender. Die Mitgliedschaft der HJ setzte sich während dieser Kampfzeit folgendermaßen zusammen: 69 % Jungarbeiter und Lehrlinge, 10 %

157 Zur komplexen und fehleranfälligen Berechnung der damailgen Mitgliederstatistiken vgl. Reichenbach 1991.

Angehörige kaufmännischer Berufe, 12 % Schüler; ein Großteil der Angehörigen der ersten beiden Gruppen war arbeitslos (Klönne 2003, S. 19). Spätestens ab 1928 bildete sich dann eine bündische Szene aus, die im größeren nationalistischen Lager vernetzt war und die bereits in der ersten Phase der Jugendbewegung angelegten problematischen Mentalitäten (Niemeyer 2013 und 2015) eines nationalistischen Chauvinismus und Antisemitismus (Dudek 2014) weiter zuspitzte (Ahrens 2015, S. 179 ff.). Mit dem aufkommenden Nationalsozialismus setzte man sich dort kaum kritisch auseinander. Zu dessen Jugendorganisationen sah man sich selbst – bei weitgehender Verkennung der eigenen quantitativen Relevanz – eher in Konkurrenz, denn in Gegnerschaft stehend (Doppelmitgliedschaften waren keine Seltenheit).

Bei der NSDAP, die selbst einigen Erfolg bei der Rekrutierung junger Mitglieder hatte (Reuband 2006, S. 333), erfreute sich organisatorisch, wie erwähnt, vor allem die SA regen Zulaufs Heranwachsender.[158] Insgesamt führten die, auf das politische System gerichteten, Generationenkonflikte der Weimarer Republik zu einer vermeintlichen Bedürfnispassung zwischen den Ansprüchen der jungen Generation und dem NS-Angebot. So bot die NSDAP den damaligen Jungwählern auch als einzige Partei neben der KPD einige jüngere Kandidaten zur Wahl an (Götz von Olenhusen 1987, S. 262). Vorrangig mit dem propagandistischen

158 Die SA konnte ihre Mitgliederzahl zwischen November 1930 und Januar 1933 von 60 000 auf 700 000 erhöhen, wobei 59,1 % der letzteren Zahl aus der Bevölkerungsgruppe der 19- bis 24- und weitere 19,1 % aus der der 24- bis 29-Jährigen stammten (Götz von Olenhusen 1987, S. 263). Grundsätzlich lässt sich ein 1929 einsetzender massiver Zuwachs der SA konstatieren (Longerich 2003, S. 81 ff.). Anziehend wirkten hierbei vor allem die Option zur aktiven und gemeinschaftlichen Generierung von Lebenssinn (ebd., S. 48), die nicht existente Milieufestlegung des SA (ebd., S. 85), die hohe Anpassungsfähigkeit der SA an regionale, lokale oder soziale Gegebenheiten (ebd.), das Angebot, gegenüber einer ökonomisch unsicheren und politisch von Grabenkämpfen durchzogenen Umwelt, Teil einer Unabhängigkeit, Selbstbestimmung, Stärke und Geborgenheit suggerierenden Subkultur zu werden (ebd., S. 115 ff.), sowie, bei einmal bestehender Mitgliedschaft, die intensive Bindung der SA-Männer an ihre jeweilige Untergruppe (ebd., S. 136 ff.), welche sich in einer Art „‚SA-Geist'" manifestierte (zit. n. ebd., S. 136). Vor allem aber resultierte eine ganz besondere Anziehungskraft der SA aus einer spezifischen Konstellation der oben beschriebenen Bedürfnisse. Denn, „während in der sozialen Zusammensetzung der Parteiarmee keine soziale Schicht eindeutig dominierte" (ebd., S. 85), zeichnete sie sich insbesondere durch ein wesentliches Strukturmerkmal aus, ihre Jugendlichkeit (ebd., S. 85 f.). Zum Merkmal des starken Anteils Jugendlicher bzw. junger Männer in der SA kam die Tatsache, dass besonders viele unter ihnen von Arbeitslosigkeit und deren ökonomischen und sozialen Folgeeffekten betroffen waren (ebd., S. 86). Ganz im oben angedeuteten Sinne lässt sich die SA als Sammelbecken der Jugendlichen bezeichnen, die unter unterschiedlichen Voraussetzungen von Arbeitslosigkeit betroffen waren: „Man (wird) die NS-Parteiarmee im Kern als einen Zusammenschluß von vorwiegend Jugendlichen oder jüngeren Männern beschreiben können, die zu einem nicht unerheblichen Teil aus der Arbeiterschaft stammten, aber wohl zum größeren Teil der Proletarisierung zusteuernde Angehörige der Mittelschicht waren" (ebd., S. 88).

Ziel einer Selbstdarstellung als dynamischer Bewegung statt erstarrter Partei, propagierte der NS sich selbst zudem immer wieder als jugendlich und im Aufbruch befindlich und suggerierte den Heranwachsenden damit wirksam eine existierende Wesensgemeinschaft (Radkau 1985; Schmitt-Sasse 1985). „Jugend [...] ist eine Haltung", verkündete Baldur von Schirach, den zeitgenössischen Jugendmythos instrumentalisierend noch 1934 (ders. 1934, S. 18).[159]

Nach der nationalsozialistischen Machtübernahme rief das Regime dann, entsprechend dem jetzt primären Herrschaftsanspruch, allerdings zeitnah die Parole „Schluss mit junger Generation" aus und verlagerte das eigene Agieren vorrangig auf das Bemühen einer Verstaatlichung der nachwachsenden „Volksgemeinschaft" (Reulecke 1988). Statt einer jugendpolitischen Entsprechung der Emanzipationsansprüche der Jugend, welche ihren exponierten Ausdruck in der jüngeren Jugendbewegung, aber auch in der militarisierten Jugend, etwa als Mitgliedschaft der SA, gefunden hatten, zielte das NS-Regime nach dem Januar 1933 verstärkt auf deren funktionalisierende und kontrollierte Inklusion in den eigenen Herrschaftsapparat. Mit diesem Ziel wurden einerseits nicht-nationalsozialistische Träger von Jugendarbeit, so sie sich nicht bereitwillig oder unter Druck selbst eingliederten, nach und nach ausgeschaltet, in ihrer Arbeit stark eingeschränkt oder zwangsweise „gleichgeschaltet" sowie andererseits gleichzeitig der Totalitätsanspruch der HJ vorangetrieben (Benecke 2013, S. 32 ff.). Hiervon betroffen waren nicht zuletzt auch die bündischen Jugendorganisationen (Kenkmann 2002, S. 55 ff.; Klönne 2003, S. 20). Demgegenüber entzogen sich, neben den konfessionellen Jugendverbänden, zunächst auch einige verbleibende Gruppierungen der bündischen Jugendbewegung den äußeren Erfassungsbestrebungen. Beide lieferten – durch ihre Sinn- und Identitätsstiftungsangebote – gegenüber den Bemühungen der HJ um eine erfolgreiche propagandistische Vermittlung innerer Inklusionsmotivationen (psychologische und ästhetische Verführungskonzepte) relativierende oder gar ersetzende Alternativen bzw. wurden vom Regime dessen verdächtigt. Daher gerieten sie alsbald in den Fokus der Ausschaltungsbestrebungen der Reichsjugendführung (Klönne 2003, S. 21 ff.).[160] Bis 1934 wurden die Bünde der bürgerlichen Jugendbewegung aufgelöst oder verboten und somit in die Illegalität verbannt.[161] Ende 1933 bot ein Abkommen zwischen Schirach und dem Reichsbischof Ludwig Müller außerdem die

159 Und weiter: „Der gelähmte Chamberlain [...], ist ebenso ewige Jugend, wie der alte Goethe an seinem letzten Tage. Sein Faust, die Neunte Symphonie und der Wille Adolf Hitlers sind ewige Jugend und kennen weder Zeit noch Vergänglichkeit" (Schirach 1934, S. 18 f.).

160 Zur letztendlichen Effizienz dieser Ausschaltungsbestrebungen gegenüber abweichenden Einflüssen auf die Jugend vgl. die umfangreiche Liste in VHB. HJ, Bd. II, 1942, S. 1068 ff.; abgedruckt in Benecke 2013, S. 348 ff.

161 Vgl. das Rundschreiben der Geheimen Staatspolizei zum Verbot der bündischen Jugend vom 17. 4. 1936 (Landesarchiv NRW, Abt. Rheinland, RW 33 Nr. 10, Bl. 109 f.; abgedruckt in Benecke 2013, S. 164 f.).

Grundlage für die Eingliederung von 800 000 Angehörigen der evangelischen Jugend Deutschlands in die Hitler-Jugend (Benecke 2013, S. 108). Die evangelische Jugendarbeit sollte sich nunmehr gänzlich auf seelsorgerische Belange beschränken (zum entsprechenden Kontrollauftrag an den HJ-eigenen Streifendienst: VHB. HJ, Bd. II, 1942, S. 926ff.; passagenweise abgedruckt in Benecke 2013, S. 231f.); wer nicht HJ-Mitglied war, der durfte zugleich auch nicht mehr Angehöriger des evangelischen Jugendwerks sein (LAV NRW, Abt. Rheinland, RW 18 Nr. 3, Bl. 240). Der Versuch einer analogen Regelung für die katholische Jugend scheiterte. Diese wurde zudem seit Juli 1933 durch das Reichskonkordat mit dem Heiligen Stuhl scheinbar geschützt. Infolge dessen versuchte die Reichsjugendführung, mit Hilfe gezielter regionaler Verbote und überregionaler Bestimmungen, die Arbeit der katholischen Jugend zu beschränken und in ihrer Ausführung zu behindern. Kinder von Beamten durften beispielsweise nicht mehr den konfessionellen Jugendverbänden angehören. Zudem wurde der HJ-Dienst immer wieder zur gleichen Zeit angesetzt, wie die traditionellen Kirchenveranstaltungen (etwa Sonntagsvormittags) sowie gezielte Störungen der konfessionellen Gottesdienste durch HJ-Angehörige inszeniert (Klönne 2003, S. 24).

In dieser Etablierungs- und Konsolidierungsphase der NS-Jugendorganisation kam es u. a. dazu, dass zahlreiche ehemalige bündische Jugendführer in der Hitler-Jugend erneut Führungsaufgaben übernahmen (Kenkmann 2002, S. 70).[162] Die Reichsjugendführung selbst schätzte im Herbst 1934, dass durchschnittlich im DJ 16 %, in der männlichen HJ 14,1 %, im JM 5 % und im BDM 5,3 % ehemalige „bündische Jugendführer" als HJ-Führerinnen und -Führer tätig seien („Geheime Denkschrift der RJF über die Bündische Jugend" vom 1. 10. 1934 (BArch NS 82-62 Hi 1/11, Bl. 59f.; Buddrus 2003, S. 463)). Nur erwähnt sei aus diesem Kontext der HJ-Karrieren ehemaliger Bündischer die besonders exponierte biographische Inklusionswandlung des späteren obersten HJ-Richters Walter

162 Schwieriger gestaltete sich die funktionale Integration der ehemaligen Vertreter der älteren Jugendbewegung. So gelang es den staatlichen Erziehungsorganisationen während der NS-Zeit zumeist nicht, die Vertreter der älteren Jugendbewegung einzubinden und letztlich wurden gar „einzelne HJ-Gauorganisationen aufgelöst, da sie von ehemaligen Wandervögeln unterwandert waren" (Mommsen 2003, S. 126). Eine historische Momentaufnahme, die in ihrer Struktur allerdings bezeichnend war, stellte demgegenüber dann nach 1945 der Fall des ehemals ranghohen HJ-Funktionärs und vorübergehenden Reichsjugendführers Hartmann Lauterbacher dar. Dieser wurde 1950 unter dem Decknamen „Leonhard" – als ranghöchster, jemals eingestellter NS-Funktionär – von der Organisation Gehlen, dem Vorläufer des Bundesnachrichtendienstes (BND) verpflichtet. Eine seiner angedachten Aufgaben war die, gemeinsam mit anderen ehemaligen HJ-Funktionären unternommene, Unterwanderung der FDJ in der DDR. 1963 endete die BND-Tätigkeit Lauterbachers, da er in Verdacht geriet, östlicher Agent zu sein, und wegen angeblicher Homosexualität erpressbar schien (*Der Spiegel*, Heft 51, 2014, S. 18; als Quelle dienten hier erstmals eingesehene CIA-Unterlagen). „Sein letztes Gehalt betrug 1 280 Mark plus 960 Mark Sondervergütung. Dafür bekam er später eine ordentliche Rente" (ebd.).

Tetzlaff, der in deren Kontext zuvor die Position eines „Freischar-Führers" innegehabt hatte (Kenkmann 2002, S. 70). Diese früheren bündischen Jugendführer waren von dem Motiv angetrieben, ihre jugendbewegten Ideale sowie ihre eigene exponierte Stellung auch in die HJ hineinzutragen – mitunter erkannten sie in der dort propagierten „kameradschaftlichen Gemeinschaft" auch bereits eine vermeintliche Verwirklichung ihrer eigenen Ziele (Reulecke 1993, S. 231 ff.). Wie sehr eine entsprechende Einstellung eine Momentaufnahme sein konnte und sich später, bei entsprechenden Widerspruchserfahrungen, drastisch verändern, dies verdeutlicht das bereits angeklungene Beispiel Hans Scholls.

Das Spektrum der motivierenden Auffassungen der „jugendbewegten Führer […], die sich im Umfeld der Machtergreifung zum Nationalsozialismus bekannten" (ebd., S. 231), reichte letztlich „von der (illusionären) Vorstellung, man könne die HJ bündisch unterwandern, über Opportunismus und Aufstiegsehrgeiz bis hin zum begeisterten Mitgestaltenwollen" (ebd.). Die Geschichte der Jugend und ihrer Organisationsformen ist zumeist komplexer als es einfache Kategorisierungen suggerieren (Benecke 2020). So kann die selbstgewählte Zugehörigkeit zu bestimmten Jugendorganisationen wichtige Hinweise für eine bildungshistorische Interpretation geben, darf aber nicht als vollständige Prädisponierung von Mentalität und weiterem Lebensweg der Betreffenden verstanden werden. Dies galt auch für die Wege ehemals Bündischer während der NS-Herrschaft. Einige vormals Bündische nahmen exponierte Positionen in der SS oder dem „Rasse- und Siedlungshauptamt" (RuSHA) ein (Ahrens 2015, S. 358 f.). Sogar im „Reichssicherheitshauptamt" (RSHA), der zentralen Institution der NS-Vernichtungspolitik, waren in den 40er Jahren ehemalige Angehörige der Bünde beschäftigt (ebd., S. 359 f.). Allerdings konnte eine solche Vorerfahrung nach 1933 in einigen Fällen auch ein abweichendes Verhalten zeitigen, etwa wenn bündische Aktivitäten gezielt weitergeführt wurden (ebd., S. 363). Mitunter führte sie ehemals Bündische auch in den Widerstand, etwa im Umfeld des 20. Juli 1944 (ebd., S. 364 f.). Sowohl bei den exponierten Tätern als auch bei den aktiven Widerstandskämpfern aus den Kreisen der Bündischen handelte es sich um Minderheiten; ihre Werdegänge verdeutlichen jedoch die angedeutete Komplexität.

Auch das Regime ging bald rigide gegen sämtliche, dem eigenen Formationsinteresse zuwiderlaufenden, Einflüsse innerhalb und außerhalb der HJ vor – ein Weg, der für einige Vertreter der bündischen Jugend im KZ endete (Reulecke 1993, S. 233). Zugleich übernahm die Hitler-Jugend eine Vielzahl jugendbewegter Stilelemente, Symbole, Begriffe und Umgangsformen, welche sich instrumentalisierend eben „auch hervorragend dazu verwenden ließen, vor allem die männlichen Jugendlichen ins Jungvolk und in die HJ zu locken (Fahrt- und Lagerleben, Feuerromantik, Liedgut, Kluft usw.)" (ebd., S. 230). Dies verweist unmittelbar auf die Beantwortung der Frage, weshalb das bisher zur bürgerlichen Jugendbewegung Ausgeführte im vorliegenden Kontext relevant ist. Es geht um den Aspekt der *Kontinuitäten* zwischen der Weimarer

Zeit und der NS-Herrschaft – hier einer möglichen generationellen Kontinuität zwischen den sozialhistorischen Phänomenen der bürgerlichen Jugendbewegung und der HJ (Ahrens 2015, S. 248 ff.). Diese Frage stellt sich nicht nur aufgrund der zeitlichen Nähe vor allem für die jüngere Jugendbewegung. Bedenklich in diesem Zusammenhang waren zudem jene Mentalitäten, wie sie sich bereits in der älteren Jugendbewegung entwickelt hatten. Hier führten die beschriebenen Entwicklungen zusammen mit der zunehmenden Radikalisierung und dem Aufkommen eines überzogenen Irrationalismus bereits vor 1933 zu einer verbreiteten Implementierung völkisch-nationalistischen und antisemitischen Gedankenguts (Kater 1987) bzw. Empfänglichkeit für die religiös anmutenden Elemente nationalsozialistischer Ideologie und deren Führermythos (Klönne 1985b, S. 185). Daraus resultiert hinsichtlich der Kontinuitätsfrage die Konstatierung einer Ambivalenz-Struktur: zwischen scheinbar bruchlosen Anbindungspotentialen bezüglich einzelner Stilelemente und der persönlichen Inklusion einzelner ehemaliger Führer der Jugendbewegung in die HJ einerseits; einer steten und konsequent erfolgenden funktionalisierenden Instrumentalisierung dieser Stilelemente und Führungseigenschaften bzw. der Ausgrenzung abweichender Einflussnahmen andererseits. Diese Ausgangslage führte in der bildungshistorischen Retrospektive zu einer noch immer kontroversen Diskussion der Frage „Hat die Jugendbewegung den Nationalsozialismus vorbereitet?“ (Reulecke 1993, S. 222). Weiterhin finden sich eher exkulpierend-einordnende Einschätzungen der damaligen Rolle der Jugendbewegung (Reulecke 1993) neben deutlich kritischen Fokussierungen deren historischer Verantwortung (Niemeyer 2013 und 2015).

Diese, stets mit der Problematik der aufgezeigten Ambivalenzen behaftete, Kontinuitätsdebatte (Langwiesche/Tenorth 1989, S. 20) verweist bezüglich der Frage nach sozialer Differenzierung in der HJ darauf, dass deren Beantwortung nur unter Berücksichtigung der auffälligen Differenzen in der Differenz geklärt werden kann. Weder hat ein linearer Weg von der älteren („Wandervogel“) oder jüngeren („Bündische“) Jugendbewegung in die rassistisch zugeschnittene NS-Jugendbewegung geführt, noch bedeutete der politische Machtwechsel 1933 ein sofortiges oder völliges Ende bürgerlich-jugendbewegten Agierens und der damit verbundenen Motive. Letztlich kann von Schirachs Ernennung zum „Jugendführer des Deutschen Reiches“ am 17. Juni 1933 als eigentlich entscheidende Zäsur in der Historie der Bünde angesehen werden. Ab diesem Datum erstreckte sich sein Einfluss über die Partei hinaus potentiell auf alle Jugendorganisationen (Ahrens 2015, S. 348).

Nach dieser bildungshistorischen Bezugnahme auf die jugendpolitische Kontinuitätsfrage in generationeller Hinsicht gilt es, die Generationenfrage für die NS-Zeit selbst zu klären. Die weitreichende und durchaus noch immer kontrovers diskutierte Frage nach den NS- oder zumindest HJ-spezifischen Generationslagerungen kann hier nicht vertiefend diskutiert werden (Moses 2000).

An dieser Stelle geht es lediglich um eine Andeutung dessen, wie das Konzept Generation HJ-spezifisch auszulegen wäre, um organisationsbezogene soziale Differenzierungsmuster erkennbar werden zu lassen. Grundsätzlich unterliegen sämtliche historische Generationenkonzepte der Problematik einer meist nur begrenzt vorhandenen Abgrenzungsfähigkeit gegenüber anderen, in relativer historischer Nachbarschaft zu ihnen angesiedelten, Generationen.[163] Vergleichbares gilt für das Verhältnis der Generationen zu anderen Grundlagen gesellschaftlicher Formierung von Bewusstsein und kollektiver Mobilisierung (Kohli 2007, S. 48).[164] Auf die NS-Zeit gewendet führt dies unmittelbar zu der Tatsache, dass schon allein während deren letzter Phase, also im Krieg, heterogene und vielfach psychisch hoch wirksame Sozialisationseinflüsse gleichzeitig walteten (Benecke 2011, S. 517 ff.). Diese formierten zusammengenommen „eine so verdichtete Erfahrungszeit, dass der Generationenbegriff sich auflöst" (Welzer 2008, S. 89). Die Analyse aktiver (im eigenen Einsatz) und passiver (erduldend, etwa während der alliierten Bombardements) Kriegserfahrungen Jugendlicher und junger Erwachsener hat gezeigt, in welch bemerkenswertem Ausmaß diese geeignet waren, vorangegangene, nicht zuletzt HJ-bezogene, Sozialisationseffekte zu überlagern, mitunter geradezu zu überfahren. Dies betraf auch die entwickelten Selbstverortungen und implementierte NS-Deutungsmuster. Die entsprechenden Erfahrungspotentiale und ihre desillusionierende, nicht selten zu deutlichen – zumeist innerlich bleibenden – Distanzierungen von den ideologischen Deutungsvorgaben des NS-Regimes führende, Wirkung wurde an anderer Stelle ausführlich dargestellt (Benecke 2011, S. 517 ff.). Im vorliegenden Kontext sei zur Verdeutlichung des oben angedeuteten Überlagerungspotentials aufeinander folgender Sozialisationserfahrungen unter der NS-Herrschaft sowie der damit konstatierten – schließlich auch gleichzeitigen (Front/„Heimatfront") – Differenz der jeweiligen Erfahrungsräume lediglich ein Erlebnisbericht eines damals Heranwachsenden zitiert. Dieser war erst Hitler-Junge, später junger Soldat in der Wehrmacht. Er hatte während des HJ-Dienstes die obligatorische Schießausbildung erhalten (Frodien 2002., S. 20)

163 Für eine angenommene Hitler-Jugend-Generation könnte dies, um nur ein Beispiel anzuführen, etwa auf ihre Abgrenzbarkeit zur, von Dirk Moses angeregten (ders. 2000) und von Rolf Schörken empirisch untermauerten, Generation der „45er" zutreffen. Dieses Generationskonzept bezieht sich auf die geteilte Erfahrung einer unterschiedlich langen Sozialisation während der NS-Zeit und schließlich des Zusammenbruches des „Dritten Reiches" (Schörken 2004, S. 57 ff.).

164 Mit Nolzen sei hierzu lediglich auf die einfache Tatsache verwiesen, dass auch nach 1939 die „Mitgliedschaft in der Hitler-Jugend nur eine unter vielen Rollen (war), die Jugendliche im NS-Staat wahrnahmen" (Nolzen 2009b, S. 66). Eine zu starke und nicht im Einzelnen empirisch belegte Subsumierung damaliger Sozialisationsverläufe und deren vermeintlicher biographischer Wirkung auf die betroffenen Heranwachsenden unter die Generationenkategorie der HJ-Zugehörigkeit, würde diese angedeutete Heterogenität gleichzeitiger Erfahrungspotentiale mitunter künstlich bereinigen.

und kam nun im jüngsten Erwachsenenalter, „auf dem Kasernenhof", bei echtem Kriegsgerät an. Unter anderem bei dem „berühmt-berüchtigten MG-42" einer „Präzisionswaffe, die jeden Fachmann und Waffennarren begeisterte" (ebd.). Wie aber hatte es in der HJ-eigenen „Wehrertüchtigung" mit der mentalen Vorbereitung auf deren tatsächlichen Einsatz ausgesehen:

> „Diese Waffe war für uns 18jährige zunächst ein richtiges Abenteuerspielzeug. Es machte Spaß, dieses beim Feuern rasende Ungeheuer mit festen Griffen und sicherem Auge so zu bändigen, daß die Ziele nur so purzelten. Es waren ja nur Pappfiguren und Scheiben, die von unseren Feuerstößen zerfetzt wurden. Keiner von uns war in der Lage sich wirklich vorzustellen, wie ein menschlicher Körper nach solchen Treffern aussehen würde" (ebd., S. 21).

Und die hierzu gehörende Diskrepanzerfahrung in der Realität des später folgenden Kriegseinsatzes:

> „Die anfängliche, ahnungslose Bubenbegeisterung für diese Supertechnik hatte sich in Entsetzen verwandelt über das, was man mit dieser Waffe anrichten konnte, als ich das erste Mal einen Gegenangriff auf uns unter Feuer nehmen mußte, und hinterher sah, was ich, zusammen mit den anderen, getan hatte. Wir hatten keine Wahl, wenn wir nicht selber sterben wollten, aber das Bild von den toten und getroffenen Menschen auf dieser Wiese vor dem Bahndamm, hinter dem wir schutzsuchend und feuernd lagen, das verfolgt mich heute noch in meinen nächtlichen Albträumen, und alle stehen dann wieder auf und greifen weiter an, bis sie direkt vor mir stehen – seit jetzt 56 Jahren" (ebd., S. 54).[165]

Gegenüber der Heterogenität der Einflüsse zwischen 1933 und 1945 sowie ihrer besonderen Wirkungsmacht im Kriegskontext muten manche, nach 1945 erstellten und nicht selten bis heute verstärkend medial kolportierten, Generationskonzepte zur NS-Zeit dann eher wie selbstreferenzielle Eigenverortungen an (Welzer 2008, S. 89). Hierbei ist nicht selten festzustellen, dass das mediale Echo bestimmter Generationsentwürfe, wie etwa jenem der „Flakhelfergeneration",

165 Das Potential, durch die unterschiedlichen Auswirkungen des Krieges belastende oder gar traumatische Erfahrungen zu machen sowie von deren psychischen und physischen Nachwirkungen biographisch dauerhaft betroffen zu sein, lässt sich mit notwendigen Differenzierungen und Einschränkungen in Ansätzen verallgemeinern. Den Versuch, daraus wiederum die Existenz einer „Generation der Kriegskinder" abzuleiten, halte ich wie Ulrike Jureit (dies. 2006, S. 49 ff.) für problematisch, da dies eher einer nachträglichen „Vergemeinschaftung" als einem tatsächlichen damaligen Bewusstsein der um 1945 Heranwachsenden entspräche. Hinzu kommt, dass eine solche Zuschreibung auch zu konzeptionellen Folgeproblemen führen würde, schließlich werden viele dieser Kriegskinder bereits der „Generation der 68er" zugerechnet (ebd., S. 52).

die tatsächliche historische Bedeutung dieser Sozialisationserfahrung zumindest quantitativ merklich überhöht (Buddrus 2003, S. XVII).

Dieser dargestellten konzeptuellen Ausgangslage insgesamt Rechnung tragend, soll Generation hier nicht im Sinne „hoch aggregierte[r], alles umfassende[r] Generationszusammenhänge", sondern „tiefer gehängt" (Kohli 2007, S. 49) lediglich als erfahrungsbasierte Kategorie verstanden werden. Diese Vorgehensweise entspricht den Anforderungen einer modernen Generationsforschung, wie sie Ulrike Jureit benannt hat:

> „*Generationen* als Erfahrungsgemeinschaften zu konzipieren, gehört zu den viel versprechenden Ansätzen in der Generationenforschung. Etwas ähnlich oder sogar zusammen erlebt zu haben, bestimmte Erfahrungen als Gemeinsamkeiten zu empfinden oder sie in einer Gruppe als potentielle Verbundenheit zu unterstellen, ist für generationelle Selbst- und Fremdzuschreibungen grundlegend" (Jureit 2006, S. 13).

Diesem Generationenverständnis folgend, lassen sich für die NS-Zeit mit Norbert Frei – „zugegebenermaßen etwas schematisch" (Frei 2005, S. 27) – drei größere „Erfahrungsgenerationen" (ebd.) unterscheiden.

Erstens jene, „der um 1905 Geborenen, die *als Generation der NS-Funktionseliten* bezeichnet und recht deutlich abgehoben werden kann von der Generation der zumeist etwas älteren eigentlichen Führungsfiguren der NS-Bewegung" (ebd.). Die andauernde, propagandistisch verstärkte, Suggestion einer umfassenden „Leistungs-Volksgemeinschaft" (Martin Broszat) wurde zu einem der stärksten Integrationsfaktoren der NS-Politik, der ein unerhörtes Aktivierungspotential gerade bei den mittleren Generationen des NS-Herrschaftssystems entfachte (Wehler 2007, S. 15). Besonders betroffen waren die nach 1900/05 geborenen Jahrgänge der NS-Funktionäre (Mallmann/Paul 1993, S. 991; Wildt 2002, S. 78). Sie wurden angezogen von dem Anschein und der stellenweisen Realisierung einer „beispiellosen Aufstiegsmobilität" (Wehler 2007, S. 78). Dies traf auch auf die oberste Führung der HJ zu (Buddrus 2003, S. 305 f.): Baldur von Schirach war Jahrgang 1907, Hartmann Lauterbacher 1909, Günter Kaufmann 1913, Artur Axmann 1913 sowie Jutta Rüdiger 1910 (ebd., S. 1114 ff.). Das Durchschnittsalter der Amtschefs der RJF betrug 33,1 Jahre (ebd., S. 22). Wahrgenommene und tatsächliche Karriereoptionen sowie das Potential, diese mit idealistischer Sinngebung zu versehen, stellten in dieser HJ-Funktionärsgruppe entsprechenden Alters ein außerordentlich wirksames Inklusionsmotiv dar (ebd., S. XXXVII f.).

Zweitens jene, „um 1925 Geborenen […], bis in den allgemeinen Sprachgebrauch hinein bekannt als die sogenannte *skeptische Generation* der ehemaligen Flakhelfer und jungen Frontsoldaten" (Frei 2005, S. 27). Auch bezüglich dieser Generationenkonzeption wird das Abgrenzungsproblem gegenüber einer „HJ-Generation" oder einer „Generation der 45er" offensichtlich. Schelsky als Begründer dieses Generationenkonzeptes formulierte es schließlich selbst zur

„Jugend des deutschen Wiederaufbaus" (ders. 1984, S. XV) um. Durch diese, eher zeitgeschichtlich formulierte, Charakterisierung wollte Schelsky in späteren Ausgaben seines Standartwerkes zur „skeptischen Generation" die letztere Formulierung ersetzen (ebd.). Der Begriff „skeptische Generation" hatte sich mittlerweile allzu undifferenziert verselbständigt, während er selbst das entsprechende theoretische Konstrukt von Anfang an als entwicklungsfähig gedacht und darauf verwiesen hatte, dass „dieser distanzierende Skeptizismus (sicher) nur eine Facette in der ganzen auf das Praktische, Handfeste, Naheliegende, auf die Interessen der Selbstbehauptung und -durchsetzung gerichteten Denk- und Verhaltensweise dieser Jugendgeneration" (ebd., S. 77) gewesen sei.

Drittens jene, „um 1945 geborenen Kriegs- und Nachkriegskinder" (Frei 2005, S. 27), welche „als *Generation der Achtundsechziger* seit langem ein Etikett (trägt)" (ebd.). Zu dieser letzten Generationskonzeption wäre differenzierend anzumerken, dass diese „Bewegung quantitativ nur einen geringen Teil der entsprechenden Alterskohorte ausmacht" (Welzer 2008, S. 80). In diesem Sinne verweist auch Joachim Scholtyseck in kritischer Replik auf Wehlers letzten Band der Deutschen Gesellschaftsgeschichte berechtigt auf ein wesentliches Forschungsdesiderat:

> „Weiterführend ist die […] Bemerkung, die Träger der Proteste sei [sic!] von einem ‚Segment der Oberklassenjugend' gestellt worden. Viel zu wenig sind ja bisher diejenigen untersucht, die sich bewusst dem entzogen haben, was sich als Teil der Jugendbewegung empfand. Dies verweist auf ein grundsätzliches Problem: Bisher stammt der ganz überwiegende Teil der Darstellungen zu ‚1968', ob zum ‚Erfolg' oder zum ‚Scheitern', aus der Feder von Beteiligten, die notgedrungen auch ihre eigene Rolle im damaligen Geschehen verarbeiten. […] Interessant wäre es, zu erfahren, was die große Zahl derjenigen bewegt hat, die nichts mit ‚1968' zu tun hatten und nichts mit ‚1968' zu tun haben wollten. Diese Lücke der sozial- und gesellschaftsgeschichtlichen Forschung sollte schleunigst geschlossen werden" (ders. in Bahners/Camman 2009, S. 159 f.).[166]

Anhand des letztgenannten Beispiels wird deutlich, wie allzu starke – als solche nicht explizit intendierte und kommunizierte – Hervorhebungen bestimmter historischer Erfahrungsmuster sowie Prozesse der Selbstverortung zur Verkürzung der Analyseperspektive führen können und damit zur Produktion blinder Flecken der Generationenforschung.

166 Ein solches empirisches Missverhältnis kann für alle Jugendbewegungen, insbesondere aber die bürgerliche und hierunter noch einmal exponiert deren erste Phase des „Wandervogels" attestiert werden. Sie erfuhren in der bildungshistorischen Retrospektive – trotz ihres durchgehenden Minderheitenstatus – mitunter eine starke Aufmerksamkeit, während für die Mehrheit der jeweils zeitgenössischen Jugenden weitreichende Forschungsdesiderate bestehen.

Übertragen auf die Hitler-Jugend und eine dort auffindbare generationsbedingte Heterogenität der Erfahrungen, resultiert aus diesen einschränkenden Anmerkungen zur Reichweite eines generationsbezogenen Differenzierungsansatzes eine – ggf. weiter auszudifferenzierende – Unterscheidung: zwischen dem kleineren Pool der oberen (haupt- und ehrenamtliche Funktionsträger) und obersten (Reichsjugendführung) Organisationsführung einerseits; andererseits dem wesentlich umfangreicheren Reservoir derjenigen, die die HJ über die 12 Jahre der NS-Herrschaft als einfache Mitglieder und auf den hierfür vorgesehenen unteren und mittleren Führungsrängen der Organisation durchlaufen haben (Reese 2007a, S. 20 ff.). Aus dieser Generationenkonstellation ergaben sich unterschiedliche Erfahrungs- und Partizipationspotentiale. Gerade letztere zeitigten auch soziale Ungleichheiten, etwa hinsichtlich des deutlich höheren herrschaftsbezogenen Einflusses, wie er mit einer Position im HJ-Führungskorps einherging. Eine soziale Differenzierung lässt sich diesbezüglich auch auf der Ebene biographischer Nachwirkungen nach 1945 erkennen. Hier stehen sich zwei unterscheidbare Publikationspools gegenüber. Zum einen eine, mittlerweile umfangreiche, apologetische Rechtfertigungsliteratur aus den Reihen ehemaliger HJ-Führerinnen (Miller-Kipp 2007, S. 23 ff.) und Führer (Buddrus 2003, S. XIV; Benecke 2013, S. 89 f.), welche fast durchweg darum bemüht ist, das eigene damalige Handeln zu legitimieren, indem es konsequent als pädagogisch und nicht politisch beschrieben wird. Zum anderen eine ebenfalls recht große Zahl an Erinnerungsliteratur einfacher weiblicher und männlicher Angehöriger der HJ. In letzterer geht es – eingedenk mitunter ebenfalls vorhandener Rechtfertigungstendenzen – allerdings oftmals darum, die eigenen Erfahrungen im HJ-Kontext rückblickend in autobiographischer Perspektive moralisch und damit sinnbezogen einzuordnen (Rosenthal 1987; exemplarisch: Walb 2000).

Im Ergebnis der vorangegangenen Ausführungen sollte letztlich von *der* „Hitlerjugend-Generation" (Rosenthal 1986) zur Kennzeichnung der Gruppe damals als Angehörige der rassisch zugeschnittenen „Volksgemeinschaft" Heranwachsender gerade nicht in einem umfassenden, soziale und erfahrungsbezogene Differenzierungen einebnenden, Sinne gesprochen werden. Gegenüber einer derartig pauschalen Zuordnung ließe sich berechtigt einwenden, dass eine solche Generationskonzeption zum einen den Blick auf die Gestaltungsformen institutionalisierter Erziehung während der NS-Zeit zu stark verenge sowie zum anderen bereits vorab suggeriere, „die HJ sei eine besonders wirksame Sozialisationsinstanz gewesen" (Schörken 2005, S. 194 f.; i. d. S. auch: Hübner-Funk 2005, S. 49). Dieser vereinheitlichenden Einschätzung stünden schon die vielfältigen notwendigen Binnendifferenzierungen (Peukert 1983, S. 95; Gruner 2000, S. 335; Buddrus 2003, S. XXI) der HJ relativierend gegenüber. Zur exemplarischen Verdeutlichung sei aus diesem Kontext auf jene dreigliedrige Binnendifferenzierung verwiesen, wie sie Schörken vorschlägt (Schörken 2005, S. 13) und Peukert bereits in ihren unterschiedlichen Erfahrungspotentialen skizziert hat (Peukert 1983, S. 95 ff.):

Erstens: Wer sein Jugendalter in der Zeit zwischen 1933 und 1936 durchlief, hatte entscheidende Persönlichkeitsprägungen bereits vor der NS-Zeit erfahren und „konnte sich gegenüber der nationalsozialistischen Herausforderung auf diese soziokulturellen und ideellen Angebote berufen" (ebd., S. 96);

Zweitens: Diejenigen, welche in den Jahren 1936–1939 ihre Jugendzeit durchlebten, hatten hingegen nur in ihrer Kindheit alternative Erfahrungen sammeln können, die zudem in der Erinnerung mehr und mehr verblassten – sie hatten bereits einige Jahre, an einer mehr oder weniger stark nationalsozialistisch geprägten Schule zugebracht und der Dienst in der HJ wurde für sie zunehmend verpflichtend (ebd.);

Drittens: Denjenigen, deren Jugendphase in die Kriegszeit fiel, begegnete der HJ-Alltag immer inhaltsleerer und dafür stark von Zwang und Drill geprägt – diese Entwicklung wurde noch verstärkt, durch das Fehlen vieler, zur Wehrmacht eingezogener, älterer Jugendführer und die kriegsbedingte Zerstörung einer Großzahl von Sportplätzen und anderer potentieller jugendlicher Freiräume (ebd., S. 97);

Viertens: Von Peukert nicht berücksichtigt wurden diejenigen damals Heranwachsenden, die, aufgrund ihrer späten Geburt, die Jugendphase nur zu kleineren Teilen oder nur die Kindheit während der NS-Zeit erlebten und bedingt durch den politischen Systemwechsel in der Nachkriegszeit noch einmal ganz eigene, altersbezogen geprägte Erfahrungen machten.

Ganz offensichtlich korrespondierte diese jugendbezogene und altersabhängige Binnendifferenzierung mit der historischen Entwicklung der HJ als NS-Jugendorganisation (vgl. die eingangs angegebenen Phasen der HJ-Entwicklung sowie Benecke 2013, S. 25 ff.); zugleich mit ihrer subjektiven Wahrnehmung durch ihre potentiellen und tatsächlichen Mitglieder (ebd., S. 82 ff.). Die Problematik einer Überführung dieser heterogenen Sozialisationsbedingungen und subjektiven Realitätsverarbeitungen in ein einzelnes, vereinheitlichend einen umfassenden Deutungsanspruch erhebendes, Generationenkonzept wird augenscheinlich. Nur angedeutet sei hier, dass freilich auch die jahrgangsbezogene Binnendifferenzierung nur eine mögliche darstellt. Sie könnte ergänzt oder ersetzt werden etwa durch eine Analyse, die nach den höchst sozialisationsrelevanten erlebten Kriegsbelastungen der gleichzeitig Heranwachsenden differenzieren würde. So hat die thematisch einschlägige neuere Forschung herausgearbeitet, dass die Gesamtpopulation der Kriegskinder des Zweiten Weltkrieges bezüglich ihres Belastungsgrades mindestens in drei Gruppen unterteilt werden muss. Diese umfassen je ungefähr ein Drittel der damals Heranwachsenden und lassen sich nach „nicht betroffen" (ca. 40 %), „teilweise betroffen" (ca. 30 %) und „voll betroffen" (ca. 30 %) differenzieren (Radebold 2006, S. 17).

Diese sozialen Differenzierungsansätze berücksichtigend, kann von einer, übergreifend zu konstatierenden, exponierten biographischen Bedeutung der NS-Jugendorganisation allein hinsichtlich der oben angedeuteten erfahrungsbasierten

Generationenkonzeption ausgegangen werden. Aufgrund ihrer grundsätzlichen Sozialisationsrelevanz für alle sie durchlaufenden Jahrgänge schiene es dann dennoch als „gerechtfertigt, von ‚der' HJ-Generation [...] zu sprechen" (Buddrus 1993, S. 267). Diese Fassung könnte auch eine weitere Binnendifferenzierung integrieren. Dagmar Reese spricht äquivalent zur „HJ-Generation" von einer „BDM-Generation" (Reese 2007a, S. 13). Diese, so die Konzeption, umfasste die weiblichen Jahrgänge von 1920 bis 1932 (ebd.).

Letztlich gilt es in beiden geschlechtsspeifischen Konzeptionen – entsprechend der bereits eingeführten Differenzierung –, die Ebenen der politischen Ansprüche des NS-Staates und deren propagandistischer Verlautbarungen in Unterscheidung von deren Wahrnehmung durch die damals Heranwachsenden zu analysieren. Bislang kann lediglich von dem gesicherten Befund ausgegangen werden, dass „der wichtigste Sozialisationsraum im Leben der Kinder und Jugendlichen [...] nach dem Willen des Staates der HJ-Dienst sein (*sollte*)" (Klönne 2003, S. 57; Hervorhebung; J. B.). Nicht aber, dass der „HJ-Dienst, dem ‚wichtigsten Sozialisationsraum im Leben der Kinder und Jugendlichen im Dritten Reich'" (Buddrus 2003, S. 60) tatsächlich entsprochen hat. Die Feststellung, „das Prinzip HJ hatte alles andere überdeckt, selbst wenn heute noch mancher Augenzeuge angibt, er sei doch ‚im Grunde' Christ oder Sozialist geblieben" (Tewes 1989, S. 38), lässt sich demnach als Anspruch und Realität einer zunehmenden Besetzung des Sozialisationsraumes durch die, selbst allerdings niemals lückenlos realisierten, Erziehungsansprüche des NS-Systems auffassen. Nicht gesichert ist hingegen die pauschale Wirkungsdiagnose dieser Sozialisationsbedingungen auf eine Gesamt- oder deren Teilpopulationen.

4.3 Raum/Region

Einführend sei zu dieser Heterogenitätskategorie[167] zunächst darauf verwiesen, dass eine deutliche soziale Differenz schon daraus resultierte, ob man vor dem „Anschluss" 1938 der HJ in Deutschland oder in Österreich angehörte. Während in Deutschland eine Zugehörigkeit zur HJ bereits zunehmend druckvoll eingefordert wurde, ein entsprechendes Gesetz schon in Kraft getreten war, galt sie in Österreich noch als illegal (Gehmacher 2007, S. 166 ff.; Matzer 2021, S. 77 ff.).[168] Auf dieser Basis einer regional und damit bis 1938 herrschaftsräumlich bedingten Differenz baute dann eine spürbare Ungleichheit der HJ-bezogenen Einflussmöglichkeiten unmittelbar nach dem „Anschluss" Österreichs auf (ebd., S. 182 ff.):

---

167 Zum Raum als bildungshistorischer Analysekategorie vgl. einführend Berg 2001.

168 Vgl. hierzu auch die Selbstdarstellung in „Der Sturmtrupp. Kampfblatt der österreichischen Hitlerjugend" vom Februar 1933 (BArch NS 26/356).

„Das Bild der Einigkeit zwischen ÖsterreicherInnen und Deutschen in der Hitler-Jugend sollte [...] bald Sprünge erhalten. Die Reichsjugendführung schickte eine größere Zahl deutscher Funktionäre und Funktionärinnen zum Aufbau einer nationalsozialistischen Staatsjugend nach Österreich. Die ehemaligen österreichischen Illegalen erhielten keineswegs die Posten, die sie sich erhofft haben mochten; insbesondere die Mädchenführinnen mußten oft empfindliche Enttäuschungen hinnehmen. Der Konflikt eskalierte in Wien in einer Flugblattaktion der ehemaligen Illegalen. Sie forderten die Absetzung des aus Deutschland stammenden HJ-Führers Wilhelm Busch [...] Die ehemaligen Illegalen mußten auf politischer Ebene eine weitgehende Entmachtung hinnehmen. Dies behinderte allerdings ihre Glorifizierung auf propagandistischer Ebene nicht" (Gehmacher 1994, S. 450).

Neben der Belegkraft für die hier besprochene Differenzierungsnotwendigkeit der HJ-Erfahrung nach Raum und Region (vgl. hierzu auch die Ausführungen zu den Grauzonen der Erfassung in den besetzten Gebieten im Osten Europas), liefert der zitierte Bericht auch einen weitere Hinweis darauf, dass eine themenabhängige Unterscheidung der Ebenen politischer Intention, propagandistischer Vermarktung, Entwicklung der organisationalen Alltagsrealität sowie der subjektiven Wahrnehmung für eine adäquate Analyse der NS-Jugendorganisation unumgänglich ist.

Im direkten Einflussgebiet der NS-Herrschaft ergaben sich demgegenüber Residuen sozialer Differenz als Abweichungen von der propagierten Einheit der Jugend schon aus dem Aufbau der Jugendorganisation selbst. Auf den – alters- und hierarchiebezogen – untersten Stufen der HJ war eine starke Rückbindung der aufgestellten Einheiten an die regionalen Wohnorte der Heranwachsenden der strukturbedingte Normalfall. „Da die Rekrutierung für die HJ nach Wohngebieten erfolgte[169] und damals die Wohngebiete sehr viel stärker als heute nach Stand und Einkommen getrennt waren, blieb die Durchmischung auf der unteren Ebene notwendigerweise beschränkt. Auf der Führungsebene war, mit zunehmendem Rang umso stärker, die Oberschuljugend überrepräsentiert" (Giesecke 1999, S. 231). Oftmals kannten sich die Kinder in den einzelnen HJ-Gruppen bereits aus der Schule (Rosenbaum 2014, S. 479). Häufig ergab sich ein spürbares Inklusionsmotiv eben aus dem sozialen Druck angesichts dieser Transformation sozialer Gruppen (Klasse, HJ-Gruppe) nicht isoliert zu werden (ebd., S. 160ff.). Wenn zudem die Führerinnen und Führer der HJ-Gruppen aus demselben Umfeld kamen, konnte sich der Eindruck überdauernder Kontinuität in der sozialen Zusammensetzung ergeben und tatsächlich erfahren werden (ebd. sowie exemplarisch zum bürgerlichen Milieu Göttingens ebd., S. 182). Entsprechend fiel das schlichte Resümee einer, von

169 Vgl. die Grafiken zur entsprechenden Erfassungsstruktur der HJ in VHB. HJ, Bd. II 1942, S. 32 und 37.

Rosenbaum befragten, Zeitzeugin zu ihrer Erfahrung in ihrem „BDM-Schaft“ aus: „Da waren ja wir wieder unter uns, nicht?“ (ebd.).

Derartige soziale Homogenitäts- und Kontinuitätserfahrungen dürfen allerdings nicht pauschal auf die gesamte HJ bzw. alle auffindbaren Milieus und deren Angehörige übertragen werden. Sie galten vornehmlich für den Dienst im Jungvolk bzw. bei den Jungmädeln, also für die ersten Jahre derjenigen in der HJ, die diese ab ihrem 10. Lebensjahr erlebten. In solchen Fällen, in denen – nicht selten gezielt, mit der Intention, im gewohnten Umfeld zu verbleiben – Führungspositionen im Jungvolk übernommen wurden, konnte diese Situation auch über das 14. Lebensjahr hinaus aufrecht erhalten werden (ebd., S. 181 ff.). Hieraus resultierten mitunter zudem Differenzwahrnehmungen hinsichtlich der altersbezogenen HJ-Teilverbände Jungvolk und Hitler-Jugend:

> „Die bei den Jungmädeln geblieben sind und dann und Führungsposten da nacheinander hochgestiegen sind, das war irgendwie […] was Besseres, ne, als da bei denen beim BDM zu sein, ne. Und dann praktisch wieder von unten anzufangen, als 14-, 15-Jährige, und sich wieder kommandieren lassen und Vorschriften machen lassen, und da war's eben irgendwie, bei vielen war's schöner, dann eben einen Führungsposten eben dort zu übernehmen. Nech. Und selber was zu gestalten. Und nicht wieder alles vorgekaut zu bekommen und nachmachen zu müssen und was einem dann womöglich nicht passt gerade in dem Alter, nech. Das war der Unterschied, ne“ (ebd., S. 183).

Derartige Differenzierungen nahmen auch männliche Angehörige der Jugendorganisation wahr:

> „Wer was, was auf sich hielt, der versuchte im Jungvolk Führer zu werden und das war dann ne gute Sache Jungvolkführer […] das war ne prima Sache, da hatte man ja auch, eh altersmäßich die Zehn- bis Vierzehnjährigen mit denen konnte man noch was anfangen die warn noch, begeisterungsfähig, die HJ die fünfzehn bis achtzehn Jährigen warn ja nich mehr begeisterungsfähig die hatten, Mädchen im Kopp und wat weß ich was und und n Beruf oder Berufsausbildung und, abgebrochene Lehre und und Schule, nich geschafft und so weiter, also das war, das war ne andre Welt […] das war, in unsern Augen n lahmer Verein“ (Interview Brenner, S. 43 f.).

Da auch die Reichsjugendführung zumindest bis Kriegsbeginn besonders entschlossen nach den schulpflichtigen Heranwachsenden griff, konnten sich dementsprechend altersbezogen deutliche Diskrepanzen hinsichtlich der quantitativen Erfassung ergeben. So waren zu Jahresbeginn 1939 98, 6 % der 10- bis 14jährigen Jungen im DJ, aber nur 73,9 % in der männlichen HJ. Bei der weiblichen HJ ging diese Differenz noch weiter. Hier waren zur gleichen Zeit 91,2 %

aller 10- bis 14jährigen Mädchen im JM, während nur 66,4 % der 14- bis 18jährigen weiblichen Heranwachsenden Mitglieder im BDM waren (Buddrus 2003, S. 288 f.; Willmot 2007, S. 106).

Eine spezielle Schnittstelle zwischen milieugeprägten Dispositionen und den Spezifika des Raumes, in welchem eine HJ-Erfahrung gemacht wurde, konnte sich im hier angesprochenen Sinne einer Differenzrelevanz der Faktoren Raum und Region besonders inklusionsfördernd auswirken. So gelang es Jutta Rüdiger als zuständiger Funktionärin der Reichsjugendführung mit der Etablierung des BDM-Werks „Glaube und Schönheit" auch für die weibliche Jugend eine weiterführende Untergliederung der HJ zu schaffen, welche durch ein dort vermitteltes Elitebewusstsein und eine gegebene Passung mit den speziellen Interessen der heranwachsenden Mädchen und jungen Frauen eine gesteigerte Motivation der Mitglieder evozieren konnte (Offermanns 2004, S. 200 ff.). In dieser Hinsicht waren das Werk und die Sondereinheiten der männlichen HJ im Prinzip vergleichbar. Schon aufgrund der spezifischen Erfassungs- und Zulassungspraxis des Werkes, blieben hier deutlich seltener bereits bestehende Peers beieinander. Gerade dadurch konnten wiederum raumbedingt soziale Differenzierungen entsprechend der milieugeprägten Bedürfnisse inklusionsverstärkend ausgeglichen werden. So berichtet eine Zeitzeugin, die damals eine Führerinnenposition im Werk innehatte, über ihre Entscheidung für den dortigen Eintritt und ihre subjektive Wahrnehmung desselben:

> „Ich war damals auf dem Lyzeum hier und das hat wohl den Ausschlag gegeben [...] In [Ort] waren kaum Mädchen, die auf die höhere Schule gingen" (zit. n. ebd., S. 205).

Ein anderer spezifischer Raum, welcher in hohem Maße soziale Differenzen generieren konnte und mit dem sich auch entsprechende Erwartungen des Regimes und seiner Reichsjugendführung verbanden, war das Lager. In zunehmendem Umfang wurden die Angehörigen der „Volksgemeinschaft" nach 1933 durch verschiedene Lagertypen geschleust (Schiedeck/Stahlmann 1991, S. 167 ff.), die von NS-Organisationen und Verbänden mit unterschiedlichen Zuständigkeitsbereichen im NS-Herrschaftssystem initiiert und in divergierender Länge abgehalten wurden (von wenigen Tagen bis zu mehreren Monaten, etwa im Kontext der Kinderlandverschickung (KLV)). Motiviert waren sie auf staatlicher bzw. auf Seitn der Partei vorrangig durch eine hiervon erwartete formierende Homogenisierung vermittels sozialer Separierung (ebd., S. 170 ff.). Die gezielte Isolierung der Heranwachsenden von den Einflüssen des heimischen Umfeldes verband man mit einem Glauben an die inklusionsfördernde Kraft einer in den Lagern zu organisierenden Erziehung, deren Kennzeichen eine stärkere soziale Kontrolle sowie ein erhöhtes Maß an Indoktrinierungspotentialen (Buddrus 2003,

S. XXII ff.) und Inszenierungen von Gemeinschaftserfahrungen waren (Kraas 2011, S. 298 ff.). Diese Integrationslager[170] stellten in ihrem Zuschnitt als „institutionalisierte und arrangierte Ausnahmesituation" (ebd., S. 312) ein zentrales Element der NS-Erziehung dar (Stellrecht 1938, S. 130 ff.).[171] Letztlich ist davon auszugehen, dass durchschnittlich jede und jeder Deutsche zwischen 1933 und 1945 mindestens ein solches Integrationslager durchlaufen hat (Schiedeck/Stahlmann 1991, S. 167). Die HJ betrieb einige organisationsspezifische Lager, wie die Schulungslager, Freizeit und Erholungslager, Zelt-, Hochland-, Feld-, Herbst- und Sommerlager, orts- (Gaue) und aufgabenspezifische Führerlager, „Deutschland Lager" der Auslands HJ, HJ Übungslager für „Körperbehinderte" und „Entwicklungsgehemmte" sowie während des Krieges in zunehmender Zahl Lager zur vormilitärischen Schulung, wie beispielsweise die Wehrertüchtigungslager (ebd., S. 173 ff.; Kraas 2011, S. 314 ff.). Allein auf die Lagerform der Zeltlager der HJ (Wagner 2013, S. 81 ff.) bezogen wurden bereits zwischen 1934 und 1937 4 216 solcher Lager durchgeführt (Schiedeck/Stahlmann 1991, S. 167). Allein zwischen 1935 und Ende 1937 wurden dabei insgesamt 973 803 männliche HJ-Angehörige erfasst (ebd., S. 168). Beim BDM waren es 1937 452 Lager mit insgesamt 96 699 Teilnehmerinnen (ebd.).

Neben der sozialen Differenzierung durch räumliche Separierung, wie sie aus einem Aufenthalt in einem der Lager sowie der jeweiligen konkreten Form und Konzeption des Lagers resultierte, konnten sich diese noch einmal nach der Region, in der sie angesiedelt waren und den dort jeweils ablaufenden Interaktionen mit der ansässigen Bevölkerung unterscheiden (Füller 2010, S. 123 ff.; exemplarisch zu den Hochlandlagern der HJ in Südbayern: Wagner 2013, S. 41 ff.). Eine zentrale Rolle in diesem Kontext spielten die Lager der sogenannten

---

170 Mit Krause-Vilmar lassen sich bezüglich der NS-Lager zwei grundsätzlich verschiedene Kategorien unterscheiden: Die Integrationslager, welche die umfassende Eingliederung der „Volksgenossen" in das NS-Herrschaftssystem anstrebten, sowie die Ausgrenzungslager, welche bemüht waren, vom Regime als abträglich beurteilte „rassische" oder politische Elemente von der „Volksgemeinschaft" fernzuhalten (Krause-Vilmar 1984, S. 36). Die HJ war an beiden Typen ungleichheitsbildend beteiligt. Im Bereich der Ausgrenzungslager etwa im Kontext des Einweisungsprozesses in die „Jugendkonzentrationslager" entweder als ursächliche Legitimationsgeberin (Verhaltensverfehlungen, in der HJ oder gegenüber ihrem Streifendienst; anhaltende HJ-Dienstverweigerung) oder aktiv sanktionierend, wenn bei dessen Vorbereitung HJ-Funktionäre planmäßig gehört wurden und diese die Inhaftierung durch belastende Einschätzungen forcierten.

171 Die HJ als solche stellte zwar eine Jugendorganisation mit zunehmend totalitärem Anspruch und einem entsprechenden Sozialisationspotential (Kannonier-Finster 2004, S. 68 ff.), aber keine totale Institution im Sinne Erving Goffmans (Goffman 1973, S. 17 ff. sowie machttheoretisch gewendet Zwengel 2012) dar. Demgegenüber können die NS-Lager insgesamt und unter ihnen die HJ geführten Lager in ihrer besonderen Struktur (Buddrus 2003, S. 887 und 900) sowie mit deutlicheren Einschränkungen die Internatsschulen des NS-Eliteschulwesens eher als solche kategorisiert werden.

Kinderlandverschickung, an denen die HJ teilweise beteiligt war.[172] Die organisierte Kombination von Fahrt und Lager im Rahmen der „Erweiterten Kinderlandverschickung" (EKLV), in welcher die HJ eine zentrale Rolle spielte (VHB. HJ, Bd. IV, 1942, S. 3113 ff.; Füller 2010, S. 78 ff.), war gleichermaßen Ausdruck eines entfesselten Erfassungsanspruches der Reichsjugendführung und des Kriegsverlaufs (Buddrus 2003, S. 883 ff.; Benecke 2011, S. 708 ff.; Füller 2010, S. 21 ff.). In ihrem Kontext wurden zwischen 1940 und 1944 „etwa zwei Millionen Kinder aus den bedrohten Städten des Reiches für einen längeren Zeitraum – im Regelfall für ein halbes Jahr und länger – durch Sonderzüge der Reichsbahn in entfernte ländliche Regionen transportiert" (Zinnecker 2008, S. 219). Die HJ betreute hierbei bis 1945 etwa 850 000 der 10- bis 14-jährigen verschickten Kinder und Jugendlichen in den entsprechenden EKLV-Lagern. Gegenüber der übergreifenden Indoktrinationsintention auf Seiten der Reichsjugendführung (Buddrus 2003, S. 886 f., 897; Füller 2010, S. 80 f., 341 ff.)[173] konnte sich die Verschickung für die betroffenen Heranwachsenden zwischen 10 und 14 Jahren – ganz im Sinne sozialer Ungleichheit – sehr unterschiedlich gestalten. Nicht wenige von ihnen wurden in den Lagern immer wieder Opfer gewaltsamer Willkür von Seiten nach Alter und Ausbildung überforderter, teils fanatischer junger Lagermannschaftsführer der HJ (Füller 2010, S. 81 f.) sowie gewaltsamer Übergriffe einer sozialdarwinistisch indoktrinierten „Kameradschaft" (exemplarisch: Hermand 1993, S. 24). Provoziert und legitimiert wurde letzteres nicht zuletzt durch eine verbreitete und ideologisch verklärte „Erziehung zur Härte" (Stellrecht 1938, S. 44), wie sie – als andauernde Gemengelage von Abhärtungs- und Wettkampfinszenierungen und den, anhand der gezeigten Leistungseffizienz bemessenen, hieraus abgeleiteten Wertbemessungen – in den Lagern durch die HJ zur Anwendung kam (Füller 2010, S. 100 ff.). Die autobiographischen Berichte Jost Hermands verdeutlichen exemplarisch einerseits, in welchem Ausmaß es in den HJ-geführten Lagern zu Momenten sozialer Ungleichheit kommen konnte sowie andererseits, wie sehr es grundsätzlich vom Zufall abhing, in welches Lager an welchem Ort man verschickt wurde und welche Erfahrungen man im dortigen Lageralltag machte (ebd., S. 102 ff., 142 ff.). Zur Verdeutlichung des ersten Aspektes sei eine kleine Passage aus einem Bericht über seine erste KLV-Lagererfahrung im Oktober 1940 zitiert:

---

172 Der größte Teil der KLV erfolgte nicht durch die HJ, sondern durch die Nationalsozialistische Volkswohlfahrt (NSV) (vgl. die Grafik in Füller 2010, S. 32 sowie ausführlich ebd., S. 33 ff.).

173 In seiner Kriegsgeschichte der HJ hielt Artur Axmann bezüglich der KLV frohlockend fest, dass die dort neugeschaffenen Optionen das Verhalten der verschickten Jugendlichen „zu beobachten und positiv auf sie einzuwirken" sich „bedeutend erweitert" hätten und zugleich der Kontrollabsicht „entgegenstehende oder ablenkende Erziehungseinflüsse so gut wie ausgeschaltet" seien (BArch NS 26/358; Buddrus 2003, S. 897).

„In unseren drei Schlafstuben, die zugleich als Wohnstuben dienten, herrschte [...] – im Gegensatz zu allen damaligen und späteren Mythisierungen des kameradschaftlichen Umgangs innerhalb der HJ – nicht das Prinzip des Gemeinsinns, sondern eine genau festgelegte Hackordnung, in der sich jeder der ihm zugewiesenen Stelle höchst bewußt war. Und zwar galt das für alle Lebensbereiche. Jeder wußte genau, wem er die Schuhe putzen mußte und von wem er die Schuhe geputzt bekam, für wen er die Schulaufgaben machen mußte und wer ihm die Schulaufgaben machte, ja wen er nachts manuell befriedigen mußte und wer ihn zu befriedigen hatte." (Hermand 1993, S. 38).

Wie bereits angedeutet, war es weder vorhersehbar noch ist es in der historischen Retrospektive zu pauschalisieren, welche konkreten Erfahrungen die Betreffenden, die selbst keinen Einfluss auf den Zielort ihrer Verschickung hatten, in den Lagern machten, an denen die HJ beteiligt war (Füller 2010, S. 343 f.). So konnte eine Lagererfahrung von den Missständen vor Ort überschattet und als bedrückende Belastung (ebd., S. 142 ff.), oder aber als Entlastung erlebt werden, vom Kriegsalltag und den damit verbundenen Entbehrungen (Gröper 2000, S. 9 ff.). Als zu Kriegsende die zuständigen HJ-Funktionäre die ihnen anvertrauten Heranwachsenden an den Verschickungsorten reihenweise sich selbst überließen, hing es für letztere erneut vom Zufall ab, ob sie einen verhältnismäßig ruhigen Heimweg vor sich hatten oder eine Flucht unter lebensgefährlichen Bedingungen bewältigen mussten (Füller 2010, S. 188 ff.). Letzten Endes kann dem – durchweg improvisierten – Unternehmen der EKLV auch an der „Heimatfront" ein negativer Rückkopplungseffekt attestiert werden (Finger 2016, S. 468). Dieser trat u. a. in Stuttgart ein, wo einerseits „ganze Kameradschaften und HJ-Scharen [...] verlegt waren. Da andererseits die Verlegung nicht erzwungen werden durfte, fand sich eine erhebliche Zahl von Kindern und Jugendlichen plötzlich außerhalb des Zugriffs des Regimes" (ebd., S. 407).

Ganz allgemein lässt sich konstatieren, dass in den Integrationslagern der HJ die Konsequenzen der NS-Erziehung stark ungleichheitsgenerierend zum Tragen kamen. Neben den, bereitwillig in Kauf genommenen, da die intendierten Wirkungen oft unterstützenden, sozialdarwinistischen Auswüchsen, wie sie oben von Hermand beschrieben wurden, kamen in diesen Räumen vor allem zwei gezielt inszenierte, auf sozialer Differenzierung basierende Inklusionsförderungen zum unmittelbaren Durchbruch: Die symbolische Belobigung angepassten Verhaltens im NS-Sinne sowie, im Gegensatz dazu, die Herabsetzung bei attestierter Abweichung von der geforderten Norm. In beiden Fällen wurde die Zuschreibung in kollektiver Beurteilung immer wieder auch auf die jeweilige HJ-Zugehörigkeitsgruppe bezogen. Der hieraus resultierende Anpassungsdruck äußerte sich häufig in aggressiven Übergriffen innerhalb der Gruppen – ein Moment herrschaftsaffiner sozialer „Gleichschaltungs"-Gewalt, der in den konzentrierten „Gemeinschaften" der Lager noch einmal verstärkt zur Entfaltung kommen konnte. Entsprechend berichtet ein Zeitzeuge über seine Erfahrungen in einem einfachen HJ-Zeltlager, welches er 1935 durchlief:

> „Wir hatten einen, der morgens mal länger geschlafen hat. Das hat der hinterher nicht mehr gemacht. Der ist in der Früh dann rausgezogen worden, ein Sack kam drüber, dann unter die kalte Dusche und jeder konnte reinschlagen. Ab da ist er pünktlich aufgestanden – um 5:30 Uhr" (zit. n. Wagner 2013, S. 81).

Diesem Beispiel ließen sich viele hinzufügen (Rosenbaum 2014, S. 195) – die ungleichheitsrelevante Struktur wird jedoch bereits hier exemplarisch deutlich.

Neben jenen geschilderten sozialen Differenzierungen, wie sie aus bestimmten räumlichen Strukturen hervorgingen, konnten zudem die Einflüsse spezifischer kleiner *sozialer* Räume und deren Relationsmuster mit den HJ-Angeboten und -Ansprüchen entsprechend wirksam werden. Hierzu wäre eine Konzeption adaptierbar, mit der herkömmlich soziale Räume in regionaler Hinsicht markiert werden (Reeken/Thießen 2013, S. 13 ff.). Bei dieser geht man davon aus, dass diese Räume „als eigenständiger Denk- und Handlungsrahmen der in ihm lebenden Menschen" (ebd., S. 16) fungieren sowie davon, dass diese dort „nicht einfach nur die ‚große Politik' reflektieren, sondern die Akteure vor Ort ‚eigensinnig' mit den Deutungsangeboten, Anforderungen und Zumutungen umgehen" (ebd., S. 17). In dieser Fassung wird annähernd deutlich, dass diese Konzeption auch auf kleine soziale Räume wie die Herkunftsfamilie übertragbar wäre. So betrachtet könnte Familie als differenzierender Faktor angesehen werden, welcher in der Lage war, die Effekte des NS-Erziehungssystems, im Einzelfall, potentiell zu verstärken oder aber zu entkräften.[174] Wie sich der Einfluss der Familie auf die HJ-Wahrnehmung der Heranwachsenden auswirkte, hing außer von den individuellen Dispositionen des Heranwachsenden u. a. auch von den familiär gelebten

174 Darüber, wie stark und in welcher Form sich die NS-Ideologeme in den Deutungs- und Interaktionsmustern der zeitgenössischen Familien niedergeschlagen haben, fehlen weiterhin belastbare empirische Forschungen (Mühlfeld/Schönweiss 1989, S. 45; Schütze 2000, S. 23; Schörken 2001, S. 205; Gebhardt 2009, S. 247; Benecke 2011, S. 722 ff.; aus dem Bereich einschlägiger englischsprachiger Publikationen: Pine 1997, S. 1 sowie jetzt auch europäisch-diktaturvergleichend: Ginsborg 2014, S. 15, 594 f.). Interessante explorative Aufschlüsse hierüber liefert die Analyse von Elterntagebüchern bei Gebhardt (dies. 2009, S. 29 ff. und 70 ff.). Als gesichert kann bislang gelten, dass es „einen spezifischen Typus einer nationalsozialistischen Familie" (Schütze 2000, S. 24) wohl nicht gab. Das Fazit fällt eher ambivalent aus: Zum einen konnte der NS-Staat die familiären Interaktionen und die dortige Sozialisation zu keinem Zeitpunkt vollständig erfassen oder die dortige Erziehung prädisponieren; zum anderen haben die heterogenen und andauernden Einflussnahmen des Regimes die deutschen Familien zweifelsohne in vielen Fällen spürbar und in ihrer Wirkung deutlich über 1945 hinausgehend geprägt (Benecke 2011, S. 727).

Einstellungen[175] und Verhaltensnormen[176] ab (Maschmann 1979, S. 9 f.). Von Seiten des Regimes bestand ein deutliches Misstrauen gegenüber der Familie und der nie zur Gänze kontrollierbaren Struktur der dortigen sozialen Bindungen (Benecke 2011, S. 706 ff.). Entgegen anderslautender Propaganda (Kater 1985, S. 79) misstraute das Regime den Familien anhaltend aufgrund der dort gegebenen, durch eigene Kontrollbestrebungen kaum vollständig zu unterminierenden, Privatheit und der sich dort generierenden, die NS-Formationserziehung potentiell störenden, da auf emotionaler Zuwendung basierenden, Beziehungsmuster und konfrontierte sie zusehends mit Kontrollansprüchen. Entsprechend eindeutig fiel der Auftrag an diese soziale Institution von Seiten der NS-Herrschaft aus: „Alle Erziehungsarbeit in der Familie muß sich bewußt sein, daß sie ein Glied in der nationalsozialistischen Gesamterziehung des deutschen Volkes ist und den Treuhändern des deutschen Volkes – NSDAP und Staat – verantwortlich ist" (Benze 1943, S. 15). Grundsätzlich sollte die Familie sowohl in rassebiologischer als auch in erziehungschronologischer Hinsicht als „kleinste bio-soziale Einheit" (Schütze 2000, S. 23) ihren Beitrag zur Errichtung einer „Volksgemeinschaft" nationalsozialistischen Zuschnitts leisten. Abseits dieser Funktion, unabhängig von diesem „totalen Zweckcharakter" (Dengel 2005, S. 281), erfuhr die Familie indes wenig Wertschätzung. Das NS-Herrschaftssystem, das alle Familienmitglieder organisatorisch einband und funktionalisierte, kannte keine Institution, die sich funktionsunabhängig mit der Familie als solcher beschäftigt hätte (Burleigh 2000, S. 275 ff.). In Konsequenz dessen kam es unter der NS-Herrschaft systematisch zu „Systemkonflikten zwischen Familie und Staat" (Miller-Kipp 2010) hinsichtlich der Vorrangstellung bei der Formulierung und Realisierung der Erziehungsaufgabe gegenüber der Jugend (ebd., S. 225). Somit ging das Regime sukzessive dazu über, den eigenen Einfluss auf die anderen Erziehungsmächte der nationalsozialistischen 3-Säulen-Konzeption, nach welcher Familie, Schule und HJ als „Erziehungsmächte" vorgeblich gleichberechtigt und gemeinschaftlich die Erziehung der Heranwachsenden im Sinne des Regimes bewerkstelligen sollten (Hirsch 1934; Usadel 1934; Kater 1985, S. 79 ff.), zu erweitern.[177] In Folge dessen

175 Deutlich mehr noch als politische Auffassungen und Gruppenzugehörigkeiten der Eltern sind hier familiär vermittelte, sozial-moralische Normen- und Werthaltungen sowie die jeweilige Art ihrer Vermittlung gemeint.

176 Das Bedürfnis, sich neue Autoritäten zu suchen, stieg bei den Heranwachsenden mit dem Ausmaß an Rigidität im elterlichen Erziehungsverhalten. Hierbei führten vor allem das Gefühl mangelnder persönlicher Anerkennung sowie jenes der Einengung eigener Bedürfnisse und Erfahrungspotentiale bei den zeitgenössisch Heranwachsenden zu Ausbrüchen aus den Werte- und Verhaltenskodexen des Familienverbundes.

177 Auf die sozialen Differenzierungen, wie sie sich aus der Konkurrenz zwischen der HJ und dem institutionalisierten Bildungsraum der Schule bzw. zwischen Reichsjugendführung und Reichserziehungsministerium (REM) ergaben, kann hier nicht weiter eingegangen werden. Letztlich ergaben sich zwischen dem schulischen und dem HJ-Zugriff auf die junge Generation einige Synergie-Effekte (Schirach 1934, S. 172 f.; Buddrus 2003, S. 78,

kam es in solchen Fällen, in denen Eltern ihre Kinder tatsächlich vom HJ-Dienst abhielten oder ihnen dies unterstellt wurde, zu einer Vielzahl massiver sozialer Differenzierungen. Die Palette in diesem Zusammenhang angewandter sanktionierender und damit ungleichheitsbildender Maßnahmen reichte vom Aufruf zur Denunziation der Eltern (Deutschland-Berichte der SOPADE, Jg. 1937, S. 840; Mühlfeld/Schönweiss 1989, S. 139 ff.)[178] über soziale Druckausübung und berufsbiographische Beschränkungen[179] bis zu einem verschärften Sanktionsrepertoire während des Krieges, welches letztlich auch Bußgelder und Haftstrafen für Eltern vorsah, die ihre Kinder der HJ fernhielten (Benecke 2013, S. 35). Die letztlich weitgehend funktionale Sichtweise des Regimes auf die Familie (Benecke 2011, S. 707 ff.) wurde schließlich einmal mehr im Kontext einer, von herrschaftspragmatischen Rücksichtnahmen gänzlich befreiten, rassistischen Bevölkerungspolitik in den besetzten Gebieten im Osten Europas besonders deutlich. So definierte man im Kontext der Suche nach möglichen Zwangsarbeiterinnen und Zwangsarbeitern, die man nach Deutschland deportieren könne (Steinert 2013, S. 71 ff.), Familie im Januar 1944 entsprechend rein instrumentell:

> „Der Begriff der Familie ist im Einzelfall stets so zu fassen, daß eine möglichst große Zahl Familien als für das Reich geeignet befunden wird. Verwandte und Verschwägerte sind daher stets dann als zur Familie gehörig zu rechnen, wenn sie arbeitsfähig sind. Sind sie dagegen nicht arbeitsfähig, dürfen sie nicht zur Familie gerechnet werden, sondern sind zurückzulassen" (Bundesarchiv Militärarchiv Freiburg, BArch-MA RH 20-2/1554, AOK 2, O. Qu., „Erfassung der Zivilbevölkerung", 31. 1. 1944).

Die bisherigen Ausführungen haben sich mit den HJ-spezifischen Anregungen der sozialen Räume bzw. deren intendierter und nicht intendierter Generierung durch die Jugendorganisation sowie ihre subjektive Wahrnehmung durch die

---

856 f.), aber auch Reibungsverluste. Letzteres etwa, wenn Heranwachsende beide Institutionen durch Verweise auf angebliche Verpflichtungen gegeneinander ausspielten und sich so zeitweise dem NS-Zugriff entziehen konnten. Das Durchschlagen der Herrschaftsdimension auf diese Ebene zeigte sich unter anderem dort, wo Vertrauenslehrer der HJ zum Teil direkt in die Notengebung eingriffen. So wurden mitunter schwächere Schüler, die zugleich HJ-Angehörige waren, nach dem Ermessen ihrer HJ-Leiter, mit denen der Vertrauenslehrer ins Einvernehmen trat, versetzt, obgleich sie das Jahr eigentlich hätten wiederholen müssen (Laux 1990, S. 239 f.).

178 In mehreren dokumentierten Fällen führte dieses Bestreben dazu, dass Mitglieder der NS-Jugendorganisation tatsächlich Erwachsene und teilweise sogar die eigenen Eltern anzeigten (Mühlfeld/Schönweiss 1989, S. 142; Gellately 2004, S. 227, 275).

179 Gerade diese Maßnahme des Regimes konnte in einigen Fällen auch bei ansonsten abweichender Disposition der Heranwachsenden zu einer Inklusion in die HJ führen (Niethammer 1986, S. 198; Kenkmann 2002, S. 70 f.), zeigte sich also als erfassungsbezogen effizientes Herrschaftsinstrumentarium. An diesem Beispiel zeigt sich daher die Komplexität der Frage, ob eine HJ-Teilnahme damals noch freiwillig gewesen sei.

betroffenen Heranwachsenden befasst. Diese Sicht wäre abschließend und auf die bereits beschriebene Beteiligung der HJ an der herrschaftsbezogenen Durchsetzungsgewalt des NS-Regimes rekurrierend zu ergänzen. So partizipierte die Jugendorganisation als Element einer „kumulativen Exklusion“ (Nolzen 2009b, S. 68) ebenfalls an der Herstellung von Ausgrenzungsprozessen in vorhandenen Räumen und deren sozialdifferenzierender Umprägung. Folgende, im Ergebnis hochgradig ungleichheitsgenerierende, Prämisse zur Umgestaltung der Sozialräume sollte unter aktiver Mithilfe der HJ sukzessive und mit ansteigender Radikalität umgesetzt werden:

> „Juden sollten verletzt, in ihrer Lebensqualität beeinträchtigt und aus dem öffentlichen Raum verdrängt werden [...] Die Mitglieder von SA, SS und HJ waren für solche Aktionen besonders prädestiniert, weil ihre paramilitärische Sozialisation einen idealen Nährboden für jede Form der Gewaltanwendung bildete“ (ebd., S. 68).

Die grundsätzlich unter der NS-Herrschaft vollzogenen, hier auch unter Bezugnahme auf die HJ angesprochenen, gewaltsamen Exklusionen, betrafen die jüdische Bevölkerung in besonderem Maße. Sie galten aber auch anderen „fremdvölkischen“ Gruppen, wie Sinti und Roma, oder politisch „Unzuverlässigen“ sowie in den späteren Herrschaftsphasen – entsprechend der Radikalisierung der NS-Politik – zudem angeblich „erbbiologisch Minderwertigen“ und „Asozialen“ bzw. immer weitergefassten, als „unnütz“ abgewerteten, Personenkreisen. Hierbei handelte es sich um Bevölkerungskategorien, die sich sukzessive und unaufhaltsam in die „Volksgemeinschaft“ hineinfraßen. Außerdem konnten sich derartige Exklusionsmomente, die sich im verstärkenden Zusammenspiel zur Erfahrung „kumulativer Exklusion“ (Nolzen) verdichteten, auch im Sinne struktureller Gewalt ausdrücken – durch ausgrenzende Vorschriften, Verordnungen, Gesetze etc. In Konsequenz dessen war die HJ nicht nur an der Aufladung der bestehenden Sozialräume mit Inklusionsansprüchen beteiligt, sondern auch an der dort inszenierten Ausgrenzung unerwünschter Personenkreise. An den hierbei ablaufenden gewaltsamen Exklusionen wirkte sie einerseits durch die eigenen, rassistisch legitimierten, Ausschlüsse bzw. Aufnahmeverweigerungen sowie andererseits durch die aktive Gewaltausübung gegen die oben genannten Bevölkerungsgruppen mit. Ganz im Sinne der beschriebenen NS-Rahmung durch Herrschaft und Rasseideologie vollzogen die Reichsjugendführung und HJ-Funktionärinnen und -Funktionäre auf den nachgelagerten Hierarchieebenen diese Exklusionsgewalt in und durch ihre Organisation zum einen in gläubiger Nibelungentreue nach. Zum anderen arbeiteten sie dem Regime und dessen Maximen engagiert und verstärkend entgegen, indem immer wieder selbständig entsprechende Ausgrenzungen und Übergriffe inszeniert wurden. Die skizzierte Einflussnahme auf soziale Räume durch den NS besitzt im hier diskutierten Kontext schon insofern eine exponierte Relevanz, als dass es sich in diesen Fällen um soziale

Differenzierungen handelte, deren Kriterien das Regime erst selbst durchgesetzt hatte. Diese konnten sich auf bestehende Vorurteile und Feindbilder beziehen, ihre gewaltsame Praxis entsprang hingegen den Legitimationen und Ansprüchen, die der NS neu etabliert hatte (Matzer 2021, S. 255 ff.).[180]

Gegenüber dem Inklusionsbereich der HJ sowie ihrer Beteiligung an der Ausgrenzung bestimmter Bevölkerungsgruppen, stellte sich der soziale Raum auch im Bereich der selbstinitiierten Exklusion Heranwachsender in den informellen Jugendgruppen während des Krieges als relevanter Faktor heraus. Dieser konnte mitunter deutlich mehr Gewicht erhalten, als etwa eine direkte Einstellungsprägung durch Autoritäten des jeweiligen Milieus. Gegenüber letzteren bildeten die betreffenden Heranwachsenden nicht selten Abwehrhaltungen oder abgrenzendes Desinteresse aus (Peukert 1982, S. 195 f., 200; Zimmermann 1986, S. 98 ff.):

> „Die Jugendlichen gehörten nicht nur durch ihre gemeinsame soziale Lage und das […] Milieu ihrer Familie zusammen, sondern lebten auch im gleichen Wohnviertel. Cliquen definierten sich vor allem territorial" (Peukert 1982, S. 194).

Bei ihren Bemühungen um ein selbstbestimmtes Jugendleben und eine Abgrenzung vom Inklusionsdruck der HJ sowie vor allem angesichts der selbst erlebten Verfolgung durch die NS-Repressionsorgane, erhielten dann nicht wenige der Heranwachsenden Unterstützung gerade durch ihre Eltern und Großeltern (exemplarisch Hellfeld 1990, S. 19 ff.). Eine Selbstbestätigung der sich auf diesem Wege selbst erfüllenden Loyalitäts-Destabilisierungs-Prophezeiung des Regimes gegenüber den Familien. Zugleich war es aber auch möglich, dass die Zugehörigkeit der Heranwachsenden, etwa im Arbeitermilieu, zu abweichenden Subkulturen auch im Elternhaus Kontroversen zeitigte und infolge der Kriegsbelastungen (abwesende Väter etc.) die Familie beispielsweise „in den rheinisch-westfälischen Großstädten erheblich an Bedeutung als Sozialisationsinstanz" (Kenkmann 2002, S. 222) verlor (ebd., S. 222 ff.). Ein Beleg der Eigenschaft der Familie als mit den NS-Herrschaftsansprüchen interagierender Sozialraum, dessen Einflussnahmen wie auch dessen Effekte, sich jedoch nicht pauschalisieren lassen.

Nach Kriegsende 1945 wurde die Determinante Region als spezifisch ausgeprägter Herrschaftsraum, in welchem sich Sozialisation sowie gesellschaftliche

---

180 Vgl. hierzu exemplarisch den Einfluss der „Volksliste", nach deren Maßgabe die Funktionäre des Regimes und seiner Organisationen (darunter die HJ) sowie Vertreter der Wehrmacht die Bevölkerung in den eroberten Gebieten im Osten Europas nach rassistischen Kriterien differenzierten. Es handelte sich um eine Selektionspraxis, die nach recht willkürlichen Definitionen erfolgte, gewaltsam vollzogen wurde und für die Betroffenen potentiell zur „Eindeutschung" oder aber zur Erfahrung von Diffamierung, Enteignung, Misshandlung und schließlich Deportation führen konnte (Kundrus 2009).

und politische Partizipation vollzogen, erst in den unterschiedlichen Besatzungszonen, später in den beiden deutschen Teilrepubliken, erneut HJ-bezogen zur Basis sozialer Differenzierung. Dies betraf zunächst die konträren Jugendpolitiken, mit denen die westlichen Besatzungsmächte auf der einen Seite und die Sowjetunion auf der anderen eine Überwindung der vermuteten NS-Erbschaften in den Subjekten erreichen wollten (Klönne 1998, S. 5). Hieran anknüpfend, aber mit veränderten Interessen versehen stellte es schon bald das nunmehr vorrangige Ziel dar, im aufkommenden kalten Krieg eine effiziente Eingliederung der Betreffenden in die eigenen ‚Lager' zu bewerkstelligen (Herrmann 1993; Füssl 1994). Die ehemaligen „Garanten der Zukunft" sahen sich nun, je nach Region und damit verbundenem Herrschaftsraum, staatlichen Intentionen ausgesetzt, mit denen sie „als Träger einer freiheitlich-demokratischen Grundordnung oder einer antifaschistisch-demokratischen und dann bald sozialistischen Gesellschaftskonzeption in ihre ‚staatsbürgerliche Pflicht' genommen werden sollten" (Klönne 1998, S. 3). In Konsequenz dessen kam es in der unmittelbaren Nachkriegszeit auch auf dem Gebiet der Bildungspolitik und der hierin eingelagerten Maßnahmen zur „Entnazifizierung" der ehemaligen HJ-Angehörigen zu sehr divergierenden Strategien und auch zu scharfen Konflikten (ebd., S. 19; zu den einzelnen Positionen und Praxen auf amerikanischer Seite: Füssl 1994, S. 35 ff., auf sowjetischer Seite bzw. der frühen DDR: ebd., S. 187 ff.). In der sich staatlich-strukturell formierenden DDR entwickelten sich jugendpolitisch gewendet alsbald erneut totalitäre Inklusionsansprüche (Dudek 2002, S. 338 f.; vgl. zu diesen die Beiträge in Benecke 2022b). Diese zeigten sich auch auf Ebene der Jugendorganisationen (McDougall 2008) und konnten von nicht wenigen damals Heranwachsenden als Kontinuität erlebt werden (exemplarisch: Stern 2004, S. 46). Diese Kontinuitätswahrnehmung – die freilich nie eine Gleichsetzung beider Systeme oder gar ihrer Ideologien implizieren kann – betraf auf personaler Ebene in besonderem Maße die Geburtsjahrgänge 1920 bis 1929, deren nachhaltige DDR-Bindung der SED-Bildungspolitik gelang, obgleich „gerade sie am stärksten den NS-Sozialisationsinstanzen ausgesetzt" (Dudek 2002, S. 338) gewesen waren. Letztlich ergab sich bezüglich dieser Determinante nach 1945 das folgende ungleichheitsrelevante Bild. Im Westen Deutschlands (im Sinne der Besatzungszonen und der späteren Aufteilung des Landes bis 1989) waren die Betroffenen unmittelbarer vor die Aufgabe gestellt, sich in den Lebensbedingungen einer demokratisch organisierten Gesellschaftsform zurechtzufinden. Dies gelang keineswegs einheitlich, sondern in höchst heterogener Form, individuell unterschiedlich, mit mal tieferen, mal weniger tiefen Identitätskrisen und mentalen Wandlungsprozessen (Rosenthal 1986, S. 317 ff.; dies. 1987, S. 381 ff.; Bude 1987; Schörken 2004; ders. 2005; Hübner-Funk 2005). Demgegenüber vollzog sich der Übergang in die neue, als ‚sozialistisch' deklarierte, Staatsform im Osten Deutschlands mitunter reibungsloser. Hiermit ist nicht gemeint, dass die dortigen Lebensbedingungen für eine Aufarbeitung und Verarbeitung der HJ-Erfahrung in irgendeiner Hinsicht tatsächlich förderlicher gewesen wären. Aber die, wenngleich sich erst sukzessive ausprägenden und verfestigenden, Strukturen einer diktatorischen Staatsform boten vielen der ehemaligen BDM-Mädel und Hitler-Jungen vertraute Handlungs- und Denkstrukturen (Wierling 1998, S. 213 ff.; Karutz 2003, S. 234) – nicht von ungefähr deuteten sich beide Staaten offiziell selbst als „Erziehungsstaaten“ (Dudek 1999, S. 179).[181] Gleichzeitig lieferte die sozialistische Ideologie mit ihren, erneut propagandistisch verstärkten, vorgeblich pazifistischen und antifaschistischen Verlautbarungen, den ehemaligen HJ-Angehörigen vermeintlich Deutungsmuster, welche denen diametral entgegengesetzt waren, die ihnen das NS-Regime, von dem sie sich mehrheitlich und berechtigt als „missbraucht“ ansahen, eingetrichtert hatte (Gruner 2000):

> „Dieses ganze Erleben vor allem die Kriegsjahre von 39 bis 45 [...] die das hat sich ja tief eingeprägt also äh Angriffe Luftangriffe viele äh, bei misch bei mir da traf das ja nu nich so zu aber von vielen Mitschülerinnen in der Klasse die Väter eingezogen die Väter gefallen oder in Gefangenschaft [...] Und äh das und als dann endlisch 45 am 8. Mai der Krieg zu Ende war also da haben wir gesagt also ’s das was war darf’s nich wieder geben also es muss irgendwie wie ’s wird wissen wir noch nich aber es muss was anderes werden [...] Und bei dem Anderswerden also äh da willste irgendwie mithelfen [...] Also das das das macht euch keener das müsst er selber machen“ (die Zeitzeugin Annette Krein über ihre Motive nach Kriegsende in der neu gegründeten FDJ aktiv zu werden, Interview Krein, S. 84 f.).

Biographische Wandlungskrisen setzten bei den Betreffenden in diesem Kontext dann mitunter in solchen Momenten ein, in denen die Widersprüche zwischen subjektiver Weltdeutung und diktatorischer Gesellschaftspolitik zu offensichtlich wurden (Stern 2004). Verbreiteter geschah dies – wie mir mehrere Zeitzeugen während der Interviews für ein Forschungsprojekt berichteten – nach dem Zusammenbruch der DDR 1989 und damit der erneuten Erosion einer vertrauten Umwelt.

---

181 Es handelt sich bei der Definition des NS-Systems als „Erziehungsstaat“ um eine Selbstzuschreibung des Regimes. Die Einführung dieses Begriffs als pädagogischer Terminus sowie eine entsprechende Erziehungskonzeption lieferte der nationalsozialistische Pädagoge Ernst Krieck (1935). Sein Terminus wurde von Regimevertretern vielfach zur Kennzeichnung des NS-Staates herangezogen. Vgl. demgegenüber kritisch zu dessen Eignung als historisch-analytischer Bezeichnung damaliger Erziehungsrealität Scholtz (ders. 1998), der hier normative Bedenken und eine terminologische Unterschlagung der NS-spezifischen Ausgrenzungs- und Selektionsprozesse anmahnt.

Grundsätzlich lässt sich festhalten, dass viele ehemalige Angehörige der Hitler-Jugend den dort verinnerlichten „Leistungsfanatismus" (Wehler 2009, S. 293) sowie eine spürbare Risikobereitschaft und den rettenden Glauben an die eigene Tüchtigkeit (Fend 1996, S. 233 f.) nach 1945 in ein Engagement für den persönlichen und gesellschaftlichen Aufstieg überführten (Bude 1987). Auch aus ihren Reihen bildete sich die pragmatisch denkende und handelnde (Gruner 2000, S. 341 ff.) „Jugend des deutschen Wiederaufbaus" (Schelsky 1984, S. XV). Aus der Selbstwahrnehmung als „betrogene Generation" (Dudek 1995, S. 79 ff.) resultierte häufig eine tiefe Ablehnung gegenüber empfundenen Vereinnahmungsversuchen durch politische Parteien und Organisationen, deren Vertreter und Verlautbarungen (ebd., S. 81). Man wollte nunmehr auch politisch selbstbestimmt und spürbar selbstwirksam Handeln. Dies führte im Westen des geteilten Deutschlands dazu, dass Jugendgruppen regen Zulauf hatten (Kersting 1998; Klönne 1998, S. 9 ff.) und dass bestimmte politische Streitfragen, wie jene der Wiederaufrüstung in der BRD, zu aktiven Protesten innerhalb der jungen Generation führen konnten (Bude 1987, S. 68; Klönne 1998, S. 67 ff.). Im Osten Deutschlands ließ sich diese Mentalität im neuen politischen System weiterhin mit einer idealisierenden Selbstwahrnehmung verbinden. Man verstand sich als „Aufbau-Generation" (Gruner 2000, S. 345), welche die „Gewißheit, dass die DDR ihr Projekt" (ebd., S. 346) sei, in vielen Fällen in ein entsprechendes persönliches politisches Engagement überführte. Hinzuzufügen wäre dem, dass auch im Westen Deutschlands bestimmte Institutionen nach 1945 den Heranwachsenden oder während der NS-Zeit Herangewachsenen eine Integration erleichtern konnten, indem sie ihnen in Ansätzen aus der vorangegangenen Diktaturerfahrung vertraute Strukturen anboten. Dies galt – wiederum bei verändertem ideologischem Hintergrund – in besonderem Maße für die beiden großen Konfessionen. Entsprechend lässt sich der Bericht Viktor Zielens über die damalige Neuorientierung eines seiner Patienten als durchaus verbreitetes biographisches Exempel verstehen: „Die [während einer NS-Sozialisation verinnerlichte; J. B.] Forderung, sich den Normen und Geboten des Kollektivs hinzugeben, ja, sich aufzuopfern, gipfelt beim Patienten in einer Idealisierung der Unterwerfung und Selbstaufopferung als einem höchsten Wert" (ders. 1988, S. 169). Nach dem Zusammenbruch der NS-Herrschaft und der Erosion des NS-Kontextes „führt (sie) [...] zu einer Übertragung der introjizierten Wertvorstellungen auf die Kirche und Gott" (ebd.). Nicht wenigen bot damals die persönliche Hingabe an eine der beiden großen Konfessionen und deren Deutungs- und Verhaltensgebote die subjektiv empfundene Möglichkeit, sich ganz und gar vom Nationalsozialismus loszusagen. Die oben angedeutete Vergleichbarkeit grundsätzlicher, auf die angesprochenen Mentalitätsmuster bezogener – nicht jedoch spezifischer – Verhaltenserwartungen entlastete sie hierbei von biographischen Reibungsverlusten (zu dieser These autobiographisch-exemplarisch aus weiblicher Perspektive: Hirschmann 2006; aus männlicher: Bormann 2003).

4.4 Milieu

Soziale Milieus lassen sich allgemein definieren, als:

> „Gruppen Gleichgesinnter [...] die gemeinsame Werthaltungen und Mentalitäten aufweisen und auch die Art gemeinsam haben, ihre Beziehungen zu Mitmenschen einzurichten und ihre Umwelt in ähnlicher Weise zu sehen und zu gestalten" (Hradil 2001, S. 45).

Ungeachtet dessen, dass in dieser weitgefassten Definition für soziale Milieus das Problem der Abgrenzung ebenso besteht (Burzan 2011, S. 103 ff.), wie für die zuvor skizzierten historischen Generationen, stellt dieses Konzept ein gemeinhin bekanntes und umgangssprachlich vielzitiertes Differenzierungsmoment moderner Gesellschaften dar. In diesem Sinne verstanden wurde es auch interdisziplinär vielfach und mit unterschiedlichen Ansätzen und Fragestellungen analysiert (Gippert 2006, S. 266 ff.). Dieser Befund gilt ebenfalls für die Entwicklung der Milieus in Deutschland während der NS-Zeit und die Frage nach den diesbezüglich feststellbaren Kontinuitäten und Diskontinuitäten (Schmiechen-Ackermann 1997, insbesondere S. 18 ff.). Hierin eingelagert sind die Diskurse über eine, vom Regime gewollt oder ungewollt initiierte, Modernisierungswirkung der NS-Politik sowie eine mögliche – milieuspezifisch erhöhte – besondere Empfänglichkeit für, oder aber einer standhaften Resistenz gegenüber dem Nationalsozialismus (Wirsching 1996, S. 38 ff.). Rekurriert wird in diesem Zusammenhang noch immer vornehmlich auf jene Viergliederung der Milieus in Deutschland, die Lepsius bereits vor über fünfzig Jahren für die NS-Zeit bzw. diese überdauernd vorschlug (Lepsius 1966): Das katholische Sozialmilieu (1), das sozialdemokratische bzw. sozialistische Arbeitermilieu (2), das konservativ-protestantische (3) sowie das liberale Milieu (4). Bezüglich ihrer Erforschung lässt sich ein starkes Gefälle vom sozialistischen und, mit Abstrichen, dem katholischen Milieu gegenüber dem konservativ-protestantischen und dem liberalen konstatieren. Die heterogenen Ergebnisse der milieubezogenen NS-Forschung können hier nicht im Einzelnen wiedergegeben werden (hierzu: Bavaj 2003, S. 57 ff.; Wehler 2010, S. 717 ff.). Sie weisen letztlich insgesamt darauf hin, welch deutliche Effekte die NS-Herrschaftsausübung und deren ideologiegeprägte Sozial-, Bevölkerungs- und Lebensraumpolitik sowie insbesondere die propagandistisch verbreitete Schimäre einer angeblich streng leistungsbezogen Aufstiegschancen generierenden „Volksgemeinschaft" in ihnen zeitigte. Letzteres wurde verstärkt durch die vielfältigen biographischen Aufstiegserfahrungen, welche der NS-Kontext gerade in herrschaftsfunktionalen Bezügen (Lenger/Süß 2014, S. 22) durchaus hunderttausendfach ermöglichte (Wehler 2010, S. 771 ff.). Diese Einflussnahmen erfolgten jedoch, ohne die traditionalen Bindungen der Milieus gänzlich zur Erosion bringen zu können (Bavaj 2003, S. 73 ff.) oder – gerade auch im Bildungswesen (Kater 1985, S. 94; Tenorth 2008, S. 260f.; Wehler 2010, S. 774ff.) – diese betreffend eine quantitativ oder qualitativ allzu starke soziale Mobilität zu generieren. Hierzu gehört zudem die Feststellung, dass etwa das NS-Eliteschulwesen (Klare 2011), welches HJ-bezogen insbesondere die Adolf-Hitler-Schulen meinte (VHB. HJ, Bd. III, 1942, S. 1862ff.), die als „Einheiten der Hitler-Jugend" konzipiert waren und „von dieser verantwortlich geführt" (ebd., S. 1862) werden sollten, weniger Elite produzierte, als Elitebewusstsein vermittelte (Miller-Kipp 2006b, S. 59f.).[182]

Letztlich brachte auch im Bereich einer milieubedingten sozialen Differenzierung der vom Regime gezielt initiierte, in Verlauf und Auswirkungen aber schließlich immer weniger zu kontrollierende Krieg einen deutlichen Bedeutungsverlust traditioneller Bindungsmuster mit sich (Thamer 2005). Die Beurteilung der tatsächlichen Modernisierungswirkung der NS-Herrschaft fiele, wie auch die Einschätzung der durch sie gezeitigten Mobilitätsphänomene (Wehler 2010, S. 773), zwangsläufig ambivalent aus (ebd., S. 781ff.). Diese ließe sich aber „nie, das ist die oberste Maxime ihrer Erörterung, aus dem Zusammenhang der Rassen- und Kriegspolitik [...] herauslösen", sondern ist, ganz im Sinne der in dieser Analyse vorgetragenen Argumentation, stets als „aufs allerengste mit ihr verwoben" zu interpretieren (ebd., S. 785). Es kann insgesamt resümiert werden:

> „Der Nationalsozialismus radikalisierte in bis dahin unbekannter Weise diese Politik der Zuweisung sozialer Rechte, indem er Staatsbürgerschaft an politische Loyalität und rassische Auslese koppelte. Von einer gezielt forcierten Strukturveränderung der Klassengesellschaft konnte im NS-Staat keine Rede sein: markt- und berufsbezogene Ungleichheiten blieben auch in den Jahren 1933 bis 1945 weitgehend bestehen. [...] Die nationalsozialistische Arbeits- und Sozialpolitik zielte in erster Linie auf eine rassistische Transformation der deutschen Gesellschaft – und das hieß, dass neben ‚klassische Formen' der marktvermittelten sozialen Ungleichheit neue In- und Exklusionskriterien traten: politische Loyalität, Arbeitsfähigkeit, biologistische Wertigkeitskriterien. [...] Der NS-Staat kannte gerade keine sozialen Rechte. Staatliche Fürsorge musste man sich in der täglichen ‚Arbeitsschlacht' verdienen; eine Politik der Grenzziehung, die mit dem Kriegsverlauf immer enger gezogen wurde und neben den

182 Die Adolf-Hitler-Schulen (AHS) (Buddrus 2003, S. 874ff.) bildeten gemeinsam mit den Nationalpolitischen Erziehungsanstalten (amtliche Abkürzung NPEA, im Volksmund zumeist als „Napolas" bezeichnet) und der Reichsschule der NSDAP in Feldafing die drei konkurrierenden Haupttypen der nationalsozialistischen Ausleseschulen (Klare 2011, S. 137ff.), das systematische Gegenstück der NS-Gesellschaftspolitik zur negativen Selektion der „Gemeinschaftsfremden". Letztlich kann konstatiert werden, dass in funktionalistischer Hinsicht die dortige Erziehungspraxis sich „dem totalitären Erziehungsanspruch des Regimes sehr weit" (ebd., S. 160) annäherte.

deutschen Juden nun auch immer häufiger die arbeitsökonomisch ‚Minderwertigen' traf, die Alten, Kranken und Behinderten" (Lenger/Süß 2014, S. 22).

Aus diesem, oben umrissenen, breiten Spektrum des milieubezogenen Forschungsfeldes werden im Folgenden einige Beispiele angeführt, die exemplarisch verdeutlichen, inwiefern die Zugehörigkeit zu einem bestimmten Milieu während der NS-Zeit auch hinsichtlich der HJ-Mitgliedschaft soziale Differenzierungen mit sich brachte. Hierbei war die Milieuzugehörigkeit aber weniger kontinuierliche Ursache einer tatsächlich trennscharf prädisponierenden Abgrenzung oder aber einer, aufgrund anbindungsfähiger Teilmotive, etwa in nationalkonservativ-bürgerlichen Elternhäusern (Rosenbaum 2014, S. 78 f.), entsprechend einschwörenden Inklusionsvorbereitung. Vielmehr stellte sie eine sozial-mentale Vermittlerin bestimmter milieuspezifischer Dispositionen dar (Deutschland-Berichte der SOPADE, Jg. 1934, S. 550 ff.). Diese, geprägt durch eine Sozialisation im Milieu und die Anforderungen des dortigen Alltagslebens, interagierten mit dem Angebot und den Anforderungen der HJ und generierten in Folge dessen bei den Heranwachsenden und deren Familien heterogene Einstellungen zum Dienst in der Jugendorganisation (Rosenbaum 2014, S. 14 f.). Entsprechend konnten sich etwa schon aus dem Zusammenhang von milieuspezifischer Sozialisation und den Fahrten der HJ soziale Differenzierungen ergeben. Beispielsweise, wenn die HJ-Angehörigen aus dem bürgerlichen Milieu der Universitätsstadt Göttingen für dieses Inklusionsangebot erst ab einer weiteren Entfernung vom Heimatort empfänglich waren, da „ihr räumlicher Radius [...] im Gegensatz zu dem der meisten Kinder aus anderen Milieus [ohnehin; J. B.] sehr groß" (ebd., S. 167) war. Zudem waren sie häufiger durch die dort erlebten Lebensbedingungen abgeschreckt, die nicht ihrem gewohnten Standard entsprachen (ebd., S. 197 ff.). Demgegenüber konnten Jugendliche aus den Arbeitermilieus die Fahrten niederschwelliger als besonders attraktives, ihnen bisher kaum zugängliches Element der HJ erleben (Kenkmann 2002, S. 71; zum Bergarbeiterort Recklinghausen: Zimmermann 1986, S. 100 f.).

Überdies schuf die Jugendorganisation durch ihr Anforderungsprofil selbst spezifische soziale und sich milieubezogen entfaltende Differenzierungsmuster. Sie initiierte „eine soziale Selektion bei der Rekrutierung des Führungspersonals, die zu einer Reproduktion und Bestätigung der alten Eliten führte" (Rosenbaum 2014, S. 177).[183] Kinder aus dem bürgerlichen Milieu stiegen infolgedessen

183 Hier unterschied sich die Zeit nach 1933, insbesondere nach 1936 deutlich von der „Kampfzeit" vor der NS-Machtübernahme, in der ein größerer Teil der HJ-Führerschaft aus dem proletarisierten Milieu stammte. Diese HJ-Führer aus dem Arbeitermilieu schieden aus der Jugendorganisation altersbedingt aus ohne milieuintern ersetzt zu werden, oder wurden in einflusslosere Randstellungen zurückgedrängt (Klönne 2003, S. 96 f.; vgl. zum gesamten Komplex ebd., S. 96 ff. sowie Kenkmann 2002, S. 64 ff.).

rascher und überproportional häufig in Führungsränge der HJ und ihrer Untergliederungen auf (Kater 2005, S. 26):

> „In erster Linie [kamen] Kinder und Jugendliche infrage […], die aufgeweckt waren, über eine gute Allgemeinbildung und auch Selbstbewusstsein verfügten. Außerdem mussten sie organisatorische Fähigkeiten besitzen und vor allem am Nachmittag Zeit haben […] In manchen Oberschulklassen war der überwiegende Teil der Schüler in Führungspositionen untergekommen" (Rosenbaum 2014, S. 177).

Im Resultat waren, nachdem sich zuvor die Sozialstrukturen der HJ-Führer und der HJ-Mitglieder noch weitgehend geglichen hatten, schon 1932 sozialstrukturelle Differenzen zwischen einer HJ-Mitgliedschaft, die zu ca. 69 % aus den Kreisen der Jungarbeiter und Lehrlinge stammte, sowie einer organisationseigenen Führerschaft, welche sich zu 54 % aus dem Groß- und mittleren Bürgertum rekurrierte und lediglich 17 % aus proletarischer Herkunft beinhaltete, erkennbar. Nach der Machtübernahme stabilisierte sich dieses Verhältnis: 1938 waren die Jungarbeiter unter den HJ-Führern zu 50 % unterrepräsentiert – im Bereich der HJ-Aktivitäten in der Land- und Forstwirtschaft betrug dieses Verhältnis sogar 1 : 7. Demgegenüber waren „die Angehörigen des bildungsbürgerlichen Mittelstandes in der HJ-Führerschaft deutlich stärker vertreten […] als bei den HJ-Angehörigen" (Buddrus 2003, S. 336).

Dieses oben skizzierte HJ-Anforderungsprofil für die organisationseigenen Führungskräfte traf wiederum vielfach auf eine auch milieuspezifisch vorab disponierte Empfänglichkeit, nach der das Leistungsprinzip verinnerlicht und Prestige als erstrebenswert angesehen wurde. Insbesondere dann, wenn es sich auch symbolisch in Form von Meriten, die der HJ-Uniform hinzugefügt wurden, vorzeigen ließ (Rosenbaum 2014, S. 177 ff.). Zugleich bot der umfangreiche Dienst als HJ-Führerin oder -Führer eine doppelte Option: Sich entweder mit Verweis hierauf der elterlichen Autorität vorübergehend zu entziehen bzw. sich dieser gegenüber zu behaupten und dies subjektiv als Emanzipation gegenüber der dort herrschenden, häufig milieuspezifisch begründeten und praktizierten, Kontrolle zu erleben (exemplarisch: ebd., S. 179); oder aber den von dieser Seite formulierten Anforderungsmustern erfolgreich zu entsprechen (exemplarisch: ebd., S. 159). Diese Ambivalenz gleichzeitiger HJ-Passung durch eine milieuspezifische Sozialisation sowie einer HJ-bedingten Option sich von den milieueigenen Autoritäten teilweise zu distanzieren, zeigt auch die Aussage der ehemals ranghohen BDM-Führerin Melita Maschmann:

> „Daß ich solange am Nationalsozialismus festhielt, hängt mit Erlebnissen aus meiner frühen Kindheit zusammen. Es ist merkwürdig: Die ‚sozialistische' Tendenz, die im Nahmen dieser ‚Bewegung' zum Ausdruck kam, zog mich an, weil sie mich in der Opposition gegen mein konservatives Elternhaus stärkte. Im Gegensatz dazu wurde

die nationale Tendenz mir bedeutsam, gerade weil sie dem Geist entsprach, der mich dort seit früher Kindheit durchdrungen hatte“ (Maschmann 1979, S. 9 f.).

Aus der sich hier andeutenden Tendenz einer teilweisen Unterminierung traditioneller Familienstrukturen konnten sich mitunter wiederum milieuspezifische Reaktions- und damit soziale Differenzierungsmuster ergeben (exemplarisch: die Berichte in Dörr 2007, S. 215 ff.). Beispielsweise zog insbesondere der Erfassungswille der HJ gegenüber der weiblichen Jugend zu Beginn der NS-Zeit in katholischen Gegenden speziell zum Ausdruck kommende Abwehrhaltungen nach sich. So wurden in einigen Städten und ländlichen Gegenden zum Teil erstmalig neue katholische Jugendgruppen aufgestellt (Kater 2005, S. 28; Willmot 2007, S. 149). Allgemein lässt sich konstatieren, dass es den milieuinternen Autoritäten, vorrangig Eltern, zudem Priestern und Lehrern, teils gelang, mittels einer familiären, vorrangig väterlicherseits vertretenen, Abwehrhaltung sowie einer Einbindung der Kinder in landwirtschaftliche Arbeitsprozesse einerseits und einer Intensivierung der katholischen Jugendarbeit für die weiblichen Heranwachsenden andererseits, die Erfassungserfolge der HJ milieuspezifisch zu hemmen (StA München NSDAP/348; Steinacker 2007, S. 525 f.; Rosenbaum 2014, S. 586 ff.).[184] Auf Gemeindeebene galt dies mancherorts noch bis in den Krieg hinein (Willmot 2007, S. 150). Zugleich gelang es dem Regime allerdings, in die katholischen Milieus mit den Führungs- und Verführungsinszenierungen ihrer Jugendpolitik einzudringen. So büßten die Organisationen der katholischen Jugend, „infolge der Lockungen der HJ, vor allem aber staatlicher Pression gegen die Eltern, ihre einst bemerkenswert starke Position rasch vollständig ein“ (Rauh-Kühne 1996, S. 228; in diesem Sinne, jedoch exemplarisch-differenzierter: Zimmermann 1986, S. 98 ff.).

Für das vorliegend behandelte Thema von Interesse ist die Erkenntnis, dass sich aus der oben angedeuteten Rekrutierungsstruktur milieu*übergreifend*-relationale Wahrnehmungen der HJ unter den betroffenen Heranwachsenden ergaben. Da nicht selten diejenigen HJ-Führer aus den bürgerlichen Schichten, die höhere Führungspositionen erreicht hatten, „die unteren Führungsränge mit Angehörigen aus ihrem sozialen Umfeld besetzten“ (Kenkmann 2002, S. 166), sahen Heranwachsende aus dem Arbeitermilieu die Jugendorganisation oftmals negativer. Entsprechend trat ein Solinger Revolverdreherlehrling 1940 nicht in die HJ ein, weil er sich benachteiligt fühlte. Ihm, so seine Wahrnehmung, seien „immer Jungens von besser gestellten Eltern […] als Führer vor die Nase gesetzt (worden)“ (zit. n. ebd.; in diesem Sinne auch: Schilde 2007, S. 138; exemplarisch

184 Vergleichbar strukturiert ergründen milieudifferenzierende Studien, dass die Inklusionseffizienz auch unter älteren Mädchen in einem Arbeiterviertel wie dem Berliner Wedding niedriger ausfiel, als in der protestantischen Kleinstadt Minden (Reese 1989, S. 109 ff. und 203 ff.). Im protestantisch-dörflichen Milieu konnte sich dieser Effekt allerdings bereits verlieren (Rosenbaum 2014, S. 478 ff.).

für eine wiederum subjektiv inklusionsmotivierende HJ-Karriere aus dem Bergarbeitermilieu hingegen: Niethammer 1986, S. 214). Entsprechend der hier vorgetragenen Argumentation zeigten sich milieubezogene Dispositionen bezüglich der HJ-Wahrnehmung unter den dort Heranwachsenden vorrangig im Kontext zweier spezifischer Strukturen. Erstens erfreute sich gerade in den Arbeitermilieus der Dienst im Jungvolk (DJ und JM) einer höheren Beliebtheit als derjenige in der HJ der 14- bis 18jährigen. Dies resultierte primär aus den besonderen, als solchen milieutypischen Konstellationen der Berufsausbildung. Während die oben angesprochenen jugendlichen Angehörigen des bürgerlichen Milieus häufig weiterführende Schulen besuchten, sahen sich diejenigen des Arbeitermilieus bereits in jüngerem Alter den Anforderungen einer Lehrlingsausbildung und, mitunter auch als ungelernte Hilfsarbeiter, nicht selten der Zumutung physisch anstrengender Arbeitstage im Handwerk und der Industrie konfrontiert, die häufig acht und mehr Stunden dauerten (Zimmermann 1986, S. 103 ff.). Angesichts dieser bildungsbiographischen Entwicklung erlebten diese Jugendlichen den HJ-Dienst dann verbreitet vor allem als „doppelte Belastung" (ebd., S. 103; in diesem Sinne auch: Kenkmann 2002, S. 72 f., 359). Hinzu kam zweitens die Tatsache der Phasenspezifik der NS-Herrschaft und der HJ-Dienstgestaltung. So kam es während der zweiten Phase, ab 1936/37, sowie zugespitzt im unmittelbaren Kriegskontext zu einer weiteren Steigerung der angesprochenen Zumutungen für die Physis der jungen Lehrlinge und Arbeiter. Aufrüstung und Kriegsführung forderten ihnen in erneut gesteigerter Form den Einsatz aller Kräfte in der Rüstungsindustrie und anderen kriegsrelevanten beruflichen Tätigkeitsfeldern ab. Noch verstärkend wirkte sich der, schon an anderer Stelle angesprochene, Attraktivitätsverlust der HJ infolge der zunehmend als Zurichtung erlebten Dienstpraxen aus. Diese HJ-Wahrnehmung geriet unter den Angehörigen des Arbeitermilieus mitunter in besonderer Weise in Widerspruch mit deren Dispositionen. Etwa wenn sie Diskrepanzen zwischen ihrer, vom Regime propagandistisch verklärten, Partizipation an der kriegsbedingten Leistungsfähigkeit der „Volksgemeinschaft" am Arbeitsplatz und der, in der Jugendorganisation geforderten, Unterordnung unter die Befehlsgewalt anderer, nicht selten aus dem bürgerlichen Milieu stammender, Heranwachsender empfanden. Gerade aus dieser Konstellation resultierte mitunter eine geradezu abschätzige Wahrnehmung der HJ und der organisationsbedingten Tätigkeiten ihrer Mitglieder (Zimmermann 1986, S. 127 f.). Im Ergebnis ließen sich unter den Angehörigen des Arbeitermilieus vor allem im HJ-fähigen Alter und verstärkt nach 1936/37 bzw. nach Kriegsbeginn eine deutliche Absatzbewegung respektive Versuche der Dienstentziehung feststellen (Stadtarchiv Leipzig JuA Nr. 323 Bd. 2, Bl. 69; Zimmermann 1986, S. 104 ff.). Aus dieser Haltung ergaben sich dann teils fließende Übergänge zur Teilhabe an den abweichenden Subkulturen (ebd., S. 122 f.). Wie stark die hier skizzierten Milieuspezifika von den Dispositionen der Heranwachsenden abhängig waren, zeigt nicht zuletzt die Tatsache, dass deren Renitenz sich auch im Arbeitsleben durchschlug, wenn sie die dortigen Belastungen als zu starke Zumutung wahrnahmen (ebd., S. 105). Schließlich passt hierzu ebenfalls die Erkenntnis, dass gerade die Jugendlichen des Arbeitermilieus an unterschiedlichen Orten in Deutschland mit vergleichbarer Motivationsstruktur bereits unmittelbar nach der Kriegsniederlage im Mai 1945 erneut gegen die jetzigen, vor allem alliierten, Autoritäten aufbegehrten, wenn ihnen deren jugendpolitische Ansprüche und Praxen als ungerechtfertigt und mit ihren eigenen Interessen allzu stark kollidierend erschienen (Kenkmann 2002, S. 208 ff., 360 ff.). In diesem zuletzt angesprochenen Zusammenhang ist zudem eine dispositionsabhängige Spezifik der bereits dargestellten sozialen Differenzierungsrelevanz der politischen Ausstattung der Region aufzufinden. So wandten sich gerade auch in den westlichen Besatzungszonen, etwa in Köln, einige Angehörige dieser Subkulturen nach der alliierten Wiederzulassung der Jugendverbände der Jugendorganisation der KPD, der Freien Deutschen Jugend (FDJ)[185], zu (ebd., S. 273). Unter der Herrschaft der westlichen Alliierten konnte man die FDJ dispositionsgerecht als Opposition gegen die ungeliebten Besatzer und deren jugendpolitische Kontroll- und Inklusionsansprüche erleben (ebd., S. 360). Als in der DDR diese Jugendorganisation jedoch deutlich an das politische Herrschaftssystem gebunden und deren Programmatik damit von den eigenen Dispositionen abweichend wahrgenommen wurde, kam es auch hier, etwa in Wittenberg, zu einer organisationsbezogenen Absatzbewegung unter den Heranwachsenden dieses Milieus (ebd., S. 276, 360). Die FDJ wurde nunmehr als neues Feindbild identifiziert, gegenüber deren Symbolen und Repräsentanten es, etwa in Frankfurt an der Oder, Dresden oder Halle, wieder zu gewaltsamen Übergriffen kommen konnte (ebd., S. 276):

> „Auseinandersetzungen, die im ‚Dritten Reich' an der Scheidelinie HJ-Mitglied/Cliquenangehöriger verliefen, wurden in den Anfangsjahren der DDR nun zwischen FDJ-Mitgliedern und den Angehörigen informeller Jugendgruppen ausgetragen" (ebd.).

Umgekehrt empfanden Heranwachsende aus dem bürgerlichen Milieu es während der NS-Zeit mitunter umso stärker als Zurücksetzung, wenn sie sich beispielsweise beim Übertritt von den Jungmädeln, für die sie sich noch begeistert und dort Führungspositionen eingenommen hatten, zum BDM in der dortigen Hierarchie einreihen mussten und lehnten den dortigen Dienst in Konsequenz dessen als „Gleichmacherei" ab (Rosenbaum 2014, S. 198). Die in diesen subjektiven Wahrnehmungsprozess einfließenden, milieuabhängig sozialisierten Einstellungs- und Wahrnehmungsmuster standen stets in Relation zu den persönlichen Vorlieben und Abneigungen der Betreffenden, die bei der Beurteilung der Jugendorganisation die spezifischen Milieuprägungen durchaus überlagern

185 Zur Geschichteb der FDJ vgl. Benecke 2020, S. 543 ff. und Skyba 2022.

konnten. Entsprechend zeigt Omer Bartov anhand der Entwicklung junger Soldaten des Zweiten Weltkriegs bis zum Moment ihres Einsatzes im Kampfgeschehen auf, dass eine bereitwillige Eingliederung in die HJ und begeisterte Rückschau auf diese Erfahrung regional übergreifend auch in ländlichen und dörflichen Gemeinden (ebd., S. 426 f., 479 f., 487) sowie milieuübergreifend auch aus dem katholischen und Arbeitermilieu häufiger vorkam. Hierbei wurde die entsprechende Milieuherkunft und die positive Sicht der HJ, anders als häufig kolportiert, durchaus nicht zwingend als Widerspruch wahrgenommen (Bartov 1999, S. 163 ff.; Römer 2012, S. 60 ff.; Rosenbaum 2014, S. 201 f.). Zu dieser Einschätzung passen auch die Forschungsergebnisse Alfons Kenkmanns. Er konnte nachweisen, dass das abweichende Jugendverhalten, hierunter die gezielte, nicht selten in regelmäßigen gewaltsamen Auseinandersetzungen gipfelnde, Ablehnung der NS-Jugendorganisation und Aversion gegenüber deren Kontrollansprüchen, „Ausdruck subkultureller Kontinuitäten im regionalen Arbeitermilieu" (Kenkmann 2002, S. 22) war. Somit waren derartige Abgrenzungen zwar primär milieuverortet, hierbei jedoch vorrangig im Allgemeinen auf die Indienstnahme-Ansprüche der HJ bezogen und nicht grundsätzlich oder vorrangig politisch motiviert (ebd., S. 164 ff.). Diese Einschätzung ändert sich auch nicht durch die historische Erkenntnis, dass das Regime sie zuschreibend häufig in diesem Sinne einstufte und verfolgte (Kollmeier 2007, S. 186 ff.). Entsprechend erhöhten sich während des Krieges, als dessen Kontroll- und Sanktionierungsbestrebungen anstiegen, auch die Absatzbewegungen der Jugendlichen (Kenkmann 2002, S. 347 ff., 355 ff.). Die Erfahrung, in der HJ und dem BDM angestrebte und als verdient empfundene Führungspositionen nicht zugewiesen bekommen zu haben, löste dann auch – ganz entsprechend der hier vorgetragenen Dispositionsthese sowie im Sinne der erfolgreichen Inklusionsförderung durch die Vergabe von organisationsinternen Führungsposten der HJ – milieuunabhängig und geschlechterübergreifend bei Heranwachsenden Momente innerer Distanzierung oder äußerlicher Absatzbewegungen von der NS-Jugendorganisation aus (ebd., S. 74, 355; Miller-Kipp 2007, S. 47, 137 ff.).

Gleichwohl konnte der HJ-Dienst, andersherum gewendet, auch milieuspezifisch als attraktiv empfunden werden. So weckte unter Jugendlichen des Arbeitermilieus an Rhein und Ruhr der damit verbundene Zugang zu begehrten Arbeitsplätzen, überregionalen Fahrten sowie das „militaristische Formenensemble" der HJ und insbesondere des HJ-eigenen Streifendienstes, welches die dort anzutreffende „Militarismus- und Aktivismusbegeisterung" (ebd., S. 71) ansprach, Interesse (ebd., S. 70 ff.).[186] Dies ging einher mit dem bereits angespro-

186 Zu den entsprechenden planmäßigen Bezugnahmen auf den Ersten Weltkrieg als Leitbild der HJ-Erziehung vgl. Weinrich 2013, S. 315 f.; dessen Einsatz erfolgte ebenfalls im BDM und trug auf Propagandaebene dazu bei, dort das traditionell-konservative Frauenbild funktional-modernisierend zu erweitern (ebd., S. 233 ff.).

chenen Emanzipationsbedürfnis, welches wiederum nicht zuletzt milieuspezifische Ausprägungen fand. Wie die weibliche Jugend in katholischen ländlichen Regionen, so verbanden auch männliche Jugendliche, etwa des Arbeitermilieus, mit der HJ-Mitgliedschaft die Hoffnung auf Freisetzung und Selbstbehauptung gegenüber den traditionellen Autoritätsmustern. Hier – ganz im Sinne eines schwelenden Generationenkonflikts (Zimmermann 1986, S. 98 f.) – insbesondere sich autoritär gebärdender Väter als Familienoberhäuptern, aber auch der Schule (ebd., S. 99) und den Ansprüchen der katholischen Kirche (zum Milieu im Bergarbeiterort Recklinghausen: ebd., S. 100). Zudem erhoffte man sich, den belastenden Arbeitsbedingungen des Bergbaus zu entrinnen. Hieraus ergab sich auch in den Arbeitermilieus des Rheingebiets ein dispositionsgerechtes Verhältnis zur Jugendorganisation:

> „Unser Arbeitervorort und die HJ waren absolut keine Gegensätze. Wissen Sie, der Prozeß HJ/Volk, das dürfen Sie nicht so sehen, als wäre das eine Entscheidung damals gewesen von uns jungen Burschen für oder gegen etwas; es gab nix anderes. Das war das einzige, was da war, ja, und wer was werden wollte, der gehörte dazu… Die HJ-Uniform war was Positives in der Kindheit. Ich habe sie umsonst bekommen“ (Der Zeitzeuge Gustav Köppke zit. n. Niethammer 1986, S. 210).[187]

Die besondere Hervorhebung der „umsonst“ bekommenen Uniform ist wiederum ein milieuspezifisches Erlebensmoment. In den Arbeitermilieus war die Beschaffung der normalerweise selbst zu bezahlenden HJ-Uniform angesichts meist prekärer finanzieller Verhältnisse der Familien nicht selten schwierig (Kenkmann 2002, S. 69; Rosenbaum 2014, S. 380, 391). Ein besonders wirksames, alle Milieu- und Geschlechtergrenzen überschreitendes Kriterium für einen Wunsch, HJ-Mitglied zu werden, war zudem jenes, mit der Mitgliedschaft einhergehender sozialer Differenzierungen: das Bedürfnis nach Zugehörigkeit und die Angst vor Isolation (ebd., S. 159 f., 203 und 381).

Eingedenk milieuspezifisch sozialisierter Vorprägungen und unterschiedlicher Einstellungen der Eltern und anderer milieuspezifischer Autoritäten, hing die Wahrnehmung der HJ durch ihre potentiellen Mitglieder also letztlich milieuübergreifend primär von der Entsprechung des dortigen Angebots mit den kindlichen und jugendlichen Dispositionen ab (ebd., S. 628 und 638; Miller-Kipp 2007, S. 37, 41, 46; Deutschland-Berichte der Exil-SPD (Sopade), Jg. 1934 und 1936; abgedruckt in Benecke 2013, S. 141 und 157 ff.). Die einschlägigen Untersuchungen legen den Schluss nahe, dass sich milieugeprägte Anregungspotentiale

187 Bezüglich des hier anklingenden Wunsches nach persönlichem Aufstieg im Sinne sozialer Mobilität sind die Forschungsergebnisse zur erfolgten Umsetzung nicht einheitlich. Während Möding und Plato davon ausgehen, Arbeiterkinder hätten in diesem Sinne stärker von der HJ profitiert als bürgerliche (dies. 1986, S. 294), findet sich diese Tendenz in den Milieustudien Rosenbaums nicht wieder (dies. 2014, S. 386).

durch die diesbezüglichen Sozialisationserfahrungen und dabei gewonnenen Deutungsmuster bei den Heranwachsenden ausgebildet haben konnten. Quasi ein milieubedingter und hierin vor allem familiär vermittelter (Benecke 2011, S. 737 ff.) Habitus, welcher auch auf die subjektive Wahrnehmung der HJ Auswirkungen zeitigte, aber keineswegs eine endgültige pro oder kontra Einstellung zu selbiger vorab generierte. Im Sinne der oben angedeuteten Annahme einer Habitus-Prägung ist der Einfluss des Milieus niederschwelliger anzusiedeln. Nicht als Einstellungsdisponierung sondern als Geschmacksbildung, welche die subjektive Wahrnehmung der HJ neben und im Zusammenspiel mit anderen Faktoren (etwa der Phasenentwicklung der HJ oder individuellen und altersbedingten Dispositionen) beeinflusste.[188] Entsprechend konnte sich eine entschiedene Zuwendung zum HJ-Dienst, wie oben bereits exemplarisch aufgezeigt, auch gegen Widerstände in den eigenen Familien und Herkunftsmilieus entwickeln (exemplarisch zum kleinstädtischen Arbeitermilieu: Rosenbaum 2014, S. 411). Diese Inklusionsbereitschaft konnte sich dann, mit der NS- bzw. HJ-Erfahrung sowie entsprechend der dort propagierten Habitualisierungen, zudem in fortlaufend vollzogener, nicht zuletzt rituell inszenierter Anpassung sukzessive erweitern (i. d. S. zum Hitlergruß: ebd., S. 476; Allert 2005; zur Verordnung: BArch NS 28/82; VHB. HJ, Bd. II, 1942, S. 648). Daher stellte es lediglich einen – freilich häufiger aufzufindenden – individuellen Entwicklungsverlauf dar, wenn damals Heranwachsende in Folge der kirchenfeindlichen NS-Propaganda sowie der Übergriffe der HJ auf die konfessionellen Belange (von der Beschränkung konfessioneller Jugendarbeit (VHB. HJ, Bd. II, 1942, S. 1081 ff.), über Anfeindungen der konfessionellen Vertreter durch Angehörige der Jugendorganisation, bis zur gezielten Dienstansetzung zu traditionellen Gottesdienstzeiten (Kollmeier 2007, S. 127 f.; Rosenbaum 2014, S. 506))[189] entgegen ihren Milieu-Prägungen (ebd., S. 589) eine kirchenkritische Haltung ausbildeten und diese aggressiv vertraten (exemplarisch: die Tagebucheinträge bei Gröper 2000, S. 82 f., 307). Zugleich bleibt es in dieser Fassung der nationalsozialistischen Einflüsse auf das milieugeprägte Sozialisationsumfeld widerspruchsfrei integrierbar, wenn die dort

188 Zur exemplarischen Verdeutlichung der autobiographische Bericht des damals heranwachsenden Zeitzeugen und ehemaligen HJ-Angehörigen Günter Gaus, dessen Eltern einen kleinen Obst- und Gemüseladen betrieben: „Ich hatte den Jungen aus unserer Nachbarschaft neidisch zugehört, wenn sie nach dem Kindergarten gesagt hatten, sie müßten nun gleich nach oben in die Wohnung, weil sie zum Mittagessen mit dem Vater – ein Angestellter aus einer nahen Sparkassenfiliale, ein Prokurist aus einer Großhandelsfirma, auch ein Arzt – pünktlich sein mußten. Kaum etwas hat mir ein solches Gefühl sozialer Ungleichheit vermittelt, wie die Frage: Kommt dein Vater mittags zum Essen? Das Gesetz der Nazis zur Mittagspause löste für mich ein Statusproblem. Am ehesten zu vergleichen war das nur noch mit unserer Inbesitznahme einer Wohnung" (Gaus 2006, S. 65).

189 Zum gezielt herbeigeführten und geschürten Konflikt mit den Kirchen im Kontext der Kinderlandverschickung vgl. Füller 2010, S. 155 ff.

sozialisierten Deutungsmuster und sozialen Bindungsstrukturen in anderen Fällen angesichts einer Etablierung der Hitler-Jugend weitgehend unverändert blieben. Hierbei unterlagen die dort Heranwachsenden weiterhin, in wenig verringertem Ausmaß, der elterlichen Kontrolle und Mädchen blieben in traditionellen weiblichen Rollenmustern verhaftet (exemplarisch zum katholisch-dörflichen Milieu: Rosenbaum 2014, S. 616). In diesen Fällen erfuhr der Blick über den milieuspezifischen eigenen Tellerrand keinerlei emanzipatorische Erweiterung durch die HJ-Erfahrung (ebd.).

Zu guter Letzt ließen sich unter bestimmten Umständen auch die Ansprüche des Milieus und der HJ dispositionsgerecht zusammenführen. Dies gelang u. a. dort, wo bereits eine gewisse Nähe zwischen Milieu und NS vorhanden war, wie im protestantischen Milieu. Subjektiv konnte dies dann als Akt der Selbstbehauptung gegenüber den Milieuautoritäten erlebt werden, ohne dass die dortigen Bindungen überstrapaziert oder gar gekappt zu werden brauchten:

> „Anzeichen für die Einstellung, ähm, ich bin zwar konfirmiert worden, bin protestantisch bin konfirmiert worden, aber es war ne Ehrensache, dass man dann in der Uniform zu Konfirmation, kam also, andre Burschen die warn, im ersten schwarzen Anzuch ja [...] aber äh, damals, Jungvolk [...] ging man in Uniform zur Konfirmation, an sich natürlich ein Widerspruch in sich [...] aber, das war so ne, so ne Art Oppositionshandlung auch [...] wir lassen uns zwar, konfirmieren aber, wir wolln gleich zeigen, wer wir sind" (Interview Brenner, S. 19).

Die Konfirmation in der HJ- oder DJ-Uniform konnte zugleich auch angesichts milieubedingter Belastungsstrukturen als Unterstützung erlebt werden. So etwa, wenn der Vater arbeitslos war und kein Geld für einen Konfirmationsanzug hatte (Interview Sommer, S. 79).

Zusammengenommen mit den, unter der Determinante Geschlecht angeführten, Motiven einer subjektiven Wahrnehmung der HJ als attraktiv oder abstoßend, können nun die folgenden Einstellungskategorien als vorläufige Systematisierung angesehen werden. In diese wären die damals Heranwachsenden mit ihren milieugeprägten Sozialisationserfahrungen, wie auch ihren, sich wiederum prozessual entwickelnden, eigenen Dispositionen und den Auswirkungen dieser beider Einflüsse auf die individuelle oder kollektive Auseinandersetzung mit dem NS und seiner HJ einzugliedern. Die Kategorien sind hier bewusst weit gefasst, da allzu statische Typenbildungen schon angesichts der dynamischen Prozesshaftigkeit mit der sich die NS-Herrschaft und damit die Potentiale ihrer subjektiven Wahrnehmung entwickelten, schnell an die Grenzen ihrer Systematisierungsfähigkeit stoßen.[190] Die angedeutete Komplexität der Einstellungen, welche Jugend-

---

190 So etwa die frühe Differenzierung bei Klafki, der mit seinen fünf Einstellungstypen (überzeugter Nationalsozialist, Mitläufer, Pragmatiker, Distanzierter sowie aktiv

liche damals gegenüber der HJ ausbildeten, hat auch die bisherige, differenziert analysierende, Forschung zum Thema herausgearbeitet. So haben Alexander von Plato und Nori Möding auf Grundlage biographischer Interviews zunächst drei Gruppen beschrieben, welche sich durch unterschiedliche Einstellungen zur Jugendorganisation auszeichneten (vgl. dies. 1986, S. 293; Plato 1995, S. 211 f.).

Erstens: Eine Minderheit, deren Zahl und Bedeutung jedoch gerade aus sozialisationstheoretischer Sicht nicht unterschätzt werden darf, welche bewusst versuchte, sich der Erfassung durch die Hitler-Jugend zu entziehen und das dort propagierte Jugendbild mitsamt den dazugehörigen Verhaltensmaximen rundweg ablehnte.

Zweitens: Dem stand eine deutlich größere Gruppe gegenüber, deren Vertreter sich bereitwillig und voller Euphorie in die HJ inkludierten und sich mit den Idealen und der „Bewegung" weitestgehend identifizierten. In dieser Gruppe finden sich viele der ehemaligen Führerinnen und Führer der NS-Jugendorganisation.

Drittens: Die bei weitem größte Gruppe lässt sich am ehesten als „Durchmogler" definieren. Hierbei handelte es sich vornehmlich um solche Heranwachsende, deren Einstellung gegenüber der HJ von Pragmatismus und Abwägungen des Eigennutzes bestimmt war. Die Vertreter dieser Gruppe nahmen den dortigen Dienst ohne größeres Eigenengagement war, standen ihm jedoch auch nicht ablehnend oder gar feindselig gegenüber.

Diese Untergliederung relativierte Plato allerdings später selbst hinsichtlich der Trennschärfe ihrer Kategorien. Er verwies darauf, dass die Lebensrealität der damals Heranwachsenden, wie auch ihre Einstellung zum NS-Regime und seiner Jugendorganisation komplexer gewesen seien, als es die obigen Zuordnungsraster suggerieren. Auch Plato begründete diese Differenzierungserweiterung mit dem Hinweis, dass in den meisten autobiographischen Erinnerungen der befragten Zeitzeugen gleichsam negative und positive Elemente aus der NS-Zeit und dem eigenen HJ-Dienst angeführt werden (exemplarisch: Rosenthal 1986, S. 126 ff.; Schörken 2005, S. 95). Ganz in diesem Sinne sind auch die feststellbaren Formen innerer Distanzierung und abweichenden Verhaltens unter damaligen Jugendlichen erklärbar. In diesen Fällen führte eine, zum Teil durchaus auch milieubedingt verstärkte, Nicht-Passung der eigenen Dispositionen und der NS-Inklusionsanforderungen zu einer HJ-Wahrnehmung als abstoßend, da

Widerstehender) zwar die Bandbreite möglicher subjektiver Wahrnehmungen des NS abgesteckt hat (Klafki 1991, S. 160 ff.), jedoch selbst konstatiert, dass eine Zuordnung nicht trennscharf sein könne. Diese Einschätzung beruht schon bei ihm auf der Erkenntnis, dass die betreffenden Heranwachsenden – ganz im Sinne der oben angedeuteten Prozessannahme – im Verlauf der NS-Herrschaft unterschiedliche Kategorien durchliefen (ebd., S. 162; in diesem Sinne auch Rosenbaum 2014, S. 187). Dies hing von der schlichten Tatsache ab, dass sich NS-geprägte Umwelt und die, nicht zuletzt altersabhängigen, Dispositionen der Kinder und Jugendlichen verändern konnten.

inhaltsleer, drangsalierend und kontrollierend. Dies lief während der letzten Phase der nationalsozialistischen Herrschaft durch die Zumutungen des Krieges und der radikalisierten NS-Politik, deren Ausdruck auch die HJ-Entwicklung selbst, zugleich aber auch der kriegsbedingte Niedergang ihrer Organisationsstabilität (Kenkmann 2002, S. 230 ff.) waren, häufig noch einmal in gesteigerter Form den Bedürfnissen der Heranwachsenden zuwider (Lange 2015, S. 31 ff.). Solche Verläufe konnten sich regional kumulieren und milieubezogen ausprägen sowie infolgedessen zu spezifischen Konflikten zwischen NS-Inklusionsdruck und jugendlichen Eigeninteressen führen. So etwa in katholischen Gegenden, vorrangig in Bayern, in denen das Regime Druck auf die konfessionellen Strukturen ausübte (Kollmeier 2007, S. 127 f.). Ebenso im Arbeitermilieu, etwa des Rheinlandes und Ruhrgebietes (Kenkmann 2002, S. 108 ff., 167 ff., 303 ff., 342 ff.), aber auch in Leipzig (Lange 2015, S. 35 ff.). Schließlich auch im bürgerlichen Milieu, etwa in – ganz im Sinne der Relevanz des jeweiligen Sozialraums – den Großstädten in Norddeutschland, Berlin, Frankfurt, Dresden, Halle, Süddeutschland und Wien (ebd., S. 101 ff.), in welchen sich angesichts des zunehmenden Inklusionsdruckes und der kriegsbedingten Entbehrungen unter den Jugendlichen regional verstärkt kleinere und kleinste Interessensgruppen bildeten.

Entsprechend dieser Grundstruktur lassen sich in einer groben Differenzierung folgende nonkonformistische Hauptgruppen Jugendlicher während der NS-Zeit benennen: Gruppen, die milieuspezifischen politischen oder religiösen Traditionslinien folgten (1); Gruppen, verstärkt aus dem bürgerlichen Milieu, die bündische Traditionen pflegten (2) – beide vorrangig während der Anfangsphase des „Dritten Reiches" – sowie Gruppen, die alternative Lebensentwürfe propagierten, wie die „Meuten", „Banden" und „Cliquen", die vor allem aus dem Arbeitermilieu kamen (3), und die „Swing-Jugend", welche sich primär, aber keineswegs ausschließlich aus dem bürgerlichen Milieu rekurrierte (4). Die letzteren beiden waren während der späteren Jahre der NS-Herrschaft aktiv. Schließlich kamen noch die Gruppen verfolgter Jugendlicher, allen voran der nachwachsenden jüdischen Bevölkerung (5), sowie nonkonformistischer Einzelpersonen (6) hinzu.[191]

Anschließend an diese Systematisierung lassen sich die Motive einer sozialen Differenzierung, wie sie aus diesem Kontext heraus von den Jugendlichen selbst initiiert wurden (zur Seite des Regimes vgl. die Ausführungen zu Macht bzw. Herrschaft), folgendermaßen zusammenfassen. Die Ahndung herkömmlicher Straftaten damals Heranwachsender (Wolff 1992; Kebbedies 2000; Götte 2003) einmal außen vorlassend, können zwei Grundformen abweichenden Verhaltens von Jugendgruppen unter der NS-Herrschaft identifiziert werden (Klönne 1958;

---

191 Vgl. ausführlich sowie die Milieubezüge aufgreifend: Benecke 2011, S. 771 ff., die dort angegebene weiterführende Literatur sowie die systematisierenden Übersichten bei Schilde 2007 und Lange 2015.

Jahnke 1985; Peukert 1985; Kenkmann 2002; Schilde 2007): Zum einen diejenigen, die sich nach 1933 dem Totalitätsanspruch der HJ und deren angestrebter Gleichschaltung des Jugendlebens verweigerten – hierunter fielen unter anderem Jugendgruppen aus dem konfessionellen sowie aus dem sozialistischen oder kommunistischen Arbeitermilieu –; zum anderen jene Jugendlichen, die angesichts der Zunahme von Drill und Kontrolle sowie der um sich greifenden Eintönigkeit des HJ-Dienstes (Peukert 1983, S. 98ff.; Klönne 1991, S. 299), kombiniert mit einer altersspezifischen Reaktion auf die belastenden und beengenden Lebensumstände im Krieg (Kebbedies 2000, S. 138), nach alternativen und selbstbestimmten Erfahrungsräumen suchten. Letzteres galt für all die Jugendgruppen, die das Regime als „Cliquen und Banden" ansah, diffamierte, verurteilte und verfolgte und deren Motive, Verhaltensformen und Schicksale noch immer ein Desiderat systematisierender bildungshistorischer Forschung darstellen (Schilde 2007, S. 11): „wilde Cliquen", „Edelweißpiraten" oder die „Swing-Jugend". Bei diesen Jugendlichen hat es sich um Protestler, nicht um Widerständler im eigentlichen Sinne gehandelt und nicht wenige unter ihnen lehnten den Nationalsozialismus keineswegs grundsätzlich oder zur Gänze ab. Erst die rigiden Sanktionen des Regimes, häufig der RJF und seiner HJ-eigenen Repressionsmaßnahmen (Kenkmann 2002, S. 350), führten bei ihnen zu einer nachhaltigen und entschlossenen Exklusion aus der NS-Herrschaft insgesamt, ihren Gemeinschaftsformen und Loyalitätsbindungen. Diese Skizze führt erneut zu der Erkenntnis, dass das abweichende Verhalten Jugendlicher, hierunter auch die kämpferischen Momente ihrer Verweigerung gegenüber dem Erfassungsanspruch der HJ, nicht statisch zu verstehen ist. Dies wird schon am Beispiel vieler ehemaliger Jugendführer der bündischen Jugend deutlich, die sich nach 1933 bereitwillig in die HJ eingliederten und sich erst nach dort gemachten organisationsspezifischen Distanzerfahrungen von dieser entfremdeten (Hellfeld 1990, S. 30ff.). Insgesamt gesehen, kann als Motiv jugendlicher Nonkonformität unter der NS-Herrschaft und insbesondere während ihrer letzten Phase – nicht wenige der Betreffenden waren zuvor selbst Mitglieder der HJ gewesen (Lange 2015, S. 83f., 89f.) – das Bedürfnis nach Selbstbestimmung und Selbstbehauptung (durchaus im Sinne einer auf diesem Wege angestrebten Emanzipation, hier gegenüber den staatlichen Autoritäten) der eigenen Identitätsbildung und der Gestaltung des eigenen Jugendlebens verstanden werden. Dies wurde zunehmend entschieden, mitunter gewaltsam, gegenüber den Repräsentanten des NS-Regimes verteidigt, allen voran der HJ, die unmittelbar im Lebensraum des eigenen Milieus und direkt auf die Jugendlichen bezogen, für den Kontrollanspruch des Regimes, seine Forderung nach Inklusion und Verhaltensanpassung stand (Lange 2015, S. 42f., 75f.). Die in diesem Kontext vorkommenden Übergriffe seitens der Jugendlichen gegen die örtliche HJ (exemplarisch: Theilen 2003, S. 95ff., 208ff.; Benecke 2013, S. 381ff.) und insbesondere deren Kontrollinstanz, den Streifendienst (Peukert 1980, S. 28ff.), stellten weit überwiegender Versuche der Selbstverteidigung, aber auch der vorauseilenden und das eigene Selbstbewusstsein inszenierenden Provokation dar, als das sie explizit politische Motive gehabt hätten (Kenkmann 2002, S. 269 ff., 292 ff., insbesondere 360 f.; Lange 2015, S. 57 ff., 101 ff., 124 ff.). Letztere zeigten sich in Einzelfällen (Schilde 2007, S. 276), wurden den nonkonformen Heranwachsenden jedoch meist durch das sanktionierende Regime zugeschrieben (BArch R 3001/955, Fiche Nr. 8, Bl. 347; Schilde 2007, S. 142 ff.; Lange 2015, S. 91 ff.).[192] Das ‚Politische' erschöpfte sich im Verhalten dieser Heranwachsenden, wo es über die skizzierte, geschlechterübergreifend anzutreffende (Lange 2015, S. 19, 47, 59, 74, 116, 129 f.), Inszenierung eigener alternativer Lebensentwürfe und Geselligkeitsformen hinausging, vor allem im Erstellen und Verteilen von Flugblättern, despektierlich-regimekritischen Graffitis oder kleineren Sabotageakten (exemplarisch: ebd., S. 77 ff., 188 ff.). Dieser Befund umfasst schließlich auch die Genese des Widerstandshandelns der Mitglieder der Weißen Rose, was erneut auf die Notwendigkeit einer prozessualen Perspektive und die nicht gegebene Trennschärfe, nach Milieuzugehörigkeit oder anderen Kriterien, statisch zuzuordnender Einstellungskategorien verweist.

Dort, wo sich, wie vom Regime beständig befürchtet, die Nonkonformität einiger Heranwachsender tatsächlich ‚ansteckend' auswirkte, geschah dies ironischerweise gerade in Konsequenz der Bemühungen der Reichsjugendführung um eine effizientere, alle Milieuspezifika einebnende, Formierung der Jugend (ebd., S. 83 f.). So wurden etwa in Thüringen auch Kinder mit der KLV ab 1943 in ländliche Regionen verschickt, die zuvor in ihren Heimatstädten Kontakt mit Edelweißpiraten gehabt hatten: „Die teilweise abenteuerlichen Geschichten, die die Großstadtjungs in den thüringischen Kleinstädten darüber weitergaben, stießen auf interessierte Zuhörer" (ebd., S. 83).

Die hier beschriebene, auf der Erfahrungsebene der Subjekte angesiedelte Differenzierung korrespondiert mit der Erkenntnis, dass auch bezüglich der HJ als Element des NS-Herrschaftssystems nicht „mit einem monolithischen Organisationsbegriff" (Buddrus 2003, S. XXV) operiert werden sollte.[193] Vielmehr ist zu konstatieren, dass „trotz aller Gleichschaltungsbemühungen und Totalitätsbestrebungen die territorialen, landsmannschaftlichen, regionalen, lokalen und milieugeprägten Unterschiede innerhalb der HJ-Gesamtorganisation größer waren als bislang angenommen" (ebd.). Neben der phasenspezifischen Differenzierung sind bezüglich der „Existenzbedingungen und Aktionsformen" (ebd.) der Jugendorganisation eben diese regionalen und milieugeprägten Spezifika der

192 Vgl. den „Bericht des Reichsjustizministeriums über Aktivitäten, Ursachen und die Bekämpfung von jugendlichen Cliquen und Banden" von 1944 (BArch R 3001/21177, Bl. 441 ff.; abgedruckt in Benecke 2013, S. 374 ff.).

193 Vgl. in diesem Sinne zur Problematik einer fehlenden systematischen, über das Aufzählen von Merkmalen hinausgehenden Objektbestimmung von Organisation Benecke 2020, S. 57 ff.; zum komplexen Verhältnis von Bildungshistorie und Organisationspädagogik vgl. Matthes/Benecke 2018.

HJ-Aneignung zu beachten. Damit sind aber gerade keine pauschalisierenden Annahmen dauerhaft bestehender Resistenzen oder besonderer Empfänglichkeit postuliert. Letztere gerieten auf dieser Analyseebene vergleichbar in Widersprüche, wie im Kontext der oben ausgeführten HJ-bezogenen Subjektion der Subjekte. Vielmehr gälte es – wie in der vorliegenden Analyse versucht – die als zentral ausgemachten Intentionen und Auswirkungen der NS-Jugendpolitik „mit Regionalstudien zu vernetzen“ (ebd.), die auch die milieubedingten Ausprägungsmuster der subjektiven Wahrnehmung aufgreifen. Wie auch für die regions- und milieubezogene Forschung insgesamt (Wirsching 1996, S. 46) wäre hier eine weitergehende, entsprechend differenzierte Forschung wünschenswert (Buddrus 2003, S. XXV), die zudem die gewonnenen Erkenntnisse zueinander in Bezug setzt und systematisiert.[194]

194 M. E. könnte eine HJ-bezogene Forschung weiterführend sein, die von praxeologischer Warte aus und regional differenzierend den sozialen Praktiken nachgeht, mit denen sich die Konstituierungen der „Volksgemeinschaft“ und hierin eingelagert der NS-Jugendorganisation vollzogen oder abgewehrt wurden (Reeken/Thießen 2013). Genauer geht es um die Frage, wie „eigensinnig“ die jeweiligen „Akteure vor Ort“ mit den entsprechenden „Deutungsangeboten, Anforderungen und Zumutungen umgehen“ (ebd., S. 17). Wo solche Analysen unternommen werden, zeigen sie, dass eine prozessuale Perspektive notwendig ist, um etwa für den milieubezogen differenzierenden Faktor „Konfession“ und dessen Anschlussfähigkeit an den NS die heterogenen „Annäherungs- und Amalgamierungsprozesse“ zwischen beiden in den Blick zu kriegen (ebd., S. 22). In diesem Sinne liefert bisher die Studie von Rosenbaum zum Kinderalltag im NS vor allem in empirischer Sicht wichtige Erkenntnisse, indem sie den Faktor HJ nicht nur beiläufig einflicht, sondern explizit bei der Analyse der milieuinternen Aneignungsprozesse berücksichtigt (Rosenbaum 2014).

Kapitel 5

Fazit

Die Wahrnehmung der Hitler-Jugend beruht, wie eingangs gezeigt, oftmals auf einer zeitgenössisch kolportierten und nicht selten bis in die Gegenwart erinnerten Kombination zweier sich ergänzender Perspektiven: Einerseits der propagandistischen Inszenierung der HJ als einer einenden, die gesamte als „rasserein" klassifizierte deutsche bzw. „volksdeutsche" Jugend umfassenden Organisation (Schirach 1934, S. 66ff.); andererseits die sukzessive verschärfte und sanktionierend kontrollierte Verpflichtung aller Jugendlichen zur Mitgliedschaft in ihr, welche letztlich eine nominelle Erfassungsquote in bis dato ungeahnten Höhen zur logischen Konsequenz hatte. Beides zusammen schuf ein nachhaltig wirksames Bild, welches eine angepasste Zugehörigkeit der Adressaten ab 1936, spätestens ab 1939 zur vermeintlich sozial und rechtlich unausweichlichen Norm stilisierte. Die vorrausgegangenen Ausführungen haben demgegenüber gezeigt, dass – vergleichbar zu den Entwicklungen in anderen Bereichen der „Volksgemeinschaft" (Bajohr/Wildt 2009; Reeken/Thießen 2013) – auch für die HJ weniger eine durch ihren Einfluss erfolgte Homogenisierung ihrer Zielgruppe, als vielmehr das Vorhandensein einer – heterogen verursachten und ausgeprägten – Vielzahl organisationsspezifischer Ungleichheitsvorkommen charakteristisch gewesen ist. Hierbei wurde eine Gemengelage aus mindestens vier Faktoren ursächlich wirksam:

Erstens: Ein NS-spezifischer Rahmen, der aus den Dimensionen Macht und Rasse bzw. dem teils widersprüchlichen Wechselspiel zwischen beiden gebildet wurde.

Zweitens: Die unmittelbar aus diesem resultierenden, sich auf die Ebene sozialer Praxis durchschlagenden, Determinanten Herrschaft und Rassismus – letzterer als rassistische Handlungspraxis und begründende Rassenideologie.

Drittens: Die Relationsmuster zwischen diesen beiden Einflussgrößen und anderen, oftmals traditionellen und die NS-Herrschaft überdauernden sozialen Differenzierungskriterien (Geschlecht, Raum/Region, Milieu etc.).

Viertens: Einige andere, quer zu diesen liegende, soziale Differenzierungsansätze, wie dem Alter der Betreffenden oder dem Zeitpunkt ihrer Mitgliedschaft, die jedoch wiederum in Interaktion mit deren Erfassungsansprüchen und Aufgabenstellungen HJ-spezifische Ungleichheitserfahrungen generieren konnten.

Die zahlreich aufgeführten empirischen Beispiele aus dem Kontext des HJ-Dienstes haben aus diesem Gesamtrahmen die zuvor aufgestellten Thesen zur sozialen Differenzierung in und durch die HJ bestätigt. Hierbei wurde u. a. deutlich, dass sich auch die HJ-bezogenen sozialen Ungleichheiten in beiden Richtungen gleichermaßen generieren konnten: als intendierte Folge der Organisationsprogrammatik oder als nicht-intendierte Konsequenz aus deren Umsetzungsversuchen, etwa in Form von Reibungsverlusten oder negativen Rückkopplungen[195] infolge der Forcierung der jugendbezogenen Formierungsbestrebungen der HJ. Hierzu liefert die Studie von Postert zuletzt einige weitere empirische Belege. Sein Fazit knüpft direkt an die eingangs zitierte Differenzierung Peukerts an und verdeutlicht zugleich die Notwendigkeit der Ebenendifferenzierung in Bezug auf die HJ:

„Die Hitler-Jugend war ihrem Anspruch und ihrer Zielsetzung nach totalitär. Ihr Alltag ist aber nicht mit ihrer öffentlichen Inszenierung oder der Propaganda des Reichsparteitags zu verwechseln" (Postert 2021, S. 415).

Die vorliegende Studie – wie auch die Darstellungen Posterts – haben zudem verdeutlicht, dass die exemplarisch benannten Differenzierungsnotwendigkeiten in Bezug auf eine Umsetzung der totalitären jugendpolitischen Ansprüche des Regimes nicht als Grundlage einer irgendwie gearteten Apologie geeignet sind. Allzu deutlich wurde, wie stark ein Primat des Politischen für die Reichsjugendführungen sowie die ihr unsterstellten Funktionärinnen und Funktionäre stets motivgebend war. In diesem Kontext wurden die Heranwachsenden mittels einer „Gebrauchspädagogik" (Giesecke 1999, S. 218) auf ihren Einsatz für die ideologischen und politischen Ziele des Regimes vorbereitet. Oder sie erlebten – so sie nicht dem bevölkerungspolitischen, letztlich Propaganda bleibenden Konstrukt einer „Volksgemeinschaft" zugerechnet wurden – oftmals eine rüde, in vielen Fällen willkürlich begründete, Exklusion aus sozialen Zugehörigkeitskonstellationen, was zumeist weitergehende Repressionen nach sich zog. Die bei alldem beständig zu Tage tretende Unfertigkeit der Umsetzung totalitärer Ansprüche war entweder politisch gewollt (herrschaftspragmatische Rücksichtnahmen etc.) oder – trotz aller Rückhaltlosigkeit ihres Agierens – der Unfähigkeit aller Reichsjugendführungen geschuldet, diese auch tatsächlich zu realisieren. Mit Fürsorge für ihre Klientel hatte dies nichts zu tun. Die Übernahme *pädagogischer* Verantwortung für die ihnen anvertrauten bzw. von ihnen beanspruchten respektive die von ihnen ausgegrenzten und verfolgten Jugendlichen kann ihren Vertreterinnen und Vertretern nicht attestiert werden. Aber auch mit Blick auf die einfachen Angehörigen der HJ zeigt sich – eingedenk der Phasengliederung – nicht nur eine mehrheitliche Inklsuionsbereitschaft und die Anziehungskraft einer Option zur Machtpartizipation (HJ-Führungsränge etc.), sondern in zahlreichen Fällen auch die Tatsache, dass vorhandene Spielräume zur „Selbstermächtigung" genutzt wurden und bei den Betreffenden „zur Radikalisierung führen (konnten)"

195 Ein unmittelbar anschauliches Beispiel für solche negativen Rückkopplungen stellt die Tatsache dar, dass das „Wachstum" der HJ über die Phasen hinweg ein zunehmend „künstlich forciertes" (Postert 2021, S. 256) darstellte, dem keine tatsächliche Attraktivitätszunahme ihrer Angebote entsprach. Infolgedessen förderte deren zunehmend totalitäre Erfassungspraxis ab Mitte der 1930er Jahre in beiden Teilverbänden in nicht unbeträchtlicher Anzahl die Existenz von „Karteileichen, passive Mitglieder, Dienstverweigerer und sogenannte Interessenlose" (ebd., S. 266).

(Postert 2021, S. 29). Hierfür finden sich in der Etablierungsphase der HJ zahlreiche Belege (ebd., S. 127). Aber auch, die teils auf eine eigene Initiative zurückgehende, Beteiligung nicht weniger Angehöriger der Jugendorganisation an den NS-Verbrechen an „gemeinschaftsfremden" und „fremdvölkischen" Minderheiten veranschaulicht dies exemplarisch auf bedrückende Weise.

Letztlich hat sich gezeigt, dass einfache dichotome Differenzierungen die damaligen HJ-spezifischen Vorkommen sozialer Ungleichheit auf allen Ebenen des NS-Herrschaftsvollzugs in der Komplexität ihrer Ursachen und Ausprägungen nicht hinreichend erfassen können. Hierzu bedarf es durchweg differenziert analysierender Objektperspektiven. Dies gilt auch für spätere, nach 1945 konzipierte Homogenisierungsansätze, wie der nachträglichen Propagierung einer HJ-Generation. Eine solche lässt sich, wie gezeigt, nicht einfach aus der Tatsache einer quantitativ bemerkenswerten Zugehörigkeitsquote der Jugendorganisation ableiten. Auch hier sind konzeptionell-differenzierende Zuschnitte notwendig, damit nicht tatsächlich nachweisbare Erfahrungs- und Wahrnehmungsunterschiede künstlich eingeebnet und damit die propagandistische Selbstdarstellung der NS-Jugendorganisation weiter kolportiert wird. Im Ergebnis scheint es demnach angebracht, nicht eine erfolgreiche „Gleichschaltung" der deutschen Jugend durch die HJ anzunehmen. Vielmehr kann eine, durch ihre Aktivitäten ausgelöste oder verstärkte, die rassisch definierte und mit sozialen Kontrollansprüchen bedachte Zielgruppe durchziehende, organisationsspezifische Ordnung sozialer Ungleichheit als deren zentrales Charakteristikum interpretiert werden. Als in besonderer Weise *dynamisch* ist diese, wie vielfältig aufgezeigt, aus mindestens drei Gründen zu klassifizieren:

Erstens: Aufgrund der Phasenabhängigkeit ihrer Ausprägungen;

Zweitens: Angesichts des für sie ursächlichen Wechselspiels zwischen den beiden rahmenden Dimensionen bzw. der Relationen zwischen diesen und anderen Differenzierungsmustern;

Drittens: Bezug nehmend auf das, in Anlehnung an Lüdtke vertretene, interaktive Verständnis sozialer Handlungspraxen der NS-Herrschaft. Diese Fassung ihrer Hierarchien ermöglichte eine Erfassung auch solcher sozialer Ungleichheiten, die sich nicht aus einer einfachen Top-down Befehlsstruktur ergaben, sondern in welchen in bestimmten Maßen auch von unten wirksame Einflüsse, bzw. innerhalb der jeweiligen Funktionszusammenhänge auch eigenständig inszenierte, den Intentionen des Regimes meist entsprechende und deren Wirkung verstärkende, Formen des Entgegenarbeitens generiert werden konnten.

Quellenverzeichnis

Archive

Archiv des Jüdischen Kulturmuseums Augsburg Schwaben (JKMA)
Bibliothek für Bildungsgeschichtliche Forschung des Deutschen Instituts für Internationale Pädagogische Forschung/Archiv
Signatur: GUT SAMML 199
Bundesarchiv Berlin Lichterfelde
Signaturen: BArch NS 1 ff.
Bildarchiv des Bundesarchivs Koblenz
Signaturen: BArch, Bild 102 ff. sowie BArch, Plak 003-011-016 ff.
Bundesarchiv Militärarchiv Freiburg
Signatur: BArch-MA RH 20-2/1554, AOK 2, O. Qu.
Deutsches Rundfunkarchiv (DRA), Frankfurt a. M.
Signatur: DRA Archiv-Nr. 00 2590330
Ehemaliges Zentrales Staatsarchiv Potsdam
Signatur: Zentrales Staatsarchiv Potsdam, Film Nr. 10900
(Die Quellenangabe entspricht der ursprünglichen Signatur aus dem zentralen Staatsarchiv Potsdam, da die entsprechenden Filme kassiert wurden und im Bundesarchiv als solche nicht mehr existieren)
Hauptstaatsarchiv Düsseldorf
Signatur: Hauptstaatsarchiv Düsseldorf Gestapo 23599
Institut für Zeitgeschichte München (IfZ)
Signaturen: IfZ München, Ma 442/2 ff.
Landesarchiv Nordrhein-Westphalen, Abteilung Rheinland (LAV NRW, Abt. Rheinland) Signaturen: LAV NRW, Abt. Rheinland, BR 5 Nr. 23248 sowie LAV NRW, Abt. Rheinland, RW 18 ff.
Staatsarchiv Augsburg
Signaturen: StA A S 4234 ff.
Staatsarchiv München
Signatur: StA M NSDAP/348
Stadtarchiv Leipzig
Signaturen: Leipzig JuA Nr. 314 ff.
Stadtarchiv Plauen
Signatur: Stadtarchiv Plauen, III, IV, ID., 87

Weitere Bestände:
Zum BDM: Sammlung Prof. Gisela Miller-Kipp
Zur HJ: Sammlung Jakob Benecke

Interviews

A) Interviewsammlung Annette Eberle – 3 Interviews mit ehemaligen Fürsorgezöglingen aus dem Heim Kloster Markt Indersdorf.
B) Interviewsammlung Jakob Benecke – 11 selbstgeführte und ausgewertete narrative Interviews mit Zeitzeuginnen und Zeitzeugen der NS-Herrschaft.

Publikationen vor 1945

Baeumler, Alfred (1937): Politik und Erziehung. Reden und Aufsätze. Berlin.

Baeumler, Alfred (1942): Bildung und Gemeinschaft. Berlin.

Bartelmäs, Eugen Frieder (1934): Das junge Reich. Vom Leben und Wollen der neuen deutschen Jugend. Stuttgart.

Beck, Friedrich Alfred (1933): Geistige Grundlagen der neuen Erziehung. Dargestellt aus der nationalsozialistischen Idee. 2. Auflage. Osterwieck.

Behnken, Klaus (Hrsg.) (1980): Deutschland-Berichte der Sozialdemokratischen Partei Deutschland (Sopade). 1934–1940. 4. Auflage. Frankfurt a. M.

Benze, Rudolf (1943): Erziehung im Großdeutschen Reich. 3. Auflage. Frankfurt a. M.

Benze, Rudolf/Gräfer, Gustav (1940) (Hrsg.): Erziehungsmächte und Erziehungshoheit im Großdeutschen Reich. Leipzig.

Berliner, Cora (1916): Die Organisation der jüdischen Jugend in Deutschland. Ein Beitrag zur Systematik der Jugendpflege und Jugendbewegung. Phil. Diss. Heidelberg. Berlin

Castell, Clementine (Hrsg.) (1940): Glaube und Schönheit. München.

Das junge Deutschland 1927, Ausstellung der deutschen Jugend (Schloss Bellevue). Berlin.

Dietze, Hans-Helmut (1939): Die Rechtsgestalt der Hitler-Jugend. Eine verfassungsrechtliche Studie. Berlin.

Dißmann, Willi/Wegner, Max (1941): Jungen und Mädel im Krieg. Aus Berichten von Jungen und Mädeln zusammengestellt. Berlin.

Fischer, Josepha (1932): Entwicklungen und Wandlungen in den Jugendverbänden im Jahre 1931. In: Das junge Deutschland. 26. Jg., S. 38–49.

Hirsch, Georg (1934): Die Erziehungsmächte Elternhaus, Schule und Hitlerjugend in der Entscheidung. In: Zeitschrift für pädagogische Psychologie und Jugendkunde. Bd. 35, Heft 9, S. 399–410.

Hitler, Adolf (1933): Mein Kampf. 66. Auflage. München.

Jugendführer des Deutschen Reichs (Hrsg.) (1. Januar 1941): Kriminalität und Gefährdung der Jugend. Lagebericht bis zum Stande vom 1. Januar 1941. Bearbeitet von Bannführer W. Knopp. Berlin.

Knopp, William (1941): Kriminalität und Gefährdung der Jugend. Lagebericht bis zum Stande vom 1. Januar 1941. (Herausgegeben vom Jugendführer des Deutschen Reichs). Berlin.

Krampf, Alfred (1937): Gedanken zum Ausleseproblem. Eine erziehungswissenschaftliche Studie. Leipzig.

Krieck, Ernst (1935): Erziehung im nationalsozialistischen Staat. Berlin.

Krieck, Ernst (1937): Nationalpolitische Erziehung. Leipzig.

Marrenbach, Otto (1941): Fundamente des Sieges. Die Gesamtarbeit der Deutschen Arbeitsfront von 1933 bis 1940. Berlin.

Munske, Hilde (Hrsg.) (1935): Mädel im Dritten Reich. Berlin.

Neeße, Gottfried (1937): Die Einigung der deutschen Jugend im nationalsozialistischen Reich. In: Wille und Macht. Band 4, Heft 21. Berlin, S. 10–16.

Nohl, Herman (1933/34): Die Grundlagen der nationalen Erziehung. Eine Vorlesung im WS 1933/34. UB Göttingen: Cod. Ms. H. Nohl 830: 1a.

Reichsjugendführung (Hrsg.) (1937): Reichsjugendpressedienst Nr. 118 vom 30. 5. 1937, Berlin.

Reichsjugendführung (Hrsg.) (1942): Vorschriftenhandbuch der Hitler-Jugend (VHB. HJ). Band II, III und IV. Berlin.

Reichsjugendführung (Hrsg.) (1. Juni 1943): Sonderrichtlinien. Die Bekämpfung gleichgeschlechtlicher Verfehlungen im Rahmen der Jugenderziehung. Berlin.

Reichsjugendführung, Organisationsamt (Hrsg.) (1943): Pimpf. Dein Dienst im Deutschen Jungvolk in der Hitler-Jugend. Berlin.

Roth, Heinrich (1938): Psychologie der Jugendgruppe. Aufbau, Sinn und Wert jugendlichen Gemeinschaftslebens. Die Lehre von der praktischen Menschenkenntnis T. 4, Bd. 1. Herausgegeben von der Hauptstelle der Wehrmacht für Psychologie und Rassenkunde. Berlin.

Schenzinger, Karl Aloys (1932): Der Hitlerjunge Quex. Berlin.

Schirach, Baldur von (1933): Das Manifest der Jugend. München.

Schirach, Baldur von (1934): Die Hitlerjugend. Idee und Gestalt. Berlin.

Schulungsplan der Hitlerjugend vom 18. November 1934 bis 26. Juni 1935. Verordnungsblatt der Reichsjugendführung. Abteilung S. Berlin.
Stellrecht, Helmut (1938): Die Wehrerziehung der deutschen Jugend. Berlin.
Stellrecht, Helmut (1944; ursprünglich 1942): Neue Erziehung. 5. Auflage. Berlin.
Sturm, Karl Friedrich (1935): Deutsche Erziehung im Werden. Osterwieck – Berlin.
Tetzlaff, Walter (1944): Das Disziplinarrecht der Hitler-Jugend. Entwicklung, gegenwärtiger Stand, Ausgestaltung. Berlin.
Usadel, Georg (1934): Entwicklung und Bedeutung der nationalsozialistischen Jugendbewegung. Bielefeld.
Werner, Paul (1944): Die Einweisung in die polizeilichen Jugendschutzlager. In: Deutsches Jugendrecht, S. 95 ff.

Publikationen nach 1945

Ahrens, Rüdiger (2015): Bündische Jugend: Eine neue Geschichte 1918–1933. Göttingen.
Allert, Tim (2005): Der deutsche Gruß. Geschichte einer unheilvollen Geste. Berlin.
Alexandre, Michel (1998): Der Judenmord. Deutsche und Österreicher berichten. Köln.
Andresen, Sabine (2000): „Ins Klare, ins Reine, ins Hohe." Zur generationellen Deutung von Mädchen in der bürgerlichen Jugendbewegung. In: Winterhager-Schmid, Luise (Hrsg.): Erfahrung mit Generationendifferenz. Weinheim, S. 151–170.
Angress, Werner T. (1985): Generation zwischen Furcht und Hoffnung. Jüdische Jugend im Dritten Reich. Hamburg.
Angress, Werner T. (2003): Erfahrungen jüdischer Jugendlicher und Kinder mit der nichtjüdischen Umwelt. In: Büttner, Ursula (Hrsg.): Die Deutschen und die Judenverfolgung im Dritten Reich. Überarbeitete Neuausgabe. Frankfurt a. M., S. 111–129.
Ansorg, Leonore (1997): Kinder im Klassenkampf. Die Geschichte der Pionierorganisation von 1948 bis Ende der fünfziger Jahre. Berlin.
Arendes, Cord (2006): Schrecken aus dem Untergrund: Endphasenverbrechen des „Werwolf". In: ders.; Wolfrum, Edgar; Zedler, Jörg (Hrsg.): Terror nach Innen. Verbrechen am Ende des Zweiten Weltkrieges. Göttingen, S. 149–171.
Arendt, Hannah (1955): Elemente und Ursprünge totaler Herrschaft. Frankfurt a. M.
Bajohr, Frank/Pohl, Dieter (2006): Der Holocaust als offenes Geheimnis. Die Deutschen, die NS-Führung und die Alliierten. München.
Bajohr, Frank/Wildt, Michael (2009) (Hrsg.): Volksgemeinschaft. Neu Forschungen zur Gesellschaft des Nationalsozialismus. Frankfurt a. M.
Bahners, Patrick/Camman, Alexander (Hrsg.) (2009): Bundesrepublik und DDR. Die Debatte um Hans-Ulrich Wehlers „Deutsche Gesellschaftsgeschichte". München.
Bankier, David (1995): Die öffentliche Meinung im Hitler-Staat. Die „Endlösung" und die Deutschen. Eine Berichtigung. Berlin.
Bartov, Omer (1999): Hitlers Wehrmacht. Soldaten, Fanatismus und die Brutalisierung des Krieges. Reinbek bei Hamburg.
Bavaj, Riccardo (2003): Die Ambivalenz der Moderne im Nationalsozialismus. Eine Bilanz der Forschung. München.
Behrenbeck, Sabine (1996): Der Kult um die toten Helden. Nationalsozialistische Mythen, Riten und Symbole 1923 bis 1945. Vierow bei Greifswald.
BenGershôm, Ezra (1993): David. Aufzeichnungen eines Überlebenden. Erweiterte Neuausgabe. Frankfurt a. M.
Benecke, Jakob (2011): Sozialisation während der NS-Zeit. 2 Bde., Saarbrücken.
Benecke, Jakob (2013): Die Hitler-Jugend 1933 bis 1945. Programmatik, Alltag, Erinnerungen. Eine Dokumentation. Weinheim und Basel.
Benecke, Jakob (2020): Außerschulische Jugendorganisationen. Eine sozialisations-theoretische und bildungshistorische Analyse. Weinheim.

Benecke, Jakob (2022a): Der Hitler-Junge Quex – ein Bildungsmedium? In: Balcke, D./Benecke, J./Richter, A./Schulz-Gade, H. (Hrsg.): Bildungsmedien im wissen-schaftlichen Diskurs. Festschrift für Eva Matthes zum 60. Geburtstag. Bad Heil-brunn, S. 273–283.

Benecke, Jakob (Hrsg.) (2022b): Erziehungs- und Bildungsverhältnisse in der DDR. Bad Heilbrunn.

Benecke, Jakob (2022c). Ver-*körperte* Ideologie? – Der Körper als Bezugspunkt rassistischer Selektion in der NS-Formationserziehung. Nuova Secondaria Ricerca, n. 7, 234–254.

Benner, Dietrich/Brüggen, Friedhelm (2011): Geschichte der Pädagogik. Von Beginn der Neuzeit bis zur Gegenwart. Stuttgart.

Benz, Wolfgang (1993): Die Juden im Dritten Reich. In: Bracher, Karl Dietrich; Funke, Manfred; Jacobsen, Hans-Adolf (Hrsg.): Deutschland 1933–1945. Neue Studien zur nationalsozialistischen Herrschaft. 2. ergänzte Auflage. Düsseldorf, S. 273–290.

Benz, Wolfgang (1996): Überleben im Untergrund 1943–1945. In: Benz, Wolfgang (Hrsg.): Die Juden in Deutschland 1933–1945. Leben unter nationalsozialistischer Herrschaft. 4. Auflage. München, S. 660–700.

Benz, Wolfgang (2002): Wie kam es in Deutschland zum Rassismus und Antisemitismus? In: Sösemann, Bernd (Hrsg.): Der Nationalsozialismus und die deutsche Gesellschaft. Einführung und Überblick. Stuttgart, S. 42–52.

Bergau, Martin (1994): Der Junge von der Bernsteinküste. Erlebte Zeitgeschichte 1938–1948. Heidelberg.

Berg, Christa (2001): Erinnerte Kindheit im Raum. Bürgerkindheiten und Arbeiterkindheiten. In: Behnken, Imbke/Zinnecker, Jürgen (Hrsg.): Kinder. Kindheit. Lebensgeschichte. Ein Handbuch. Bonn, S. 912–935.

Berger, Ernst (Hrsg.) (2007): Verfolgte Kindheit. Kinder und Jugendliche als Opfer der NS-Sozialverwaltung. Wien.

Beuys, Barbara (1980): Familienleben in Deutschland. Neue Bilder aus der deutschen Vergangenheit. Reinbek bei Hamburg.

Beuys, Barbara (2010): Sophie Scholl. Biographie. München.

Blatman, Daniel (2011): Die Todesmärsche 1944/45. Das letzte Kapitel des nationalsozialistischen Massenmords. Reinbek bei Hamburg.

Bormann, Martin jr. (2003): Leben gegen Schatten. 9. aktualisierte Auflage. Paderborn.

Bourdieu, Pierre (1988): Homo academicus. Frankfurt a. M.

Brecht, Berthold (1970): Furcht und Elend des Dritten Reiches. Berlin.

Breuer, Stefan (2010): Die radikale Rechte in Deutschland 1871–1945. Stuttgart.

Breyvogel, Wilfried (1991): Resistenz, Widersinn und Opposition. Jugendwiderstand im Nationalsozialismus. In: ders. (Hrsg.): Piraten, Swings und junge Garde. Jugendwiderstand im Nationalsozialismus. Bonn, S. 9–16.

Breyvogel, Wilfried/Stuckert, Thomas (1991): Kommentierte Bibliographie zum Jugendwiderstand im Nationalsozialismus. In: Breyvogel, Wilfried (Hrsg.): Piraten, Swings und junge Garde. Jugendwiderstand im Nationalsozialismus. Bonn, S. 326–338.

Brill, Werner (2011): Pädagogik der Abgrenzung. Die Implementierung der Rassenhygiene im Nationalsozialismus durch die Sonderpädagogik. Bad Heilbrunn.

Brockhaus, Gudrun (2009): Geborgen in der Volksgemeinschaft? Versöhnungsversprechen und Angst im Nationalsozialismus. In: Münch, Karsten/Munz, Dietrich/Springer, Anne (Hrsg.): Die Fähigkeit allein zu sein. Zwischen psychoanalytischem Ideal und gesellschaftlicher Realität. Gießen, S. 71–87.

Brockhaus, Gudrun (Hrsg.) (2014): Attraktion der NS-Bewegung. Essen.

Bronfenbrenner, Urie (1981): Die Ökologie der menschlichen Entwicklung. Stuttgart.

Broszat, Martin/Fröhlich, Elke (1987): Gesellschaftsgeschichte des Widerstands. In: dies.: Alltag und Widerstand – Bayern im Nationalsozialismus. München, S. 11–73.

Brückner, Peter (1980): Das Abseits als sicherer Ort. Kindheit und Jugend zwischen 1933 und 1945. Berlin.

Buddrus, Michael (1993): Die doppelt betrogene Generation. Aspekte der Jugendgeschichte und der Jugendpolitik in der SBZ/DDR (1945–1952). In: Jahrbuch für historische Bildungsforschung, S. 265–299.

Buddrus, Michael (1996): Überlegungen zu einem Vergleich: Hitlerjugend (HJ) und Freie Deutsche Jugend (FDJ). In: Edelstein, Wolfgang/Sturzbecher, Dietmar (Hrsg.): Jugend in der Krise. Ohnmacht und Institutionen. Potsdam, S. 55–77.

Buddrus, Michael (1998): „Wir fahren zum Juden Geld holen!". Hitlerjugend, Antisemitismus, Reichskristallnacht. In: Jahrbuch des Archivs der deutschen Jugendbewegung. Band 18, S. 13–158.

Buddrus, Michael (2003): Totale Erziehung für den totalen Krieg. Hitlerjugend und nationalsozialistische Jugendpolitik. 2 Bände. (= Texte und Materialien zur Zeitgeschichte Bd. 13/1 und 13/2). München.

Buddrus, Michael (2010): Das letzte Jahr, der letzte Jahrgang. Zu einigen Aspekten des Kriegseinsatzes der Hitlerjugend in der Endphase des Zweiten Weltkrieges. In: Herrmann, Ulrich/Müller, Rolf-Dieter (Hrsg.): Junge Soldaten im Zweiten Weltkrieg. Kriegserfahrungen als Lebenserfahrungen. Weinheim, S. 241–272.

Bude, Heinz (1987): Deutsche Karrieren. Lebenskonstruktionen sozialer Aufsteiger aus der Flakhelfer-Generation. Frankfurt a. M.

Burleigh, Michael (2000): Die Zeit des Nationalsozialismus. Eine Gesamtdarstellung. Frankfurt a. M.

Burleigh, Michael/Wippermann, Wolfgang (1991): The racial State: Germany 1933–1945. Cambridge.

Burzan, Nicole (2011): Soziale Ungleichheit. Eine Einführung in die zentralen Theorien, 4. Auflage. Wiesbaden.

Büttner, Malin (2005): Nicht minderwertig, sondern mindersinnig…: Der Bann G für Gehörgeschädigte in der Hitler-Jugend. Frankfurt a. M.

Büttner, Ursula (2003): Die deutsche Gesellschaft und die Judenverfolgung – ein Bericht über Forschungserträge und ungelöste Fragen. In: dies. (Hrsg.): Die Deutschen und die Judenverfolgung im Dritten Reich. Überarbeitete Neuausgabe. Frankfurt a. M., S. 13–46.

Campbell Bartoletti, Susan (2007): Jugend im Nationalsozialismus. Zwischen Faszination und Widerstand. Berlin.

Cornberg, Jobst Freiherr von/Steiner, John M. (1998): Willkür in der Willkür. Befreiungen von den antisemitischen Nürnberger Gesetzen. In: Vierteljahresheft für Zeitgeschichte. Heft 2, S. 143–187.

Dahrendorf, Ralf (2004): Über Grenzen. Lebenserinnerungen. Frankfurt a. M.

De Bruyn, Günter (2004): Zwischenbilanz. Eine Jugend in Berlin. Frankfurt a. M.

Dengel, Sabine (2005): Untertan, Volksgenosse, Sozialistische Persönlichkeit. Politische Erziehung im deutschen Kaiserreich, dem NS-Staat und der DDR. Frankfurt a. M.

Dollinger, Hans (Hrsg.) (1987): Kain, wo ist dein Bruder? Was der Mensch im Zweiten Weltkrieg erleiden mußte. Dokumentiert in Tagebüchern und Briefen. Frankfurt a. M.

Dörr, Margarete (2007): „Der Krieg hat uns geprägt". Wie Kinder den Zweiten Weltkrieg erlebten. 2 Bände. Frankfurt a. M.

Drerup, Johannes (2018): „Zwei und zwei macht vier." Über Indoktrination und Erziehung. In: Diskurs Kindheits- und Jugendforschung, Heft 1, S. 7–24.

Dudek, Peter (1987): Die Rolle der „jungen Generation" und ihr Bedeutungswandel in der nationalsozialistischen Ideologie. In: Bildung und Erziehung. Heft 2, S. 183–199.

Dudek, Peter (1995): „Der Rückblick auf die Vergangenheit wird sich nicht vermeiden lassen". Zur pädagogischen Verarbeitung des Nationalsozialismus in Deutschland (1945–1990). Opladen.

Dudek, Peter (1999): Grenzen der Erziehung im 20. Jahrhundert. Allmacht und Ohnmacht der Erziehung im pädagogischen Diskurs. Bad Heilbrunn.

Dudek, Peter (2002): Geschichte der Jugend. In: Krüger, Heinz-Hermann; Grunert, Cathleen (Hrsg.): Handbuch Kindheits- und Jugendforschung. Opladen, S. 333–353.

Dudek, Peter (2014): Mit innerer Wahrhaftigkeit ihr Leben gestalten". Antisemitismus im Kontext des Freideutschen Jugendtages 1913. In: Botsch, Gideon/Haverkamp, Josef (Hrsg.): Jugendbewegung, Antisemitismus und rechtsradikale Politik. Vom „Freideutschen Jugendtag" bis zur Gegenwart. Berlin, S. 74–92.

Dudek, Peter (2022): Geschichte der Jugend. In: Krüger, Heinz-Hermann; Grunert, Cathleen (Hrsg.): Handbuch Kindheits- und Jugendforschung. 3. Auflage. Wiesbaden, S. 497–519.

Echterkamp, Jörg (2004): Im Kampf an der inneren und äußeren Front. Grundzüge der deutschen Gesellschaft im Zweiten Weltkrieg. In: ders. (Hrsg.): Das Deutsche Reich und der Zweite Weltkrieg. Band 9: Die deutsche Kriegsgesellschaft 1939 bis 1945. Erster Halbband: Politisierung, Vernichtung, Überleben. München, S. 1–94.

Elias, Norbert (1978): Was ist Soziologie? München.

Elias, Norbert (2006, erstmals 1986): Figuration, sozialer Prozeß und Zivilisation: Grundbegriffe der Soziologie. In: Aufsätze III. Frankfurt a. M., S. 100–117.

Elias, Norbert; Scottson, John L. (1993, engl. Erstmals 1965): Etablierte und Außenseiter. Frankfurt a.M.
Farzin, Sina (2006): Inklusion Exklusion. Entwicklungen und Probleme einer systematischen Unterscheidung. Bielefeld.
Feller, Barbara; Feller, Wolfgang (2001): Die Adolf-Hitler-Schulen. Pädagogische Provinz versus ideologische Zuchtanstalt. Weinheim.
Fend, Helmut (1996): Sozialgeschichte des Aufwachsens. Bedingungen des Aufwachsens und Jugendgestalten im 20. Jahrhundert. 3. Auflage. Frankfurt a. M.
Finger, Jürgen (2016): Eigensinn im Einheitsstaat. NS-Schulpolitik in Württemberg, Baden und im Elsass 1933–1945. Baden Baden.
Fings, Karola/Sparing, Frank (1993): „tunlichst als erziehungsunfähig hinzustellen". Zigeunerkinder und -Jugendliche: Aus der Fürsorge in die Vernichtung. In: Dachauer Hefte. 9. Jg., Heft 9, S. 159–180.
Fings, Karola/Sparing, Frank (2005): Rassismus – Lager – Völkermord. Die nationalsozialistische Zigeunerverfolgung in Köln. Köln.
Frei, Norbert (2005): 1945 und Wir. Das Dritte Reich im Bewusstsein der Deutschen. München.
Freyberg, Jutta von; Bromberger, Barbara; Mausbach, Hans (1995): „Wir hatten andere Träume." Kinder und Jugendliche unter der NS-Diktatur. (Herausgegeben vom Studienkreis Deutscher Widerstand). Frankfurt a. M.
Friedländer, Saul (2000): Das Dritte Reich und die Juden. Die Jahre der Verfolgung 1933–1939. München.
Friedländer, Saul (2006): Die Jahre der Vernichtung. Das Dritte Reich und die Juden 1939–1945. München.
Friedländer, Saul (2007): Den Holocaust beschreiben. Auf dem Weg zu einer integrierten Geschichte. Weimar.
Frodien, Ulrich (2002): „Bleib übrig". Eine Kriegsjugend in Deutschland. München.
Fuchs, Petra/Rotzoll, Maike/Müller, Ulrich/Richter, Paul/Hohendorf, Gerrit (Hrsg.) (2007): „Das Vergessen der Vernichtung ist Teil der Vernichtung selbst". Lebensgeschichten von Opfern der nationalsozialistischen „Euthanasie". Göttingen.
Fuchs-Heinritz, Werner/Lautmann, Rüdiger/Rammstedt, Otthein/Wienold, Hanns (Hrsg.) (1994): Lexikon zur Soziologie. Opladen.
Füller, Eduard (2010): Kriegsheimat: Die Kinderlandverschickung aus dem nördlichen Westfalen im Zweiten Weltkrieg. Münster.
Füssl, Karl-Heinz (1994): Die Umerziehung der Deutschen. Jugend und Schule unter den Siegermächten des Zweiten Weltkriegs 1945–1955. Paderborn.
Gängler, Hans (1996): Staatsauftrag und Jugendreich: Die Entwicklung der Jugend-verbände vom Kaiserreich zur Weimarer Republik. In: Rauschenbach, Thomas/Sachße, Christoph/Olk, Thomas (Hrsg.): Von der Wertgemeinschaft zum Dienstleistungsunter-nehmen. Jugend- und Wohlfahrtsverbände im Umbruch. Frankfurt a. M., S. 175–200.
Ganor, Solly (1998): Das andere Leben. Kindheit im Holocaust. 2. Auflage. Frankfurt a. M.
Gaus, Günter (2006): Widersprüche: Erinnerungen eines linken Konservativen. Berlin.
Gay, Peter (1999): Meine deutsche Frage. Jugend in Berlin 1933–1939. München.
Gebhardt, Miriam (2009): Die Angst vor dem kindlichen Tyrannen. Eine Geschichte der Erziehung im 20. Jahrhundert. München.
Gehmacher, Johanna (1994): Jugend ohne Zukunft. Hitler-Jugend und Bund Deutscher Mädel in Österreich vor 1938. Wien.
Gehmacher, Johanna (2007): Biographie, Geschlecht und Organisation. Der „Bund deutscher Mädel" in Österreich. In: Dagmar Reese (Hrsg.): Die BDM-Generation. Weibliche Jugendliche in Deutschland und Österreich im Nationalsozialismus. Berlin, S. 158–213.
Gehrken, Eva (1997): Nationalsozialistische Erziehung in den Lagern der erweiterten Kinderlandverschickung 1940 bis 1945. Braunschweig.
Gellately, Robert (1995): Allwissend und allgegenwärtig? Entstehung, Funktion und Wandel des Gestapo-Mythos. In: Mallmann, Klaus-Michael/Paul, Gerhard (Hrsg.): Die Gestapo: Mythos und Realität. Darmstadt, S. 47–72.
Gellately, Robert (2004): Hingeschaut und weggesehen. Hitler und sein Volk. München.
Geulen, Christian (2007): Geschichte des Rassismus. München.

Giegel, Hans-Joachim (2004): Gleichheit und Ungleichheit in funktional differenzierten Gesellschaften. In: Schwimm, Thomas (Hrsg.): Differenzierung und soziale Ungleichheit. Die zwei Soziologien und ihre Verknüpfung. Frankfurt a. M., S. 105–131.
Giesecke, Hermann (1999): Hitlers Pädagogen. Theorie und Praxis nationalsozialistischer Erziehung. 2. überarbeitete Auflage. München.
Ginsborg, Paul (2014): Die geführte Familie. Das Private in Revolution und Diktatur. 1900–1950. Hamburg.
Giordano, Ralph (2007): Erinnerungen eines Davongekommenen. Die Autobiographie. Köln.
Gippert, Wolfgang (2006): Politische Milieus. Ein Gegenstand für die Historische Bildungsforschung? In: Miller-Kipp, Gisela/Zymek, Bernd (Hrsg.): Politik in der Bildungsgeschichte - Befunde, Prozesse, Diskurse. Bad Heilbrunn, S. 265–279.
Goffman, Erwing (1973): Asyle. Über die soziale Situation psychiatrischer Patienten und anderer Insassen. Frankfurt a. M.
Gostmann, Peter/Merz-Benz, Peter-Ulrich (Hrsg.) (2007): Macht und Herrschaft. Zur Revision zweier soziologischer Grundbegriffe. Wiesbaden.
Götte, Petra (2003): Jugendstrafvollzug im „Dritten Reich". Diskutiert und realisiert - erlebt und erinnert. Bad Heilbrunn.
Götz von Olenhusen, Irmtraud (1987): Die Krise der jungen Generation und der Aufstieg des Nationalsozialismus. Eine Analyse der Jugendorganisationen der Weimarer Zeit. In: Herrmann, Ulrich (Hrsg.): „Neue Erziehung", „Neue Menschen": Erziehung und Bildung zwischen Kaiserreich und Diktatur. Weinheim, S. 260–278.
Grabowsky, Sonja (2012): „Meine Identität ist die Zerrissenheit" „Halbjüdinnen" und „Halbjuden" im Nationalsozialismus. Gießen.
Grau, Günter (Hrsg.) (1993): Homosexualität in der NS-Zeit. Dokumente einer Diskriminierung und Verfolgung. Frankfurt a. M.
Gröper, Reinhard (2000): Erhoffter Jubel über den Endsieg. Tagebuch eines Hitlerjungen 1943–1945. Stuttgart.
Gross, Johann (2000): Spiegelgrund. Leben in NS-Erziehungsanstalten. Wien.
Gross, Raphael (2012): Anständig geblieben. Nationalsozialistische Moral. Frankfurt a. M.
Grün, Max von der (1996): Wie war das eigentlich? Kindheit und Jugend im Dritten Reich. 2. Auflage. München.
Grüttner, Michael (1995). Studenten im Dritten Reich. Paderborn.
Grunberger, Richard (1972): Das zwölfjährige Reich. Wien.
Gruner, Petra (2000): Das Überlebens-Spiel. Sozialisation und Mentalität der Flakhelfer-Generation in der DDR. In: Jahrbuch für historische Bildungsforschung. Band 6, S. 329–349.
Guse, Martin (2004): „Wir hatten noch gar nicht angefangen zu leben" Eine Austellung zu den Jugend-Konzentrationslagern Moringen und Uckermark. 1940–1945. 5. Aufl., Moringen.
Guse, Martin (2009): Die Jugendschutzlager Mohringen und Uckermark. In: Benz, Wolfgang/Diestel, Barbara (Hrsg.): Der Ort des Terrors. Geschichte der nationalsozialistischen Konzentrationslager. München, S. 100–114.
Hammermann, Gabriele (2006): Die Todesmärsche aus den Konzentrationslagern 1944/1945. In: Arendes, Cord/Wolfrum, Edgar/Zedler, Jörg (Hrsg.) (2006): Terror nach Innen. Verbrechen am Ende des Zweiten Weltkrieges. Göttingen, S. 122–148.
Hänsel, Dagmar (2006): Die NS-Zeit als Gewinn für Hilfsschullehrer. Bad Heilbrunn.
Hansen, Georg (2007): Völkisch-rassistische NS-Schulpolitik im Reichsgau Wartheland und im Generalgouvernement. In: Ruchniewicz, Krzystof/Zinnecker, Jürgen (Hrsg.): Zwischen Zwangsarbeit, Holocaust und Vertreibung. Polnische, jüdische und deutsche Kindheiten im besetzten Polen. Weinheim, S. 63–70.
Harten, Hans-Christian (1996): De-Kulturation und Germanisierung. Die nationalsozialistische Rassen- und Erziehungspolitik in Polen 1939–1945. Frankfurt/New York.
Harten, Hans-Christian/Neirich, Uwe/Schwerendt, Matthias (2006): Rassenhygiene als Erziehungsideologie des Dritten Reiches. Bio-bibliographisches Handbuch. Berlin.
Hartl, Peter (2007): Belogen, betrogen und umerzogen. Kinderschicksale aus dem 20. Jahrhundert. München.
Harvey, Elizabeth (2009): „Der Osten braucht dich" Frauen und nationalsozialistische Germanisierungspolitik. Hamburg.

Harvey, Elizabeth (2012): Weibliche Gemeinschaft als ‚Volksgemeinschaft': Vergnügen, Konformität und Zwang. In: Schmiechen-Ackermann, Detlef (Hrsg.): „Volksgemeinschaft". Mythos, wirkungsmächtige soziale Verheißung oder soziale Realität im „Dritten Reich"? Paderborn, S. 249–264.
Haumann, Heiko (1999): Geschichte der Ostjuden. 6. Auflage. München.
Hellfeld, Matthias von (1987): Bündische Jugend und Hitlerjugend. Zur Geschichte von Anpassung und Widerstand 1930–1939. Köln.
Hellfeld, Matthias von (1990): Davongekommen! Erwachsenwerden im Holocaust. Frankfurt a. M.
Herbst, Ludolf (1996): Das nationalsozialistische Deutschland 1933–1945. Frankfurt a. M.
Hering, Rainer (2013): Kategorien zur Untersuchung des Verhaltensspektrums der ‚Volksgemeinschaft' im ‚Dritten Reich' – eine Anregung. In: Reeken, Dietmar von/Thießen, Malte (Hrsg.): „Volksgemeinschaft" als soziale Praxis. Neue Forschungen zur NS-Gesellschaft vor Ort. Paderborn, S. 97–110.
Hering, Sabine/Schilde, Kurt (2004): Das BDM-Werk „Glaube und Schönheit". Die Organisation junger Frauen im Nationalsozialismus. Opladen.
Hermand, Jost (1993): Als Pimpf in Polen. Erweiterte Kinderlandverschickung 1940–1945. Frankfurt a. M.
Herrmann, Ulrich (1993): Jugendpolitik in der Nachkriegszeit. Weinheim.
Herrmann, Ulrich (2012): Vom HJ-Führer zur Weißen Rose. Hans Scholl vor dem Stuttgarter Sondergericht 1937/38. Weinheim und Basel.
Hikel, Christine (2013): Sophies Schwester. Inge Scholl und die Weiße Rose. München.
Hilberg, Raul (1999): Die Vernichtung der europäischen Juden. 3 Bände. 9. durchgesehene Auflage. Frankfurt a. M.
Hirschmann, Maria Anne (2006): Vom Hakenkreuz zum Kreuz. Asslar.
Hoffmann, Christa (1992): Stunden Null? Vergangenheitsbewältigung in Deutschland 1945 und 1989. Bonn.
Hoffmann, Walter (1992): Kindheit und Jugend im Nationalsozialismus. Emanzipation – Identität – Kontinuität. In: Neue Sammlung. Heft 1, S. 53–64.
Hoffmann-Ocon, Andreas (2014): Heinrich Roth und der Preis der Forschung – Historisierungen, Verundeutlichungen und erziehungswissenschaftliche Erinnerungsgeschichten. In: DGfE (Hrsg.): Erinnerungskulturen – Preise, Namen und Disziplinpolitik. Erziehungswissenschaft. Mitteilungen der Deutschen Gesellschaft für Erziehungswissenschaft. Heft 49, Jg. 25, S. 11–26.
Holler, Eckard (2012): „wer je die flamme umschritt, bleibe der flamme trabant". Hans Scholl und die Ulmer „Trabanten". In: Herrmann, U. (Hrsg.): Vom HJ-Führer zur Weißen Rose. Hans Scholl vor dem Stuttgarter Sondergericht 1937/38. Weinheim und Basel, S. 38–67.
Hopfer, Ines (2010): Geraubte Identität. Die gewaltsame „Eindeutschung" von polnischen Kindern in der NS-Zeit. Köln.
Horn, Klaus-Peter/Link, Jörg-W. (Hrsg.) (2011): Erziehungsverhältnisse im Nationalsozialismus. Totaler Anspruch und Erziehungswirklichkeit. Bad Heilbrunn.
Hradil, Stefan (1980): Die Erforschung der Macht. Stuttgart.
Hradil, Stefan (2001): Soziale Ungleichheit in Deutschland. 8. Auflage. Opladen.
Hübner-Funk, Sibylle (2005): Hitlers Garanten der Zukunft. Biographische Brüche. Historische Lektionen. 2. erweiterte Auflage. Potsdam (= Potsdamer Studien, Band 10).
Hund, Wulf D. (1999): Rassismus. Die soziale Konstruktion natürlicher Ungleichheit. Münster.
Hund, Wulf D. (2007): Rassismus. Bielefeld.
Imbusch, Peter (2005): Moderne und Gewalt. Zivilisationstheoretische Perspektiven auf das 20. Jahrhundert. Wiesbaden.
Imbusch, Peter (2012a): Macht und Herrschaft in der wissenschaftlichen Kontroverse. In: Ders. (Hrsg.): Macht und Herrschaft. Sozialwissenschaftliche Theorien und Konzeptionen. 2. Aktualisierte Auflage. Wiesbaden, S. 9–36.
Imbusch, Peter (2012b): Machtfigurationen und Herrschaftsprozesse bei Norbert Elias. In: Ders. (Hrsg.): Macht und Herrschaft. Sozialwissenschaftliche Theorien und Konzeptionen. 2. Aktualisierte Auflage. Wiesbaden, S. 169–194.
Jäckel, Eberhard (1981): Hitlers Weltanschauung. Entwurf einer Herrschaft. Stuttgart.
Jahnke, Karl Heiz (2003): Jugend unter der NS-Diktatur 1933–1945. Eine Dokumentation. Rostock.
Janka, Franz (1997): Die braune Gesellschaft. Ein Volk wird formatiert. Stuttgart.

Jens, Inge/Jens, Walter (2007): Katias Mutter. Das außerordentliche Leben der Hedwig Pringsheim. Reinbek bei Hamburg.

Joch, Winfried (1971): Theorie einer politischen Pädagogik: Alfred Baeumlers Beitrag zur Pädagogik im Nationalsozialismus. Frankfurt a. M.

Johnson, Eric A./Reuband, Karl-Heinz (2006): What we knew. Terror, Mass Murder, and everyday life in Nazi Germany. An Oral History. Cambridge.

Jureit, Ulrike (2006): Generationenforschung. Göttingen.

Kannonier-Finster, Waltraud (2004): Eine Hitler-Jugend. Innsbruck.

Kaplan, Marion (2003): Der Mut zum Überleben. Jüdische Frauen und ihre Familien in Nazideutschland. Berlin.

Karasek, Hellmut (2006): Auf der Flucht. Erinnerungen. Berlin.

Karutz, Annemarie (2003): Von der Idealisierung des Nationalsozialismus zur Idealisierung des Kommunismus. Eine biographietheoretische Verlaufsstudie früherer SED-Genossen von 1990 bis 1999. Gießen.

Kaschuba, Wolfgang/Lipp, Carola (1980): Kein Volk steht auf, kein Sturm bricht los. Stationen dörflichen Lebens auf dem Weg in den Faschismus. In: Leben im Faschismus. Terror und Hoffnung in Deutschland 1933–1945. Reinbek bei Hamburg, S. 111–155.

Kater, Michael H. (1985): Die deutsche Elternschaft im nationalsozialistischen Erziehungssystem. Ein Beitrag zur Sozialgeschichte der Familie. In: Herrmann, Ulrich (Hrsg.): „Die Formung des Volksgenossen". Der „Erziehungsstaat" des Dritten Reiches. Weinheim, S. 79–101.

Kater, Michael H. (1987): Jugendbewegung und Hitlerjugend in der Weimarer Republik. In: Herrmann, Ulrich (Hrsg.): „Neue Erziehung", „Neue Menschen": Erziehung und Bildung zwischen Kaiserreich und Diktatur. Weinheim, S. 279–303.

Kater, Michael H. (2005): Hitler Jugend. Darmstadt.

Kebbedies, Frank (2000): Außer Kontrolle. Jugendkriminalpolitik in der NS-Zeit und der frühen Nachkriegszeit. Essen.

Keim, Wolfgang (1995): Erziehung unter der Nazi-Diktatur. Band I. Antidemokratische Potentiale, Machtantritt und Machtdurchsetzung. Darmstadt.

Keller, Sven (2006): Verbrechen in der Endphase des Zweiten Weltkriegs. Überlegungen zu Abgrenzung, Methodik und Quellenkritik. In: Arendes, Cord; Wolfrum, Edgar; Zedler, Jörg (Hrsg.): Terror nach Innen. Verbrechen am Ende des Zweiten Weltkrieges. Göttingen, S. 25–50.

Keller, Sven (2013): Volksgemeinschaft am Ende. Gesellschaft und Gewalt 1944/45. München.

Kenkmann, Alfons (2002): Wilde Jugend. Lebenswelt Großstädtischer Jugendlicher zwischen Weltwirtschaftskrise, Nationalsozialismus und Währungsreform. Neuauflage. Essen.

Kenkmann, Alfons (2008): Zwischen Nonkonformität und Widerstand. Abweichendes Verhalten unter nationalsozialistischer Herrschaft. In: Süß, Dietmar/Süß, Winfried (Hrsg.): Das „Dritte Reich". Eine Einführung. München, S. 143–162.

Kersting, Franz-Werner (Hrsg.) (1998): Jugend vor einer Welt in Trümmern. Erfahrungen und Verhältnisse der Jugend zwischen Hitler- und Nachkriegsdeutschland. Weinheim.

Kershaw, Ian (1998): Hitler 1889–1936. 2. Auflage. Stuttgart.

Kershaw, Ian (2001): Hitlers Macht. Das Profil der NS-Herrschaft. 3. Auflage. München.

Kershaw, Ian (2003): Der Hitler-Mythos. Führerkult und Volksmeinung. 2. Auflage. München.

Kershaw, Ian (2006): Der NS-Staat. Geschichtsinterpretationen und Kontroversen im Überblick. 4. Auflage der 1999 erschienenen erweiterten und bearbeiteten Neuausgabe. Reinbek bei Hamburg.

Kinz, Gabriele (1990): Der Bund deutscher Mädel. Ein Beitrag zur außerschulischen Mädchenerziehung im Nationalsozialismus. Frankfurt a. M.

Klafki, Wolfgang (1991): Typische Faktorenkonstellationen für Identitätsbildungsprozesse von Kindern und Jugendlichen im Nationalsozialismus im Spiegel autobiographischer Berichte. In: Berg, Christa/Eller-Rüttgart, Sieglind (Hrsg.): „Du bist nichts, Dein Volk ist alles": Forschungen zum Verhältnis von Pädagogik und Nationalsozialismus. Weinheim, S. 159–172.

Klare, Anke (2011): Nationalsozialistische Ausleseschulen – „Stätten konzentrierter und auserlesener Menschenformung". In: Horn, Klaus-Peter/Link, Jörg-W. (Hrsg.): Erziehungsverhältnisse im Nationalsozialismus. Bad Heilbrunn, S. 137–162.

Klaus, Martin (1986): Freiwillige Integration und Objektbestimmung – Wie Mädchen des BDM erleben konnten. In: Otto, Hans-Uwe/Sünker, Heinz (Hrsg.): Soziale Arbeit und Faschismus. Volkspflege und Pädagogik im Nationalsozialismus. Bielefeld, S. 455–465.

Klaus, Martin (1998): Mädchen im Dritten Reich. Der Bund Deutscher Mädel (BDM). 3. aktualisierte Auflage. Köln.

Klee, Ernst (2004): „Euthanasie" im NS-Staat. Die Vernichtung „lebensunwerten Lebens". 11. Auflage. Frankfurt a.M.

Klönne, Arno (1958): Gegen den Strom. Bericht über den Jugendwiderstand im Dritten Reich. Hannover.

Klönne, Arno (1985a): Widersprüche der HJ-Sozialisation. In: Herrmann, Ulrich (Hrsg.): „Die Formung des Volksgenossen". Der „Erziehungsstaat" des Dritten Reiches. Weinheim, S. 206–215.

Klönne, Arno (1985b): Bündische Jugend, Nationalsozialismus und NS-Staat. In: Schmädecke, Jürgen/Steinbach, Peter (Hrsg.): Der Widerstand gegen den Nationalsozialismus. Die deutsche Gesellschaft und der Widerstand gegen Hitler. München, S. 182–189.

Klönne, Arno (1990): Jugend im Nationalsozialismus – Ansätze und Probleme der Aufarbeitung. In: Keim, Wolfgang (Hrsg.): Pädagogen und Pädagogik im Nationalsozialismus – ein unerledigtes Problem der Erziehungswissenschaft. 2. durchgesehene Auflage. Frankfurt a.M., S. 79–88.

Klönne, Arno (1991): Zur Traditionspflege nicht geeignet. Wie die deutsche Öffentlichkeit nach 1945 mit der Geschichte jugendlicher Opposition im „Dritten Reich" umging. In: Breyvogel, Wilfried (Hrsg.): Piraten, Swings und junge Garde. Jugendwiderstand im Nationalsozialismus. Bonn, S. 295–310.

Klönne, Arno (1993): Jugend im Dritten Reich. In: Bracher, Karl Dietrich; Funke, Manfred; Jacobsen, Hans-Adolf (Hrsg.): Deutschland 1933–1945. Neue Studien zur nationalsozialistischen Herrschaft. 2. ergänzte Auflage. Düsseldorf, S. 218–239.

Klönne, Arno (1998): Jugend in der deutschen Gesellschaft von 1900 bis in die Fünfziger Jahre. Kurseinheit 3. Umerziehung, Aufbau und Kulturkonflikt. Zur Geschichte der Jugend im geteilten Deutschland von 1945 bis in die Fünfziger Jahre. FernUniversität Hagen.

Klönne, Arno (2003): Jugend im Dritten Reich. Die Hitlerjugend und ihre Gegner. Neuauflage. Köln.

Klönne, Irmgard (2000): Jugend weiblich und bewegt. Mädchen und Frauen in deutschen Jugendbünden. Neuauflage der Arbeit von 1990. Stuttgart.

Klönne, Irmgard (2007): Kontinuitäten und Brüche: Weibliche Jugendbewegung und Bund Deutscher Mädel. In: Reese, Dagmar (Hrsg.): Die BDM-Generation. Weibliche Jugendliche in Deutschland und Österreich im Nationalsozialismus. Berlin, S. 41–88.

Koch, Friedrich (1994): „Hitlerjunge Quex" und der hilflose Antifaschismus. In: Herrmann, Ulrich/Nassen, Ulrich (Hrsg.): Formative Ästhetik im Nationalsozialismus. Intentionen, Medien und Praxisformen totalitärer ästhetischer Herrschaft und Beherrschung. Weinheim und Basel: Beltz, S. 164–179.

Kohli, Martin (2007): Von der Gesellschaftsgeschichte zur Familie. Was leistet das Konzept der Generationen? In: Lettke, Frank/Lange, Andreas (Hrsg.): Generationen und Familien. Frankfurt a.M., S. 47–68.

Kohlhaas, Elisabeth (2006): „Aus einem Haus, aus dem eine weiße Fahne erscheint, sind alle männlichen Personen zu erschießen". Durchhalteterror und Gewalt gegen Zivilisten am Kriegsende 1945. In: Arendes, Cord; Wolfrum, Edgar; Zedler, Jörg (Hrsg.): Terror nach Innen. Verbrechen am Ende des Zweiten Weltkrieges. Göttingen, S. 51–79.

Kollmeier, Kathrin (2007): Ordnung und Ausgrenzung. Die Disziplinarpolitik der Hitler-Jugend. Göttingen.

Kollmeier, Kathrin (2011): Erziehungsziel „Volksgemeinschaft" – Kinder und Jugendliche in der Hitler-Jugend. In: Horn, K.-P./Link, J.-W. (Hrsg.): Erziehungsverhältnisse im Nationalsozialismus. Totaler Anspruch und Erziehungswirklichkeit. Bad Heilbrunn, S. 59–76.

Koop, Volker (2014): „Wer Jude ist, bestimme ich." „Ehrenarier" im Nationalsozialismus. Köln.

Kraas, Andreas (2011): „Den deutschen Menschen in seinen inneren Lebensbezirken ergreifen" – Das Lager als Erziehungsform. In: Horn, Klaus-Peter/Link, Jörg-W. (Hrsg.): Erziehungsverhältnisse im Nationalsozialismus. Totaler Anspruch und Erziehungswirklichkeit. Bad Heilbrunn, S. 295–318.

Kramer, Nicole/Nolzen, Armin (2012): Einleitung. In: ders.: Ungleichheiten im „Dritten Reich". Semantiken, Praktiken, Erfahrungen. Beiträge zur Geschichte des Nationalsozialismus, Bd. 28. Göttingen, S. 9–26.

Krause-Vilmar, Dietfrid (1984): Das Lager als Lebensform des Nationalsozialismus. Anmerkung und Fragen. In: Pädagogische Rundschau. Heft 1, S. 29–38.

Kreckel, Reinhard (1992): Politische Soziologie der sozialen Ungleichheit. Frankfurt a. M.

Kühl, Stefan (2014): Ganz normale Organisationen. Zur Soziologie des Holocaust. Frankfurt a. M.

Kuhlmann, Carola (1989): Erbkrank oder erziehbar? Jugendhilfe als Vorsorge und Aussonderung in der Fürsorgeerziehung in Westfalen von 1933–1945. Weinheim.

Kühne, Thomas (2006): Kameradschaft. Die Soldaten des nationalsozialistischen Krieges und das 20. Jahrhundert. Göttingen.

Kundrus, Birthe (1999): Nur die halbe Geschichte. Frauen im Umfeld der Wehrmacht zwischen 1939 und 1945 – Ein Forschungsbericht. In: Müller, Rolf-Dieter/Volkmann, Hans-Erich (Hrsg.): Die Wehrmacht. Mythos und Realität. München, S. 719–735.

Kundrus, Birthe (2009): Regime der Differenz. Volkstumspolitische Inklusionen und Exklusionen im Warthegau und im Generalgouvernement 1939–1944. In: Bajohr, Frank/Wildt, Michael (Hrsg.): Volksgemeinschaft. Neue Forschungen zur Gesellschaft des Nationalsozialismus. Frankfurt a. M., S. 105–123.

Laatz, Wilfried (2007): „Status". In: Fuchs-Heinritz, Werner et al. (Hrsg.): Lexikon zur Soziologie. 4. Überarbeitete Auflage. Wiesbaden, S. 632.

Lamnek, Siegfried (2007): Theorien abweichenden Verhaltens I. „Klassische Ansätze". 8. überarbeitete Auflage. Paderborn.

Lange, Sascha (2015): Meuten, Swings & Edelweißpiraten. Jugendkultur und Opposition im Nationalsozialismus. Mainz.

Langewiesche, Dieter/Tenorth, Heinz-Elmar (Hrsg.) (1989): Die Weimarer Republik und die nationalsozialistische Diktatur. 1918–1945. Handbuch der deutschen Bildungsgeschichte Bd. V. München.

Laux, Hermann (1990): Pädagogische Diagnostik im Nationalsozialismus 1933–1945. (= Ingekamp, Karlheinz; Laux Hermann (Hrsg.): Geschichte der Pädagogischen Diagnostik. Band II.). Weinheim.

Lenger, Friedrich/Süß, Dietmar (2014): Soziale Ungleichheit in der Geschichte moderner Industriegesellschaften. In: Friedrich-Ebert-Stiftung (Hrsg.): Archiv für Sozialgeschichte. 54. Band. Bonn, S. 3–24.

Lepsius, Rainer M. (1966): Parteiensystem und Sozialstruktur. Zum Problem der Demokratisierung der deutschen Gesellschaft. In: Abel, Wilhelm (Hrsg.): Wirtschaft, Geschichte und Wirtschaftsgeschichte. Stuttgart, S. 371–393.

Lepsius, Rainer M. (1993): Demokratie in Deutschland. Soziologisch-historische Konstellationsanalysen. Ausgewählte Aufsätze. Göttingen.

Leutheuser, Karsten (1995): Freie, geführte und verführte Jugend. Politisch motivierte Jugendliteratur in Deutschland 1919–1989. Paderborn.

Liebler-Fechner, Miriam (2001): Der ideologisch motivierte Entzug des elterlichen Sorgerechts in der Zeit des Nationalsozialismus. Münster.

Limbächer, Katja/Merten, Maike (2000): Geschichte des Jugendschutzlagers Uckermark. In: dies.; Pfefferle, Bettina (Hrsg.): Das Mädchenkonzentrationslager Uckermark. Münster, S. 16–43.

Limberg, Margarete/Rübsaat, Hubert (2003): Sie durften nicht mehr Deutsche sein. Jüdischer Alltag in Selbstzeugnissen. 1933–1938. Berlin.

Lingelbach, Karl Christoph (1987): Erziehung und Erziehungstheorien im Nationalsozialistischen Deutschland. Ursprünge und Wandlungen der 1933–1945 in Deutschland vorherrschenden erziehungstheoretischen Strömungen; ihre politischen Funktionen und ihr Verhältnis zur außerschulischen Erziehungspraxis des „Dritten Reiches". Überarbeitete Zweitausgabe mit drei neueren Studien und einem Diskussionsbericht. Frankfurt a. M.

Lilienthal, Georg (2003): Der „Lebensborn e. V.". Ein Instrument nationalsozialistischer Rassenpolitik. Erweiterte Neuauflage. Frankfurt a. M.

Link, Jörg-W. & Benecke, Jakob (2022). Education under National Socialism: Ideology, Programs and Practice. Revista de História, Fascismos, 100 anos depois, 28(2), S. 64–100.

Lipp, Christine (Hrsg.) (1992): Kindheit und Krieg. Erinnerungen. Frankfurt a. M.: Fischer Tb.

Loest, Erich (2005): Durch die Erde ein Riß. Ein Lebenslauf. 5. Auflage. München.

Longerich, Peter (1998): Politik der Vernichtung. Eine Gesamtdarstellung der nationalsozialistischen Judenverfolgung. München.

Longerich, Peter (2002): Die Verfolgung und Ermordung der europäischen Juden durch das NS-Regime – ein Überblick. In: Sösemann, Bernd (Hrsg.): Der Nationalsozialismus und die deutsche Gesellschaft. Einführung und Überblick. Stuttgart, S. 239–257.

Longerich, Peter (2003): Geschichte der SA. München.

Longerich, Peter (2006): „Davon haben wir nichts gewusst!". Die Deutschen und die Judenverfolgung 1933–1945. München.

Lüdtke, Alf (1991): Einleitung: Herrschaft als soziale Praxis. In: Ders. (Hrsg.): Herrschaft als soziale Praxis. Historische und sozialanthropologische Studien. Göttingen, S. 9–63.

Luhmann, Niklas (1997): Die Gesellschaft der Gesellschaft. Frankfurt a. M.

Mallmann, Klaus-Michael/Paul, Gerhard (1993): Allwissend, allmächtig, allgegenwärtig? Gestapo, Gesellschaft und Widerstand. In: Zeitschrift für Geschichtswissenschaft (ZfG). Heft 11, S. 984–999.

Mallmann, Klaus-Michael/Paul, Gerhard (1995): Widerstand und Verweigerung im Saarland 1933–1945. Bonn.

Marks, Stephan (2007): Warum folgten sie Hitler? Die Psychologie des Nationalsozialismus. Düsseldorf.

Martin, Peter/Alonzo, Christine (2004): Schwarze im Nationalsozialismus. Zwischen Charleston und Stechschritt. München.

Maschmann, Melita (1979): Fazit. Mein Weg in der Hitler-Jugend. München.

Massaquoi, Hans Jürgen (1999): „Neger, Neger, Schornsteinfeger!" Meine Kindheit in Deutschland. Bern.

Matthäus, Jürgen (2015): Holocaust als angewandter Antisemitismus? Potential und Grenzen eines Erklärungsfaktors. In: Bajohr, Frank/Löw, Andrea (Hrsg.): Der Holocaust. Ergebnisse und neue Fragen der Forschung. Frankfurt a. M., S. 102–123.

Matthes, Eva/Benecke, Jakob (2018): Historische Bildungsforschung und Organisationspädagogik. In: Göhlich, Michael/Schröer, Andreas/Weber, Susanne Maria (Hrsg.): Handbuch Organisationspädagogik. Wiesbaden, S. 95–106.

Matzer, Lisbeth (2021): Herrschaftssicherung im „Grenzland". Nationalsozialistische Jugendmobilisierung im besetzten Slowenien. Paderborn.

Maubach, Franka (2009): Die Stellung halten. Kriegserfahrungen und Lebensgeschichten von Wehrmachtshelferinnen. Göttingen.

Mayer, Sina Maren (2003): „Erinnerungen an die Theodor-Herzl-Schule in Berlin". In: Zeitschrift für Museum und Bildung, Heft 75, S. 25–37.

Meyer, Beate (1999): „Jüdische Mischlinge". Rassenpolitik und Verfolgungserfahrung 1933–1945. Hamburg.

Michael, Theodor (2014): Deutsch sein und schwarz dazu. Erinnerungen eines Afro-Deutschen. 2. Auflage. München.

Michalka, Wolfgang (Hrsg.) (1985): Das Dritte Reich. Dokumente zur Innen- und Außenpolitik. Band 1: „Volksgemeinschaft" und Großmachtpolitik 1933–1939. München.

Miller-Kipp, Gisela (1994): Schmuck und ordentlich und immer ein Lied auf den Lippen – Ästhetische Formen und mentales Milieu im Reichsarbeitsdienst für die weibliche Jugend (RADwJ). In: Herrmann, Ulrich/Nassen, Ulrich (Hrsg.): Formative Ästhetik im Nationalsozialismus. Intentionen, Medien und Praxisformentotalitärer ästhetischer Herrschaft und Beherrschung. Weinheim, S. 139–162.

Miller-Kipp, Gisela (Hrsg.) (2002): „Auch du gehörst dem Führer". Die Geschichte des Bundes Deutscher Mädel (BDM) in Quellen und Dokumenten. 2. Auflage. Weinheim und München.

Miller-Kipp, Gisela (2004): Sammelbesprechung. In: Zeitschrift für Pädagogik, Heft 1, S. 138–142.

Miller-Kipp, Gisela (2005): Sammelbesprechung. In: Zeitschrift für Pädagogik, Heft 6, S. 892–897.

Miller-Kipp, Gisela (2006a): „Totale Erziehung" im nationalsozialistischen Deutschland: die Hitler-Jugend. In: Horn, Klaus-Peter/Ogasawara, Michio/Sakakoshi, Masaki/Tenorth, Heinz-Elmar/Yamana, Jun/Zimmer, Hasko (Hrsg.): Pädagogik im Militarismus und im Nationalsozialismus. Japan und Deutschland im Vergleich. Bad Heilbrunn, S. 207–226.

Miller-Kipp, Gisela (2006b): „Klasse Schule – immer genug zu essen, wenig Mathematik". Elitebildung im „Dritten Reich" oder über die Herstellung von Elite-Bewusstsein. In: Ecarius, Jutta/Wigger, Lothar (Hrsg.): Elitebildung – Bildungselite. Erziehungswissenschaftliche Diskussionen und Befunde über Bildung und soziale Ungleichheit. Opladen, S. 44–66.

Miller-Kipp, Gisela (2007): „Der Führer braucht mich". Der Bund Deutscher Mädel (BDM): Lebenserinnerungen und Erinnerungsdiskurs. Weinheim.
Miller-Kipp, Gisela (2012): „Totale Erfassung" – aber wie? Die Hitler-Jugend: Politische Funktion, psychosoziales Funktionieren und Momente des Widerstands. In: Becker, Stephanie/Studt, Christoph (Hrsg.): „Und sie werden nicht mehr frei sein ihr ganzes Leben" Funktion und Stellenwert der NSDAP, ihrer Gliederungen und angeschlossenen Verbände im „Dritten Reich". Berlin, S. 87–104.
Mommsen, Hans (2003): Generationskonflikt und politische Entwicklung in der Weimarer Republik. In: Reulecke, Jürgen (Hrsg.): Generationalität und Lebensgeschichte im 20. Jahrhundert. München, S. 115–126.
McDougall, Adam (2008): A duty to forget?: The „Hitler youth Generation" and the Transition from Nazism to Communism in postwar East Germany 1945–49. In: Germany History 26, S. 24–46.
Moore, Barrington (1984): Ungerechtigkeit. Die sozialen Ursachen von Unterdrückung und Widerstand. 2. Auflage. Frankfurt a. M.
Moses, Dirk (2000): Die 45er. Eine Generation zwischen Faschismus und Demokratie. In: Neue Sammlung. Heft 1, S. 233–263.
Mosse, George L. (1987): Nationalismus und Sexualität. Bürgerliche Moral und sexuelle Normen. Reinbek bei Hamburg.
Mosse, George L. (2003): Aus großem Hause. Erinnerungen eines deutsch-jüdischen Historikers. München.
Mühlfeld, Claus/Schönweiss, Friedrich (1989): Nationalsozialistische Familienpolitik. Familiensoziologische Analyse der nationalsozialistischen Frauenpolitik. Stuttgart.
Müller, Sven Oliver (2005): Nationalismus in der deutschen Kriegsgesellschaft 1939 bis 1945. In: Echterkamp, Jörg (Hrsg.): Das Deutsche Reich und der Zweite Weltkrieg. Band 9: Die deutsche Kriegsgesellschaft 1939 bis 1945. Zweiter Halbband: Ausbeutung, Deutungen, Ausgrenzung. München, S. 9–92.
Nejahr, Marie (2007): Mach nicht so traurige Augen, weil du ein Negerlein bist. Meine Jugend im Dritten Reich. Reinbek bei Hamburg.
Neugebauer, Manuela (1997): Der Weg in das Jugendschutzlager Mohringen. Eine entwicklungsgeschichtliche Analyse nationalsozialistischer Jugendpolitik. Mönchengladbach.
Nicholas, Lynn H. (2005): Cruel World. The Children of Europe in the Nazi Web. New York.
Niemeyer, Christian (2013): Die dunklen Seiten der Jugendbewegung. Vom Wandervogel zur Hitlerjugend. Tübingen.
Niemeyer, Christian (2015): Mythos Jugendbewegung. Ein Aufklärungsversuch. Weinheim.
Niethammer, Lutz (1986): Heimat und Front. Versuch, zehn Kriegserinnerungen aus der Arbeiterklasse des Ruhrgebietes zu verstehen. In: Ders. (Hrsg.): „Die Jahre weiß man nicht, wo man die heute hinsetzen soll". Faschismuserfahrungen im Ruhrgebiet. (= Lebensgeschichte und Sozialkultur im Ruhrgebiet 1930 bis 1960. Bd. 1). 2. Auflage. Berlin, S. 163–232.
Nolzen, Armin (2000): Der Streifendienst der Hitler-Jugend (HJ) und die „Überwachung der Jugend". In: Gerlach, Christian (Hrsg.): Durchschnittstäter. Handeln und Motivation. Beiträge zur Geschichte des Nationalsozialismus. Band 16. Berlin, S. 13–51.
Nolzen, Armin (2005): „Streng vertraulich!". Die Bekämpfung „gleichgeschlechtlicher Verfehlungen" in der Hitlerjugend. In: Neiden, Susanne zur (Hrsg.): Homosexualität und Staatsräson. Männlichkeit, Homophobie und Politik in Deutschland 1900–1945. Frankfurt: Campus, S. 253–280.
Nolzen, Armin (2009a): Vom „Jugendgenossen" zum „Parteigenossen". Die Aufnahme von Angehörigen der Hitler-Jugend in die NSDAP. In: Benz, Wolfgang (Hrsg.): Wie wurde man Parteigenosse? Die NSDAP und ihre Mitglieder. Frankfurt a. M., S. 123–150.
Nolzen, Armin (2009b): Inklusion und Exklusion im „Dritten Reich". Das Beispiel der NSDAP. In: Bajohr, Frank/Wildt, Michael (Hrsg.): Volksgemeinschaft. Neue Forschungen zur Gesellschaft des Nationalsozialismus. Frankfurt a. M., S. 60–77.
Nolzen, Armin (2022): Entwicklungstendenzen, Probleme und Perspektiven der (west-)deutschen NS-Forschung. In: Redaktion der „Beiträge zur Geschichte des Nationalsozialismus" (Hrsg.): NS-Geschichte als Herausforderung. Neue und alte Fragen. Beiträge zur Geschichte des Nationalsozialismus (BGNS), Band 37. Göttingen, S. 154–188.
Nyssen, Elke (1979). Schule im Nationalsozialismus. Heidelberg.
Oelkers, Jürgen (1996): Reformpädagogik. Eine kritische Dogmengeschichte. Weinheim.

Offermanns, Alexandra (2003): „Die wussten, was uns gefällt." Ästhetische Manipulation und Verführung im Nationalsozialismus, illustriert am BDM-Werk ‚Glaube und Schönheit. Münster.
Ortmeyer, Benjamin (2000): Schulzeit unterm Hitlerbild. Analysen, Berichte, Dokumente. Frankfurt a. M.
Ortmeyer, Benjamin (2013): Indoktrination. Rassismus und Antisemitismus in der Nazi-Schülerzeitschrift „Hilf mit!" (1933–1944). Weinheim.
Peukert, Detlev (1980): Die Edelweißpiraten. Protestbewegung jugendlicher Arbeiter im Dritten Reich. Eine Dokumentation. Köln.
Peukert, Detlev (1981): Alltag unterm Nationalsozialismus. (= Beiträge zum Thema Widerstand 17). Berlin.
Peukert, Detlev (1982): Volksgemeinschaft und Gemeinschaftsfremde. Anpassung, Ausmerze und Aufbegehren unter dem Nationalsozialismus. Köln.
Peukert, Detlev (1983): Der Nationalsozialismus und das „Volk". (= Deutsches Institut für Fernstudien an der Universität Tübingen (Hrsg.): Nationalsozialismus im Unterricht. Studieneinheit 5). Tübingen.
Peukert, Detlev (1985): Edelweißpiraten, Meuten, Swing. Jugendsubkulturen im Dritten Reich. In: Herrmann, Ulrich (Hrsg.): „Die Formung des Volksgenossen". Der „Erziehungsstaat" des Dritten Reiches (= Geschichte des Erziehungs- und Bildungswesens in Deutschland. Bd. 6). Weinheim, S. 216–231.
Pine, Lisa (1997): Nazi Family Policy. 1933–1945. Oxford.
Piper, Ernst (2007): Alfred Rosenberg. Hitlers Chefideologe. München.
Plato, Alexander von (1986): „Ich bin mit allen gut ausgekommen". Oder: war die Ruhrarbeiterschaft vor 1933 in politische Lager zerspalten? In: Niethammer, Lutz (Hrsg.): „Die Jahre weiß man nicht, wo man die heute hinsetzen soll". Faschismuserfahrungen im Ruhrgebiet. Lebensgeschichte und Sozialkultur im Ruhrgebiet 1930 bis 1960. Band 1. 2. Auflage. Berlin, S. 31–66.
Plato, Alexander von (1995): The Hitler Youth generation and ist role in the two post-war german states. In: Roseman, Mark (Hrsg.): Generations in Conflict: Youth Revolt and Generation Formation in Germany 1770–1968. Cambridge, S. 210–226.
Plato, Alexander von/Möding, Nori (1986): Siegernadeln. Jugendkarrieren in BDM und HJ. In: Bucher, Willi; Pohl, Klaus (Hrsg.): Schock und Schöpfung: Jugendästhetik im 20. Jahrhundert. Darmstadt, S. 292–301.
Poliakov, Léon/Wulf, Joseph (1959): Das Dritte Reich und seine Denker. Dokumente. Berlin.
Popitz, Heinrich (1986): Phänomene der Macht. Autorität – Herrschaft – Gewalt – Technik. Tübingen.
Postert, André (2021): Die Hitlerjugend. Geschichte einer überforderten Massenorganisation. Göttingen.
Pretzel, Andreas/Roßbach, Gabriele (2000): „Wegen der zu erwartenden hohen Strafe…" Homosexuellenverfolgung in Berlin 1933–1945. Berlin.
Queiser; Hans, R. (1993): „Du gehörst dem Führer!". Vom Hitlerjungen zum Kriegsberichter. Köln.
Radebold, Hartmut (2006): Kriegskindheiten in Deutschland – damals und heute. In: Fooken, Insa/Heuft, Gereon/Radebold, Hartmut (Hrsg.): Kindheiten im Zweiten Weltkrieg. Kriegserfahrungen und deren Folgen aus psychohistorischer Perspektive. Weinheim, S. 15–25.
Radkau, Joachim (1985): Die singende und die tote Jugend. Der Umgang mit Jugendmythen im italienischen und deutschen Faschismus. In: Koebner, Thomas/Janz, Rolf-Peter/Trommler, Frank (Hrsg.): „Mit uns zieht die neue Zeit". Der Mythos Jugend. Frankfurt a. M., S. 97–127.
Rauh-Kühne, Cornelia (1996): Katholisches Sozialmilieu, Region und Nationalsozialismus. In: Mäller, Horst/Wirsching, Andreas/Ziegler, Walter (Hrsg.): Nationalsozialismus in der Region. München, S. 213–236.
Rauschenbach, Thomas (1991): Jugendverbände im Spiegel der Statistik. In: Böhnisch, Lothar/Gängler, Hans/Rauschenbach, Thomas (Hrsg.): Handbuch Jugendverbände. Weinheim, S. 115–131.
Reboul, Olivier (1979): Indoktrination. Wenn Denken unterdrückt wird. Olten.
Reeken, Dietmar von/Thießen, Malte (Hrsg.) (2013): „Volksgemeinschaft" als soziale Praxis. Neue Forschungen zur NS-Gesellschaft vor Ort. Paderborn.
Reeken, Dietmar von/Thießen, Malte (2013): ‚Volksgemeinschaft' als soziale Praxis? Perspektiven und Potentiale neuer Forschungen vor Ort. In: Dies. (Hrsg.): „Volksgemeinschaft" als soziale Praxis. Neue Forschungen zur NS-Gesellschaft vor Ort. Paderborn, S. 11–36.

Reese, Dagmar (1989): „Straff, aber nicht stramm – herb, aber nicht derb“: Zur Vergesellschaftung von Mädchen durch den Bund deutscher Mädel im sozialkulturellen Vergleich zweier Milieus. Weinheim.

Reese, Dagmar (1991): Emanzipation oder Vergesellschaftung: Mädchen im „Bund Deutscher Mädel“. In: Otto, Hans-Uwe/Sünker, Heinz (Hrsg.): Politische Formierung und soziale Erziehung im Nationalsozialismus. Frankfurt a. M., S. 203–225.

Reese, Dagmar (2007a): Einleitung. In: dies. (Hrsg.): Die BDM-Generation. Weibliche Jugendliche in Deutschland und Österreich im Nationalsozialismus. Berlin, S. 9–40.

Reese, Dagmar (2007b): Kamerad unter Kameraden. Weiblichkeitskonstruktionen im Bund Deutscher Mädel während des Krieges. In: dies. (Hrsg.): Die BDM-Generation. Weibliche Jugendliche in Deutschland und Österreich im Nationalsozialismus. Berlin, S. 215–254.

Reese, Dagmar (2010): Zum Stellenwert der Freiwilligkeit. Hitler-Jugend und NSDAP-Mitgliedschaft. In: Mittelweg 36. 19. Jg., Heft 3, S. 63–83.

Reuband, Karl-Heinz (2006): Das NS-Regime zwischen Akzeptanz und Ablehnung. Eine retrospektive Analyse von Bevölkerungseinstellungen im Dritten Reich auf der Basis von Umfragedaten. In: Geschichte und Gesellschaft. Heft 3, S. 315–343.

Reulecke, Jürgen (1988): „...und sie werden nicht mehr frei ihr ganzes Leben!“ Der Weg in die „Staatsjugend“ von der Weimarer Republik zur NS-Zeit. In: Herrmann, Ulrich/Oelkers, Jürgen (Hrsg.): Pädagogik und Nationalsozialismus. (= Zeitschrift für Pädagogik (ZfP), Beiheft 22). Weinheim, S. 243–259.

Reulecke, Jürgen (1989): Jugend und „junge Generation“ in der Gesellschaft der Zwischenkriegszeit. In: Tenorth, Heinz-Elmar/Langwiesche, Dieter (Hrsg.): 1918–1945. Die Weimarer Republik und die nationalsozialistische Diktatur. (= Handbuch der deutschen Bildungsgeschichte. Band V.). München, S. 86–110.

Reulecke, Jürgen (1993): „Hat die Jugendbewegung den Nationalsozialismus vorbereitet?“. Zum Umgang mit einer falschen Frage. In: Krabbe, Wolfgang R. (Hrsg.): Politische Jugend in der Weimarer Republik. Bochum, S. 222–243.

Röcher, Ruth (1992): Die jüdische Schule im nationalsozialistischen Deutschland 1933–1942. Frankfurt a. M.

Römer, Felix (2012): Kameraden. Die Wehrmacht von innen. Bonn.

Rosenbaum, Heidi (2014): „Und trotzdem war's ne schöne Zeit“ Kinderalltag im Nationalsozialismus. Frankfurt a. M.

Rosenthal, Gabriele (Hrsg.) (1986): Die Hitlerjugend-Generation. Biographische Thematisierung als Vergangenheitsbewältigung. Essen.

Rosenthal, Gabriele (1987): „... Wenn alles in Scherben fällt...“ Von Leben und Sinnwelt der Kriegsgeneration. Typen biographischer Wandlungen. Opladen.

Roth, Markus (2015): Verfolgung, Terror und Widerstand im Dritten Reich. München.

Ruck, Michael (2000): Bibliographie zum Nationalsozialismus. 2. Bände. Vollständig überarbeitete und wesentlich erweiterte Neuausgabe. Darmstadt.

Sachße, Christoph (2018): Die Erziehung und ihr Recht. Vergesellschaftung und Verrechtlichung von Erziehung in Deutschland 1870–1990. Bad Heilbrunn.

Saldern, Adelheit von (2003): Öffentlichkeiten in Diktaturen. Zu Herrschaftspraktiken im Deutschland des 20. Jahrhunderts. In: Heydemann, Günter/Oberreuter, Heinrich (Hrsg.): Diktaturen in Deutschland. Strukturen, Institutionen und Verhaltensweisen im Vergleich. Bonn, S. 442–475.

Schäfers, Bernhard (2003): Verhalten, abweichendes. In: ders. (Hrsg.): Grundbegriffe der Soziologie. 8. überarbeitete Auflage. Opladen, S. 414–417.

Schafft-von Loest, Ursula (1997): Mit vorher nie gekanntem Mut. Lebenserinnerungen. Reinbek bei Hamburg.

Schatzker, Chaim (1988): Jüdische Jugend im zweiten Kaiserreich: Sozialisations- und Erziehungsprozesse der jüdischen Jugend in Deutschland, 1870–1917. Frankfurt a. M.

Schelsky, Helmut (1984): Die skeptische Generation. Eine Soziologie der deutschen Jugend. Düsseldorf.

Schilde, Kurt (2007): Jugendopposition 1933–1945. Berlin.

Schluß, Henning (Hrsg.) (2007): Indoktrination und Erziehung. Aspekte der Rückseite der Pädagogik. Wiesbaden.

Schmiechen-Ackermann, Detlef (1997): Soziale Milieus, Politische Kultur und der Widerstand gegen den Nationalsozialismus in Deutschland. Eine Bilanz der Widerstandsforschung aus regionaler Perspektive. In: Ders. (Hrsg.): Anpassung, Verweigerung, Widerstand. Soziale Milieus, Politische Kultur und der Widerstand gegen den Nationalsozialismus in Deutschland im regionalen Vergleich. Berlin, S. 13–29.

Schmiechen-Ackermann, Detlef (Hrsg.) (2012): „Volksgemeinschaft". Mythos, wirkungsmächtige soziale Verheißung oder soziale Realität im „Dritten Reich"? Paderborn.

Schmied-Kowarzik, Wolfdietrich (2008): Das dialektische Verhältnis von Theorie und Praxis in der Pädagogik. Kassel.

Schmidt, Helmut (1992): Kindheit und Jugend unter Hitler. Berlin.

Schmitt-Sasse, Joachin (1985): „Der Führer ist immer der Jüngste". Nazi-Reden an die deutsche Jugend. In: Koebner, Thomas/Janz, Rolf-Peter/Trommler, Frank (Hrsg.): „Mit uns zieht die neue Zeit". Der Mythos Jugend. Frankfurt a. M., S. 128–149.

Schmitt, Manfred (2013): Disposition. In: Dorsch. Lexikon der Psychologie. 16. Auflage. Bern, S. 392.

Schmuhl, Hans-Walter (1992): Rassenhygiene, Nationalsozialismus, Euthanasie: Von der Verhütung zur Vernichtung „lebensunwerten Lebens". 1890–1945. 2. Auflage. Göttingen.

Scholtz, Harald (1998): Das nationalsozialistische Reich – kein Erziehungsstaat. In: Benner, Dietrich/Schriewer, Jürgen/Tenorth, Heinz-Elmar (Hrsg.): Erziehungsstaaten. Historisch vergleichende Analysen ihrer Denktraditionen und nationaler Gestalten. Weinheim, S. 131–144.

Schönhagen, Benigna (2014): „Glücklich wieder vereint". Der Weg der Familie Hartmann aus Augsburg. Lebenslinien. Deutsch-jüdische Familiengeschichten. Bd. 7. Jüdisches Kulturmuseum Augsburg Schwaben.

Schoppmann, Claudia (2004): Zur Situation lesbischer Frauen in der NS-Zeit. In: Grau, Günther (Hrsg.): Homosexualität in der NS-Zeit. Dokument einer Diskriminierung und Verfolgung. Frankfurt a. M., S. 35–42.

Schörken, Rolf (2004): Die Niederlage als Generationserfahrung. Jugendliche nach dem Zusammenbruch der NS-Herrschaft. Weinheim.

Schörken, Rolf (2005): Jugend 1945. Politisches Denken und Lebensgeschichte. Unveränderte Neuausgabe. Frankfurt a. M.

Schreckenberg, Heinz (2001): Erziehung, Lebenswelt und Kriegseinsatz der deutschen Jugend unter Hitler. Münster.

Schreckenberg, Heinz (2003): Ideologie und Alltag im Dritten Reich. Frankfurt a. M.

Schroeder, Klaus (1998): Der SED-Staat. Partei, Staat und Gesellschaft. München.

Schütze, Yvonne (2000): Konstanz und Wandel – Zur Geschichte der Familie im 20. Jahrhundert. In: Benner, Dietrich/Tenorth, Heinz-Elmar (Hrsg.): Bildungsprozesse und Erziehungsverhältnisse im 20. Jahrhundert. Praktische Entwicklungen und Formen der Reflexion im historischen Kontext. (= Zeitschrift für Pädagogik 42. Beiheft). Weinheim, S. 16–35.

Schwinn, Thomas (2007): Soziale Ungleichheit. Bielefeld.

Seidel, Doris (2004): Die jüdische Gemeinde Münchens 1933–1945. In: Baumann, Angelika/Heusler, Andreas (Hrsg.): München arisiert. Entrechtung und Enteignung der Juden in der NS-Zeit. München, S. 31–53.

Semprun, Jorge (1981): Die große Reise. Frankfurt a. M.

Sieder, Reinhard (1987): Sozialgeschichte der Familie. Frankfurt a. M.

Sofsky, Wolfgang (1993): Die Ordnung des Terrors. Das Konzentrationslager. Frankfurt a. M.

Sofsky, Wolfgang/Paris, Rainer (1994): Figurationen sozialer Macht. Autorität, Stellvertretung, Koalition. Frankfurt a. M.

Skyba, Peter (2022): Freie Deutsche Jugend – SED-Jugendpolitik in der DDR. In: Benecke, Jakob (Hrsg.): Erziehungs- und Bildungsverhältnisse in der DDR. Bad Heilbrunn, S. 205–226.

Stahlmann, Martin/Schiedeck, Jürgen (1991): „Erziehung zur Gemeinschaft – Auslese durch Gemeinschaft". Zur Zurichtung des Menschen im Nationalsozialismus. Bielefeld.

Steinacker, Sven (2007): Der Staat als Erzieher. Jugendpolitik und Jugendfürsorge im Rheinland vom Kaiserreich bis zum Ende des Nazismus. Stuttgart.

Steinert, Johannes-Dieter (2013): Deportation und Zwangsarbeit. Polnische und sowjetische Kinder im nationalsozialistischen Deutschland und im besetzten Osteuropa 1939–1945. Essen.

Steinweis, Alan E. (2011): Kristallnacht 1938. Ein deutscher Roman. Stuttgart: Reclam.

Stern, Carola (2004): Doppelleben. Reinbek bei Hamburg.

Sternheim-Peters, Elisabeth (2000): Habe ich den allein gejubelt? Eine Jugend im Nationalsozialismus. Köln.
Stoltzfus, Nathan (2003): Widerstand des Herzens. Der Aufstand der Berliner Frauen in der Rosenstrasse – 1943. Mit einem Vorwort von Joschka Fischer versehene Taschenbuchausgabe. 2. Auflage. München.
Stöver, Bernd (1993): Volksgemeinschaft im Dritten Reich: Die Konsensbereitschaft der Deutschen aus Sicht sozialistischer Exilberichte. Düsseldorf.
Stroß, Annette (2001): Indoktrination. In: Lenzen, D. (Hrsg.): Pädagogische Grundbegriffe. Bd. 1. Reinbek bei Hamburg, S. 722–726.
Sünker, Heinz (1994): Sozialpolitik und „Volkspflege" im Nationalsozialismus: Zur faschistischen Aufhebung von Wohlfahrtsstaatlichkeit. In: Tel Aviver Jahrbuch für deutsche Geschichte, S. 79–92.
Süß, Winfried (2003): Der „Volkskörper" im Krieg. Gesundheitspolitik, Gesundheitsverhältnisse und Krankenmord im nationalsozialistischen Deutschland 1939–1945. München.
Tamir, Arnon (1992): Eine Reise zurück. Von den Schwierigkeiten, Unrecht wiedergutzumachen. Frankfurt a. M.
Tenorth, Heinz-Elmar (1995): Grenzen der Indoktrination. In: Drewek, Peter/Horn, Klaus-Peter/Kersting, Christa/Tenorth, Heinz-Elmar (Hrsg.): Ambivalenzen der Pädagogik. Zur Bildungsgeschichte der Aufklärung und des 20. Jahrhunderts. Harald Scholtz zum 65. Geburtstag. Weinheim, S. 335–350.
Tenorth, Heinz-Elmar (2006): Eugenik im pädagogischen Denken des nationalsozialistischen Deutschland – Rassismus als Grenzbegriff der Pädagogik. In: Horn, Klaus-Peter; et al. (Hrsg.): Pädagogik im Militarismus und im Nationalsozialismus. Japan und Deutschland im Vergleich. Bad Heilbrunn, S. 33–44.
Tenorth, Heinz-Elmar (2008): Geschichte der Erziehung. Einführung in die Grundzüge ihrer neuzeitlichen Entwicklung. 4. erweiterte Auflage. Weinheim.
Tent, James F. (2007): Im Schatten des Holocausts. Schicksale deutsch-jüdischer „Mischlinge" im Dritten Reich. Köln.
Tewes, Ludger (1989): Jugend im Krieg. Von Luftwaffenhelfern und Soldaten 1939–1945. Essen.
Thamer, Hans-Ulrich (2005): „Es wird alles ganz verwandelt sein." Die deutsche Gesellschaft und der Krieg. (Das Deutsche Reich und der Zweite Weltkrieg, Bd. 9, Halbband 2: Ausbeutung, Ausgrenzungen, Deutungen Hrsg. Vom Militärgeschichtlichen Forschungsamt). München, S. 977–992.
Theilen, Fritz (2003): Edelweißpiraten. Köln.
Ueberschär, Gerd R. (2006): Für ein anderes Deutschland. Der deutsche Widerstand gegen den NS-Staat 1933–1945. Frankfurt a. M.
Vollnhals, Clemens (Hrsg.) (1992): Hitler. Reden, Schriften, Anordnungen. Februar 1925 bis Januar 1933. Band I: Februar 1925–Juni 1926. München.
Vollnhals, Clemens (1996): Jüdische Selbsthilfe bis 1938. In: Benz, Wolfgang (Hrsg.): Die Juden in Deutschland 1933–1945. Leben unter nationalsozialistischer Herrschaft. 4. Auflage. München, S. 314–412.
Wachsmann, Nikolaus (2006): Gefangen unter Hitler. Justizterror und Strafvollzug im NS-Staat. München.
Wagner, Thomas (2013): „Zum Sterben für Deutschland geboren". Die Hitlerjugend in Südbayern und ihre Hochlandlager. München.
Wahlig, Henry (2015): Sport im Abseits. Die Geschichte der jüdischen Sportbewegung im nationalsozialistischen Deutschland. Bonn.
Walb, Lore (2000): Ich, die Alte. Ich, die Junge. Konfrontation mit meinen Tagebüchern 1933–1945. 2. Auflage. Berlin.
Walgenbach, Katharina (2012): Intersektionalität als Analyseperspektive heterogener Stadträume. In: Scambor, Elli/Zimmer, Fränk (Hrsg.): Die intersektionelle Stadt. Geschlechterforschung und Medien an den Achsen der Ungleichheit. Bielefeld, S. 81–92.
Walk, Joseph (1991): Jüdische Schule und Erziehung im Dritten Reich. Frankfurt a. M.
Walk, Joseph (1996): Das Sonderrecht für die Juden im NS-Staat. Eine Sammlung der gesetzlichen Maßnahmen und Richtlinien – Inhalt und Bedeutung. 2. Auflage. Heidelberg.
Weber, Max (1972): Wirtschaft und Gesellschaft. 5. revid. Auflage. Tübingen.
Wehler, Hans-Ulrich (1987): Deutsche Gesellschaftsgeschichte. Bd. I: Vom Feudalismus des Alten Reiches bis zur Defensiven Modernisierung der Reformära. 1700–1815. München.

Wehler, Hans-Ulrich (2007): Notizen zur deutschen Geschichte. München.
Wehler, Hans-Ulrich (2009): Der Nationalsozialismus: Bewegung, Führerherrschaft, Verbrechen: Bewegung, Führerherrschaft, Verbrechen 1919–1945. München.
Wehler, Hans-Ulrich (2010): Deutsche Gesellschaftsgeschichte. Bd. 4. Vom Beginn des Ersten Weltkrieges bis zur Gründung der beiden deutschen Staaten 1914–1949. Bonn.
Wehler, Hans-Ulrich (2013): Die neue Umverteilung. Soziale Ungleichheit in Deutschland. 2. Auflage. München.
Weinrich, Arndt (2013): Der Weltkrieg als Erzieher. Jugend zwischen Weimarer Republik und Nationalsozialismus. Essen.
Welzer, Harald (2005): Täter. Wie aus ganz normalen Menschen Massenmörder werden. Frankfurt a. M.
Welzer, Harald (2008): Die Nachhaltigkeit historischer Erfahrungen. Eine sozialpsychologische Perspektive. In: Bohleber, Werner/Radebold, Hartmut/Zinnecker, Jürgen (Hrsg.): Transgenerationale Weitergabe kriegsbelasteter Kindheiten. Interdisziplinäre Studien zur Nachhaltigkeit historischer Erfahrungen über vier Generationen. Weinheim, S. 75–94.
Wetzel, Juliane (1996): Auswanderung aus Deutschland. In: Benz, Wolfgang (Hrsg.): Die Juden in Deutschland 1933–1945. Leben unter nationalsozialistischer Herrschaft. München, S. 413–498.
Wetzel, Juliane (2009): Die NSDAP zwischen Öffnung und Mitgliedsperre. In: Benz, Wolfgang (Hrsg.): Wie wurde man Parteigenosse? Die NSDAP und ihre Mitglieder. Frankfurt a. M., S. 74–90.
Wiegmann, Ulrich (2004): Die Hitlerjugend als Gegenstand bildungsgeschichtlicher Forschung und Publikationsfähigkeit. In: Ritzi, Christian/Wiegmann, Ulrich (Hrsg.) (2004): Behörden und pädagogische Verbände im Nationalsozialismus. Zwischen Anpassung, Gleichschaltung und Auflösung. Bad Heilbrunn, S. 11–32.
Wierling, Dorothee (1993): Von der HJ zur FDJ? In: Bios. Heft 1, S. 107–125.
Wierling, Dorothee (1998): Gebrochener Aufbruch. Rosemarie Heises Jugenderfahrungen in der SBZ. In: Kersting, Franz-Werner (Hrsg.) (1998): Jugend vor einer Welt in Trümmern. Erfahrungen und Verhältnisse der Jugend zwischen Hitler- und Nachkriegsdeutschland. Weinheim, S. 213–222.
Wilcke, Gudrun (2005): Die Kinder- und Jugendliteratur des Nationalsozialismus als Instrument ideologischer Beeinflussung. Liedertexte – Erzählungen und Romane – Schulbücher – Zeitschriften – Bühnenwerke. Frankfurt a. M.
Wildt, Michael (2002): Generation des Unbedingten. Das Führungskorps des Reichssicherheitshauptamtes. 2. Auflage. Hamburg.
Wildt, Michael (2007): Volksgemeinschaft als Selbstermächtigung. Gewalt gegen Juden in der deutschen Provinz 1919 bis 1939. Hamburg.
Wildt, Michael (2008): Geschichte des Nationalsozialismus. Göttingen.
Wildt, Michael (2013): ‚Volksgemeinschaft' – eine Zwischenbilanz. In: Reeken, Dietmar von/Thießen, Malte (Hrsg.): ‚Volksgemeinschaft' als soziale Praxis. Neue Forschungen zur NS-Gesellschaft vor Ort. Nationalsozialistische ‚Volksgemeinschaft' Bd. 4. Paderborn, S. 355–369.
Willmot, Louise (2007): Zur Geschichte des Bundes Deutscher Mädel. In: Reese, Dagmar (Hrsg.): Die BDM-Generation. Weibliche Jugendliche in Deutschland und Österreich im Nationalsozialismus. Berlin, S. 89–158.
Winkler, Gabriele/Degele, Nina (2009): Intersektionalität. Zur Analyse sozialer Ungleichheiten. Bielefeld.
Wippermann, Wolfgang (1998): Umstrittene Vergangenheit. Fakten und Kontroversen zum Nationalsozialismus. Berlin.
Wirsching, Andreas (1996): Nationalsozialismus in der Region. Tendenzen der Forschung und methodische Probleme. In: ders.; Möller, Horst/Ziegler, Walter (Hrsg.): Nationalsozialismus in der Region. (= Sondernummer der Vierteljahrshefte für Zeitgeschichte). München, S. 25–46.
Wolf, Gerhard (2012): Auf dem Weg in eine „völkisch" und „rassisch" stratifizierte Gesellschaft: die Deutsche Volksliste im Wartheland. In: Kramer, Nicole/Nolzen, Armin (2012): Einleitung. In: ders.: Ungleichheiten im „Dritten Reich". Semantiken, Praktiken, Erfahrungen. Beiträge zur Geschichte des Nationalsozialismus, Bd. 28. Göttingen, S. 27–47.
Wolff, Jörg (1992): Jugendliche vor Gericht. Nationalsozialistische Jugendstrafrechtspolitik und Justizalltag. München.
Zentner, Christian (2006): Adolf Hitlers Mein Kampf. Eine kommentierte Auswahl. 18. Auflage. Berlin.

Zielen, Viktor (1988): Läßt sich Nazi-Kindheit bewältigen? In: Heimannsberg, Barbara/Schmidt, Christoph J. (Hrsg.): Das kollektive Schweigen. Nazivergangenheit und gebrochene Identität in der Psychotherapie. Heidelberg, S. 161–174.

Zimermann, Moshe (2008): Deutsche gegen Deutsche. Das Schicksal der Juden 1938–1945. Berlin.

Zimmermann, Michael (1986): Ausbruchshoffnung. Junge Bergleute in den dreißiger Jahren. In: Niethammer, Lutz (Hrsg.): „Die Jahre weiß man nicht, wo man die heute hinsetzen soll". Faschismuserfahrungen im Ruhrgebiet. Lebensgeschichte und Sozialkultur im Ruhrgebiet 1930 bis 1960. Band 1. 2. Auflage. Berlin, S. 97–132.

Zimmermann, Michael (1996): Rassenutopie und Genozid. Die nationalsozialistische „Lösung der Zigeunerfrage". Hamburg.

Zimmermann, Rolf (2008): Moral als Macht. Eine Philosophie der historischen Erfahrung. Reinbek bei Hamburg.

Zinnecker, Jürgen (2008): Kindheit als Heimatfront. Das Familienmoratorium der Kinder auf dem Prüfstand der europäischen Kriegsgesellschaft. In: Hering, Sabine/Schröer, Wolfgang (Hrsg.): Sorge um die Kinder. Beiträge zur Geschichte von Kindheit, Kindergarten und Kinderfürsorge. Weinheim, S. 213–230.

Zwengel, Almut (2012): Goffman und die Macht – Chancen zur Thematisierung des Nichtthematisierten. In: Imbusch, Peter (Hrsg.): Macht und Herrschaft. Wiesbaden, S. 285–302.